KB271002

행동하는
그리스도인

CHRISTIANS IN ACTION

DONGIK KIM
SAEMOONAN PRESBYTERIAN CHURCH

1992
PAN SEOK PRESS
SEOUL, KOREA

머리말

　새문안교회에 부임한 지 7년째 접어들었다.　그동안 새문안 강단에서 전한 설교를 책으로 출판한 것이 없느냐는 많은 질문을 동역자와 교인들로부터 들어왔다.　특히 기독교 방송, 극동 방송을 통해 전달되는 설교를 들은 청취자들이 편지와 전화로 또는 직접 찾아와서 설교집을 출판하지 않느냐는 질문을 해왔다.　그 때마다 나는 부끄러움을 느꼈다.　설교도 제대로 못하는 주제에 무슨 설교집을 출판한다는 말인가?　몇 번이고 망설여 왔었다.

　1987년에 들어오면서 드디어 용기를 내게 되었다.　1987년 9월 27일은 새문안교회 창립 100주년의 날이다.　한국의 첫 조직교회로서 100주년을 맞이하는 새문안교회의 목사로서 하나님께 감사와 영광을 올릴 수 있는 무엇을 해야 되겠다는 생각이 이번 설교집을 출판토록 용기를 주었다.

　나는 설교를 준비할 때마다 하나님의 말씀을 오늘의 삶과 상황 속에 어떻게 적용시키느냐를 찾아 헤매인다.　그래서 "하나님의 말씀은 살아 있고 힘이 있으며 어떤 쌍날칼보다도 더 날카롭습니다"라는 히브리서 말씀을 마음

속에 언제나 되새기고 있다. 설교란 하나의 들려지는 소리로서 끝나는 것
이 아니라 인간 삶을 변화시키고 새 세계로 향한 희망과 용기를 북돋워 주
어야 하는 것이다. 그리스도인이란 정체된 상태가 아니라 삶 속에 믿음을
계속 표현해야 하는 동적 상태에 있어야 한다. 그래서 나는 첫번 설교집의
제목을 "행동하는 그리스도인"이라고 붙였다. 이 설교집이 믿음의 확신과
실천력을 키우는 데 도움이 되었으면 한다.

나는 설교 준비를 위해 비교적 많은 책과 자료를 참고한다. 이 설교집은
실제 강단 설교를 그대로 옮긴 것이기 때문에 자료의 출처를 일일이 밝히지
못한 부분이 있음을 이해 바라며, 인용자료의 도움을 준 많은 책과 자료의
필자 여러분께 깊은 감사를 드린다.

나의 목회와 설교에는 아버님(김희용 목사)의 지도와 어머님(이상순 사
모)의 기도의 힘이 컸음을 독자에게 꼭 알려드리고 싶으며, 이 책을 위해
그림을 정성껏 그려 보내 준 누님 김화자 권사(재미 화가)와 출판을 위해
수고해 주신 출판사 관계자 여러분께 감사를 드린다.

끝으로, 지난 100년 동안 새문안교회에서 신앙 생활하면서 이 땅에 복음
의 빛을 비쳐 온 믿음의 선배들에게 이 책을 바치는 바이다.

1987년 9월에

저자 씀

차례/행동하는 그리스도인

오늘에 말한다

내 민족을 내게 주소서

설교본문/에 4:13-17 ; 7:1-4

왕후 에스더가 대답하여 가로되 왕이여 내가 만일
왕의 목전에서 은혜를 입었으며 왕이 선히
여기시거든 내 소청대로 내 생명을 내게 주시고 내
요구대로 내 민족을 내게 주소서(에 7:3)

"내 민족을 내게 주소서"라는 말씀은, 고대 페르시아 제국의 통치를 받고 있던 유대 민족이 몰살 당할 위기에 직면했을 때, 유대인으로서 페르시아 제국의 왕비로 있던 에스더가 자기 민족을 구원키 위해 아하수에로 왕께 애타게 간청한 애국의 부르짖음입니다.

"내 민족을 내게 주소서." 이 말씀은 곧 "내 민족에 대하여 내가 책임을 지게 해 주소서" 혹은 "내 민족은 내가 책임지겠나이다"라는 이른바 민족 자결의 호소라고도 할 수 있는 것으로, 지금부터 68년전인 1919년 3월 1일 일본 제국주의로부터 자유와 독립을 쟁취키 위해 우리의 선열들이 부르짖었던 외침, 절규이기도 합니다.

우리 민족사에 있어서 만일 3.1운동이 없었다면 우리 민족은 참으로 초라한 민족으로 전락되었을 것이라 생각됩니다. 아울러 기독교는 민족과 호흡을 같이 할 수 있는 그처럼 생생하고도 의미있는 기회를 가질 수도 없었을 것입니다. 그만큼 3.1운동은 우리 민족사에 있어서나 한국 기독교사에 있어서 매우 중요한 의미를 지니고 있읍니다.

3.1운동은 우리 민족 역사에 있어서 최초의 근대사적 의미, 즉 자유·평등·정의·인도주의 등을 바탕으로 한 민족적 대국민운동이라는 점에서, 그리고 민족의 자유와 독립의 쟁취를 위해 전 국민이 하나가 되어 궐기했다는 점에서 큰 의미를 지니고 있는 것입니다.

그러나 무엇보다 중요한 사실은 3.1운동의 중추적 역할을 우리 기독교인이 담당했다고 하는 것입니다. 3.1운동을 주도했던 33인의 대표자들 중 16인이 기독교인이었다는 것이 이 사실을 잘 말해 주고 있읍니다.

그리고 독립선언문 내용 가운데 사랑과 평등, 정의와 평화 등에 관한 기독교 정신을 반영하는 내용들이 담뿍 들어 있는 것을 찾아볼 수가 있읍니다.

그뿐 아니라 3.1운동이 기독교 기관, 즉 교회와 학교를 거점으로 확산되었던 것도 주목할 만한 사실입니다. 기미년 3월 1일 독립만세운동이 일어난 곳이 전국에 걸쳐 12곳이었는데 서울에서만 여러 종교 지도자들의 연합에 의해 일어났을 뿐, 그외 11곳에서는 오직 기독교 지도자들에 의해서 주도되어졌읍니다. 그만큼 기독교는 민족의 아픔과 고난에 동참하면서 민족과 호흡을 함께 나누었읍니다.

3.1운동 당시 우리 나라 인구는 2천만명이었읍니다. 그중 기독교 인구는 전인구의 1.2퍼센트인 25만명에 불과했고, 천도교는 200만, 불교나 유교는 300만을 웃도는 상당한 교세를 가지고 있는 민족적 종교였읍니다. 기독교는 이처럼 교세면에서 볼 때 타종교와 비교할 수 없으리 만큼 미약했지만, 3.1독립만세운동으로 인해서 체포된 사람들의 수효를 종교별로 파악해보면 기독교인이 2039명, 천도교인이 1063명, 유교인이 55명, 불교인이 41명으로 나타나고 있읍니다.

여기서 알 수 있는 것처럼 3.1독립만세운동으로 인해서 체포된 사람들의 60퍼센트 이상이 기독교인이라는 사실은 어떤 종파, 어떤 계층보다 기독교가 민족의 고난을 자기 십자가로 삼았다는 것을 여실히 보여 주는 것이라고 할 수가 있겠읍니다.

당시 한국에 파송되어 있던 대다수의 선교사들은 보수적 신앙체질을 가지고 있었던 사람들로 정·교 분리를 내세웠으며 정치적 중립를 표방했었읍니다. 따라서 그들은 기독교인들이 항일투쟁이나 독립운동에 적극 가담하는 것을 만류했읍니다. 아니, 오히려 그같이 활동하는 기독교인들을 탐탁치 않게 여겼으며 더 나아가서는 일제에 은근히 협력하는 일까지 있었읍니다. 이러한 상황 속에서 기독교 지도자들이 3.1운동에 적극 가담하여 항일투쟁을 했다는 것은 실로 놀라운 일이 아닐 수 없읍니다.

이러한 신앙 정신이 어디서 나왔읍니까?

그것은 평양을 중심하여 1905년부터 전국 교회에 확산되어진 사경회의 영향으로 볼 수가 있읍니다. 그 당시 사경회는 오늘날의 부흥회와는 성격이 다른 성경공부 중심이었읍니다. 기독교인들은 당시 한 주간, 혹은 한 달여에 걸쳐 합숙을 하면서 성경을 읽고 배우곤 하였읍니다. 그러는 중에 기독교인들은 애굽의 식민지로 있던 이스라엘의 처지와 모세의 인도를 통한 출애굽 사건을 알게 되었고, 다윗 왕국을 배우게 되었으며, 바벨론에 포로로 잡혀간 이스라엘 백성의 애환을 접하게 되었읍니다. 그리고 다니엘, 에스더의 애국 애족의 정신과 역사를 알게 되었고 예수님 당시 로마의 식민지 치하에서의 비참함을 깨닫게 되었읍니다.

이렇게 성경을 읽고 배우는 가운데 우리의 초대 기독교인들은 민족의 문제에 대한 자각과 새로운 안목을 가질 수가 있었읍니다. 즉 그들은 성경을 통해서 민족독립운동을 신앙적 차원의 정신과 신념으로 심화시켜 갔던 것입니다. 이러한 신앙적 자세가 전 교회로 하여금 3.1운동에 앞장 서게 만들었던 것입니다.

3.1운동은 일제에 대한 항거였지만, 기독교인들에게 있어서는 민족을 구원하기 위한 신앙운동의 차원에서 전개되어졌읍니다. 그래서 1910년대

당시 우리 나라의 기독교인들에게 가장 많이 읽혀졌던 책이 구약의 출애굽기와 에스더서였습니다.

당시 기독교인들에 있어서 주목할 만한 사실은 여호와 하나님께 대한 신앙과 민족을 구원하고자 하는 사명이 일치하고 있다는 점입니다. 즉 하나님을 향한 믿음은 곧 민족을 구원하는 길이라고 하는 확신을 가지고 있었다는 것입니다. 이같은 신앙은 오늘 우리들에게도 필요한 것이며 또 요청되는 것입니다.

그러면 에스더서에 나타나 있는 본문 말씀을 생각해 봅시다. 그 당시 이스라엘 백성은 페르시아 제국의 통치하에 있었습니다. 그 가운데서 유대인인 에스더는 페르시아 제국의 임금 아하수에로의 왕비가 되었습니다. 때를 같이 하여 유대인을 시기하는 하만이라는 장관이 왕의 특별한 총애를 받으며 세도를 부리게 되었는데 그의 모략으로 말미암아 유대 민족은 하루 아침에 몰살당할 위기에 처하게 되었습니다.

이때 유대 지도자 중 한 사람이자 에스더의 사촌 오빠인 모르드개가 왕후 에스더에게 두 가지 충고를 하는 것을 보게 됩니다.

첫번째 충고는 4:13에 있는 말씀입니다.

모르드개가 그를 시켜 에스더에게 회답하되 너는 왕궁에 있으니
모든 유대인들 중에 홀로 면하리라고 생각지 말라.

이 말씀은 곧 "지금 네가 왕후가 되어 왕궁에서 편히 지내고 있다고 해서 만족하지 말라. 유대인 모두가 멸망당하게 될 때 너도 마찬가지로 화를 면하기 어려울 것이다"라는 충고라 할 수 있습니다.

에스더를 향한 모르드개의 이러한 충고는 우리에게도 해당되는 것입니다. 즉 우리에게 가정이 있고 직장이 있으며 따라서 하루 하루 편하게 산다고 해서 그것으로 만족해서는 안된다는 것입니다.

우리는 분명 한민족의 일원, 즉 대한민국의 국민입니다. 그러므로 에스

더가 왕궁에서 자기 혼자 편하다고 해서 민족의 문제를 결코 외면할 수 없었던 것처럼 우리들 역시 개인적으로 편안하다고 해서 우리들 주변에 일어나고 있는 숱한 민족적 문제들을 외면할 수 없는 것입니다. 만약 우리가 우리 민족의 문제를 외면하게 된다면 에스더에게 던져진 모르드개의 충고처럼 결국 '우리 각 사람'의 값어치도 없어지게 될 것입니다.

최근 들어 우리 주변에 일제시대 못지않은 압박과 인권유린이 일어나고 있는 것을 볼 수가 있읍니다. 더구나 한민족을 혹독하고도 잔인하게 압박하던 방편이 되었던 것, 아직까지 우리의 뇌리에 일제의 잔재로 여겨지고 있는 고문 행위가 오늘의 시대에 이르기까지 계속되고 있다는 것은 대단히 충격적인 이야기가 아닐 수 없읍니다. 특히 80년대에 들어와서 우리는 처절한 고문 행위를 너무나 예사롭게 들어오고 있읍니다.

얼마전 대한변호사협회에서 "고문 피해의 증언"이라는 고문 사례집을 발간하였읍니다. 그 책이 증언하고 있는 갖가지 고문당한 사례들은 차마 눈물없이는 도저히 읽을 수 없는 내용들이었읍니다. 참으로 가슴을 치고 통탄하지 않을 수가 없는 노릇입니다. 어떻게 이러한 일들이 소위 민주국가라는 대한민국에서 일어날 수가 있을까를 생각할 때 안타까움을 금할 수가 없었읍니다.

최근 몇년 동안에 걸쳐 시국 문제를 안고 투신·분신 자살한 젊은 학생·근로자가 무려 20여명에 이르고 있읍니다. 그리고 구속되어 있는 학생·근로자의 수효는 이미 수천명에 다다랐읍니다.

이같은 상황·현실은 무엇을 말해 주고 있읍니까? 이는 우리가 결코 외면할 수 없는 상황이 우리들 주변에 전개되고 있다는 것을 보여 주는 것이라고 하겠읍니다.

얼마전, 80년 광주사태 당시 주한미국대사로 있던 글라이스틴의 이야기가 실려있는 한 자료를 보았읍니다. 그 자료에 의하면 지난 1월 13일 미대사관에서 글라이스틴 전 주한미국대사와 몇몇 언론인간의 간담회가 있었는데, 그때 한 언론인이 이러한 질문을 했다고 합니다.

"80년 광주사태 때 사망한 사람의 수효를 말해 주시오. 정부에서는 200여 명으로 발표했는데 항간에는 3,000명 가까이 육박되는 것으로 떠돌고 있소. 당신은 그 정확한 수효를 알 것 아니오."

그때 글라이스틴의 답변을 그대로 옮기면 다음과 같습니다.

"그 수효는 분명히 1,000명을 넘지 않을 것입니다. 아마 200명은 넘겠지만 1,000명 미만인 것만은 확실한 것 같습니다." 이건 또 무슨 소리입니까? 정부에서는 분명 200여명으로 발표하였는데요. 그 글을 읽을 때 가슴이 섬찟함을 느끼지 않을 수가 없었읍니다.

이러한 때 모르드개의 충고처럼 개인적으로 편하다고 해서 결코 민족의 아픔을 외면해서는 안됩니다. 이는 곧 그리스도인의 양심의 요청이기도 한 것입니다.

두번째 충고는 4:14에 있는 말씀입니다.

　　네가 왕후의 위를 얻은 것이 이때를 위함이 아닌지 누가 아느냐

이 말씀은 곧 지금이야말로 불의에 대하여 저항해야 할 때이고 민족을 구원해야 할 때로서 네가 왕후가 된 것은 이때를 위해서 된 것이라고 에스더의 사명을 일깨워 주고 있는 것입니다.

역사의 발전을 살펴볼 때 불의에 대한 저항이 있는 곳에 개혁과 새로운 창조가 이루어졌던 것을 볼 수가 있읍니다. 저항은 낡은 것으로부터의 탈출이며 새시대를 개척하는 전위적인 역할을 점하는 것입니다. 예수님도 불의에 대한 강한 저항의식을 가지고 하나님 나라의 복음을 전파하셨읍니다. 개신교를 Protestant라고 부릅니다. 이 말은 곧 '저항하는 사람들'이라는 뜻으로, 중세 때 천주교의 왜곡과 불의에 대항하여 개혁하려는 의지를 가졌던 신자들을 일컫는 말입니다.

그러나 반드시 기억하고 있어야 할 중요한 사실은 그리스도인의 저항은 언제나 예수님의 저항 정신에 바탕을 두어야 한다는 것입니다. 예수님의

저항 정신과 행위의 밑바닥에는 언제나 인간에 대한 철저한 사랑이 있었읍니다. 따라서 기독교의 저항 운동은 결코 적개심이나 증오감, 분노, 경쟁심에서 비롯되는 것이 아니며 인류에 대한 사랑에서 비롯되는 것입니다. 인류를 진정으로 사랑하기 때문에 인류를 속박하는 그 불의에 대해 저항하는 것입니다.

바로 이러한 정신이 독립선언문에 담겨 있는 것을 볼 수가 있읍니다.

> 오늘 우리들의 이 거사는 정의, 인도, 생존, 번영을 찾는 거레의 요구이니 오직 자유의 정신을 발휘할 것이고 결코 배타적 감정으로 치닫지 말라.

또한 예수님의 저항은 충분한 신념과 목표를 가진 저항이었읍니다. 즉 군중심리나 시류(時流)에 따르지 않고 인기에 영합하지도 않은 확고한 신념과 사상에 근거한 것이었읍니다. 그렇기 때문에 홀로 투쟁하실 때도 많았읍니다.

이와 같은 정신이 독립선언문에 또한 나타나 있읍니다.

> 마지막 한 사람에 이르기까지, 마지막 한 순간에 다다를 때까지 민족의 올바른 의사를 시원스럽게 발표하라.

예수님의 저항은 또한 내일을 믿는 저항이었읍니다. 비록 오늘은 암담해 보이지만 자신의 저항이 반드시 성취될 날이 올 것이라는 확신을 가진 저항이었다는 것입니다. 설혹 자신이 살아있는 동안에 성취되지 않는다 할지라도 반드시 성취될 날이 올 것이라는 내일에 대한 믿음이 분명하게 있었읍니다.

이러한 정신이 마찬가지로 독립 선언문에 나타나 있읍니다.

> 아아 새 하늘과 새 땅이 눈 앞에 펼쳐지누나. 힘의 시대는 가고 도의의 시대가 오누나.

새 하늘과 새 땅, 즉 내일을 향한 확고한 믿음이 있는 곳에 오늘을 변혁시켜가는 힘이 있을 수 있읍니다.

　마지막으로 예수님의 저항은 비폭력을 원칙으로 한 공명정대한 것이었읍니다. 평화를 성취하는 데는 평화의 방법만이 효과적입니다. 이러한 사실을 보여 주는 것이 독립선언문에 또한 잘 나타나 있읍니다.

　　모든 행동은 먼저 질서를 존중하여 우리들의 주장과 태도가 어디까
　　지나 공명정대하게 하라.

　이러한 예수님의 저항 정신은 3.1운동정신에뿐 아니라 오늘 우리 모든 그리스도인의 가슴에 머물고 있는 것이기도 합니다.

　그러면 이제 모르드개의 충고를 받은 에스더의 모습을 보십시다. 그는 백성들 앞에 나아가서 이런 단호한 결심을 표현합니다.

　　죽으면 죽으리이다(4:16).

　그리고나서 아하수에로 왕에게 나아가 '내 민족을 내게 주소서'라고 간청합니다.

　'죽으면 죽으리이다'라는 말은 곧 자기의 생명을 민족을 위해 기꺼이 제물로 바치겠노라고 하는 단호한 애국 충정의 결단을 보여 주는 것입니다. '내 민족을 내게 주소서.' 이 말씀은 곧 '내 민족을 내게 맡겨 주십시오.' '내 민족은 내가 책임지겠읍니다.' 라는 의미라고 할 수 있읍니다.

　에스더의 이와 같은 결단과 요청은 3.1운동을 일으켰던 우리 선열들에게 있었던 정신이자 오늘 이 시대를 살아가는 우리 모든 그리스도인들에게 있어야 할 정신이기도 합니다.

　3.1운동 당시 우리의 선열들은 민족 구원이라는 강한 책임감 속에서 선교하였읍니다. 그것은 바로 '내 민족을 내게 주소서'라고 한 에스더의 정신이기도 한 것이었읍니다.

　그리고 바로 그와 같은 정신이 가장 활화산처럼 타오르던 1910년대가 한국 교회사에 있어 가장 크게 부흥되었던 시기였다는 사실은 무엇인가 간과할 수 없는 가르침을 우리에게 보여 주는 것이 아니겠읍니까?

이제 한국 교회는 하나님 앞에 조용히 엎드려 이렇게 부르짖을 수 있어야 할 것입니다. "조국을 우리에게 맡겨 주십시요. 대한민국을 우리 그리스도 인에게 맡겨 주십시요. 우리 그리스도인들이 대한민국의 역사를 책임지고 이끌어 가겠읍니다." 이와 같은 책임과 사명에 불타는 기도가 우리 그리스도인들에게서 나올 수 있어야 할 것입니다.

오늘날 한국 교회가 이만큼 성장한 것을 자랑만 하기보다는 장성한 자로서 나라와 민족의 장래를 책임지고 나아가는 성숙한 그리스도인들이 되어야 하겠읍니다.

'내 민족을 내게 주소서.'

(87. 3. 1)

군대귀신에 미친 인간과 예수

설교본문/막 5:1-20

그 사람은 무덤 사이에 거처하는데 이제는
아무나 쇠사슬로도 맬 수 없게 되었으니 이는
여러 번 고랑과 쇠사슬에 매였어도 쇠사슬을 끊고
고랑을 깨뜨렸음이러라(막 5:3, 4)

오늘 우리가 살고 있는 현대를 가리켜 비틀거리는 시대, 불확실성의 시대, 소리는 있으나 대화가 없는 소외된 시대 등의 말을 하고 있읍니다. 이런 말들 속에서 우리는 오늘의 상황을 엿볼 수가 있읍니다. 그런데 그같은 상황에 걸맞는 대표적인 사람이 오늘 성경 말씀 가운데 나타나고 있읍니다.

오늘 본문 말씀에는 아주 생생하면서도 가슴을 섬뜩하게 하는 이야기가 나옵니다. 군대 귀신에 억눌린 사회와, 여기에 미친 인간 그리고 돼지 2,000마리와 예수님에 관한 이야기입니다.

예수께서 한 번은 갈릴리 바다를 건너 이방인들이 살고 있는 거라사 지방에 가셨읍니다. 거라사 지방은 유대인들이 가기를 꺼려하는 이방인들의 마을이었읍니다. 더우기 그곳은 돼지를 치는 마을로서 작은 마을에 돼지 수가 무려 2000마리나 될 정도였읍니다. 말하자면 백정의 마을이었던 것입니다. 민도는 낮았지만 경제적으로는 부유한 마을이었읍니다. 그리고 모두들 열심히 일하는 평화로운 마을이었읍니다.

그러나 이토록 평화스럽고 일에 열심인 거라사 마을에도 한 어두운 구석이 있었읍니다. 버림받은 한 인간이 마을 어귀 공동묘지에 살고 있었던 것입니다. 그는 미친 사람이었읍니다. 그가 하도 요란하게 소동을 피우자 동네 사람들은 그의 손과 발에 쇠고랑을 채우고, 온 몸을 쇠사슬로 묶어 놓았읍니다. 그러나 아무리 그렇게 해놓아도 그의 기운이 지나치게 셀 뿐만 아니라 난폭해서 쇠사슬을 풀고 행패를 부리기 일쑤인지라 동네 주민들은 그를 공동묘지에 격리시키기에 이르렀읍니다. 유대의 공동묘지는 석회암층의 동굴로 이루어져 있읍니다. 유대인들은 그 속에 시체를 두었읍니다. 거라사 마을의 어두운 면, 그것은 한 인간이 제 정신을 못차리고 미쳐 날뛰다 자유가 박탈된 채 쇠사슬에 묶여 있을 뿐만 아니라 더 나아가 비인간화된 상황으로 소외되어 있는 것이었읍니다.

우리는 이 사람을 바라보면서 그저 불쌍한 사람이라고 동정어린 눈길만 보낼 수 있는 사람들입니까? 과연 이 사람은 우리와는 판이하게 다른 사람이라고 단정하고 돌아서면 그만인 그런 사람입니까?

우리의 모습을 한번 살펴보십시다. 세계 도처에서 거라사의 불행한 단면은 노출되고 있읍니다. 그러한 가운데서 살고 있는 우리의 모습과 여기 미치광이의 모습, 그리고 예수 그리스도의 역사를 생각해 보십시다. 거라사 광인의 모습은 어떠했읍니까? 그의 불행을 세 가지로 생각할 수 있읍니다.

첫째, 그는 군대 귀신에 사로잡혀 있었읍니다.

미친 사람 속에 악령이 있음을 발견하신 예수께서는 악령을 쫓아 내려 하셨읍니다. 그러나 악령은 완강하게 나가기를 거절하였읍니다. 아니 오히려 더 난폭하게 광인을 다루었읍니다. 하도 악령이 거세게 날뛰자 예수께서는 그 악령에게 이렇게 물으셨읍니다.

이에 물으시되 네 이름이 무엇이냐 가로되 내 이름은 군대니 무리가
많음이니라(9절).

군대 귀신이란 군대와 같은 속성을 지닌 마귀란 뜻입니다. 군대 귀신에
사로잡힌 자는 제 정신을 차리지 못하고 미치광이로 살아가게 됩니다.

군대의 특성이라면 조직이 사람보다 우선이 되고, 힘이 바로 승리이며,
승리가 바로 정의로 통하는 것입니다. 또한 명령이 곧 진리로 받아들여지
는 것입니다. 즉 힘과, 조직과, 명령의 사고방식이 지배하는 사회가 곧 군
대사회라고 말할 수 있읍니다.

오늘 우리는 현대 사회를 가리켜서 산업 사회, 또는 기계화된 사회라고
말합니다. 산업 사회에서는 거대한 공장들이 움직입니다. 공장은 조직과
동력, 지시에 의해 움직여지는 것입니다. 이것은 산업 사회를 대표하는 특
징이라고 할 수 있읍니다. 토플러가 쓴「제3의 물결」이라는 책에서도 산업
사회가 발전하면 발전할수록 기계화, 전자화되고, 그럴수록 힘과 조직과
명령의 물결이 더 거세게 파도치게 된다는 것입니다.

산업화 시대를 살아 가는 대중은 움직임의 주체가 되지 못하고 거대한 공
장의 기계 부속품들처럼 조작될 따름입니다. 이는 부인할 수 없는 우리의
현실입니다. 몇몇 엘리트의 조작 대상으로 전락된 대중은 힘과, 조직과,
명령의 사고방식 속에서 모두들 제 정신을 차리지 못하고 있읍니다.

입이 있어도 말을 하고 싶지 않게 됩니다. 획일적인 힘의 구조 속에서는
개인의 자유나 신념을 거론할 분위기를 가질 수가 없기 때문입니다. 그렇
다고 할 때 군대 귀신에 억눌린 거라사 사회의 불행한 모습은 결코 우리의
사회와 다를 바가 없는 것입니다. 이것이 우리의 가슴 아픈 현실입니
다.

둘째, 그는 사람 대접을 받지 못하고, 짐승처럼 차별되고 소외되었읍니
다.

우리가 살고 있는 현대 사회 또한 인간이 인간으로서의 평등한 값어치를

지니지 못하고 '너와 나는 다르다'는 차별의식이 너무나 팽배해 있읍니다.

기독교는 이제껏 인간을 거라사의 미치광이로 만드는 모든 차별과 싸워 왔읍니다. 이런 투쟁은 예수를 따르는 교회의 본질적인 사명입니다. 역사를 돌이켜 볼 때, 남녀의 차별, 어린이의 차별, 인종의 차별, 빈부의 차별, 권력층과 대중의 차별 등 갖가지 차별에 대하여 기독교가 싸워 왔음을 알 수가 있읍니다. 기독교는 권력과 부에 발맞추어 춤춰 온 축제의 종교가 아니라 어려운 자의 소망이 되기 위해 끊임없이 피흘려 온 희생과 투쟁의 종교인 것입니다.

그렇기에 예수께서는 민족이 다르다고 멸시받는 이방인의 사회, 그것도 돼지 고기를 공급하는 백정의 마을에, 더 나아가 비인간화된 채 공동묘지에 버려진 한 소외된 인간을 찾아가 따뜻한 사랑을 나누어 주셨던 것입니다.

세째, 그는 언어를 잃었읍니다.

그 광인은 너무 오래 마을과 격리되어 있었기에 언어를 잊은 채 소리만 지르고 있었읍니다. 본문 5절을 보면 그 사실을 알 수 있읍니다.

> 밤낮 무덤 사이에서나, 산에서나 늘 소리지르며 돌로 제 몸을 상하고 있었더라.

어떤 이들은 현대를 가리켜 '대화가 단절된 시대'라고 말합니다. 부모와 자식간에, 남편과 아내 사이에, 이웃과 이웃간에 그리고 고용주와 근로자간에, 권력자와 국민간에 뭔가 답답한 것이 가운데 가로막혀 있는 시대입니다. 말이 통용되지 않습니다. 의사가 교환되지 않습니다. 말은 어느 때부터인가 상호 주고 받는 대화가 아닌 소리에 불과하게 되었읍니다. 이곳 저곳에서 그저 소리만 질러대는 것이 어쩌면 우리의 본 모습이 아니겠읍니까?

소리가 시끄러우면 쇠고랑에 묶어 컴컴한 동굴에 가두어 버립니다. 그곳은 죽음이 있는 공동묘지로 말을 잃은 사회이며, 쇠고랑에 얽매인 사회이고 격리된 사회입니다. 이러한 공동묘지는 2000년 전 거라사의 지방에만 있었던 것이 아니라, 2000년이 흐른 오늘의 문명 속에도 도처에 산재해 있읍니다. 이런 비극적인 상황을 대하며 현대인들은 고민하고 있는 것입니다.

그런데 우리가 주목하고 살펴보아야 할 것은 이러한 비극적인 상황을 살아 가는 거라사의 광인에게 예수께서 찾아 오셨다는 사실입니다. 여기서 우리는 인간 회복의 방법과 인간의 가치와 역할이 어떠해야 하는가를 배울 수 있읍니다.

그러면 예수께서 거라사의 광인에게 하신 일을 살펴보십시다.

첫째, 악령을 내쫓음으로 인간다운 인간으로 회복시켜 주셨읍니다.
예수께서 이미 저에게 이르시기를 더러운 귀신아 그 사람에게서 나오라 하셨음이라(8절).

예수께서는 거라사의 사람을 억누르고 있는 군대 귀신을 내쫓고자 하셨읍니다.

'귀신을 내쫓는다'는 말은 우리 민속 신앙에도 자주 나타나는 것입니다. 미신을 믿는 사람은 귀신을 내쫓기 위해서 점장이를 찾아가 알아 보고, 무당을 불러 굿을 합니다.

민속 신앙에서 말하는 귀신론은 그리스도교의 귀신론과 많은 차이가 있읍니다.

몇 년 전「뿌리 깊은 나무」에 실린 박수무당 김혜영씨의 글을 본 적이 있읍니다. 그 글에 의하면 사람이 죽으면 그 영이 가는 곳이 세 곳 있다고 합니다. 이 세상에서 떳떳하게 산 사람은 저승으로 가고, 보통으로 살다 죽은 사람은 여러 모습으로 환생하며, 세상에 한을 품고 죽은 사람은 떠돌이 영이 되는데, 이 영이 곧 귀신이 된다는 것입니다.

이 떠돌이 영은 자신의 한을 풀기 위해 세상 사람에게 붙어 재난을 일으키게 됩니다. 그래서 그 재난을 면하기 위해 한을 품고 세상을 떠난 사람들을 위로하는 사당을 짓게 되는 것입니다. 그러한 사당을 우리는 주변에서 쉽게 볼 수 있읍니다.

무당이란 떠돌이 영 중에서 힘센 떠돌이 영이 붙은 사람으로 보통 떠돌이 영 곧 귀신을 내어 쫓을 능력을 가지고 있는 자라 합니다. 그 능력은 힘센 떠돌이 영의 능력입니다.

무당들의 말에 의하면 절 근처에 가면 어깨춤이 나고, 교회 근처나 예수쟁이를 만나면 가슴이 움츠러든다고 합니다. 왜냐하면, 절 근처엔 똘만이 귀신들이 많고 예수쟁이들에게는 예수님의 능력이 있기 때문이라는 것입니다.

그러나 기독교의 귀신론은 다릅니다. 성경 중 창세기, 에스겔, 베드로후서, 유다서에서 기독교의 귀신론을 찾아볼 수 있읍니다.

그 말씀들에 의하면 하나님께서 우주 만물을 만드실 때 심부름꾼으로 만든 천사들 중 일부가 하나님을 배반하여 불순종함으로 타락하게 되는데 그 타락한 천사들을 가리켜 귀신이라 부릅니다. 곧 귀신들이란 하나님께서 창조하신 영들로서 타락한 존재들입니다. 이들 중 타락한 천사장을 마귀라 하고, 그 졸개들 곧 일꾼들을 귀신이라 합니다. 그리고 그 모두를 다 종합하여 악령이라고도 합니다.

그런데 인간은 결코 자력으로는 귀신을 쫓아낼 수가 없읍니다. 우주에는 자연계의 질서가 있읍니다. 흙, 광물들로 구성되는 제일 하위 계층, 그보다 조금 높은 식물 계층, 그 위에 동물 계층, 그리고 동식물과 자연을 정복하고 장악하는 인간이 있읍니다. 그렇지만 인간보다 더 영적 능력이 있고, 하나님의 심부름꾼으로 지음을 받은 존재가 있읍니다. 천사들입니다. 천사들 중 타락한 것들이 마귀이므로, 마귀는 인간을 장악할 수 있는 힘이 있읍니다. 그런 강한 힘을 지니고 있는 마귀들은 인간의 힘 만으로 이길 수 없읍니다.

그러면 우리 속에 파고 드는 마귀를 어떻게 이겨 나갈 수 있겠읍니까? 사도행전 1:8을 보면 "성령이 너희에게 임하시면 너희가 권능을 받고" 라는 말씀이 나타나 있읍니다. 권능이란 곧 마귀를 제압할 수 있는 힘을 말합니다.

그렇습니다. 성령께서 은사로 주시는 권능을 받을 때에야 비로소 마귀의 악행을 이길 수 있읍니다.

둘째, 거라사 광인의 인간적 가치를 회복시켜 주셨읍니다.

예수께서는 동네에서 버림받은 한 미치광이를 고쳐 주시기 위해서 무려 2,000마리나 되는 돼지를 희생시키셨던 것입니다. 미치광이에게 들었던 군대 귀신이 예수님의 권능을 이기지 못해 쫓기는 수밖에 없게 되자, 돼지떼 속으로라도 들어가게 해달라고 사정하였읍니다(12절).

이 말을 들으신 예수께서는 잠시 생각해 보셨을 것입니다. 떼거리 악령이 들어가려면 대략 2,000여 마리의 돼지가 희생될 것이라는 점을. 그리고 나서 예수님께서는 결단을 내리셨을 것입니다. 돼지를 구하려고 거라사 사람들이 버렸던 바로 그 사람을 구하기 위해 그 많은 돼지를 희생시킬 필요가 있다고 말입니다. 예수님의 생각과 사람들의 생각은 이렇게 차이가 납니다. 예수께서는 미쳐 버린 한 사람의 인간성 회복을 위해 그같은 희생을 단행하신 것입니다.

돼지 한 마리당 어림잡아 10만원으로 계산해도 2000마리면 2억원이라는 거액이 산출됩니다. 그래도 예수께서는 한 인간의 가치를 그보다 훨씬 존엄하게 보셨읍니다. 예수님의 허락을 받고 미치광이에게서 나온 악령은 돼지 2,000마리를 미치게 하여 바다에 빠져 죽게 만들었읍니다.

그러자 동네에서는 큰 소동이 일어났읍니다. 그리하여 그들은 예수께서 그 지경에서 떠나 주시기를 간청하기에 이르렀읍니다.

동네 사람들이 돈, 돈 하면서 인간을 돈으로 계산하고 있을 때 예수께서는 인간을 하나님의 형상을 입은 존재로 보시고 사랑하셨읍니다. 한 생명을 구하는 일이라면 2억 정도의 돈을 희생시키는 것은 문제도 되지 않았던 것입니다.

예수께서 거라사 광인에게 하신 세번째 중요한 일은 고침을 받은 그 광인에게 남기신 말씀에서 찾아볼 수 있읍니다.

본문 18절 이하를 보면, 배를 타고 떠나시려는 예수님께 고침받은 사람이 예수님을 따라가겠다고 나서는 것을 볼 수가 있읍니다. 예수께서는 이를 허락하지 아니하시고 이렇게 말씀하셨읍니다.

> 저에게 이르시되 집으로 돌아가 주께서 네게 어떻게 큰 일을 하셨는
> 가를 네 친족에게 고하라(19절).

즉 예수님으로 인하여 일어난 인간회복의 놀라운 사실을, 새로와진 삶을, 그리고 이러한 변화가 이 땅에서 이루어지고 있다는 기쁜 소식을 전하라고 명하신 것입니다. 이는 곧 네 마을에 들어가서 증인으로서 살라는 말씀입니다.

그렇습니다. 예수의 복음을 안고 내 집, 내 마을, 내 땅, 내 조국에 살면서 돈, 돈 하는 돼지의 마을을 인간의 마을로, 군대 귀신에게 억눌린 마을을 하나님의 나라로 만들어 나가는 것이 그리스도인의 삶의 임무입니다.

그리스도인은 환경의 도피자가 아닙니다. 문제 속에 들어가 개혁하고 새 창조를 이루어 내는 힘입니다.

제2차 세계 대전 중 나치 정권의 폭정에도 침묵만 지키고 있던 독일 교회를 일깨우고, 히틀러의 죄상을 공격하기 위해 자신의 영광스런 미래를 포기하고, 포화 속으로 뛰어든 본회퍼 목사님의 희생을 우리는 잘 알고 있읍니다. 그의 생명은 39세의 젊디 젊은 나이로 형장의 이슬이 되어 사라졌으나, 자신이 처한 환경을 도피하지 않고 문제 속에 뛰어 들어가 자신이 가야

할 방향과 목표를 분명히 알고서 긍지를 가지고 그 길을 걸었던 그야말로 진정 행복한 사람이었으며 또 성공한 목회자였음을 우리는 분명히 말할 수가 있읍니다.

참으로 우리의 교회는 악에 대해 귀를 막고 현실을 도피하는 교회가 아니라, 선으로 악을 이길 수 있는, 악보다 더 큰 진리의 소리, 정의의 소리, 자유의 소리, 복음의 소리를 외칠 수 있는 교회가 되어야겠읍니다.

거라사를 찾아 오실 그리스도 예수는 지금도 우리 속에서 약동하고 계심을 기억하십시요.

(82. 6. 20)

조국을 위해 울자

설교본문/마 23:37, 38 ; 눅 19:41-44

예루살렘아 예루살렘아 선지자들을 죽이고
네게 파송된 자들을 돌로 치는 자여 암탉이 그
새끼를 날개 아래 모음 같이 내가 네 자녀를
모으려 한 일이 몇 번이냐 그러나 너희가 원치
아니하였도다(마 23:37)

예수께서는 3년 반에 걸친 전도 여행을 마치실 무렵 마지막으로 유대의 수도인 예루살렘으로 올라가셨읍니다. 그리고 예루살렘에 도착하시자 예루살렘 성전에 올라가셨읍니다. 성전에 올라가시면서 예수께서는 예루살렘 성을 바라보시며 눈물을 흘리시며 이렇게 탄식하셨읍니다. 마태복음 23:37에 그 말씀이 나타나 있읍니다.

예루살렘아 ! 예루살렘아 ! 선지자를 죽이고 네게 파송된 자들을 돌로 치는 자여 암탉이 그 새끼를 날개 아래 모음 같이 내가 네 자녀를 모으려 한 일이 몇 번이냐 그러나 너희가 원치 아니하였도다.

그리고 누가복음 19:41에도 이와 같은 말씀이 나타나 있읍니다.

가까이 오사 성을 보시고 우시며 가라사대 오늘날 평화에 관한 일을 알았더면 좋을 뻔하였도다.

주님께서는 사랑하는 조국, 사랑하는 민족의 과거와 현재, 그리고 미래를 바라보실 때 우시지 않을 수 없는 애국심에 사로잡혀 있었던 것입니다.

성경을 보면 예수님께서 이 세상에 계실때 우신 기록이 세 번 나타나 있읍니다.

한 번은 요한복음 11:35에 나타나 있는 것으로, 베다니 동네에 사는 나사로라는 사람이 죽었을 때 그 소식을 듣고서 우셨읍니다. 이는 개인 비극의 중심에 찾아오셔서 함께 동정하시며 사랑을 나누시고 아울러 위로하시며 격려하시는 주님이심을 보여 주는 말씀이라고 하겠읍니다.

또 한 번은 마태복음 26:27에 나타나 있는 것으로, 겟세마네 동산에서 십자가를 앞두고 계실 때였읍니다. 이는 인류 구원을 위해 우신 것입니다.

마지막 세번째는 오늘 본문에 나타나 있는 것으로 조국을 생각하면서 애국의 눈물을 흘리신 것입니다.

사랑하는 교우 여러분! 31년전인 1950년 6월25일 주일 아침, 전국의 교회는 예배 중에 예기치 못했던 공산군의 남침 소식을 듣고 얼마나 탄식하며 통곡을 했읍니까? 교인들 뿐만 아니라 3천만 전 겨레가 비통의 곡성을 올렸읍니다. 한 민족, 한 혈족, 한 언어, 한 역사 속에서 살아온 동족이 남북으로 갈리어 싸워야만 했던 그 때 그 동족 상잔의 쓰라린 역사는 결코 우리의 기억에서 지워지지 않을 것입니다.

6.25로 인한 수난과 참상을 말하자면 교회와 교인들의 경우가 가장 극심했을 것입니다. 6.25의 참상에 관한 기록에 의하면 전쟁 중 파괴된 교회가 280여곳, 순교 또는 납치된 교역자 수가 250여명에 이르렀읍니다. 구체적으로 살펴보자면 6.25가 발발한지 3주후인 7월 16일 충남 논산에 들어온 인민군들은 병촌 교회를 습격해 예배드리고 있는 교인들을 무차별 학살하였읍니다. 이때 죽은 자가 66명으로 그 가운데는 유년주일학교 어린아이들이 21명이 포함되어 있었으며 엄마 품에 안겨 있다가 참변을 당한 유아만 5명이 되었읍니다. 같은 날 전남 영암군 영암교회에서는 83명이 인민군에 의해 사살당하였으며 그 중 24명의 시신이 교회 앞 뜰에 안장되었읍니다. 수복 후 당시 부통령이었던 함태영 목사님께서 친필로 비문을 적어 비를 세

왔는데 그 비문의 오른편에는 다음과 같은 글이 새겨져 있읍니다.

만세 반석 열리니 내가 들어갑니다. 빈손 들고 앞에 가 십자가를 붙드네.

그리고 왼편에는 이런 글이 씌어져 있읍니다.

오호라 ! 겨레의 어두움의 날. 6.25 ! 24성도여 ! 주님 오실 때까지 고이 기다리시라.

그리고 그 비의 후면에는 24명의 이름이 새겨져 있읍니다. 그뿐만이 아닙니다. 이북에서도 그같은 천인공노할 참상을 숱하게 찾아볼 수가 있읍니다. 우리 아군이 원산까지 진격해 올라갔던 그 해 10월10일, 인민군들은 원산 감옥에 수감되었던 죄수들을 모두 풀어 주면서 그 가운데서 끝까지 공산당에 굴하지 않았던 이도영 목사님을 비롯, 수십 명의 교인들을 방공호와 우물 속에 넣어 죽였읍니다.

이듬해 1.4후퇴 때는 재차 함흥에 들어온 공산군에 의해 2천여명의 기독교인이 함흥 부근에 있는 광산굴에서 질식사당하기도 하였읍니다. 그리고 평북 선천에서도 1천여 기독교인들이 학살당했다는 증언이 있읍니다.

참으로 6.25는 전국 방방곡곡에 그 비통의 곡성을 메아리치게 했던 것으로 전 민족의 쓰라리고도 처참한 참상이 아닐 수 없읍니다. 6.25로 인한 곡성의 메아리는 6.25가 지난 지 31년이 되었지만 아직도 우리의 가슴에 울려 퍼지고 있읍니다.

이처럼 우리 민족에게 눈물과 비극을 안겨 준 6.25를 31번째로 맞이하는 이때 우리는 얼룩진 조국의 역사를 바라보면서 흘리셨던 예수님의 눈물을 생각지 않을 수가 없읍니다. 우리도 주께서 조국의 현실을 바라보며 우셨던 모습처럼 우리의 역사, 우리의 조국을 바라보며 눈물을 머금을 수 있어야 하겠읍니다. 더우기 지금은 더더욱 그래야 할 필요가 있는 때입니다.

마태복음 5:4을 보면 예수님의 산상보훈의 말씀 중에 "애통하는 자는 복이 있나니 저희가 위로를 받을 것임이요"라는 말씀이 나옵니다. 여기서 위로를 받는다는 말은 곧 힘을 얻는다는 뜻입니다. 즉 나라를 위해 애통하는 마음이 있는 곳에 애국의 힘이 있게 됩니다. 애통하는 마음이 있는 그곳에 나라를 사랑하는 마음이 있고 애국의 열정이 있는 것입니다.

그러면 예수께서 조국을 위해 흘리셨던 그 애국의 눈물이 어떤 것인가를 생각해 보십시다. 그리고 우리가 흘려야 할 눈물은 어떤 것인가를 생각해 보십시다.

첫째로, 예수께서는 민족의 과거를 생각하시면서 눈물을 흘리셨읍니다.
예루살렘아! 예루살렘아! 선지자를 죽이고 네게 파송된 자들을 돌로 치는 자여! 암탉이 그 새끼를 날개 아래 모음같이 네 자녀를 모으려 한 일이 몇 번이냐 그러나 너희가 원치 아니하였도다(마23:37).
하나님께서는 특별히 이스라엘 백성을 사랑하셨읍니다. 그러기에 그들을 선택하셔서 선민으로 삼으셨읍니다. 그들이 애굽에서 노예살이를 하고 있을 때에 하나님께서는 그들을 구출해 내셔서 젖과 꿀이 흐르는 가나안 복지로 인도하셨읍니다. 그들이 나올 때 홍해가 그들의 앞을 가로막자 하나님께서는 홍해를 가르시사 한 사람도 피해를 당하지 아니하고 건널 수 있게 해 주셨읍니다. 그들이 목말라했을 때는 생수를 내어서 목을 축여 주셨읍니다. 그들이 굶주려 허덕일 때는 만나를 주심으로써 굶주린 배, 허기진 배를 채울 수 있게 해 주셨읍니다. 그들이 이방 민족과 싸울 때는 승리할 수 있는 지혜와 능력을 주셔서 항상 승리의 개가를 부를 수 있게 해 주셨읍니다. 이처럼 하나님께서는 이스라엘에 대해 특별한 사랑을 베풀어 주셨읍니다.

우리 민족도 이스라엘 못지 않게 축복을 받은 민족입니다. 구한말, 조국이 어두움에 빠져 들어가고 있을 때 복음이 들어와 이 민족을 비춰 주었으며 이 민족을 깨우쳐 주었읍니다. 삼십 육년간 이 민족이 일제의 학정 속을 살아나갈 때 복음은 이 민족의 희망이 되었읍니다. 그리고 하나님께서는 2차대전의 종결과 함께 이 민족에게 감격스런 해방을 가져다 주셨읍니다. 6.25의 참상 속에서도 하나님께서는 우리 민족을 저버리지 아니하시고 우리를 지켜 주셨읍니다. 그 후에도 숱한 역사의 소용돌이가 있었지만 하나님께서는 우리 민족을 지켜 주시고 지금까지 이끌어 오셨읍니다.

6.25당시의 미국의 대통령 트루만이나 국무장관 덜레스는 철저한 반공주의자들이었읍니다. 하나님께서는 우리 민족이 국토의 9할 이상을 잃어버리고 부산 한쪽 끝에 몰려 겨우 숨을 돌리고 있는 비참한 처지에 빠져 있을 때 그들의 마음과 세계 우방의 마음을 움직여서 공산주의자들을 격퇴할 수 있도록 해 주셨읍니다. 그래서 수복 후 이승만 대통령은 정동교회에서 첫 예배를 드릴 때 감격의 눈물을 흘리면서 하나님께 감사를 드렸다고 합니다. 이처럼 지나 온 우리 민족의 역사를 돌아볼 때 쓰러질 수밖에 없었고 깨어질 수밖에 없었던 우리 민족이었지만 하나님께서 지켜 주시고 살펴 주시며 인도해 주신 것을 볼 수가 있읍니다.

사도 바울이 고린도전서 15:10에서 "나의 나된 것은 하나님의 은혜라"고 고백한 것처럼 오늘 우리가 우리로서 생존할 수 있고, 우리의 조국 대한민국이 대한민국으로 존립할 수 있는 것은 오직 하나님의 은혜 때문임을 고백하지 않을 수가 없읍니다. 그리고 그 하나님의 은혜를 생각할 때 감사와 감격의 눈물을 흘리지 않을 수가 없읍니다.

6.25를 회상해 보십시오! 그리고 현재를 그 시절과 비교해 보십시오! 전쟁의 처참한 참화 속에서 이처럼 발전과 번영을 가져다 주신 하나님께 어찌 감사를 드리지 않을 수가 있겠읍니까? 31년전 피난의 봇짐을 들고 허기진 배를 움켜쥔 채 이리저리 헤매이며 방황했던 그날! 그러나 그 시련의 날들을 이기게 하시고 오늘을 가져다 주신 하나님. 우리는 주님께서 이스라엘의 과거를 바라보시면서 눈물을 흘리셨듯이 우리 자신의 지난날을 돌아보며 감격의 눈물을 흘리지 않을 수가 없는 것입니다.

둘째로, 예수께서는 하나님의 사랑을 모르고 죄악에 사로잡혀 있는 현재의 조국의 모습을 바라보며 눈물을 흘리셨읍니다.

과거를 바라보시면서 하나님의 은혜에 대한 감격의 눈물을 흘리신 예수님, 그러나 그처럼 하나님의 은혜를 받은 민족이 오늘 이와 같은 죄악 가운데 살아가고 있는 것을 바라보시게 되었을 때 예수께서는 다시 통탄의 눈물을 흘리지 않으실 수가 없었읍니다.

당시의 예루살렘을 생각해 보십시다. 그럼으로써 예수께서 예루살렘의 모습을 바라보시며 왜 눈물을 흘리셨던가를 생각해 보십시다. 당시 예루살렘은 정치적으로는 군인 출신인 빌라도가 총독으로 백성들을 휘어잡고 학정을 하고 있던 때였읍니다. 그야말로 식민지 종주국인 로마의 철저한 앞잡이로서 무단정치를 행사하고 있었던 때였읍니다. 그 앞에서 백성들은 두려워 감히 한 마디의 비판의 소리도 빌라도에게 던지지 못하였읍니다. 아니 그 자체도 용납되지 않았읍니다. 여기에다가 임금의 자리에 있었던 헤롯왕 역시 로마의 앞잡이로서 오직 자신의 권위를 세우기에만 급급했읍니다. 이런 판국에 세례 요한이 헤롯왕의 불의를 공격했으니 어찌 죽임을 당하지 않을 수 있었겠읍니까? 이처럼 예루살렘의 정치적 상황은 살벌하였고 학정이 판을 치고 있었읍니다.

문화적으로는 유대의 전통이 파괴되어지고 있었으며 헬라 문화의 영향이 강하게 작용하고 있었읍니다. 그래서 마치 오늘날 영어를 할 줄 알아야 문화인 행세를 하듯이 헬라어를 알아야 문화인 행세를 할 수 있는 그러한 시대였읍니다.

경제적으로는 빈부의 격차가 심하였읍니다. 관리들의 부정부패는 극에 달해 무엇이 부정이고 무엇이 부패인지 모를 정도까지 되었읍니다. 모든 사람이 저마다 독직 행위로 사리사욕을 채우기에만 급급하였던 사실을 우리는 성경을 통해서 찾아볼 수가 있읍니다.

당시 종교 지도자들은 어떠했읍니까? 그들은 집권자들, 부자들에게 아부하기에만 급급하였읍니다. 그리고 국민들의 아픔과 사회의 부조리를 외면한 채 안일한 생활을 추구하는 데만 모든 관심을 집중시켰읍니다. 한편으로는 바리새적 형식화·의식화 상태가 되어 있었으며 또 한편으로 사두개적 세속화 상태가 되어 있었읍니다. 그처럼 형식에 기운 바리새적 신앙과 세속에 빠진 사두개적 신앙은 민중들 가슴 속에 뜨거움을 줄 수 없는 대중적인 신앙으로서의 힘을 상실한 것이라 할 수 있읍니다.

그뿐만이 아니었읍니다. 대중의 여론 역시 집권자들에 의해 마음대로 조작될 수가 있었읍니다. 한 가지 예를 들자면 예수님께서 예루살렘에 입성하실 때 예루살렘의 모든 거민들이 "호산나! 다윗의 자손이여! 만세!"하며 예수님을 환영했읍니다. 그로부터 채 사흘이 못되어서 예수님께서 빌라도 법정에서 재판을 받게 되었읍니다. 마가복음 15장 말씀을 보자면 대제사장들이 백성들을 충동질했다고 했읍니다. 즉 백성들을 선동하는 공작을 폈던 것입니다. 그러자 백성들의 여론은 일순간에 달라지고 말았읍니다. 그토록이나 열광적으로 예수님을 환영했던 이스라엘 백성들! 그러나 그 때 그 환호의 입술은 온데 간데 없었읍니다. 도리어 빌라도의 법정에 모여있던 그 사람들은 집권자들의 선동 공작에 부화 뇌동하여 "예수를 죽이시오! 십자가에 못박으시오!"하고 외쳐대었읍니다. 이처럼 당시는 민중의 의사보다는 지배자의 의사가 여론을 장악하고 있었던 때였읍니다. 예수님께서는 이러한 예루살렘의 모습을 보시고 통탄해하시면서 눈물을 흘리셨던 것입니다.

성경에는 애국의 눈물들이 많이 기록되어져 있읍니다. 예레미야 선지는 조국을 바라보면서 얼마나 눈물을 많이 흘렸던지 그를 가리켜 눈물의 선지자라고 불렀읍니다. 이사야 선지는 멸망해 가는 조국의 모습을 바라보면서 통탄해하며 말하기를 "하늘이여 들으라! 땅이여 귀를 기울이라! 여호와께서 말씀하시기를 내가 자식을 양육하였거늘 그들이 나를 거역하였도다"라고 말하였읍니다. 이는 곧 "내가 자식처럼 양육하였던 그 백성들이 나를 거역하고 죄악 가운데 살아가고 있지 아니한가!"라고 통탄해하는 것입니다. 예수님의 통탄 역시 "암탉이 그 새끼를 날개 아래 모음 같이 내가 네 자녀를 모으려 한 적이 몇 번이냐 그러나 너희가 원치 아니하였도 다"라는 것이었읍니다. 하나님의 특별한 사랑을 받은 민족이 하나님의 뜻 을 저버리고 사는 모습을 바라볼 때 예수께서는 눈물을 흘리지 않으실 수 없 었던 것입니다.

예루살렘을 바라보시며 눈물을 흘리셨던 그 주님께서 오늘 이 시간에 우 리 가운데 오셔서 우리의 삶과 우리의 현실을 바라보신다면 과연 웃으실까 요? 아니면 우실까요? 예수님께서 만약 우리 가운데 오셔서 우리의 현실 을 바라보신다면 예루살렘의 모습을 바라보시며 흘리신 눈물이 오늘 이 시 간에도 흘러내릴 것이 분명합니다. 적어도 예수를 따르는 그리스도인의 눈에는 이와 같은 눈물이 흐를 수 있어야 합니다. 즉 현실의 모습을 바라보 며 애통해 하는 애통의 눈물을 흘릴 수 있어야 하며 하나님의 공의로운 뜻 이 이루어지기를 간구하는 기도의 모습이 있어야 합니다.

도산 안창호 선생님의 말 가운데 "나의 가슴에는 3천만 겨레의 숨결이 고 동치노라"는 귀한 말씀이 있읍니다. 오늘 7백만 한국의 그리스도인들 역 시 한 사람 한 사람의 가슴 속에 오늘의 역사를 책임지고자 하는 마음이 있 을 수 있어야 하며 이 민족의 숨결을 품고자 하는 마음이 있을 수 있어야 합 니다. 예루살렘의 현실을 안고 몸부림치시던 예수님의 그 눈물이 오늘 우 리들에게도 있어야 합니다.

사랑하는 교우 여러분! 그래도 초기의 한국의 기독교는 민족의 고통에 참여하면서 민족의 역사를 지키기 위해 애국의 눈물을 흘린 많은 그리스도 인들이 있었읍니다. 서재필 박사, 김구 선생, 김규식 박사, 안창호 선생, 이승훈 선생, 조만식 선생 등은 애국의 눈물을 뜨겁게 흘렸던 초기 한국의 그리스도인 지도자들이었읍니다. 과연 우리에게도 이러한 눈물이 흐르고 있는지요.

세째로, 예수님께서는 풍전등화 같은 조국, 즉 예루살렘의 장래를 바라 보시면서 눈물을 흘리셨읍니다.

마태복음 23:38을 보면 "보라 너희 집이 황폐하여 버린 바 되리라"는 말씀이 있고 누가복음 19:43, 44을 보면 "그 날이 이를지라 네 원수들이 토성을 쌓고 너를 둘러 사면으로 가두고, 또 너와 네 가운데 있는 네 자식들을 땅에 메어치며 돌 하나도 돌 위에 남기지 아니하리라"는 경고의 말씀이 나타나 있읍니다. 예루살렘의 회개를 촉구하면서 만약 예루살렘이 회개치 아니할 때는 곧 이와 같이 멸망하리라는 것을 경고해 주는 말씀인 것입니다.

그럼에도 불구하고 예루살렘은 주님의 그 눈물어린 경고를 듣지 않았읍니다. 그로 말미암아 드디어 주후 70년 예루살렘은 로마의 대장 디도의 침략을 받고 멸망당하고 말았읍니다. 그리고 황폐하게 되었읍니다. 그 후 이스라엘 백성은 예루살렘에 살지 못하고 세계 각지로 뿔뿔이 흩어져 이천년 동안이나 나라 없이 세계 속에 유랑하며 살게 되었읍니다.

우리의 장래를 생각해 보십시다. 먼저 우리의 마음을 돌아보건대 예측하기 어려운 생각의 변화를 자주 겪습니다. 국제적 소용돌이는 너무 거세서 숨돌리는 것조차 어려울 지경입니다. 그런 가운데서 우리의 마음 속, 우리의 생활 속에는 '나라는 어떻게 되든 나만은 잘되겠다', '나라는 망해도 나는 살겠지'하는 어리석은 소시민적 사고방식이 점차 침투해 들어오고 있읍니다.

월남 사람들을 생각해 보십시다. 자기들의 나라가 막상 망하게 되자 나만은 살겠지 하는 생각을 가졌던 그들. 결국 그들은 공산 치하 속에서 살지 못하고 작은 배를 타고 동지나 해안에서 이리저리 유리하며 구조의 손길을 바라지 않았읍니까? 우린 그들의 그러한 모습을 잘 알고 있읍니다.

이 나라엔 7백만의 그리스도인이 있읍니다. 그들은 어느 누구보다도 민족과 함께 고통을 당하며 민족과 마음을 함께할 수 있는 사람들로, 그들을 통하여 그리고 그들을 중심으로 하여 민족 공동체 의식이 형성되어질 수 있어야 합니다.

우 리 그리스도인들에게는 두 가지의 시민권이 있읍니다. 하나는 하나님 나라의 국적이고 다른 하나는 대한민국이라는 국적입니다. 이 두 가지의 국적을 어우러지게 해서 "나라이 임하옵소서 뜻이 하늘에서 이루어진 것같이 땅에서도 이루어지이다"라는 주님의 기도문처럼 하나님의 나라가 이 땅 안에서도 이루어지도록 7백만 그리스도인들은 이 민족의 역사를 책임지는 사명을 가져야 합니다. 그래서 삼천리 금수강산에 하나님 나라의 믿음, 소망, 사랑을 심을 수 있어야 합니다.

그리스도인은 역사의 방관자가 아닙니다. 그리스도인은 역사의 도피자도 아닙니다. 그리스도인은 민족의 역사를 책임지고 이끌어가야 할 이 민족의 주인입니다. 그리스도인에게는 민족의 역사를 책임져야 할 사명이 있읍니다. 대한민국의 역사가 어떻게 전개되느냐 하는 것은 바로 오늘 그리스도인 한 사람 한 사람의 삶에 달려 있는 것입니다. 그러므로 우리 모두는 우리 주님께서 십자가를 지고 골고다 산상을 향하여 올라가셨듯이 얼룩지고 상처받은 이 민족의 역사를 걸머지고 한 걸음 한 걸음 나아갈 수 있는 그리스도인이 되어야 합니다. 그렇게 되기 위해서는 먼저 이 나라 이 민족의 가슴 가슴 속에 하나님 나라 곧 그리스도의 복음을 심는 그리스도인이 될 수 있어야 합니다. 그럴 때 우리는 이 민족의 역사를 더욱더 적극적으로 책임질 수 있는, 민족 역사에 대한 사명을 더욱더 잘 감당할 수 있는 위치에 서게 될 것입니다.

(81. 6. 28)

오늘에 말한다

설교본문/사 1:1-4 ; 18-23

하늘이여 들으라 땅이여 귀를 기울이라
여호와께서 말씀하시기를 내가 자식을
양육하였거늘 그들이 나를 거역하였도다(사 1:2)

본문의 말씀은 하나님께서 이사야 선지를 통해서 약 2700년 전에 하신 말씀입니다. 그러나 이 말씀은 오늘을 사는 우리에게도 깊은 교훈을 주는 것입니다.

구약에 나타난 선지자의 직분은, 하나님의 뜻을 백성들에게 전달하고, 백성의 죄악에 대해 책망하며, 위기가 다가올 때 백성들에게 경고하는 것이었읍니다. 또한 고난 중에 사는 백성에겐 희망을 안겨 주고, 믿음으로 사는 자에겐 격려와 축복을 주는 것이었읍니다. 이사야 선지 역시 이와 같은 직분을 가지고 있었읍니다. 그가 살던 당시의 시대상을 가만히 살펴보면 우리가 살고 있는 이 시대와 유사한 내용이 너무나도 많이 있는 것을 볼 수가 있읍니다.

첫째로 당시 유대 나라는 우리 나라처럼 남·북으로 분단되어 있었읍니다. 남왕국은 예루살렘을 중심으로 유다라는 국명을 쓰고 있었고, 북왕국은 이스라엘이라는 국호를 가지고 있었읍니다. 그 당시 이사야 선지는 남왕국의 수도 예루살렘을 중심으로 선지 활동을 하고 있었읍니다.

둘째로 당시 국제 정세를 살펴보면 북쪽에는 앗수르라는 강대국이, 남쪽에는 애굽이라는 강대국이 진을 치고 있었읍니다. 남·북으로 나뉘어져 있던 이스라엘은 두 강대국의 완충 지대에 놓여 있는 형편이어서 언제 양대 세력의 침략과 충돌이 일어날지 모르는 불안정한 상태 가운데 처해 있었읍니다.

세째로 정치적으로도 불안한 시대였읍니다. 이사야가 살고 있던 남왕국 유다에는 정변이 계속 일어나, 이사야가 활동하는 동안만 해도 웃시야왕, 요담왕, 아하스왕, 히스기야왕 등 왕이 무려 네 번이나 바뀔 정도였읍니다.

왕이바뀔 때마다 정치는 예외없이 심한 파동을 겪어야 했읍니다. 사회질서는 갈수록 문란해졌고 불의와 부패는 이루 표현할 수 없을 정도로 횡행하여 갔읍니다. 국민 경제 또한 점점 어려워졌고 민심은 흉흉하기 이를 데 없었읍니다.

네째로 이러한 때 지도자들은 분열되어 있었읍니다. 서로 제 살 길만 찾기에 급급해 수단과 방법을 가리지 않고 자신들의 배만 불리는 데 미쳐 있었읍니다.

어떤 지도자들은 애굽과 유다의 강화를 주장하는 친애굽파였고 어떤 지도자들은 북왕국이나 앗수르와 화친해야 한다고 주장하는 통일파였으며 또 다른 어떤 지도자들은 타국과의 어떠한 협상 없이 오직 민족 스스로 살 길을 찾아야 한다는 민족주의자들이었읍니다. 이처럼 유다의 지도자들은 뿔뿔이 나뉘어져 있었던 것입니다.

이러한 시국에 이사야 선지는 예루살렘의 지도층, 권력자들, 백성들을 향해 탄식과 책망의 외침을 발하게 되었읍니다. 오늘 우리는 이 이사야의 외침을 우리를 향한 말씀으로 들을 수 있어야 하겠읍니다.

먼저 이사야 선지의 예루살렘 지도자들을 향한 책망의 외침에 귀를 기울여 보십시다.

첫째, 그는 무엇보다 먼저 그들이 하나님을 저버리고 사는 것을 통탄해 했읍니다.

> 하늘이여 들으라 땅이여 귀를 기울이라.
> 여호와께서 말씀하시기를
> 내가 자식을 양육하였거늘
> 그들이 나를 거역하였도다(1:2).
> 슬프다 범죄하는 나라요
> 허물진 백성이요
> 행악의 종자요
> 행위가 부패한 자식이로다.
> 그들이 여호와를 버리며
> 이스라엘의 거룩한 자를 만홀히 여겨
> 멀리하고 물러갔도다(1:4).

이스라엘 백성은 어떤 민족입니까? 하나님의 선택함을 받은 민족입니다. 하나님의 크나큰 은혜를 입은 백성입니다. 즉 하나님께서는 그들을 애굽의 노예살이에서 구출해 주셨을 뿐만 아니라 광야 40년 생활 동안 먹을 양식과 마실 물을 주셨고 가나안 땅을 점령케 하셨으며 나라를 세우도록 해 주셨읍니다. 그리고 다윗과 솔로몬의 성대에 가서는 영화를 누리도록까지 해주셨읍니다. 이렇게 해서 어느 정도 살 만큼 되자 그들은 이제 하나님을 저버리고 남북으로 나뉘어 서로 싸움만 일삼게 되었읍니다.

그러면 우리의 형편은 어떠합니까? 우리 나라의 지난 반세기를 생각하면 생각할수록 우리는 우리 민족이 어느 민족보다도 하나님께 더욱 감사해야 할 민족임을 깨닫게 됩니다. 하나님께서는 어둠이 짙을 대로 짙은 이조 말에 이 민족으로 하여금 복음을 받아들이게 하심으로 이 민족을 깊은 잠에서 깨어나게 해 주셨읍니다. 우리 민족에게 악몽의 시기였던 36년간의 일제 학정 하에서도 하나님께서는 이 민족을 잊지 않으시고, 교회로 하여금 민족의 희망이 되게 하셨읍니다. 또한 하나님께서는 6·25의 몸서리쳐지는 참화를 극복할 힘을 주셨으며 때마다 시마다 우리 민족을 위기 가운데 버려 두지 아니하시고 이 민족의 파수꾼이 되어 주셨읍니다.

그러나 지금, 우리들의 마음 중심에 얼마나 하나님의 뜻이 살아 움직이고 있읍니까? 군사적으로는 미국에, 경제적으로는 일본에, 석유 확보를 위해서는 중동에 기댈 수밖에 없는 우리의 처지입니다. 이런 상황 속에서 우리는 참으로 "하나님이 보우하사 우리 나라 만세"를 외칠 수 있어야 하겠읍니다.

그러나 하나님의 도움을 구하기 전에 먼저 도움을 받을 만한 가치가 있는 국민이 되어야 합니다. 도움을 받을 만한 가치가 있는 국민이 되기 위해서는 먼저 하나님을 찾아야 합니다. 이는 마태복음 6:33에 "너희는 먼저 그의 나라와 그의 의를 구하라 그리하면 이 모든 것을 너희에게 더하시리라"고 말씀해 주셨기 때문입니다.

둘째, 이사야 선지의 탄식은 신실하던 성읍이 어찌하여 창기가 되었느냐(1:21)는 것이었읍니다.

신실하던 성읍이

어찌하여 창기가 되었는고.

즉 부부처럼 서로 믿고 의지하고 서로 협조하며 살던 예루살렘 백성이 지금은 서로 배신하고 자기 안일만 위해 기회만을 엿보는 믿을 수 없는 백성, 사회가 되었음을 통탄하는 말씀입니다. 이를테면 이 남자, 저 남자를 닥치는 대로 상대하는 지조 없는 여인처럼 되어 버리고 말았다는 것입니다.

요즘 우리는 허탈감에 빠져 살아 가고 있읍니다. 대체 누구를 믿고 의지하며 살 수 있단 말입니까? 서로가 서로를 속이고, 배신하고 기회만 있으면 이용하려고 하는 이 시대인데 도대체 무엇을 신뢰할 수 있겠읍니까? 문자 그대로 우리는 불신의 시대에 살고 있읍니다.

네 은은 찌끼가 되었고, 너의 포도주에는 물이 섞였도다 (1:22).

이사야 선지 당시 은은 찌끼와 더불어 비순수 물체로 거래되고, 술은 진품이 아닌, 물이 섞인 가짜가 판을 치고 있었읍니다. 무엇이 진실인지 신문을 아무리 보아도, 방송을 아무리 들어도 확인할 길이 없는 우리의 현실이 그와 다를 바 없을 것입니다. 참으로 무엇이 참되고 무엇이 거짓된 것인지 알 길이 없읍니다. 그로 말미암아 우리들 마음 마음 속엔 언제부터인가 불신이 지울 수 없는 문신처럼 새겨지게 되었읍니다. 참으로 가슴을 치며 통곡할 일이 아닐 수 없읍니다.

우리의 당면 과제는 우리의 생활 속에, 우리의 사회 속에 신뢰를 회복시키는 일입니다. 지도자는 국민을 믿을 수 있고 국민은 지도자를 믿을 수 있는 관계가 이루어져야 합니다. 그리고 국민 서로간에도 전적으로 믿을 수 있는 관계가 회복되어 불신의 장막이 걷히고 신뢰의 새 빛이 밝아오도록 해야 합니다.

세째, 이사야의 책망은 정의에 관한 것이었읍니다.

공평이 거기 충만하였고

의리가 그 가운데 거하였었더니

이제는 살인자들 뿐이었도다(1:21).

정의가 없었읍니다. 질서가 없었읍니다. 옳고 그름 또한 없었읍니다. 그리고 '함께 잘살아 보자'가 아니라 '너 죽고 나 살자'는 식의 논리가 종횡무진 날뛰고 있었읍니다. 이를테면 약육강식의 살벌함만이 감돌고 있었다는 것입니다.

여호와께서 그 백성의 장로들과 **방백**들을 국문하시되 포도원을 삼킨 자는 너희며 가난한 자에게서 탈취한 물건은 너희 집에 있도다. 어찌하여 너희가 내 백성을 짓밟으며 가난한 자의 얼굴에 맷돌질하느냐 (3:14, 15).

부패는 한층 심화되었읍니다.

네 방백들은 패역하여 도적과 짝하며 다 뇌물을 사랑하며 사례를 구하며(1 :23).

이사야 선지는, 있는 자에게는 굽신거리며 없는 자는 경멸하는 불공평한 사회풍조를 탄식하였읍니다.

고아를 위하여 신원치 아니하며 과부의 송사를 수리치 아니하는도다 (1: 23).

네째, 이사야는 또한 개인주의의 만연에 대해서 탄식하였읍니다.

여호와께서 또 말씀하시되

시온의 딸들이

교만하여 늘인 목, 정을 통하는 눈으로 다니며

아기죽거려 행하며 발로는 쟁쟁한 소리를 낸다

하시도다(3:16).

3:18-23의 말씀을 보면 여인들의 귀금속 장식품이 20여가지나 나오고 있읍니다. 부유한 여인들은 그런 장식품들을 걸치고 다니는 반면 가난한 사람들은 끼니도 제대로 잇지 못해 말이나 소똥을 구워 먹어야 했읍니다. 그래서 이사야는 더욱 더 탄식하였읍니다.

소는 그 임자를 알고 나귀는 주인의 구유를 알건마는 이스라엘은 알지 못하고 나의 백성은 깨닫지 못하는도다(1:3).

모든 백성들이 하나님을 알지 못할 뿐만 아니라 이웃에 대해서도 서로 알지 못하였읍니다. 이사야 선지는 자기만 알고 자기만 생각하는 그러한 시대를 탄식한 것입니다. 즉 그들은 남을 이해하고 포용하고 사랑할 줄 아는 마음을 잊은지 오래 되었읍니다.

최인훈씨의 작품 중에 「광장」이라는 소설이 있읍니다. 광장에 숱한 사람들이 모여 있읍니다. 그리고 그 광장에 모인 사람들은 모두 자기라는 어떤 조그만 밀집을 만들어 두고 있읍니다. 그러나 밀

집을 만들지 못한 주인공은 결국 자신이 설 자리를 얻지 못한 채 죽어 가게 되며 그렇게 해서 소설은 끝이 나게 됩니다.

우리 시대가 꼭 그런 것 같습니다. 개인주의가 팽배한 이 시대의 사람들은 저마다 자기의 아성을 만드는 데 급급합니다. 너와 내가 함께 사는 사회가 아닌 나만 사는 사회를 만들겠다고 하는 아우성이 도처에서 터져 나오고 있읍니다. 그래서 현대의 생활은 고독의 절정에 달해 있읍니다.

하나님을 저버린 백성은 신뢰성이 없고, 정의가 없고, 사랑이 없읍니다. 이사야 선지는 그와 같은 시대를 사는 유다 예루살렘의 지도자와 권력가, 백성들을 향해 어떻게 처신해야 옳은가를 가르쳐 주고 있읍니다.

> 오라 우리가 서로 변론하자 너희 죄가 주홍 같을지라도 눈과 같이 희어
> 질 것이요 진홍 같이 붉을지라도 양털 같이 되리라 너희가 즐겨 순종
> 하면 땅의 아름다운 소산을 먹을 것이요(1:18, 19).

먼저 '오라'고 했읍니다. 이는 인간의 이기적인 삶의 길에서 벗어나 하나님 앞으로 나오라는 것입니다.

구약의 다윗 왕조 시대를 살펴보십시다. 다윗은 임금의 자리에 있을 때 정치적으로 여러가지 위기의 국면에 접하였읍니다. 처음엔 사울 집안의 반발에 부딪쳤고 다음엔 아들 압살롬의 반란을 겪게 되었읍니다. 그뿐 아니라 이방 사상으로도 혼란에 빠지게 되었읍니다.

그러한 가운데서일지라도 다윗은 자신의 정치 경륜을 힘에서가 아니라 하나님을 경외하는 데서 찾았읍니다. 그 때 그가 지은 시 중 시편 33:16, 18에 이런 말씀이 있읍니다.

> 많은 군대로 구원 얻은 왕이 없으며 용사가 힘이 커도 스스로 구하지 못하
> 는도다.
> 여호와를 경외하는 자 곧 그 인자하심을 바라는 자를 살피사 저희 영혼을
> 사망에서 건지시며 저희를 기르시매 살게 하시는도다.

미국의 신학자 라인홀드 니버는 "카나다를 중심으로 한 북미는 사회가

안정되고 잘 사는 데 반해 중남미는 정변이 자주 일어나고 사회가 혼란스러우며 못사는 이유는 무엇인가?"라고 의문을 제기하며, 북미와 남미를 비교하여 그 이유에 대한 답을 제시한 바 있읍니다.

그는 건국의 배경이 다른 점이 그 이유라고 답을 제시합니다. 북미는 신앙의 자유를 찾아온 청교도들이 건국의 바탕을 이루고 있는 반면에, 남미는 군대를 동원하여 장사를 하거나, 금덩이를 찾기 위해 혹은 노예를 부려 농장을 경영하기 위해 이민해 온 사람들이 그 바탕을 이루고 있읍니다. 북미가 하나님의 축복을 받은 사실은 역사가 증명합니다. 신앙은 국민 정신을 바로 일으키는 힘입니다.

여호와로 자기 하나님을 삼은 나라 곧 하나님의 기업으로 빼신바 된 백성
이 복이 있도다(시 33:12).

이스라엘을 보십시오. 그 나라는 우리와 너무도 많은 공통점을 가지고 있읍니다. 그 나라 역시 1945년에 해방되어, 1948년 정부가 수립되었읍니다. 그리고 우리와 마찬가지로 자원이 없는 약소국가입니다.

그러나 건국 34년간 한 번도 헌정을 중단한 적이 없으며 과도기란 이름으로 안보를 내세워 정권을 연장시킨 적도 없읍니다. 비상시국이란 이름으로 국회를 마비시킨 적도 없읍니다. 왜 그렇습니까? 그 원동력을 어디서 찾을 수 있읍니까? 이는 하나님을 경외하는 신앙 정신에서 찾을 수 있읍니다. 1948년 5월 14일 약 2000년만에 처음으로 독립국가를 이루면서 이스라엘의 초대 수상 벤 구리온은 독립선언문 서두에 다음과 같이 밝혔읍니다.

"전능하신 하나님을 믿는 마음을 가지고 이 선언문에 서명한다."

하나님을 경외하고 두려워하며 그의 뜻을 찾는 나라가 자유와 정의와 평등을 지켜갈 수 있읍니다. 오늘 우리에게 필요한 것은 바로 이것입니다. 우리는 우리의 역사를 책임져야 할 위치에 있읍니다. 대한의 역사를 지켜나갈 뿐만 아니라 대한의 역사로 하여금 하나님을 두려워하게 하고 하나님을 믿게 하며 하나님의 뜻을 국가의 바탕으로 삼게 할 책임이 있읍니다.

다음으로 '변론하자'고 했읍니다. 이는 충분히 서로 말해 보고, 자유롭게 이야기를 나누어 보자는 말입니다. 성숙한 대화를 가지자는 뜻입니다. 하나님의 말씀을 충분히 듣고, 들을 뿐만 아니라 또한 충분히 말해 보라는 말씀입니다. 대화의 성숙이 무엇보다도 필요합니다.

먼저는 하나님과의 대화가 있어야 합니다. 하나님과의 대화는 성경 말씀을 통해 할 수 있읍니다. 그리고 사람 사이에도 충분하고 솔직한 대화가 있어야 합니다. 특별히 국민들 상호간에 그리고 지도자들과 국민 사이에 대화가 있어야 합니다. 그러기 위해서는 언론과 표현의 자유가 보장되어야 합니다. 들을 귀만 강요하는 것이 아니라 말할 입을 열어 주어야 합니다.

세번째로 '순종하라'고 했읍니다. 순종은 부름에 대한 응답이며 결단과 선택입니다. 신앙은 생각이나 말로 끝나서는 안됩니다. 삶 속에 구체적으로 표현되어야 합니다. 창세기 12:1을 보면 하나님께서는 "집을 떠나 내가 지시할 땅으로 가라"고 믿음을 구체적인 행동으로 요구하십니다. 과거에서 떠나는 삶, 하나님의 뜻을 향해 새롭게 나아가는 삶을 요구하십니다.

오늘 우리도 이사야 선지가 예루살렘을 향해 외쳤던 "오라 ! 변론하자 ! 순종하라 !"는 말씀을 우리의 마음에 간직하며 살아 갑시다.

(82. 3. 28)

해방과 자유

설교본문/갈 5:1-15

그리스도께서 우리로 자유케 하려고 자유를
주셨으니 그러므로 굳세게 서서 다시는 종의
멍에를 메지 말라(갈 5:1)

이 말씀을 중심하여 광복의 주일 아침 "해방과 자유"라는 제목으로 하나님의 말씀을 생각하고자 합니다. 하나님께서 이 시간 성령으로 오셔서 우리 심령 가운데 말씀하여 주시고 주님 앞에 신령과 진정으로 예배드리는 사랑하는 성도 여러분에게 크신 은혜와 축복을 주시는 시간이 되기를 바랍니다.

1919년 4월, 전국적으로 3.1독립만세 운동이 파급되고 있을 때였읍니다. 전라북도 이리시 근처에 있는 남정리 교회에 출석하고 있던 문정관이라는 한 교인이 이리 역전에 갑자기 나타나서 오른손으로는 태극기를 흔들며 왼손으로는 단검으로 자기 배를 찌르며 할복 자살하였읍니다. 그러면서 소리 높여 "여러분! 이 붉은 피로 나라를 세우십시다" 하고 외쳤읍니다. 그의 무덤 비문에는 지금도 요한복음 12:24의 말씀이 기록되어져 있읍니다. "한 알의 밀이 땅에 떨어져 썩지 아니하면 한 알 그대로 있고 죽으면 많은 열매를 맺느니라."

　그토록 목메어 외치며 피를 흘리며 쟁취하려 했던 대한독립만세를 실현한 지 어언 36년이 되었읍니다.　반만년 역사에 비하면 짧은 기간이지만 그러나 지난 36년 동안 우리는 힘겨운 역사의 언덕을 올라왔읍니다.　여러가지 시련과 고통의 연속 속에서 우리는 때로는 눈물을 흘려야 했고 때로는 비극의 참회 속에 방황하여야 했으며,　때로는 어찌할 바를 알지 못하여 가슴을 쳐야 할 때도 있었읍니다.　6.25사변과 4.19,　5.16 양대 혁명,　유신체제와 10.26사태 등 숱한 정치적인 소용돌이 속에서 지칠대로 지쳐 온 36년이었읍니다.

　이와 같이 역사의 소용돌이 속에 살아온 우리이지만 그래도 우리는 자유 대한을 지키기 위해서 이 속에서나마 새 나라를 이룩할 꿈을 안고 노력해 온 것도 사실입니다.

　그 동안 우리는 36년 동안 독립을 외쳐 왔읍니다.　그러나 독립을 쟁취하기에는 너무나 외세의 영향이 컸읍니다.　자유를 외쳐 왔읍니다.　그러나 자유를 누리기에는 너무나 속박이 많았읍니다.　정의로운 사회를 외쳐 왔으나 정의로운 사회를 구현하기에는 너무나 불의로운 것들이 우리의 사회 속에 많았읍니다.　아니,　우리 자신이 그 속에 묻혀 살아오지 않았나 생각되어집니다.

　여러가지 속박과 갈등과 방황 속에 살아온 36년,　오늘 그 광복 36주년을 맞이하는 해방의 주일날 아침 다시 한번 해방 곧 자유의 의미를 생각해 보면서 그리스도인의 삶이 어떠해야 할 것인가를 발견할 수 있는 시간이 되시기 바랍니다.

　먼저 첫번째로 생각하고 넘어가야 할 것이 있읍니다.　그것은 인간은 자유를 지닌 인격적인 존재라는 사실입니다.　하나님께서 인간을 창조하실 때 자기 형상대로 인간을 만드셨다고 말씀하셨읍니다.　이는 곧 하나님께서 창조주이신 것처럼 우리 인간들에게 창조적인 능력을 주셨다는 말씀입니다.　하나님께서 자유로우신 것처럼 우리 인간들에게 자유를 심어 주셨다는 말씀입니다. 그러한 점에서 인간은 다른 동식물과 달리 창조되어졌다고 할 수 있읍니다. 식물들은 주어진 환경 속에 뿌리를 내리고 살아야만 합니다. 짐승들은 주어진 먹이 환경 속에서 살아야만 합니다. 그래서 짐승들이 모를 심는다든지 곡식을 심는다든지 또는 농사를 짓는다든지 할 수 없는 것입니다. 그러나 인간은 어떻게 살아야 할 것을 스스로 선택할 수 있고 스스로 창조할 수 있고 스스로 개척해 나갈 수 있읍니다. 이와 같이 우리 인간이 자유의 존재로 창조된 것은 너무나도 감사한 일이라 아니할 수 없읍니다.

오늘 본문 말씀 갈라디아서5:1절에서도 "그리스도께서 우리로 자유케 하려고 자유를 주셨으니"라는 말씀이 나타나 있읍니다. 우리는 자유의 존재입니다. 선택의 자유권을 가지고 있읍니다. 따라서 스스로 자기 삶을 개발할 수 있읍니다. 즉 창조의 능력을 발휘하며 살 수 있는 인간이란 말입니다.

그러나 문제가 생겼읍니다. 이와 같이 자유의 존재로 선택함을 받은 인간이 자기의 자유를 누릴 수 없는 지경에 빠지게 되었읍니다. 선택권을 지닌 인간이 더 이상 자유롭게 선택하지 못하게 되었읍니다. 창조력을 지닌 인간이 자기의 창조 능력을 마음대로 발휘할 수 없게 되었읍니다. 그러면 어쩌다가 이와 같은 눌림과 속박의 상태가 우리의 마음과 우리의 삶을 주장하게 되었읍니까?

이와 같은 형편을 가리켜서 성경은 종의 멍에를 메고 있다고 말합니다. "종의 멍에." 우리 모두가 다 종의 위치에 있고 또 이 종은 무거운 짐을 메고 있기 때문에 이 무거운 짐을 벗어 던지기 전에는 자유할 수 없다는 말씀인 것입니다. 종의 멍에를 메고 있는 연고로 우리는 자유를 누리지 못합니다. 하나님께서는 우리 인간에게 자유를 주셨읍니다. 그러나 인간 스스로가 종의 멍에를 메고 있기 때문에 하나님께서 주신 자유를 누리지 못하고 있읍니다.

그러면 종의 멍에가 무엇입니까? 오늘 본문 말씀이 씌여진 시대는 지금부터 약 이천 년 전입니다. 고대 사회 특히 중동사회 속의 종들의 모습은 비참하기 짝이 없었읍니다. 동물 이하의 취급을 받았읍니다. 옛날만 그런 것이 아닙니다. 지금부터 50년 전, 100년 전만 하더라도 미국에서는 흑인들을 그렇게 다루었읍니다. 즉, 얼마 전까지만 해도 인간을 인간 이하 동물처럼 취급하였다는 말입니다.

고대 중동의 노예들은 3가지 특색을 지니고 있었읍니다. 하나는 이마에 표시를 지니고 있었읍니다. 즉 이 사람은 어느 집안의 노예라는 낙인이 찍혀 있었읍니다. 그래서 노예들을 함부로 훔쳐 갈 수가 없었읍니다. 보통 말들을 보면 엉덩이에 그 말의 소유자가 자기 집 마크 표시를 해놓은 것을 볼 수 있읍니다. 그처럼 노예들의 이마에 김 ××소유, 박 ××소유 등 자기 집 마크를 인두로 새겨 놓습니다. 두번째 특색은 성격이 사납고 힘센 노예들은 코에 구멍을 뚫어서 코걸이를 달았읍니다. 이는 끌고 다닐 수 있도록 하기 위해서였읍니다. 그 외에도 노예들은 발목과 손목에 쇠고랑을 찬 채 끌려 다녀야 했읍니다. 이처럼 노예들은 자기가 자기 일을 개척해 나가는 것이 아니라 끌림을 받고 끌려 다니는 존재라 할 수 있읍니다. 세번째 특색은 험하고 남루하지만 제복을 입고 다녔읍니다. 그 제복은 험하기 짝이 없었읍니다. 색깔이나 모양도 통일되어 있었읍니다. 이처럼 노예들의 이마에 낙인이 찍혀 있고 코에 코걸이, 손과 발목에 쇠고랑이 채워져 있으며 제복을 입고 있다는 사실은 오늘 종의 멍에를 쓰고 있는 우리의 삶의 모습 속에서도 발견할 수 있읍니다. 그렇기 때문에 우리는 자유함을 누리지 못하고 있는 것입니다.

오늘 우리들의 이마에는 마귀의 자녀, 마귀의 소유권이라는 낙인이 찍혀져 있읍니다. 아담과 하와가 하나님의 자녀로서 에덴 동산에 머물도록 창조되었지만 하나님을 배신하고 타락함으로 인해 마귀의 소유물이 되었읍니다. 마귀의 시야에 들어갔읍니다. 그로 말미암아 인간은 죄악의 노예가 되었읍니다. 죄악의 멍에를 둘러쓰고 살 수밖에 없도록 전락되었읍니다. 누군들 선하게 살고 싶은 마음이 없겠읍니까? 누군들 바르게 살고 싶은 마음이 없겠읍니까? 인간은 누구든 죄와 더불어 살 수밖에 없읍니다. 이는 마귀의 자녀로 전락되었기 때문입니다.

마태복음 4장 이하에 보면 예수께서 광야에서 3번에 걸쳐 시험을 받으시는 기록이 나타나 있읍니다. 마지막 3번째 시험의 내용은 이것입니다. 마귀가 예수님 앞에 와서 말하기를 "당신이 나에게 절을 한다면 이 세상 모든 것을 다 당신에게 주겠노라"고 했읍니다. 이 말의 의미는 곧 '이 세상 모든 것은 다 내가 소유하고 있는데 나에게 절을 한다면 이 모든 것을 너에게 주겠노라'고 하는 것입니다. 그만큼 마귀는 세상의 왕으로 세상의 임금으로 세상을 좌우하는 주로 움직이고 있읍니다. 이런 마귀의 소유물이 되어 버린 우리 자신, 마귀의 굴레 속에서 죄악과 더불어 살고 있는 우리 자아 때문에 우리는 떳떳하게 살지를 못하는 것입니다. 죄의 무거운 짐을 지고 있으면 자유함이 없읍니다.

또한 오늘 우리의 코를 꿰어 끌고 가는 것이 있읍니다. 우리의 손목과 발목에 쇠고랑을 채우고 우리의 삶을 끌고 가는 것이 있읍니다. 무엇입니까? 돈입니다. 물질주의! 소가 자유를 잃고 고삐에 끌려 가듯이 오늘 우리 현대인들은 물질, 곧 돈에 끌려 가고 있읍니다. 돈이면 모든 것이 통합니다. 물론 돈이 없고서야 살 수가 없지요. 그러나 오늘 현대인들의 전형적인 모습은 돈의 노예가 되어가고 있다는 것입니다. 돈이 자기 생활의 전부가 되고 있다는 것입니다. 돈이면 모든 것이 다 통하고 있읍니다. 물질주의란 고삐가 우리를 단단히 매고 우리를 끌고 가고 있는 것입니다.

그뿐 아닙니다. 인간을 평가할 때 경제적 단위로 평가합니다. 즉 얼마짜리냐는 식으로 평가합니다. 인간을 생산 도구로 여깁니다. 얼마나 능력이 있는가? 그것뿐입니다. 경제적 가치로서만 인간이 평가당하고 있읍니다.

그리고 노예들이 제복을 입고 획일적으로 통일되어 있듯이 현대 사회가 어딘지 모르게 획일주의 하에 빠져 들어가고 있음을 느낄 수 있읍니다. 이 것은 비단 정치적 상황에 국한된 얘기만은 아닙니다. 산업화되어지는 기계화 사회의 한 부산물이라 볼 수 있읍니다. 60년대 이후 한국에는 도처에 공단이 들어서고 거대한 공장들이 많이 세워졌읍니다. 그리고 각 곳마다 많은 기계들이 가동되어 왔읍니다. 우리 나라도 점점 산업화되어서 이제 는 중진국 대열에 들어갈 수 있게 되었다고 합니다. 한편 생각하면 좋은 일 입니다. 그러나 한편으로 우려되고 있는 것은 사회가 산업화되고 기계화 되었다는 그 측면이 인간 조직 속에도 나타나고 있다는 사실입니다. 인간 조직체가 기계화되고 있읍니다. 여기에 문제가 있읍니다. 아무리 거대한 공장일지라도, 아무리 수많은 기계가 서로 얽혀 있다 할지라도 자신의 힘 으로 돌아가지 못합니다. 그 공장을 움직이는 한 두 사람이 스위치를 내리 게 되면 거대한 기계 조직일지라도 정지되어지는 것입니다. 기계처럼 조 직화되는 현대 사회는 겉으로는 대중의 사회라고 부를 수 있을지 모르지만 대중은 기계처럼 조직화되어지고 있읍니다.

문제는 몇몇 엘리트에 의해서 조직화된 대중이 조작되고 있다는 사실입 니다. 여론도 그렇습니다. 사회 모든 움직임도 그렇습니다. 민주 시대에 산다고 하지만, 민주의 주체는 대중에 있다고 표현은 하지만 그러나 그 사 회를 움직이는 것은 몇몇 엘리트입니다. 마치 거대한 공장이, 대규모의 조직화된 기계들이 한 두 사람의 스위치 조작에 의해 움직이듯이 말입니 다. 획일주의 사회로 점점 끌려가고 있다는 사실을 느끼지 아니할 수 없읍 니다. 더 이상 개인이 중요하지 않습니다. 개성도 인격도 그리 중요하지 않습니다. 이제는 기계처럼 어느 정도의 기능을 가지고 있느냐 하는 것만 이 중요하게 여겨지는 그러한 시대가 도래했읍니다.

이처럼 점점 획일화되어지고 있는 이 시대 속에 오늘 우리가 살아가고 있기 때문에 자유함을 누리지 못하는 것입니다. 고대 사회가 하나의 종의 멍에를 메고 살아갔다고 하면 오늘 우리의 사회는 그들이 짊어지고 있던 종의 멍에, 죄악의 낙인이 물질주의, 획일주의로 나타나 우리의 껍질을 끌고 가고 있고 우리의 몸을 덮고 있다고 할 수 있읍니다.

이 속에서 우리의 자유는 신음하고 있읍니다. 우리는 더 이상 정당한 선택권을 갖거나 창조력을 발휘하기 어렵게 되었읍니다.

그러면 이러한 때 우리는 어떻게 자유를 누릴 수 있읍니까? 종의 멍에를 둘러쓰고 있는 사람들을 향하여 우리 주님께서 뭐라고 말씀하셨읍니까? 이 점을 생각하지 않을 수 없읍니다. 요한복음 8:32을 보면 주님께서 "진리를 알지니 진리가 너희를 자유케 하리라"고 말씀하신 것이 나타나 있읍니다. 진리란 말씀은 우리 말로 풀이하면 3가지 뜻을 가지고 있읍니다.

원리 또는 지식을 두고 진리라고 합니다. 또는 도리, 이치라고도 합니다. 사상적으로나 윤리적으로 당연한 것, 정당한 것을 가리켜서 진리라고 합니다. 또는 참, 근본을 가리켜서 진리라고 합니다. 그런데 우리가 진리를 얻으면, 진리와 함께 살면, 진리를 알면 자유케 된다고 했읍니다. 그러면 어떻게 진리를 얻을 수 있읍니까? 이 땅에 수많은 진리들이 있읍니다만 그 진리들을 적어도 몇 가지 방법으로 우리는 얻을 수가 있읍니다. 얻는 방법에 의해서 진리를 분류하면 적어도 3가지 정도로 생각할 수가 있읍니다.

하나는 노력에 의해서 발견되어지는 진리가 있읍니다. 이것을 다른 말로 표시하면 과학적 진리라고 합니다. 즉 이는 하나님께서 만물을 창조하실 때 만들어 놓으신 우주의 질서와 형상을 하나 하나 발견해 나아감으로 혹은 그것을 이용해서 어떤 물건을 만들어 가는 발명을 통해서 이루어지는 진리입니다. 이 진리는 인간이 창조하는 것이 아닙니다. 하나님이 이미 만들어 놓은 그 진리를 이제 우리 인간이 발견하거나 활용하는 것뿐입니다.

인간이 거짓말을 한다고 해서 진리가 변하는 것은 아닙니다. 갈릴레오가 지구는 움직인다고 했읍니다. 그 때 종교 재판소에서는 지극히 어리석고 백성을 미혹하는 사람이라고 해서 그를 재판에 회부했읍니다. 사형 선고를 내리기 직전에 갈릴레오에게 이렇게 물었읍니다. "이 순간이라도 네가 주장한 지구는 움직이고 있다는 말을 취소할 수 없겠느냐? 만일 취소한다면 살려 주마!" 그 때 갈릴레오는 서슴지 않고 취소한다고 했읍니다. 그리고 법정 문 밖을 나오면서 이렇게 말하였읍니다. "그래도 지구는 돌고 있건만!" 갈릴레오가 취소한다고 해서 지구가 돌고 있는 사실마저 취소되어지는 것은 아닙니다. 인간은 단지 하나님의 법칙을 발견하거나 발전시킬 수 있을 뿐입니다. 이것이 바로 과학적 진리입니다. 발견되어지는 일!

또 다른 진리가 있읍니다. 투쟁에 의해서 쟁취되어지는 진리입니다. 이것을 가리켜 사상적 진리라고 합니다. 민주주의, 평등, 인권, 정의, 자유 이런 것은 가만히 앉아 있는 사람들에게 찾아오는 진리가 아닙니다. 노력하고 투쟁하고 힘쓰고 때로는 피도 흘려야 되는 그런 과정을 통해서 쟁취되는 진리가 바로 자유요, 평등이요, 인권이요, 민주라는 진리입니다. 사상적 진리는 인간이 노력하고 인간이 투쟁하고 인간이 피를 흘리는 그 과정 속에서 쟁취되어지는 진리입니다. 이 진리를 위해서 숱한 사람들이 희생을 당했읍니다.

그런데 생각해 보십시다. 인간이 노력하고 인간이 발견한 그 과학적인 진리가 인간에게 자유를 주었읍니까? 일시적으로는 자유를 주는 것 같습니다. 그래서 지구를 자유케 한 것은 사실입니다. 다이나마이트를 만들어 거대한 광석을 폭발시킴으로 노동자들을 자유케 한 것은 사실입니다. 그러나 과학적 진리가 인간에게 궁극적 자유는 주지 못했읍니다. 어떤 의미에선 그 과학적 진리로 인해서 인간은 더 큰 속박과 위험과 두려움 속에서 살게 되었읍니다. 인간의 생존을 위협하는 얼마나 많은 무기가 만들어졌읍니까? 인간을 편리하게 이동시켜 주는 비행기가 있는 반면에 그것 때문에 인간은 더 넓은 지역을 폭격할 수도 있게 되었읍니다. 과학적 진리가 결코 인간에게 궁극적 자유를 주지는 못했읍니다. 사상적 진리가 인간에게 자유를 주는 것 같지만 투쟁에 의해서 쟁취되어지는 그러한 진리들이 이상적으로는 인간에게 자유를 주는 것처럼 보일는지 몰라도 바로 그 진리 때문에 수많은 사람들이 피를 흘려야 했고, 눈물을 흘려야 했고, 많은 자유의 속박을 당해야 했읍니다.

왜 이들 진리가 인간에게 자유를 주지 못합니까? 노력해서 발견되어지는 진리나 투쟁해서 쟁취 되어지는 진리! 그 출발점이 인간이기 때문입니다. 인간이 노력하고 인간이 투쟁하고 쟁취하고 발견하는 그 진리는 죄인된 인간에 의해 노력되어지고 투쟁되어진 것입니다. 그러므로 그것이 선하게도 쓰여질 수 있는 반면 죄인된 인간에 의해서 만들어진 것이기 때문에 죄인된 인간의 모습으로 인해서 악용될 수도 있는 것입니다. 인간의 노력이나 의지를 전제로 한 진리는 언제나 불안합니다. 인간 자체가 죄인이므로 그 결과가 아무리 훌륭하다 하더라도 악용될 가능성이 많고 또 사실 그렇게 되어온 것이 우리의 역사입니다.

우리가 마지막으로 살펴볼 것으로 제3의 진리가 있읍니다. 그것은 과학적 진리도, 사상적 진리도 아닙니다. 하나님께서 인간을 사랑하시기 때문에 인간들에게 주신 진리입니다. 인간의 노력에 의해 **발견되어지거나** 쟁취되어진 진리가 아니라 하나님께서 인간을 사랑하시는 마음으로 주신 진리입니다. 요한복음 3:16을 보면 "하나님이 세상을 이처럼 사랑하사 독생자를 주셨으니"라는 말씀이 기록되어 있읍니다. 세상을 사랑하시기 때문에 우리를 사랑하시기 때문에 하나님께서 직접 인류 가운데 진리로 주신 분이 있읍니다.

그 분이 누구입니까? 예수 그리스도입니다. 요한복음 14:6을 보면 "내가 곧 길이요 진리요 생명이니 나로 말미암지 않고는 아버지께로 올 자가 없느니라"는 말씀이 있읍니다. '내가 곧 진리'라고 했읍니다. 예수님은 하나님께서 인간을 사랑하시기 때문에 인간에게 참 자유를 주시기 위해서 주신 진리입니다. 그래서 요한복음 1:14을 보면 '말씀이 육신이 되어 오매 우리가 그 독생자의 영광을 볼 수 있다'고 했습니다. 여기서 말씀이란 뜻은 진리란 뜻입니다. 진리가 육신의 몸으로 인간의 모습으로 오신 분이 예수 그리스도이십니다. 하나님께서 진리로서 이 땅에 예수 그리스도를 보내 주신 것입니다. 그래서 고린도후서 3:17에서는 "주의 영이 계신 곳에 자유함이 있느니라"고 했습니다. 주님의 영이 있는 곳에 즉, 주님께서 계신 그 곳에 자유가 있다는 것입니다. 그렇습니다. 주님이 들어와 계신 그곳에 죄에서의 자유가 있습니다. 그리고 물질주의에서 자유함을 받아 인간 중심의 삶을 가질 수 있습니다. 아울러 획일주의에서 자유함을 받아 자신의 자아를 발견할 수 있습니다.

그러면 "진리를 알지니 진리가 너희를 자유케 하리라"(요 8:32)고 했는데 오늘 우리는 어떻게 진리를 알 수 있읍니까? 어떻게 우리는 진리이신 예수 그리스도를 소유하여 내적으로 우러나오는 자유함을 가질 수가 있읍니까? 몇 가지 방법이 있읍니다.

예수님을 소유할 수 있는 방법은 첫째로 먼저 예수님과 만남을 가져야 합니다. 만남의 자리에 설 수 있어야 합니다. 이 더운 여름에 여러분은 무엇 하러 이 자리에 나와 예배를 드리고 있읍니까? 만남을 위해서일 것입니다. 예수님과의 만남을 가지기 위해 이 자리에 오신 것입니다. 만남은 곧 진리이신 예수 그리스도를 소유할 수 있는 첫 걸음입니다.

예수님을 소유할 수 있는 두번째 방법은 사귐을 갖는 것입니다. 만남이 있는 곳에는 사귐이 있어야 합니다. 우리가 이 자리에 왔다가 그저 돌아가는 것이 아닙니다. 옆 사람과 사귀고 돌아갑니다. 이 자리에 와서 우리는 영적으로 하나님과 만남을 가졌읍니다. 하나님과 만남을 가졌으면 마땅히 하나님과 사귐을 가지고 돌아가야 합니다. 사귐은 대화의 관계를 통해서 이루어집니다. 서로 말을 주고 받을 수 있을 때 사귐이 있게 됩니다.

오늘 우리가 이 자리에 앉아 하나님 앞에 겸허하게 기도할 수 있을 때 우리는 하나님 앞에서 말씀을 들을 수 있읍니다. 실제로 겸허하게 성경 말씀을 읽고 하나님의 말씀을 상고하는 그 시간은 곧 하나님의 말씀을 듣는 시간입니다. 그래서 성경을 읽어야 한다는 것입니다. 기도해야 한다는 것입니다. 기도와 말씀의 관계 속에 살 때 우리는 주님과 나 사이의 관계를 확인할 수가 있읍니다. 이 확인이 있는 곳에 다음 단계의 발전이 있게 됩니다.

그것은 곧 사랑의 관계입니다. 서로 사귀어지면 마음을 줄 수 있읍니다. 마음을 주고 받을 수 있다 함은 곧 사랑의 관계가 형성되었음을 보여 주는 것입니다. 그가 내 마음 속에 들어오고 내가 그 마음 속에 들어갈 수 있게 된 것입니다. 주님과 나 사이에 사랑의 관계가 성립되어질 그 때 나는 주님을 소유할 수 있읍니다. 그리고 주의 영이 계신 곳에 자유함이 있읍니다. 주님께서 우리 속에 들어와 있는 그 시간 우리는 자유함을 누릴 수가 있읍니다. 그렇게 되어질 때 죄악의 굴레에서 진리로 바뀌어 나가게 됩니다. 물질 중심의 생활이 인간 중심의 생활로 발전하며 자유를 누리게 됩니다. 획일주의에서 자신의 자아를 찾을 수 있게 됩니다. 자신이 누구인가를 발견하게 됩니다. 자신이 서야 할 삶의 방향을 찾을 수 있게 됩니다. 이처럼 참 자유는 진리이신 그리스도 안에 들어가는 것이고 그리스도가 내 안에 들어오는 것입니다. 오늘 우리들은 이 광복, 해방의 주일, 자유의 주일을 맞이해서 자유가 무엇인지 찾을 수 있어야 하겠읍니다. 그리고 진리 안에서 자유케 하는 삶을 창조할 수 있어야 하겠읍니다.

마지막으로 아브라함 링컨이 남긴 연설문 한 대목을 말씀드리고자 합니다. "우리의 자유와 독립을 지켜 주는 것은 무엇인가? 그것은 우리의 튼튼한 성벽도 아니요, 깎아 세운 듯한 우리의 요새도 아니며, 우리의 육군이나 해군도 아니다. 우리가 의지할 수 있는 것은 하나님이 우리에게 심어 준 자유에 대한 사랑이다." 자유에 대한 사랑! 이것이 우리 모두의 가슴 속에 간직될 수 있어야 하겠읍니다.

"진리를 알지니 진리가 너희를 자유케 하리라." 자유로 살아갈 수 있는 사람은 진리를 알 수 있고 진리를 소유할 수 있읍니다. 진리를 소유할 수 있는 광복의 주일이 되시기를 바랍니다.

(81. 8. 16)

잔인한 4월의 눈물

설교본문/암 5:24

오직 공법을 물 같이 정의를 하수 같이
흘릴지로다(암 5:24)

4월은 가장 잔인한 달,
라일락 꽃을 죽은 땅에서 피우며 추억과 욕망을 뒤섞고,
봄비로 활기없는 뿌리를 일깨운다.

T.S. 엘리어트의 시에 나오는 한 구절처럼, 4월은 우리의 역사에 있어서 너무나 잔인한 달이었읍니다.

해마다 4월이 오면 자유와 민주를 외치다 4.19에 죽어간 1백 85명의 피맺힌 하소연이 지금도 귓전에 들리는 것 같습니다.

서울의 동북쪽 백운대 기슭의 수유리 4.19묘지 입구에 서 있는 4월 혁명 기념탑문을 읽을 때 울적한 심정에 사로잡히게 됩니다.

1960년 4월 19일 이 나라 젊은이들의 혈관 속에 정의를 위해서는 생명을 능히 던질 수 있는 피의 전통이 용솟음치고 있음을 역사는 증언한다. 부정과 불의에 항쟁한 수만 명의 학생 대열은 의기의 힘으로 역사의 수레바퀴를 바로 세웠고, 민주제단에 피를 뿌린 1백85위(位)의

젊은 혼들은 거룩한 수호신이 되었다. 해마다 4월이 오면 접동새 울음 속에 그들의 피맺힌 하소연이 들릴 것이요, 해마다 4월이 오면 봄을 선구하는 진달래처럼 민족의 꽃들은 사람들의 가슴마다 되살아 피어나리라.

차라리 울고 싶습니다. 4. 19의거는 ‘역사의 수레바퀴’를 바로 세우는 데는 너무나 역부족이었고 ‘피맺힌 하소연’으로 계속 남아 우리의 가슴을 울리고 있을 뿐입니다.

우리의 현대사에 있어서 2대 정신을 찾는다면 3. 1운동의 민족독립정신과 4. 19의거의 자유민주정신이라 할 수 있읍니다. 이 두 정신은 제2공화국 이후 몇 차례에 걸친 헌법 개정에도 불구하고 헌법 전문에 명기되어 왔었읍니다. 그러나 현행 헌법 전문에는 4. 19정신이 삭제되고 ‘오직 3. 1운동의 거룩한 독립정신을 이어 받고’만 규정하고 있을 뿐입니다.

그만큼 4. 19정신이 가진 역사성이 아직 뿌리를 내리지 못하고 있음을 말해 주고 있읍니다. 하기야 1789년 7월 14일 프랑스혁명이 국론의 일치에 의하여 그 날을 국경일로 제정하여 역사적 정통성을 확인한 것은 그로부터 근 1백년이 지난 1879년이었다고 합니다.

비록 헌법 전문에 4. 19정신의 승계가 **빠**졌다고 해서 크게 낙심하지는 않습니다. 대한민국의 존립이 있는 한 민족주의와 민주주의 이 두 이념은 결코 부정될 수 없는 것이기 때문입니다.

“자유！ 너 영원한 활화산이여！ 사악과 불의에 항거하여 압제의 사슬을 끊고 분노의 불길을 터뜨린, 아！ 1960년4월18일. 천지를 뒤흔든 정의의 함성을 새겨 그 날의 분화구 여기에 돌을 세운다”라고 고려대 4월 혁명기념탑문에 명기되어 있듯이 역사의 발전에 있어서 자유의 활화산은 꺼질 수 없는 것입니다.

4. 19의 횃불을 든 당시 학생들은 대단한 보람과 긍지, 그리고 책임감에 가득 차 있었읍니다.

당시 서울대학생들은 "보라! 우리는 기쁨에 넘쳐 자유의 횃불을 올린다. 보라! 우리는 캄캄한 밤의 침묵에 자유의 종을 난타하는 일익임을 자랑한다"고 선언하였다.

그로부터 24년, 오늘에 이르기까지 우리의 역사 속에 민주의 나무가 얼마나 자라왔읍니까? "자유라는 나무는 피를 마시며 자란다"고 한 장준하 선생의 글이 생각납니다. 그러나 제발 피흘리는 역사의 전철은 없어야 하겠읍니다.

3.1운동이 민족독립을 외면했던 일제의 강압에 의하여 그 당시로는 실패했으나 그로부터 26년이 지난 1945년 광복은 오고야 말았읍니다. 그리고 그 3.1정신이 당당히 건국이념으로 정립되었읍니다.

4.19정신이 백성의 자유와 나라의 민주를 외면하는 세력들에 의하여 곤욕을 겪었지만, 언젠가는 이 나라에도 민주의 나무가 자라고 꽃을 피울 날이 꼭 올 것입니다.

요즘, 우리를 우울하게 하는 것 두 가지가 있읍니다. 하나는 4.19때 그토록 규탄의 대상이 된 인사들이 아무런 반성이나 참회없이, 오히려 과거의 화려한 경력을 배경삼아 5.16 후 나라의 각 분야에 걸쳐 지도자로 아무 거리낌없이 등장할 수 있었던 역사망각의 현상입니다.

또 하나는 4.19당시 주역들의 변신입니다. 그때의 대학생들은, 지금은 40대 중반으로서 나라의 각 분야에서 중추적 역할을 하고 있읍니다. 그 날의 신념과 용기는 어디로 갔는지, 나 자신을 포함하여 스스로 묻고 싶습니다.

4.19의 주역들 중 상당수가 오늘의 정치 일선에서 일하고 있지 않습니까. 요즘 같이 학원문제로 어려움을 겪고 있을 때 "자율화"라는 이름으로 떳떳하게 "후배들이여! 정치는 우리가 4.19정신을 계승하여 오늘의 조국을 이끌어 갈 터이니 학생 제군들은 진리탐구에 전념하여 내일의 조국을

책임져다오" 이렇게 말할 수 없겠읍니까?

　금년도 4.19는 우리 역사의 잔인한 눈물 못지 않게 모든 그리스도인들의 가슴을 울리게 하는 예수님의 고난주간이기도 합니다. 그리스도의 고난은 십자가의 죽음으로 끝나지 않았읍니다. 오히려 고난을 통한 부활의 영광을 가지셨읍니다. 그리스도의 부활은 인류에게 진리가 죄악을, 정의가 불의를, 자유가 억압을, 사랑이 미움을, 빛이 어둠을 이긴다는 확신과 희망을 주었읍니다. 이 희망이 4월의 봄 하늘에 펼쳐질 때 잔인한 4월의 눈물은 평화의 감격으로 변화될 것입니다.

(84. 4. 18)

교회와 인권신장

설교본문/눅 4:18, 19

주의 성령이 내게 임하셨으니 이는 가난한 자에게
복음을 전하게 하시려고 내게 기름을 부으시고
나를 보내사 포로 된 자에게 자유를, 눈먼 자에게
다시 보게 함을 전파하며 눌린 자를 자유케 하고
주의 은혜의 해를 전파하게
하려 하심이라(눅 4:18, 19)

대학시절 이인범 선생의 노래를 듣고 깊은 감명을 받은 적이 있었읍니다. 그는 현제명 선생의 작사 작곡인 '희망의 나라로'를 우렁찬 테너로 종종 불렀었고 그때마다 젊은 우리들을 매료시켰었읍니다.

배를 저어가자 험한 바다물결 건너 저편 언덕에
산천 경개 좋고 바람 시원한 곳 희망의 나라로
돛을 달아라 부는 바람 맑아 물결 넘어 앞에 나가자
자유 평등 평화 행복 가득찬 곳 희망의 나라로 희망의 나라로

'자유·평등·평화 가득한 희망의 나라'가 바로 대한민국이기를…. 그날은 드디어 왔읍니다. 요즘 나온 애창곡집의 변경된 가사에서나마….

그러나 해방 후 우리의 역사는 가사변경처럼 단순하지 못했읍니다. 자유를 노래하였지만 자유를 누리기에는 너무나 속박이 많았읍니다. 평등을 부르짖었지만 평등을 찾기에는 특권의식과 인권유린의 잔재가 씻겨지지 않고 있읍니다. 평화를 갈구하였지만 민족은 분단된 채 동족끼리 총·

칼을 맞대고 살아야 할 비극을 안고 있읍니다. 행복한 생활을 원하였지만 경제발전의 이면에는 빈부격차가 더욱 심화되었고, 사회적 불의는 사회 모든 구석구석에 만연되어 있읍니다.

이러한 때 앞을 보나 뒤를 보나 어디를 보아도 어둠의 그림자밖에 보이지 않고 있읍니다. 어둠의 역사 속에 그리스도인 역시 빛이 되지 못하고, 함께 어둡게 살아왔음을 자성하지 않을 수 없읍니다.

이번 경찰에 의한 박종철 군의 고문살인 사건은 분노를 금치 못하였읍니다.

'모든 국민은 고문을 받지 아니하며 형사상 자기에게 불리한 진술을 강요당하지 아니한다'(헌법 제11조2항)고 규정하고 있는 헌법이 있으나마나한 현실입니다.

정치인들은 여야를 막론하고 민주화를 떠들고 있읍니다. 민주나 자유, 정의나 평화 이 모든 것은 인간이 인간의 생명을 존엄하게 여기고 사랑하는 인권의 신장 위에 성취되는 것입니다. 인권의 신장없이 민주화란 하나의 허공에 뜬 소리에 불과할 것입니다.

작년에 있었던 민청련 의장 김근태씨에 대한 고문사례는 소름끼치는 이야기로 들려지고 있읍니다. 김씨의 고문피해보상청구소송 소장에는 다음과 같은 사실이 소상히 밝혀지고 있읍니다.

수사단에서 외부와 완전히 차단된 상태에서 하루 5~10시간씩 전기고문, 물고문을 당했다. 그들이 전기고문을 할 때에는 발가 벗기고 눈을 가린 채 발목과 무릎, 허벅지, 배, 가슴을 묶고 머리 가슴 사타구니에 물을 뿌리고 발에 전원을 연결하였다.

그뿐 아니라, 부천서의 권양에 대한 성고문은 이 땅의 도덕도 양심도 이성도 송두리째 짓밟히는 처참함을 느끼게 했읍니다.

이번 박종철 군의 죽음은 정부와 국민의 대 각성을 촉구하고 있읍니다.

어느 일간지 칼럼에서는 이렇게 목메어 호소하고 있읍니다.

하늘이여, 땅이여, 사람들이여 저 죽음을 응시해 주기 바란다. 저 죽음을 끝내 지켜 주기 바란다…. 박종철 군…스물 한살의 젊은 나이에 채 피어나지도 못한 꽃봉오리로 떨어져 간 그의 죽음은 우리의 응시를 요구한다. …. 정의를 가리지 못하는 하늘은 제 하늘이 아니다. 평화를 심지 못하는 땅은 제 땅이 아니다. 인권을 지키지 못하는 사람들은 제 사람들이 아니다.

예수께서는 천하보다 한 생명을 더 소중히 여기셨읍니다. 인간은 하나님의 형상대로 지음을 받았고, 하나님의 지극한 사랑 안에 살아가고 있읍니다. 하나님께서는 인간을 구원시키기 위해 직접 성육신하신 것입니다. 성육신의 몸이 교회입니다. 교회는 마땅히 인간이 인간답게 살 수 있도록 하는 일에 관심을 가지고 선교의 사역을 담당할 수 있어야 합니다.

특히 가난하고 병들고 억압받고 소외된 사람들의 인권을 지켜 주는 것은 교회가 노력해야 할 당면과제라 할 수 있읍니다. 인권의 신장없이 그 사회가 정의로울 수 없고 평화로울 수 없읍니다.

이번 고문살인 사건은 확실히 "권력에 의한 폭력"으로 보입니다. 폭력이란 "도덕성이 결여된 힘의 사용"이라고 정의됩니다. 따라서 폭력이란 주먹이나 총·칼만을 의미하지 않습니다. 도덕성이 결여되게 되면 하나의 폭력이 되고 맙니다. 더우기 이번 고문살인 사건은 국가 공권력의 폭력화라는 점에서 분노를 금치 못합니다.

영국의 역사학자 아놀드 토인비는 그의 역사연구에서 문명쇠퇴의 원인으로서 도덕성과 용기의 부족을 지적하고 있읍니다.

즉 고대 이집트, 희랍, 로마 등 문명의 쇠퇴 원인은 국민들의 비겁한 마음과 지도자들의 비겁한 행동에 있다고 말하고 있읍니다. 그런 지도자들은 백성들의 소망과 소리를 과감히 받아들이는 용기가 결핍되어 있고, 오히려 "거짓도피적 환상"과 "지름길처럼 보이는 재주"를 부리는 비도덕적인 사람들인 것입니다.

우리나라에는 전국민의 20%가 넘는 1천만 가까운 그리스도인들이 있읍니다. 앞으로 2천년대에 전 국민의 절반이 기독교인이 되리라는 전망도 있읍니다. 대한민국은 남의 나라가 아닙니다. 우리의 나라입니다.

· 대한민국이 잘되는 것에 대해서도 잘못되는 것에 대해서도 그리스도인들의 책임이 커지고 있읍니다. 이러한 때, 그리스도인으로서 애국의 길은 높은 도덕감과 인권감각을 가지고 이 땅의 역사를 새롭게 창조해 가려는 의지와 믿음을 갖는 것입니다. 그러할 때 대한민국은 노래처럼 '자유 평등 평화 행복 가득찬 곳 희망의 나라'로 발전되어 갈 것입니다.

(87. 1. 25)

여성 10년

설교본문/창 2:18-25

여호와 하나님이 아담을 깊이 잠들게 하시니
잠들매 그가 그 갈빗대 하나를 취하고 살로 대신
채우시고 여호와 하나님이 아담에게서 취하신 그
갈빗대로 여자를 만드시고 그를 아담에게로
이끌어 오시니(창 2:21, 22)

"예수는 왜 남성의 몸으로 오셨는가?"라는 질문에 대하여 중세의 대표적 신학자인 토마스 아퀴나스는 이렇게 대답하였읍니다.

창조 질서에 있어서 성은 인간 완성이다. 그리스도도 성을 가져야 했는데 남성이 더 강하고 완전에 가깝기 때문에 그리고 구속자의 역할을 종속적인 여자의 위치로는 감당할 수 없기 때문에 예수는 남성으로 오셨다.

여기서 여성은 남성에 비하여 불완전하고 약하고 종속적인 존재로 설명되고 있읍니다. 이와 같은 여성에 대한 편견은 중세 신학자들뿐만 아니라 현대를 살아가는 우리들의 사고 속에도 깊이 뿌리박혀 있읍니다.

특히 유교 문화권에 있는 우리의 관습 속에는 너무나도 가부장 중심의 사고방식이 들어 있어 여성에 대한 많은 편견을 보이고 있읍니다.

이러한 편견들을 잘 나타내고 있는 것이 여자에 관한 속담들입니다. 속담은 옛날부터 내려오는 여론의 정수라 할 수 있읍니다. 이우정 교수가 조사한 바에 의하면 우리나라 속담들 중 150여 가지가 여자에 관한 것들이라고 합니다.

속담에 나타난 여성상을 보면 다음과 같습니다. ① 여자는 무능력자 부족한 사람이다. "암탉이 울면 집안이 망한다." ② 여자는 남자에게 종속되어 있다. "여편네 팔자는 두른덕 팔자." "여편네 팔자는 뒤웅박 팔자." ③ 대개의 경우 주체성이 강한 여자는 배척을 받고 있다. "똑똑한 여자는 팔자가 세다." "산놈의 계집은 뱀도 안 물어간다." ④ 여자는 집안에만 있어야 한다. "계집은 사흘 안 때리면 여우가 된다." "여자가 마을 골목길을 알면 화냥끼가 있다." ⑤ 여자는 변덕스럽고 믿을 것이 못 되는 존재이다. "계집은 상을 들고 문지방을 넘으면서 열 두 가지 생각을 한다." ⑥ 여자는 남성의 애완물에 불과하다. "꽃은 꽃이로되 호박꽃." "같은 값이면 다홍치마."

이상과 같은 속담들을 볼 때 여자는 남자에게 종속된 것으로 인식되어 왔고 독립적인 주체성 내지 인격성을 인정하려 하지 않아 왔었습니다.

이러한 전통은 보통의 문제가 아닙니다. 인류의 절반이 여자인데 이러한 절반의 인류가 타인에게 종속적인 존재라면 이것 이상의 인권유린, 비인간화, 비민주화가 없을 것입니다.

더우기 여성의 사회참여가 점점 높아지고 있는 현실인데 언제까지 여자는 가정에만 있어야 하고 남자의 예속적인 존재로 인식돼야 하겠읍니까?

현재 우리 나라의 만 14세 이상 경제활동인구가 약 1천5백만인데 이중 여성 경제활동인구가 전체의 38.4%인 5백80만명에 비하여 70%나 증가해 왔읍니다.

만약 5백만명이나 되는 여성 경제인구가 직장을 떠나 가정 안에만 머문다고 한다면 과연 우리 경제가 유지될 수 있겠읍니까?

이와 같은 급격한 여성의 사회참여 속에 여성에 대한 새로운 인식을 갖기 시작하였읍니다.

유엔은 1967년에 '여성 차별의 철폐에 관한 선언'을 채택하였고, 그후 1976년을 '여성의 해'로 정하였으며 향후 10년간 '평등, 발전, 평화'라는 주제를 적극추구하기로 하였는데 금년은 바로 그 '여성10년'을 마무리짓는 해이기도 합니다. 그 결과 국내외를 막론하고 남녀 평등, 여권 신장, 여성 개발, 세계 평화에의 기여 등 여성 운동이 더욱 활발히 전개되게 되었읍니다.

이러한 때 교회는 언제까지, 특정한 상황에 주어진 "여자는 교회서 잠잠하라" "여자는 남자를 가르치거나 주관하지 말라"는 내용의 성구들에 문자적으로 얽매어 있어야 하겠는가 자문해 볼 필요가 있읍니다.

하나님의 창조의 질서를 보면 남녀는 결코 차별되어 있지 않습니다. 역사 속에서 여자의 첫 탄생을 알려 주는 창세기 1:27-28을 보면, 남자와 여자는 다같이 '하나님의 형상'대로 지음을 받았읍니다. 하나님의 형상에 있어선 성의 차별이 없읍니다. 생육하고 번성하며 땅에 충만하는 데 있어서 그리고 정복하고 다스리는 데 있어서 성의 차별이 있을 수 없읍니다.

오히려 사도 바울이 "너희는 유대인이나 헬라인이나 종이나 자주자나 남자나 여자 없이 다 그리스도 예수 안에서 하나이니라"(갈3:28)라고 말한 것처럼 남녀는 차별적인 것이 아니라 동등한 존재입니다. 다같은 하나님의 백성입니다. 따라서 교회 안에서는 성에 의한 차별이 없어야 합니다.

여자는 남자의 보조자이거나, 남자에 예속된 종속적인 존재가 아니라 오히려 동등한 동반자입니다. '상호 도움의 짝'이 되어야 합니다. 이러한 여권 신장을 위해서는 남성의 이해 증진과 사회 제도의 변화가 있어야 하겠지만, 이에 못지않게 여성 자신이 주체 의식을 가질 수 있어야 합니다.

그래서 유엔은 '여성 10년'의 주제 '평등, 발전, 평화'에서 여성 운동의 방향과 내용을 시사해 주고 있는 것입니다.

첫째로 여성 운동은 지위 향상 운동이 아니라 여성 지위 변화 운동입니다. 즉 우열적 관계 속에서의 지위 향상이 아니라 남녀는 평등하다는 지위 변화 운동인 것입니다. 차별 속에서의 향상이 아니라 평등에로의 변화운동인 것입니다.

둘째로 여성 운동은 정치·경제·법률적 차별 개선에만 국한된 것이 아니라 의식 구조 개혁 운동이며, 나아가 새 문화 창조의 동반자로서의 여성 능력 개발에 관한 운동입니다.

먼저 여성 자신이 안이한 생활에서 탈피하여 창조적인 정신 자세를 가질 수 있어야 합니다. 또한 여성 자신이 열등 의식에서 벗어나 자신의 능력을 인정하고 계속 개발해 나갈 수 있어야 합니다. 그리고 여성 자신이 가정의 한계에서 한 걸음 발전하여 인류와 사회를 위한 책임과 의무를 찾을 수 있어야 합니다. 이러한 능력 개발이 여성 자신에게 있어야 합니다.

셋째로 여성 운동은 투쟁 대상이 남성이 되어, 남성이 가진 것 만큼 동등한 권리를 가지자는 운동만이 아닙니다. 지금까지 남성이 해온 문화 역할에 여성도 한 몫 끼어 들자는 식으로 여성 운동이 이루어진다면 그 결과는 남성 문화를 강화시켜 주는 것밖에 되지 않을 것입니다.

지금까지 남성 문화는 착취, 폭력, 전쟁, 점령 등 도전적인 것이었읍니다. 여성운동의 목적은 이러한 도전적인 남성 문화에 일역을 하는 데 있는 것이 아니라, 여성으로서 주체 의식을 가지고 인간애를 이루며, 인권을 존중히 여기는 평화 문화의 창조에 있읍니다.

이와 같은 '평등, 발전, 평화'라는 '여성 10년'의 주제는 교회 여성 운동에도 수렴될 수 있어야 합니다.

지난 주간에 전국 교회는 여전도회 주일을 지켰읍니다. 여전도회는 한국 개화기에 있어서 교회 여성 운동뿐만 아니라 여성 개화와 신여성 운동의 선구적 역할을 담당해 왔읍니다. 여전도회 활동이 더욱 성숙하여 '평등, 발전, 평화'에로의 운동이 되었으면 합니다.

이제 교회는 여성의 참여의 폭을 넓히고 더 나아가 여성 또한 선교의 동력이 되도록 해야 합니다. 그리고 남성 지배하의 여성이 아니라, 여성 스스로가 주체성을 가지고 능동적으로 활동할 수 있는 여건을 조성할 수 있어야 합니다. 그러기 위해서는 여자에게도 안수를 줄 수 있어야 합니다.

유엔이 정한 '여성 10년'을 마무리짓는 1985년은 여자 목사, 여자 장로가 탄생되는 해가 되었으면 합니다.

(85. 1. 26)

참여, 발전, 평화

설교본문/마 5:9

화평케 하는 자는 복이 있나니 저희가 하나님의
아들이라 일컬음을 받을 것임이요(마 5:9)

19 85년은 '국제 청소년의 해'(International Youth Year 약칭 IYY)입니다. 이는 1979년 12월 제34차 유엔총회에서 제정한 것입니다. 그리고 1982년 제37차 유엔총회에서는 '국제 청년의 해'의 주제로 '참여·발전·평화'를 정하였읍니다.

'국제 청년의 해' 설정의 주요 목적은 청소년의 문제와 그들의 열망에 대한 세계인의 관심과 여론을 환기시키고 경제, 사회의 발전과 평화의 건설에 젊은이들이 보다 적극적으로 참여할 수 있도록 하기 위해서입니다.

1975년 유엔 통계에 의하면 세계의 젊은층(유엔 기준으로 15~24세)의 인구는 7억 3천만인데 향후 25년 후인 2천년에는 60%가 증가하여, 11억 8천만이 될 것으로 추산되고 있읍니다. 더우기 그 증가 분포는 선진국에서는 겨우 5%인데 비하여 개발도상국가에서는 80%나 됩니다. 이 증가는 경제 성장과 사회 발전에 중대한 영향을 줄 것이고 그에 따른 젊은 세대의 문제도 심각하게 될 것입니다. 그래서 유엔은 '국제 청(소)년의 해'를 맞아 세계 각국과 유엔 관련 기구들로 하여금 청소년들을 위한 특별 사업을 추진하도록 권장하는 결의안을 채택하였읍니다. 그 주요 골자를 보면,

① 인류 미래를 개척하는 데와 새로운 국제 경제 질서를 확립하는 데 젊은이들로 하여금 적극적으로 참여 기여토록 노력하며,

② 젊은이들에게 인류의 결속과 인권, 인간의 기본적인 자유와 평화 정신을 확산 심화시키며,

③ 국가 건설과 국제 협력 및 이해 증진을 위하여 젊은이들의 에너지와 창조적 능력을 최대로 활용토록 하며,

④ 청소년들의 욕구와 열망을 도와 주고 미래 세계를 위하여 무엇보다 청소년 문제에 대한 협력을 증진하며,

⑤ 국제적, 지역적 또는 국가의 주요 문제에 관한 연구와 결정에 있어서 젊은이들을 포함시켜 참여케 하는 것이 바람직하다는 것입니다.

이를 위해, 이미 124개국에서는 유엔의 권고에 따라 '국제 청년의 해'를 위한 다양한 계획과 사업을 추진할 국가 위원회를 조직하기도 했읍니다.

우리 나라에서도 국무총리 자문기관으로 '청소년 대책 위원회'를 설치해 놓고 있으나, 유엔이 정한 '국제 청소년의 해'의 주제인 '참여·발전·평화'에 대한 관심보다는 청소년을 문제시하여 청소년의 탈선과 선도에만 국한하는 소극적 인상을 주고 있읍니다. 즉 우리나라에서는 젊은이들의 현실에 대한 적극적인 참여를 부정적으로 보려 하고, 정의 사회의 발전과 평화 세계 건설에 기여하려는 청년들의 의사 표시 역시 긍정적으로 받아들이지 못하고 있는 형편입니다. 따라서 우리 사회서 다루고 있는 '청소년의 해'에 대한 논의는 유엔의 정신과는 다소 거리감이 있음을 느끼게 됩니다.

청소년기는 사춘기라고 하는 생리적 조건에 의해서 시작되고 결혼을 하고 직장을 구한다는 사회적 조건에 의해 끝나는 시기로 규정할 수

있읍니다. 이 시기에 청소년들은 신체적인 급격한 성장과 성적 성숙을 경험하면서 '질풍 노도의 시기'라고도 불리어지는 여러가지 심리적 변화를 겪게 되며, 정신적으로 미분화되어 있던 자기 자신을 부모를 비롯한 일체의 기성권위로부터 분리시켜 자신을 하나의 독립된 존재로 확립하기 위한 진통을 겪게 됩니다.

이러한 시기에 청소년들은 여러가지 심각한 문제에 부딪치게 됩니다. 이는 세계 어디서나 찾아볼 수 있는 공통된 문제로서 특히 개발도상국가에서는 불확실한 장래, 경제적 불안정, 실업, 기아, 환경 문제, 약물 중독, 비행과 폭력, 인종 차별, 교육, 세대간의 갈등 이성 문제 등으로 더욱 거센 풍랑을 겪고 있읍니다.

그렇지만 청소년의 시기는 미래지향적입니다. 그들은 현실에 안주하려 하지 않고 변화와 창조를 두렵게 여기지 않습니다.

청소년 문제의 실질적인 요인들로서 급격한 환경 변화에 대한 적응력 결여, 그들이 갖고 있는 불안 의식, 사회에 대한 반항심 등이 지적되고 있지만 사실 오늘날 청소년 문제의 근원은 그들 자신들보다는 청소년에 대한 사회의 인식부족과 환경에 있는 것이므로 사회 문제를 우선 해소하는 것이 전제되고 있읍니다. 그리고 나아가서 청소년들로 하여금 국가 사회 발전에의 참여와 세계 평화의 동반자로서 책임과 사명을 갖도록 해야 할 것입니다. 그래서 유엔은 '국제 청년의 해'의주제로서'참여, 발전, 평화'를 내건 것입니다.

1983년 7월 방콕에서 열린 아시아 태평양 지역 IYY준비회의 보고서로 채택된 주요 내용을 보면, 첫째, 현존하는 청소년 관계 법령을 국가 발전에 청소년이 기여할 수 있는 방향으로 개정 보완하고 둘째, 청소년에게 각종 정책 결정 과정에 참여할 수 있는 길을 부여해야 한다고 제안하고 있읍니다.

이는 곧 청소년들을 보호의 대상, 교육의 대상, 문제의 대상으로만 볼

것이 아니라 인류의 발전과 세계 평화의 정착을 위한 동역자로 참여시켜야
함을 보여 주는 것입니다.

청소년들로 하여금 젊어서부터 집단생활 속에서 책임을 나누며 이해하
는 방법을 배우게 하여 미래 사회를 담당할 수 있는 준비를 갖추게 하는 것
이 필요합니다.

이러한 참여의 훈련이 교회생활에서부터 먼저 이루어질 수 있어야 합니
다. 미국 장로교 총회에서는 이미 20여년 전부터 노회, 총회 등에 청년 대
표를 참여시키고 있읍니다. 그리고 의사 결정 과정에까지 그들의 의견 개
진을 허용하고 있읍니다. 참여의 훈련이 성숙되어 갈 때 세대간의 갈등을
해소할 수 있고, 민주 시민의 육성이 가능하게 되는 것입니다.

특히 한국의 청소년들은 수출 주도형 노동 집약의 한국 경제에 너무나
중요한 참여를 하고 있읍니다. 즉 그들은 수많은 공업 단지, 수출 공단 속
에서 묵묵히 국가 경제 활동에 기여하고 있는 것입니다. 그러나 한국 경제
에 있어 청소년들은 기여만 강요당하고 있는 반면 그들의 참여 의식이 외
면당하고 있는 실정입니다. 그래서 유엔에서는 '국제 청년의 해'를 맞이
하여 '청소년에게 공평한 고용 기회 부여와 적절한 대우를 받을 수 있도록
배려되어야 한다'고 주장하고 있는 것입니다. 이를 위해서 근로자들의 자
유로운 참여에 의한 노동 조합운동이 활성화되어야 할 것입니다.

발전이라는 주제는 두 가지 측면에서 이해할 수 있읍니다. 하나는 젊은
이 자신들의 능력 개발이라는 면입니다. '국제 청년의 해'에 대한 아시아,
태평양 지역의 보고서(1983년, 방콕)에 의하면 청소년들의 능력 개발을 위
해 교육 제도가 개선되어야 할 것을 주장하고 있읍니다. 현행 교육 제도는
청소년이 올바른 인격을 형성하고 삶의 질을 향상시킬 수 있는 방향으로 재
구성되어야 합니다.

발전에 대한 다른 하나는 사회 경제적 측면입니다. 유엔의 발전 10개년
계획의 '국제 발전 전략 목표'에서는 다음과 같이 발전의 영역을 밝히고 있

읍니다.

발전이란 빈곤, 불평등, 질병, 문맹, 영양 실조 등의 점차적인 제거와 나아가서 사회 정의, 소득의 고른 분배, 농어촌의 균형적인 개발, 고용 기회의 확대 제공이라 할 수 있다.

이는 무엇보다 생활의 질(Quality of Life)과 그 가치를 중요시하는 것입니다. 결국 사회 속에서 젊은이들의 역할을 높일 수 있는 가치 있는 삶이 문제가 되며 이것이 곧 발전의 궁극적인 관심이라고 할 수 있읍니다. 젊은이가 곧 미래의 주역인바 발전의 방향이 그들의 욕구와 기대에 부응되는 것으로 충분한 설득력이 있는 것이어야 합니다. 이러한 설득력의 근저를 이룰 수 있는 것이 바로 '정의 사회에로의 발전'일 것입니다. 이러한 정의 사회에로의 발전의 동력으로서 또한 젊은이들의 참여가 절실히 요구되는 것입니다.

평화는 인류의 과제이며 내일의 세계 주역이 될 젊은이들의 생존권에 관한 문제입니다. 오늘날 우리들의 세계에는 평화를 위협하는 무서운 세력들이 무수히 널려져 있읍니다. 핵무기 경쟁과 핵전쟁 위험, 각지에서의 무력 충돌, 군비 경쟁에 따른 군국주의 현상 등이 평화를 위태롭게 하고 있읍니다. 한편 라틴 아메리카를 비롯하여 제3세계권에서 일어나는 계속되는 군사 쿠데타와 더불어 군의 정치권력과 경제적 지배 현상 역시 샬롬을 해치고 있읍니다. 그 외 부패한 독재 권력, 다국적 기업의 횡포, 권력과 부의 편중, 여러 가지 측면에서 이루어지는 폭력 현상 인권 유린 등 샬롬을 위태롭게 하는 것들은 이루 셀 수 없이 많습니다.

미래를 책임져야 할 젊은이들에게는 마땅히 국제적인 평화를 이룩해야 할 운명적인 책임이 있읍니다. 그들에게는 긴장 해소, 우정, 상호 이해와 협력 등 평화 정신을 심고 평화 운동을 전개해야 하는 생존적인 과제가 있읍니다.

그러면 그리스도인들은 평화에 대한 어떤 기여를 해야 하겠읍니까? 긴

박한 문제가 아닐 수 없읍니다. 그 답은 평화 곧 샬롬에 대한 메시지를 교회가 선포하는 것이 될 것입니다. 그럴 때 교회는 젊은이들에게 희망을 줄 수 있읍니다.

'국제 청년의 해'를 맞이하여 교회는 청년을 단순히 문제의 대상, 연구의 대상, 지도의 대상으로만 여길 것이 아니라 그들이 교회 선교에 실제적으로 참여할 수 있도록 육성하고, 지원해야 할 것입니다.

세계 교회에 대하여 한국 교회의 가장 큰 자랑 중 하나는 교회 안에 젊은 세대가 많다는 점입니다. 새문안 교회의 경우를 보더라도 1984년 한 해 동안 새 신자수가 1천2백여명 되는데, 그중 71%인 850명이 19~29세의 젊은 이들입니다. 이들을 그리스도의 증인으로 성장케 하고 실제 교회 활동에 적극 참여시킴으로써 참여의 훈련을 쌓게 하고 나아가서 사회 정의 발전과 세계 평화 건설의 동력이 되게 하는 것은 중요한 것입니다. 그렇게 될 때 한국 교회와 한국 사회는 사회 정의발전을 가지게 될 것이며 나아가 세계 평화에 이바지할 것입니다.

'국제 청년의 해'의 3대 주제인 '참여·발전, 평화'는 교회 청년 운동의 과제에 수렴되어야 할 뿐만 아니라, 선교의 과정을 통해 더욱 확산되어야 할 내용입니다. 그러기 위해서 금년 한 해 동안 교회와 연합 기관, 단체에서도 '국제 청년의 해'에 대한 사업과 활동이 활발히 전개될 수 있어야 할 것입니다.

(85. 1. 12)

예수 ! 사형선고 받다

나사렛 예수

설교본문/눅 2:1-14

오늘날 다윗의 동네에 너희를 위하여 구주가
나셨으니 곧 그리스도 주시니라 너희가 가서
강보에 싸여 구유에 누인 아기를 보리니 이것이
너희에게 표적이니라(눅 2:11, 12)

'예수'라는 이름은 히브리어 '여호수아'의 헬라어 형태로서 '여호와가 구원하신다'는 뜻을 가지고 있읍니다. 예수라는 이름은 유대인들 사이에 흔히 쓰이던 이름이었읍니다. 그래서 예수는 같은 이름을 가진 사람과 구분하기 위하여 흔히 '나사렛 예수'라고 불리어졌읍니다(행3:6).

마태복음 1:21에는 예수라는 이름이 지니는 기독교적인 의의가 설명되어 있읍니다. 예수라는 이름은 하나님이 정하신 이름이며, 하나님의 구속의 역사와 연결되고 있는 이름입니다. '이는 그가 자기 백성을 저희 죄에서 구원할 자이심이라'(마1:21).

일반적으로 메시야적 의미가 강하게 풍기는 '예수 그리스도'라는 이름과 달리, '나사렛 예수'라고 하면 인간으로 세상을 태어나 살아가신 예수의 인간적인 면을 많이 느끼게 됩니다. 따라서 이 글에서는 예수의 탄생과 연관된 사건들을 엮어 보면서 나사렛 예수의 탄생의 의미를 찾아보고자 합니다.

누 가복음 2:1을 보면 예수는 가이사 아구스도가 호적령을 내렸던 시대에 탄생하셨음을 알 수가 있읍니다. 가이사(Caesar)는 로마의 황제들을 총칭하는 황제 명칭입니다. 로마에는 12명의 황제들이 있었읍니다. 그들 중 두번째 황제가 가이사 아구스도(주전 27년~주후 14년)입니다.

가이사 아구스도 시대는 고대 로마 세계에 있어서 가장 정치적인 통일과 평화가 유지되던 시대였으며, 교통로가 발달되고, 통일된 언어가 사용되던 시대였읍니다. 이러한 요소들은 그리스도가 이 세상에 올 가장 좋은 배경이 되었읍니다.

한편 그 시대는 경제적으로 빈부의 차가 극심하던 때였읍니다. 로마의 전 인구의 3분의 2가 노예 신분이라는 것이 그 사실을 잘 말해주고 있읍니다. 자유인들은 찬란한 로마의 문화를 배경으로 극도의 사치와 향락을 즐겼으나, 하류민들은 극도의 빈곤에 처해 있었읍니다. 더우기 식민지 치하의 팔레스틴 주민들은 과중한 세금과 부역, 식량난으로 처참한 생활을 하고 있읍니다.

종교적으로도 로마의 황제 숭배, 유대교의 율법주의 등은 민중의 여망을 외면하고 있었읍니다. 그러므로 이때 팔레스틴의 민중들 사이에서는 메시야에 대한 대망이 고조되고 있었읍니다. 이러한 상황 속에서 예수께서 탄생하셨읍니다.

예수는 나사렛 동네 목수인 요셉의 집안에 태어나셨읍니다. 왜 요셉의 집안에 태어나셨읍니까? 도대체 요셉이 어떤 사람이기에 하나님께서 선택하셨읍니까?

첫째, 요셉은 구약에서 예언된 유다 지파 사람이고 다윗의 후손이었읍니다.

베들레헴 에브라다야 너는 유다 족속 중 작을지라도 이스라엘을 다스릴 자가 네게서 내게로 나올 것이라. 그의 근본은 상고에 태초에 니라 (미 5:2).

둘째, 요셉은 의로운 사람이었읍니다. 마태복음 1:19에 "요셉은 의로운 사람"이라고 소개하고 있읍니다.

세째, 요셉은 믿음의 사람이었읍니다. 마리아의 잉태가 성령으로 된 것(마1:20)이라는 하나님의 말씀을 들었을 때 조금도 의심하지 않고 믿음으로 그 사실을 받아들였읍니다.

네째, 요셉은 순종의 사람이었읍니다. "요셉이 잠을 깨어 일어나서 주의 사자의 분부대로 행하여…"(마1:24). 처녀의 몸으로 아기를 잉태한 정혼자 마리아를 꾸짖거나, 버리지 않고 주의 말씀대로 아내로 맞이하였읍니다. 이처럼 요셉은 예언된 유대 족속이고, 그 자신이 의로운 사람, 믿음의 사람, 순종의 사람이었기 때문에 하나님의 선택된 집안이 될 수 있었던 것입니다.

마리아의 몸에 아기 예수가 성령으로 잉태되었읍니다. 마리아는 과연 어떤 여인이었기에 하나님께서 그녀를 선택하여 그녀의 몸을 통하여 예수를 이 땅에 보내셨읍니까?

첫째, 마리아는 하나님과 함께하는 여인이었읍니다. "은혜를 받은 자여 평안할지어다. 주께서 너와 함께하시도다"(눅1:28). 마리아는 하나님의 뜻에 합당한 자로 인정을 받았읍니다.

하나님의 뜻에 합당한 사람만이 하나님의 축복을 누릴 수 있읍니다. "내가 이새의 아들 다윗을 만나니 내 마음에 합한 사람이라 내 뜻을 다 이루게 하리라"(행 13:22).

둘째, 마리아는 정결한 여인이었읍니다. "마리아가 천사에게 말하되 나는 사내를 알지 못하니 어찌 이 일이 있으리이까"(눅1:34). 마리아의 윤리 생활이 정결했음을 말해 주는 것이라고 할 수 있읍니다.

세째, 마리아는 하나님의 뜻을 자신 속에 이루려 했던 여인이었읍니다. "마리아가 가로되 주의 계집종이오니 말씀대로 내게 이루어지이다"(눅1: 38). 처녀의 몸으로 아기를 잉태한다는 것은 큰 수치였고 부끄러운 사실이 었읍니다. 그러나 아기의 잉태가 하나님의 뜻인 것을 알았을 때 마리아는 인간적인 수치를 감수하면서라도 하나님의 뜻을 적극적으로 이루려고 하 였읍니다.

예수는 베들레헴의 어느 초라한 말구유에서 탄생하셨읍니다. 구유 탄생에는 몇 가지 중요한 의미가 있읍니다.

첫째, 예수를 모실 방이 없었다는 것을 보여 줍니다. 베들레헴 거리에 는 각지에서 호적 신고하기 위해 온 유다 지파 사람들로 붐볐읍니다. 약 삭빠르고, 강하고, 있는 자를 모실 방은 있었지만 가난한 목수의 아들로 태어날 아기 예수를 모실 방은 어느 곳에도 없었읍니다. 우리도 그렇 지 않습니까?

둘째, 겸손한 모습으로 오신 주님이심을 보여 주는 것입니다. 말씀이 육신이 되어 오신 주님의 모습은 결코 권위있게 헤롯 왕궁으로 오신 것이 아니라 겸허하게 낮은 민중의 이웃이 되고자 말구유에 오셨읍니다.

세째, 섬기는 종으로서의 주님의 생애를 보여 주는 것입니다. 마구간은 짐승이나 종들이 드나드는 곳입니다. 이곳에 주님께서 탄생했다는 것은 일생동안 섬김의 종으로서 사셨던 주님의 모습을 대변해 주는 것이라고 할 수 있읍니다.

인자의 온 것은 섬김을 받으려 함이 아니라 도리어 섬기려 하고 자기 목숨 을 많은 사람의 대속물로 주려 함이니라(막10:45).

여기 의미 있는 예수의 탄생을 맞이한 사람들이 있읍니다. 동방에서 온 박사들입니다. 이들이 맞이한 첫번 성탄절의 모습을 바라볼 때 깊은 교훈을 느끼게 됩니다.

첫째, 아기 예수께 경배하기 위한 크리스마스였읍니다. 그들은 멀고 힘든 길을 걸어왔읍니다. 때로는 생명의 위험도 있었을 것이고, 황막한 사막에서 길을 잃어 방황하기도 했을 것입니다. 그렇지만 그들의 목표는 아기 예수를 만나 경배하는 데 있었읍니다(마2:11). 크리스마스라는 말은 라틴어에서 연유하는데, 그리스도(Christ)와 만남(Mass)이 있는 날이란 뜻입니다. 오늘의 크리스마스는 어떠합니까? Christmas가 아니라 그 무엇(X)과의 만남을 가지고자 하는 X-Mas로 탈바꿈되고 있음을 서글프게 느끼지 않을 수 없읍니다. 그리스도와의 만남보다 상인은 돈과, 젊은 이는 향락과, 정치인들은 힘과 만나려는 타락과 체면의 날로 변모되고 있지 않습니까? 동방 박사들처럼 그리스도와의 만남과 경배가 이루어지는 크리스마스가 되었으면 합니다.

둘째, 예물을 드리는 크리스마스였읍니다. 동방박사들은 동방의 귀한 예물 즉 황금과 유향과 몰약을 준비해 와서 구유에 계신 아기 예수께 드렸읍니다(마2:11). 성탄절이 되면 카드와 선물을 서로 교환하게 됩니다. 아름다운 풍습이라고 할 수 있읍니다. 그러나 헤롯 왕궁이 아니라 구유에 계신 아기 예수를 찾아 가야 하겠읍니다. 체면 유지를 위한 선물이 아니라 사랑과 봉사의 손길을 나눌 수 있어야 하겠읍니다.

세째, 변화가 있는 크리스마스였읍니다. 동방박사들은 아기 예수를 만나 경배한 후 하나님의 지시에 따라 다른 길로 고국에 돌아갔읍니다. 예수와의 만남이 있는 곳에는 변화가 있어야 합니다. 거듭남이 있어야 합니다.

성탄의 밤에 천군천사들이 들에서 양떼를 치고 있던 목자들에게 나타나 성탄의 기쁜 소식을 알리면서 노래하기를 "지극히 높은 곳에서는 하나님께 영광이요 땅에서는 기뻐하심을 입은 사람들 중에 평화로다"(눅 2:14)라고 하였읍니다. 이는 인류를 향한 하나님의 사랑과 공의를 나타내는 일이었읍니다. 곧 그리스도의 사역은 하나님의 구속 사업을 성취하는 일이었기 때문에 하나님께 영광이 되었읍니다.

하나님께서 가장 기뻐하시는 일은 인간이 회개하고 하나님께 돌아오는 일입니다. "내가 너희에게 이르노니 이와 같이 죄인 하나가 회개하면 하나님의 사자들 앞에 기쁨이 되느니라"(눅15:10).

한편 그리스도의 오심은 이 땅에 평화를 주시기 위해서입니다. "그리스도로 말미암아 우리를 자기와 화목하게 하시고 또 우리에게 화목하게 하는 직책을 주셨으니"(고후5:18).

그리스도를 영접한 자는 이 땅에 평화의 사도가 되어야 합니다. 오늘날 우리들 주변에는 평화를 깨뜨리는 요소들이 너무나도 많습니다. 군비 경쟁, 핵무기 위험 등 제반 군국주의 허상들, 부패한 독재 권력들, 빈부격차를 가중시키는 부익부 빈익빈의 경제 상황, 폭력 문화 등 많은 것들이 우리들 곁에 도사려 평화를 위협하고 있읍니다. 이러한 때 우리는 평화의 왕으로 오신 예수를 영접하고, 평화를 향한 행진을 할 수 있어야 하겠읍니다.

1985년의 성탄절을 앞두고 있읍니다. '하늘에는 영광, 땅에는 평화'라는 합창이 우리들에 의해 온 누리에 울려 퍼질 수 있을 때 주님은 우리 가운데 계속 성탄하시고 계실 것입니다.

(85. 12. 7)

예수! 피흘리다

설교본문/사 53:1-6

그가 찔림은 우리의 허물을 인함이요 그가 상함은
우리의 죄악을 인함이라 그가 징계를 받으므로
우리가 평화를 누리고 그가 채찍에 맞음으로
우리가 나음을 입었도다(사 53:5)

본문 말씀은 이사야 선지자가 주전 700년 경 장차 오실 예수 그리스도께서 당하실 고난에 대하여 예언한 말씀입니다.

예수께서 당하신 고난은 살을 찢기시고 피를 홀리는 고통이었읍니다. 피란 생명을 의미합니다. 주께서 피를 홀리셨다는 것은 생명을 바쳤다는 뜻입니다. 예수님께서 어느 때 무엇을 위해 피를 홀리셨는가를 생각하면서 주의 성찬에 참여하시기를 바랍니다. 오늘 우리가 가지는 성찬은 주님께서 우리를 위해 살을 찢기시고 피를 홀리신 사실을 기념하는 것입니다. 성찬에 참여하시면서 우리 그리스도인들 역시 어느 때 무엇을 위해 피를 홀릴 수 있어야 하겠는가를 다짐할 수 있어야 합니다.

신약 성경에 나타난 예수님의 고난의 모습을 바라보면 적어도 네 번 피를 홀리신 장면을 생각할 수 있읍니다.

첫째, 예수께서 겟세마네 동산에서 기도하실 때 피를 홀리셨읍니다.

유월절 최후의 만찬을 가지신 후 예수님은 세 제자들, 베드로, 야고보,

요한을 데리시고 겟세마네 동산에 올라가셔서 죽음을 앞둔 최후의 기도를
드렸읍니다.

몇 시간 후면 가룟 유다의 배신으로 체포되어 재판을 받고 사형장으로
끌려가실 주님! 그의 겟세마네 기도는 심혈을 기울인 최후의 기도였읍니
다. 성경은 주님의 기도 모습을, "예수께서 힘쓰고 애써 더욱 간절히 기도
하시니 땀이 땅에 떨어지는 핏방울 같이 되더라"(눅 22:44)고 묘사합니다.
땀구멍에 핏방울이 어려 흐르는 모습입니다. 그 기도의 내용은 이러합니
다. "아바 아버지여 아버지께서는 모든 것이 가능하오니 이 잔을 내게서 옮
기시옵소서. 그러나 나의 원대로 마옵시고 아버지의 원대로 하옵소서"(막
14:36).

예수님께서 그토록 심혈을 기울여 드린 기도의 내용은 "주시옵소서"나
"잘 살게 해 주십시오" 또는 "복받게 해 주십시오"가 아니었읍니다. 자신
의 생각을 하나님의 뜻으로 조정시키고, 자신이 마땅히 해야 할 하나님의
뜻을 찾기 위한 내용이었읍니다.

그야말로 삶의 분명한 목표를 찾기 위한 기도였읍니다. 삶의 목표가 없
으면 나침판 없는 항해와 같습니다. 삶의 목표가 없으면 삶의 의미가 없어
집니다. 노력의 가치가 없읍니다. 삶의 목표가 분명할수록 오늘을 바르
게 성실하게 살아갈 수 있읍니다. 예수님의 삶의 목표는 전적으로 하나님
의 뜻을 성취하는 데 있었읍니다. 이를 위하여 심혈을 기울여 기도하신 것
입니다.

둘째, 빌라도 법정에서 채찍으로 맞으면서 피를 흘리셨을 것입니다.
로마 시대 죄수에 대한 심문은 잔인했읍니다. 기록에 의하면 죄수를 심
문할 때마다 쇠고리가 달린 가죽 채찍으로 1회에 39번씩 때렸다고 합니다.
실제로 예수께서도 심문 중 채찍을 맞으셨읍니다. 무릎을 꿇게 하고 침을
뱉고 그의 머리를 쳤읍니다(마 27:29). 그때 주님의 온 머리, 온 얼굴은
피 투성이가 되었을 것입니다. 빌라도 법정에서 심문과 채찍을 당하면서

도 예수님은 조금도 굴하지 않으시고 "네 말과 같이 내가 왕이니라. 내가 이를 위하여 났으며 이를 위하여 세상에 왔나니 곧 진리에 대하여 증거하려 함이로라. 무릇 진리에 속한 자는 내 소리를 듣느니라"(요 18:37)고 대답하셨읍니다. 심한 매질, 피의 낭자와 고통 속에서도 진리를 담대히 증거하셨읍니다. 그는 살기 위해서 조금도 비굴하지 않았읍니다. 조금도 속이거나 거짓되지 않으셨읍니다.

이것이 그리스도인의 삶입니다. 죽음의 고통이 엄습해 오더라도 진리를 붙잡고 끝까지 몸부림칠 수 있어야 합니다. 진리와 더불어 진리를 위해 피를 흘릴 수 있어야 합니다.

오늘날, 권력을 위해서, 돈을 위해서는 피를 흘리는 자가 있어도 진리를 위해서는 피를 흘리는 자가 드뭅니다. 예수님께서는 매를 맞으면서도 "진리에 대하여 증거한다"고 외치셨읍니다. 이 외침이 우리 속에 이루어져야 합니다.

한때 국가와 교회간에 긴장 관계가 있었읍니다. 그때 많은 분들이 국가가 있고 그리고 종교가 있다고 말했읍니다. 국가와 신앙을 주종관계로 생각하는 분들이 많았읍니다. 그러나 교회의 입장은 다릅니다. 정권에 앞서 국가를 먼저 생각합니다. 그리고 국가에 앞서 인류를 먼저 생각하게 됩니다. 그리고 인류를 생각할 때 창조주이신 하나님을 먼저 생각하게 됩니다. 하나님의 뜻의 성취를 가장 먼저 생각해야 하는 것이 그리스도인입니다. 따라서 교회는 국가의 예속체가 아닙니다. 하나님께 속한 것으로, 하나님의 뜻을 이루며, 하나님의 나라를 확장해 가는 그리스도의 몸입니다. 교회는 어떠한 상황 속에서도 진리를 바로 외치며, 민족과 국가의 양심이 되어야 합니다.

세째, 로마의 군인들에 의하여 가시관이 씌워졌을 때 피를 흘리셨을 것입니다.

빌라도 총독에 의하여 사형선고가 내려졌을 때 로마의 병사들은 가시로 만든 관을 예수님의 머리에 씌웠읍니다.

정권유지에 급급하던 빌라도! 음흉한 흉계를 꾸몄던 제사장들! 잘난 체 뽐내며 거짓 술수를 쓰던 바리새인들! 뇌물을 받고 예수를 죽이라고 아우성치던 군중들 모두가 가시관을 쓰신 예수께 "유대인의 왕이여 평안 할지어다"라고 소리지르면서 피가 낭자한 예수님의 얼굴에 침을 뱉으며 조롱했읍니다.

세상의 온갖 불의와 부정, 죄악이 가시처럼 얽혀서 예수님의 머리 위에 씌워졌을 때 그의 머리에서 피가 아니 흐를 수 없었읍니다. 정의의 피가 흘렀을 것입니다.

미국의 16대 대통령 아브라함 링컨은 대통령 취임선서 때 아모스 5:24의 "오직 공법을 물같이 정의를 하수같이 흘릴지로다"라는 성구 위에 손을 얹고서 서약하였읍니다. 하나님의 공의로운 법과 정의를 세우는 대통령이 되겠다는 결심의 표시일 것입니다. 링컨은 이를 위해 싸우다 죽었으나 그의 정신은 살아 오늘의 미국 속에 남아 있읍니다. 그래서 미국이 오늘의 자유 세계의 맥박이 되고 있는 것도 이와 같은 정신의 유산이라 봅니다. 이와 같은 유산이 오늘도 교회에 의하여 이 민족의 가슴 속에 심겨질 수 있어야 합니다. 정의의 피가 교회에서 사회 속으로 흐를 수 있어야 합니다.

네째, 예수께서는 십자가 상에서 피를 흘리셨읍니다.

드디어 예수님은 골고다 산상에 끌려가셨읍니다. 십자가에 매달리셨고, 손과 발목에 못이 쳐졌읍니다. 못자국! 손과 발목에는 피가 낭자하게 흘렀을 것입니다. 그 순간에도 예수님은 "아버지여 저들의 죄를 사하여 주옵소서" "다 이루었도다" "아버지여 내 영혼을 아버지 손에 부탁하나이다"라고 말씀하시면서 운명하셨읍니다. 십자가의 피는 인간을 죄악에서 구원하여 하나님의 자녀를 삼기 위한 사랑의 피였으며 대속의 피였읍니다. 주님께서 십자가에서 흘리신 그 사랑의 뜨거운 피를 우리는 그의 몸된 교회를 위하여 흘릴 수 있어야 합니다.

사랑하는 교우 여러분 !
　우리는 찢기신 살과 흘리신 피를 의미하는 주의 성찬에 초대받았읍니다. 우리는 떡과 포도주를 나누면서 주님의 고난의 모습을 되새길 수 있어야 합니다.

　주님께서 누구를 위해, 무엇 때문에 피를 흘리셨읍니까 ? 겟세마네 동산에서, 빌라도 법정에서, 가시관에서, 십자가 상에서 흘리신 그 피를 생각하면서 우리도 하나님의 뜻을 찾기 위해서, 진리와 정의를 위해, 사랑하기 위해 우리 자신의 피를 흘릴 수 있어야 합니다.

예수 ! 사형선고 받다

설교본문/눅 23:1-5, 13-25

이에 빌라도가 저희의 구하는대로 하기를
언도하고 저희의 구하는 자 곧 민란과 살인을
인하여 옥에 갇힌 자를 놓고 예수를 넘겨주어 저희
뜻대로 하게 하니라(눅 23:24, 25)

사형선고!
여기 부당하게 고발되어 그릇된 재판과정을 통해 사형선고를 받은 한 죄수가 있읍니다. 그의 죄목은 첫째, 국민을 선동하고, 둘째, 국가에 반역하고, 세째, 스스로 집권자가 되려는 망상을 가졌다는 것입니다.

그는 다른 분이 아니라 2000년 전 인간을 죄악에서 구원시키고 사랑과 정의의 하나님 나라를 성취하기 위해 오신 예수 그리스도이십니다.

누가복음 23:1-2에 보면 예수를 고발한 죄목이 나타납니다. 첫째, 백성을 미혹하고, 둘째, 황제 곧 국가에 세금 바치는 것을 금하며, 세째, 자칭 왕 그리스도라 주장한다는 것입니다.

그런데 문제는 그를 법정에 고발한 자가 누구이며 그를 죽일 것을 요구한 자가 누구이며 또 그에게 사형선고를 내린 자가 누구냐는 것입니다. 그리고 무엇 때문에 그를 고발했고, 죽일 것을 요구했고 또한 실제로 사형선고를 내려야 했던가 하는 것입니다. 여기서 우리는 우리 자신의 현재적 모습을 반성할 수 있어야 합니다.

"나는 길이요 진리요 생명이라"하신 예수님이 지금도 우리의 마음 속에 2000년 전의 모습처럼 죽임을 당하고 있지 않습니까?

여기에 참 길을 걸어가기를 거부하는 사람, 진리대로 살기를 거부하는 사람, 참 생명을 얻고 떳떳하게 살기를 거부하는 사람이 있다면 바로 그의 마음 속에서 우리 주님은 죽임을 당하고 있습니다.

수난주간을 맞이한 우리는 예수님의 사형선고에 관계된 세 종류의 사람들과 배경들 속에서 우리들 자신을 음미할 수 있어야 하겠읍니다.

첫째, 예수를 고발한 제사장을 비롯한 유대 지도자들의 교만과 위선입니다.

그들은 산헤드린 공회에 모였읍니다. 산헤드린 공회는 유대인들의 최고 의결기구로서 제사장, 서기관, 바리새인의 대표자 약 70명으로 구성되어 있읍니다. 그들은 유대 사회에서 최고 권위자들이며 전통의 수호자들이며 사형처분을 제외하고는 얼마든지 백성을 처벌할 수 있는 권위를 가지고 있었읍니다. 그들의 교만과 위선이 예수님에 의하여 폭로되고 공격당하게 되자 그들 자신의 자존심이 예수님을 도저히 용납할 수 없었읍니다.

마태복음 23장에 보면 유대 지도자들의 독선을 예수님께서 적나라하게 파헤치고 있읍니다.

무거운 짐을 묶어 사람의 어깨에 지우되 자기는 이것을 한 손가락으로도 움직이려 하지 아니하며(마 23:4).

잔치의 상석과 회당의 상좌와 시장에서 문안 받는 것과 사람에게 랍비라 칭함을 받는 것을 좋아하느니라(마 23:6,7).

너희는 천국문을 사람들 앞에서 닫고 너희도 들어가지 않고 들어가려 하는 자도 들어가지 못게 하는도다(마 23:13).

이와 같은 위선과 교만, 독선을 지닌 유대 지도자들이 예수를 고발하였읍니다.

둘째, 예수를 죽여 달라고 아우성친 백성들의 불신앙을 보십시다.

재판이 있기 5일 전 예수님이 예루살렘에 입성하실 때 길가에 나와 "호산나 다윗의 자손이여! 찬송하리로다, 주의 이름으로 오시는 왕이여 하늘에는 평화요 가장 높은 곳에는 영광이로다"(눅 19:38)라고 외치며 열렬히 환영하였던 예루살렘 군중들은 한 주간이 지나기도 전에 예수님이 빌라도 법정에서 재판을 받게 되자 돌변하여 "예수를 죽여라", "십자가에 처형하라"고 아우성쳤읍니다. 어리석게도 이렇게 돌변하게 된 이유 중 하나는 그들이 예수님을 바로 알지 못했기 때문입니다.

예수를 다만 소문으로만 알았지 그를 그리스도로 믿지 못했기 때문입니다. 복음은 예수에 관한 소문이 아니라 예수와의 만남이며 예수와의 영합이며 예수를 소유하여 그의 능력으로 살아가는 삶이라 할 수 있읍니다. 군중들은 예수 그리스도에 대하여 바로 알지 못하였기 때문에 불신앙에 빠진 것입니다. 그래서 사도 베드로도 "오직 우리 주 곧 구주 예수 그리스도의 은혜와 저를 아는 지식에서 자라라"고 권면하고 있읍니다. 바울 역시 "너는 배우고 확실한 일에 거하라"고 말했읍니다.

백성들이 예수를 죽여 달라고 아우성치게 된 또 하나의 이유는 대제사장들의 충동에 의해서입니다.

대제사장들이 무리를 충동하여 도리어 바라바를 놓아 달라 하게 하니
(막 15:11)

대제사장은 권력이 있고 돈이 있읍니다. 권력과 돈의 위력 앞에 무기력했던 군중들은 진리를 찾기보다는 우선 눈에 보이는 이익에 급급했었읍니다. 무엇을 위해 사느냐보다는 어떻게 사느냐는 문제, 바르게 사느냐보다는 잘 사느냐는 문제에 집착하게 되면 진리를 잊어버리게 됩니다.

세째, 예수님께 사형선고를 내린 빌라도의 현실 집착의 의식입니다.

빌라도는 예수를 여러 차례 심문하였으나 아무런 죄도 발견하지 못했읍니다. 심문 결과를 백성들에게 말하기를 "내가 보니 이 사람은 죄가 없도

다"(눅 23:4)고 할 정도였읍니다. 그때 군중들이 예수를 죽이라고 아우성 치자, 혹시 민란이 일어날까 또는 이로 인해 총독의 위치가 흔들릴까 두려워한 빌라도는 예수께 사형선고를 내렸읍니다. 확실히 빌라도는 양심의 소리를 외면하고 민중의 인기 유지와 자기 위치 지키기에 급급하였읍니다.

그리스도인은 현실 집착의 삶을 살아가지 않습니다. 내일을 향해 부단한 자기 개혁과 새로운 창조의 힘을 가져야 합니다. 현재에 안일하게 주저앉아 있거나 자기 변화를 거부하는 사람이 있다면, 양심의 소리를 외면하는 사람이 있다면, 그 속에서 그리스도가 죽임을 당하고 있는 것입니다.

지금도 혹시 우리 속에서 주님께서 죽임을 당하고 있지 않습니까? 2000년 전 예수의 재판을 바라보면서 오늘을 겸허하게 자기를 낮추면서 살아갈 수 있어야 합니다. 진리를 알고 그 진리와 함께 사십시다. 오늘의 환경이 좋다고 해서 너무 집착하지 마십시다. 반대로 오늘의 환경이 나쁘다고 해서 너무 자포자기하지 마십시다. 그리스도와 함께 변화와 창조의 새로운 삶을 찾아 부단히 자신을 채찍질할 수 있어야 하겠읍니다.

고난의 자리에 부활의 영광이

설교본문/막 16:1-11

> 청년이 이르되 놀라지 말라 너희가 십자가에 못
> 박히신 나사렛 예수를 찾는구나 그가 살아나셨고
> 여기 계시지 아니하니라 보라 그를 두었던
> 곳이니라(막 16:6)

그리스도의 부활은 인류에게 진리가 죄악을, 정의가 불의를, 자유가 억압을, 사랑이 미움을, 빛이 어둠을 이긴다는 확신과 희망을 심어 주었읍니다.

그러나 그리스도의 부활은 십자가상의 죽음이라는 극한의 고난 속에 이루어진 것입니다. 고난이 없는 영광이 없다는 사실을 보여 주고 있읍니다.

그러면 예수는 무엇을 위해 그 자신의 피를 흘려야만 했읍니까. 성서의 기록들은 예수께서 당하신 고난의 모습을 생생하게 증명하고 있읍니다

예수의 생애는 한마디로 말해 "어떻게 사느냐"가 아니라 "무엇을 위해 사느냐"에 있었읍니다. 이를 위해 고난주간 목요일 밤 겟세마네 동산에서 심혈을 기울여 최후의 기도를 드리셨읍니다. 사람들은 어떻게 하면 잘 사느냐는 문제에 집착한 나머지 바르게 사는 것을 잃어버리고 수단과 방법에 얽매일 때가 많습니다. 그렇지만 그리스도의 생애는 우리들에게 참 삶의 목적과 내용이 무엇인가를 일깨워 주고 제시해 주었읍니다. 그러했기 때

문에 "어떻게 하면 잘 사느냐"는 문제에 집착한 사람들로부터 냉대와 고난을 당하신 것입니다.

예수는 빌라도 법정에서 재판을 받을 때 심한 고문을 당하면서도 조금도 살기 위해 비굴해 하지 않고 담대히 진리를 증언하셨읍니다. 사람은 "무엇이 이로우냐"에 집착하기 쉽습니다. 그러나 예수는 "무엇이 나에게 이로우냐"가 아니라 "무엇이 옳으냐"라는 진리추구의 삶을 가지셨읍니다. 그러했기 때문에 "빌라도"의 채찍을 맞으며 피를 흘려야만 했었읍니다. 진리가 채찍을 맞는 시대가 어디 예수시대 뿐입니까? 오늘 우리의 시대 역시 세계도처에서 진리와 양심의 호소가 얼마나 많이 채찍을 당하고 있읍니까?

예수에게 사형선고가 내려졌을 때 "로마"의 군인들은 예수를 조롱하기 위해 날카로운 가시로 관을 만들어 예수의 머리에 씌웠읍니다. 그의 머리에서 얼마나 많은 피가 흘렀을까요. 정권유지에 급급하여 인권을 예사로 유린하던 '빌라도' 총독, 권위와 부를 이용하여 자유를 짓밟던 제사장들, 종교를 내세우면서 위선에 사로잡혀 있던 바리새인들, 지성인인 체하면서 권력의 시녀노릇하던 서기관들, 여론의 매수에 휩쓸려 예수를 죽이라고 아우성치던 우매한 군중들, 세상의 온갖 불의와 죄악이 가시처럼 얽혀 예수의 머리에 씌워졌을 때 예수의 머리에서는 정의의 피가 아니 흐를 수 없었을 것입니다.

예수는 십자가에 못박힐 때 최후의 피를 흘렸읍니다. 그 순간에도 예수는 자기를 죽이는 자를 위해 용서와 사랑을 간구하였읍니다. 확실히 예수께서 십자가에서 흘린 피는 인류를 향한 뜨거운 사랑의 피였읍니다.

예수의 피를 흘린 고난은 참 삶을 위하여 진리와 자유 그리고 정의와 사랑의 나라를 위한 것이었읍니다. 따라서 이러한 고난을 의롭게 보신 하나님께서는 **예수**께 부활의 영광을 주셨읍니다. 고난의 자리에 부활의 아침이 깃든 것입니다.

그러나 우리의 부활절은 어떠합니까. 많은 교인들은 고난을 외면한 채 부활의 영광만 차지하려고 하지 않습니까. 한국의 기독교인 수가 1천만명에 육박하고 있읍니다. 이제 가톨릭은 선교 2백주년을, 개신교는 선교 1백주년을 맞이하게 되었읍니다. 놀라운 발전이요 자랑스러운 일입니다. 그러나 교회는 영광에 도취되기에 앞서 고난의 자리부터 먼저 마련할 수 있어야 합니다. 그리스도의 몸으로서 교회는 민족과 역사 앞에 어떤 희생과 고난의 모습을 가져야 하겠는가를 먼저 생각해 봅시다. 그때 교회는 스스로 갱신될 수 있고 바른 선교를 민족 앞에 전개할 수 있고 역사를 새롭게 창조해 갈 수 있는 생명력을 지닐 수 있읍니다. 그때 교회는 부활의 기쁨을 감격스럽게 느끼며 그 기쁨을 민족과 함께 나눌 수 있을 것입니다.

(83. 4. 5)

생의 동반자

설교본문/눅 7:11-17

주께서 과부를 보시고 불쌍히 여기사 울지 말라
하시고 가까이 오사 그 관에 손을 대시니 멘
자들이 서는지라 예수께서 가라사대 청년아 내가
네게 말하노니 일어나라 하시매(눅 7:13, 14)

우리 힘으로 개인 날과 비오는 날을 마음대로 조정할 수 없는 것처럼 우리 마음 상태 또한 우리 뜻대로 조절하기 어렵습니다. 고독감에 사로잡히게 되면 더더욱 자신을 감당하기 어렵게 됩니다.

미국의 심리학 교수 로져 고올드 박사는 성인의 발달 과정을 다음과 같이 7단계로 구분하고 있읍니다.

첫째 단계, 16-17세 : 통제에서 벗어나려는 도망의 시기

둘째 단계, 18-22세 : 여러가지 삶의 가능성을 찾는 탐색의 시기

세째 단계, 23-28세 : 생존을 위해 발버둥치는 투쟁의 시기

네째 단계, 29-34세 : 인생의 깊이를 생각하는 회의의 시기

다섯째 단계, 35-43세 : 초조와 위기를 느끼는 불안의 시기

여섯째 단계, 44-50세 : 과거를 돌아보는 반성의 시기

일곱째 단계, 50세 이상 : 나를 알고 너와 나의 관계를 알게 되는 성숙의 시기

그러면서 이 모든 단계에 있어서 공통적으로 나타나는 현상은 '고독'이

라고 지적하였읍니다. 이 고독을 얼마나 건설적으로 처리하느냐에 따라 그때 그때를 성공시킬 수도 있고 실패할 수도 있는 것입니다.

고독은 사람을 불안하게 합니다.

고독은 사람을 우울하게 만듭니다.

고독은 사람을 패배의식에 빠지게 합니다.

고독은 생에 대한 의욕을 상실케 합니다.

고독은 사람을 절망감에 사로잡히게 합니다.

고독은 마침내 우리의 믿음과 육의 생활을 약하게 만듭니다.

1977년 9월 5일자 「타임」(Time)지에 '고독은 당신을 죽일 수 있다'는 제목으로 한 편의 글이 실린 적이 있읍니다.

내용인즉, 의학 연구와 통계에 의하건대 독신자, 과부, 이혼하여 혼자 사는 사람이 같은 연령층의 결혼 생활을 하는 사람에 비하여 질병에 걸리는 비율이 훨씬 높다는 것입니다.

예를 들면, 심장병으로 인한 사망률은 5배, 폐암과 뇌일혈로 인한 사망률은 2배, 정신병으로 인한 사망률은 7배, 폐결핵으로 인한 사망률은 무려 10배나 된다는 놀라운 보고입니다.

「고독의 의학적 연관」이란 책의 저자 제임스 린치(James J. Lynch)의 말을 인용하자면 고독은 우리의 문화를 파멸로 몰고 갈 뿐만 아니라 우리들의 육체적 건강까지도 파멸케 하는 것입니다. 그래서 하나님께서도 사람이 고독하게 사는 것을 싫어하신 것 같습니다.

여호와 하나님이 가라사대 사람이 독처하는 것이 좋지 못하니 내가 그를
위하여 돕는 배필을 만들리라(창 2:18).

이 말씀에서 알 수 있는 것과 같이 하나님께서는 아담으로 하여금 고독하지 않도록 아담과 짝이 될 하와를 지으셨읍니다.

그러면 고독이란 무엇입니까?

고독을 사전적으로 정의해 보자면, '외로움', '동료가 없음'으로 표현

할 수 있읍니다. 그러나 고독은 단순히 혼자 있는 것을 의미하는 것은 아닙니다. 수많은 군중과 권력에 싸여 있는 대통령일지라도 고독할 때가 많다고 합니다. 미국의 워렌 하딩 대통령이 자신의 회고록에서 "백악관이라는 감옥에 갇혀서 무서운 고독을 느꼈다"고 술회하고 있는 것은 그러한 맥락에서 매우 주목할 만하다고 하겠읍니다.

이와는 정반대로 이집트의 사다트 대통령은 자신의 회고록에서 반 년간 독방에 갇혀 생활하던 그때가 자신의 생애에 있어서 '가장 위대했던 기간'이라고 회고합니다. 그것은 감옥 안에서 조국에 대한 그의 꿈을 마음껏 펼칠 수 있었기 때문이라고 합니다.

많은 군중 속에 있다고 해서 반드시 고독하지 않은 것은 아닙니다. 마찬가지로 홀로 있다고 해서 꼭 고독한 것도 아닙니다. 고독은 결코 외적인 것이 아니라 내적인 것입니다.

종교심리학자인 융(Jung)은 "고독은 나의 주변에 사람이 없다고 하는 데서 오는 것이 아니라 믿음과 희망 그리고 사랑을 나눌 동반자가 없는 데서 오는 것이다"라고 말하였읍니다.

아무리 주변에 많은 사람이 있다 해도 그 중에 믿을 수 있는 사람이 없다면 그 사람은 고독할 것입니다. 주변에 아무리 사람이 많이 있다 할지라도 함께 꿈을 나누며 희망을 이뤄 갈 동료가 없다면 그 또한 고독할 것입니다. 그리고 아무리 많은 사람에게 둘러싸여 있다 할지라도 사랑을 주고 받을 동반자가 없다면 그 사람은 더할 나위없는 고독에 빠지고 말 것입니다.

그러면 누가 우리와 더불어 믿음과 꿈과 사랑을 나누어 가지는 참다운 동반자가 되어 줄 수 있겠읍니까?

오늘 본문 말씀을 보면, 나인성의 한 고독한 여인에 관한 이야기가 나오는 것을 볼 수가 있읍니다. 이는 극한의 슬픔과 외로움, 고독에 떨어진 그녀가 믿음과 희망과 사랑을 나눌 영원한 생의 동반자를 만나 고독을 이겨나갈 수 있게 되었다는 이야기입니다.

나인성의 과부도 본래는 남편과 아들과 함께 단란하고 행복하게 살았을 것입니다. 그런데 어느날 그렇게도 사랑하고 의지하던 남편이 갑자기 세상을 떠났읍니다. 졸지에 과부가 된 것입니다. 그러고 보면 남편이나 아내가 영원한 생의 동반자는 아닌 것 같습니다. 어쨌든 고독하게 된 그녀는 그래도 아들 하나에 희망을 걸고 아들 키우는 것을 보람으로 삼고 살았읍니다.

그 아들이 성장하여 청년이 되었읍니다. 그런데 그 과부의 가슴을 천 갈래 만 갈래 찢어 놓는 사건이 일어났읍니다. 그 외아들이, 그토록 고독한 가운데서도 기대를 걸고 온갖 고생을 다하며 키워 온 단 하나뿐인 아들이 죽은 것입니다.

"이제 누굴 믿고 산단 말인가? 무슨 희망으로 산단 말인가?" 애끓는 그녀의 통곡은 끝이 없었지만 생의 저편으로 한번 떠나간 아들은 다시 돌아올 수 없었읍니다.

동네 사람들이 와서 아들의 상여를 메고 장지를 향해 나인성 밖으로 나갑니다. 그 뒤를 과부가 따라갑니다. 장례 행렬이 지나가는 길, 그 길은 슬픔과 고통의 길이자 절망과 패배의 길이었읍니다. 그 과부는 이제 차라리 자신이 죽고 싶었을 것입니다.

이러한 고독의 행렬 속으로 예수님이 오셨읍니다. 예수님은 그 고독한 여인을 그저 지나치지 않으시고 그녀 곁에 오셨읍니다. 그리고 그녀를 만나셨읍니다.

우리는 본문에 나타난 주님이 하신 일에서 고독을 극복하는 방법을 발견할 수 있읍니다.

첫째로 13절에 "주께서 과부를 보시고 불쌍히 여기사 울지 말라 하시고"란 말씀을 보십시다.

주님은 우리 곁에 오셔서 눈물을 닦아 주시고 연약함을 도와 주시며, 우리의 피난처와 방패가 되어 주십니다. 주님은 결코 믿는 자를 그냥 버려 두

지 않으십니다. 요한복음 14장에 그러한 내용이 나타나 있읍니다. 예수님
께서는 제자들이 자신의 죽음에 관한 예고를 듣고 불안해하고 어찌할 바를
몰라 하자 그들을 위로해 주십니다. "내가 너희를 고아와 같이 버려 두지
아니하겠다"는 위로의 말씀이 그 사실을 잘 보여 주고 있읍니다. 그리고
이어서 예수님은 아주 든든한 약속을 해 주고 계십니다.

내가 아버지께 구하겠으니 그가 또 다른 보혜사를 너희에게 주사 영원토
록 너희와 함께 있게 하시리니(요 14:16).

보혜사란 성령의 별칭으로서 '위로자', '도와 주는 자', '대변해 주는 자'
의 뜻을 가진 말입니다. 이 성령은 어떤 분입니까? 로마서 8장에 그 설명
이 나타나 있읍니다.

성령도 우리 연약함을 도우시나니…모든 것이 합력하여 선을 이루느니
라.

또 구약을 보십시오. 많은 믿음의 사람들이 비록 사람과의 관계에서는
외롭고 답답했다 할지라도 하나님께서 함께 해 주신다는 약속을 굳게 믿음
으로써 고독을 이기고, 강하고 담대한 삶을 살았던 것을 볼 수가 있읍니다.

모세는 하나님의 부르심을 받았지만 그가 가는 길은 무척이나 고독하고
외로운 길이었읍니다. 그는 부르심을 받은 뒤 애굽을 향해 내려가야 했읍
니다. 그곳은 자기를 죽이려는 사람이 많은 곳입니다. 심지어 그는 그곳
에서 동족에게까지 배신을 당했었읍니다. 그런데 다시 애굽으로 내려간다
는 것은 참으로 고독의 길이 아닐 수 없었읍니다.

그럼에도 불구하고 그에게는 큰 위로가 있었읍니다. 그것은 바로 "내가
정녕 너와 함께 있으리라"(출 3:12)고 하신 하나님의 언약이었읍니다. 모
세는 비록 인간적으로는 약하고 외롭고 고독했지만, 창조주이신 아버지
하나님께서 자신과 함께 하고 계시다는 확신 속에서 강하고 담대할 수 있었
읍니다.

여호수아 역시 그랬읍니다. 그 역시 인간적으로 보면 연약한 사람이었

읍니다. 보잘것없고 외로운 사람이었읍니다. 그러나 그토록 담대하게 동족을 이끌고 가나안 땅을 정복할 수 있었던 것은 여호수아 1:5의 말씀이 보여 주고 있는 것과 같은 하나님의 약속을 확신했기 때문입니다.

너의 평생에 너를 능히 당할 자 없으리니 내가 모세와 함께 있던 것 같이 내가 너를 떠나지 아니하여 버리지 아니하리니(수 1:5).

이 약속의 말씀을 지니고 있었기 때문에 여호수아는 강할 수 있었읍니다.

바울도 회개하고 전도자의 길을 걷게 된 후 얼마나 많은 고독의 길을 걸었는지 모릅니다. 뭇 사람들로부터 수없이 많은 조소와 비난과 천대를 받았읍니다. 그럼에도 불구하고 그는 "내가 과연 너를 버리지 아니하고 너를 떠나지 아니하리라"는 주님의 말씀을 확고하게 믿었기 때문에 그 모든 것을 이기고 주님의 사도로서 당당히 자신의 길을 걸을 수 있었읍니다.

다윗 또한 만년에 자신의 생애를 회고하며 "여호와는 나의 목자시니 내게 부족함이 없으리로다"(시 23:1)는 시편을 읊기도 했읍니다.

이상 말씀드린 바와 같이 주님께서 우리를 돕기 위하여 항상 우리 가까이 계심을, 그리고 우리를 위로하고 인도해 주심을 확실히 믿을 수 있어야 하겠읍니다. 그럴 때 우리는 고독을 물리칠 수 있는 힘을 얻을 수가 있읍니다.

둘째로 "그 관에 손을 대니 멘 자들이 서니라"는 말씀을 보십시다.

상여의 행렬은 동서고금을 막론하고 아무데서나 함부로 서지 않습니다.

제가 지방에서 목회할 때 경험한 일입니다. 성도 한 분이 하나님의 부르심을 받아 장례식을 치른 후 장례차를 타고 교회 묘지까지 가는데 꼭 두 곳에서 멈추는 것을 보았읍니다. 즉 다리 위와 고갯길에 멈추어 서서는 움직일 생각을 하지 않았읍니다. 그 때 상주들이 돈을 주자 그 때서야 비로소 움직이는 것이었읍니다.

그러나 여기서 상여가 멈추어 선 것은 주님으로부터 돈을 얻기 위한 것이 아니었읍니다. 주님의 말씀을 듣고 주님과 접촉을 가지면서 그들은 자신들의 행렬을 정지시켰던 것입니다. 이 행위 곧 장례 행렬이 주님 앞에 멈추어 선 사실이 기적의 시발점이 됨을 우리는 간과해서는 안되겠읍니다.

우리도 주님 앞에 자신을 바로 세울 수 있어야 하겠읍니다. 이것은 곧 회개를 가리키는 것입니다. 그리고나서 주님 앞에 자신을 맡겨야 합니다. 이것은 믿음을 의미합니다. 나인성의 장례 행렬은 바로 주님 앞에 멈춰 서서 주님께 모든 것을 맡겼읍니다.

잠언 16:3에 "너의 행사를 여호와께 맡기라 그리하면 너의 경영하는 것이 이루리라"는 말씀이 있읍니다. 우리 삶을 주님 앞에 맡길 그 때 주님께서는 우리의 삶을 책임져 주십니다.

출애굽기 14장에 이와 같은 이야기가 있읍니다. 이스라엘 백성들이 애굽에서 탈출하여 나왔읍니다. 그리고 약속의 땅 가나안을 향해 거대한 행군을 시작하였읍니다. 그런데 이스라엘의 수십만 민중이 나아가는 길에 갑자기 큰 문제가 생겼읍니다. 홍해가 그들 앞에 가로놓여 있었던 것입니다. 도저히 건널 방법이 없었읍니다. 설상가상으로 뒤에서는 애굽 군대가 추격해 오고 있었읍니다. 옆을 바라보니 온통 사막뿐입니다. 참으로 이스라엘 백성은 진퇴 양난에 빠지고 말았읍니다. 백성들은 살려 달라고 아우성칩니다. 이리 뛰고 저리 뛰며 살려 달라고 아우성 치다가는 모세를 원망하기 시작했읍니다. 그때 모세가 이같이 말했읍니다.

너희는 두려워 말고 가만히 서서 여호와께서 오늘날 너희를 위하여 행하시는 구원을 보라(출 14:13).

여기서 '고요히 서라'는 말씀은 하나님 앞에 바로 서라는 말씀입니다. 즉 너희 자신을 정돈하고 서라는 뜻입니다.

그리고 '구원을 보라'는 말은 하나님께 맡기라는 뜻입니다. 즉 너희 수단으로 살려고 발버둥치지 말고 하나님께 맡기면 구원이 오리라는 가르침입니다.

자기 자신을 움켜 쥐고 살려고 발버둥치다 보면 수단과 방법에 스스로 얽매이게 되고 맙니다. 그러다 보면 원망과 불평이 앞서게 마련입니다. 그러나 그럴 때일수록 자신의 인생길을 잠시 멈추고 하던 일을 하나님께 맡기며 그의 뜻을 찾아 보도록 해야 합니다. 왜냐하면 하나님은 우리의 삶을 주장하는 분이시기 때문입니다. 이스라엘 백성이 그렇게 했을 때 즉 살려고 아우성치던 이스라엘 민중이 모세의 말에 순종하여 잠잠히 멈추어 서서 하나님께 모든 것을 맡겼을 때 홍해가 갈라지는 기적의 역사가 일어났던 것을 우리는 알고 있읍니다.

마지막으로 14절 이하에 있는 말씀 즉 "청년아 내가 네게 말하노니 일어나라"고 하신 말씀을 보십시다.

과부의 아들, 그는 죽어서는 안될 사람이었읍니다. 그는 아직 창창한 내일을 앞둔 청년의 나이였읍니다. 그리고 그는 외아들이었읍니다. 더우기 외로운 과부의 외아들이었읍니다. 따라서 그는 많은 기대를 한 몸에 받던 자였읍니다. 그러한 청년이 죽고 말았읍니다. 생명의 땅에서 영원히 잘리고 말았읍니다.

그 결과 그는 이제 남에게 고통을 주고 있읍니다. 해를 끼치고 있읍니다. 자신의 어머니를 가장 가파른 고독의 벼랑으로 내어 몰고 있읍니다.

사람이 자기 위치를 지키지 못할 때 그 자신만 고독한 것이 아니라, 남에게까지 고독을 주게 됩니다. 고독한 사람은 남에게도 고독을 줍니다.

이러한 청년에게 주님께서 "일어나라"고 하셨읍니다. 이는 주님과 함께 그가 처한 위치에서 일어나는 삶을 가지라는 말씀입니다. 일어나는 삶은 날마다 새로와지는 삶입니다. 일어나는 삶은 고독을 이기는 삶입니다.

우리가 주님의 부름에 따라 일어날 수 있을 때 주님과 동행할 수 있읍니다. 영적으로 죽어 있을 때는 고독의 행렬 속에 있을 수밖에 없지만 일어났을 때는 주님과 동행하는 행렬 속에 있게 됩니다.

주님은 우리의 외로움과 연약함을 도와 주시기 위해 우리 곁에 오셨읍니다. 우리의 가는 길을 잠시 멈추고 주님의 말씀에 귀를 기울여 보십시다.

그러면 그 때부터 장지를 향하는 고독의 행렬이 아니라, 나인성으로 들어
가는 영생의 행렬에 속하게 될 것입니다.

(82. 3. 14)

꺼져가는 심지를 끄지 아니하시고

설교본문/마 12:14-21

상한 갈대를 꺾지 아니하며 꺼져가는 심지를
끄지 아니하기를 심판하여 이길 때까지 하리니
또한 이방들이 그 이름을 바라리라 함을
이루려 하심이니라(마 12:20, 21)

이 말씀은 주님의 사역에 대해 이사야 선지자가 예언한 말씀을 인용한 것입니다. 이사야는 구약의 대선지자 중 한 사람으로 '그리스도론의 선지자'로 불리어지는 사람입니다. 이는 그의 예언이 그리스도께서 나실 때부터 시작하여 십자가에 못 박혀 돌아가시고 그 후 영광을 받으시기까지의 전 생애를 역력히 소개하고 있기 때문입니다. 특히 이사야 42:3은 그리스도의 사역을 다음과 같이 소개하고 있습니다.

상한 갈대를 꺾지 아니하며 꺼져가는 등불을 끄지 아니하고 진리로 공의
를 베풀 것이며.

이 말씀 중에서 특별히 "꺼져가는 등불을 끄지 아니하고"라는 말씀을 중심하여 하나님의 은혜를 생각해 보도록 하겠읍니다.

성 경에는 '등불' 또는 '빛'이 여러가지 의미로 표현되고 있읍니다. 그 대표적인 의미들을 몇 가지 살펴보도록 하십시다.

첫째, 성부 하나님을 가리킵니다.

우리가 저에게서 듣고 너희에게 전하는 소식이 이것이니 곧 하나님은 빛
이라 그에게는 어두움이 조금도 없으시니라(요일 1:5).

둘째, 성자 예수 그리스도를 가리킵니다.

예수께서 또 일러 가라사대 나는 세상의 빛이니 나를 따르는 자는 어두움
에 다니지 아니하고 생명의 빛을 얻으리라(요 8:12).

세째, 성령을 가리킵니다.

불의 혀 같이 갈라지는 것이 저희에게 보여 각 사람 위에 임하여 있더니 저
희가 다 성령의 충만함을 받고(행 2:3).

이와 같이 '빛'은 성부, 성자, 성령의 삼위일체 하나님을 가리키는 것
이라고 할 수 있읍니다. 그리고 또 하나 뜻하는 바로, 하나님을 믿는 사람
을 생각할 수가 있읍니다.

너희는 세상에 빛이라(마 5:14).

일어나 빛을 발하라 이는 네 빛이 이르렀고 여호와의 영광이 네 위에 임하
였느니라(사 60:1).

너희 빛을 사람에게 비취게 하여 저희로 너희 착한 행실을 보고 하늘에 계
신 너희 아버지께 영광을 돌리게 하라(마 5:16).

우리가 우리 자신의 빛을 발하기란 어려운 것입니다. 그러므로 주님의
빛을 받아 반사해야 합니다. 보름날 밤하늘을 올려다 보십시오. 찬란한
태양빛을 받은 달이 그 빛을 반사하는 모습이란 얼마나 아름답습니까! 달
자체가 발광체는 아닙니다. 그러나 활활 타는 태양빛 못지 않게 그 빛을 반
사하는 달빛의 영롱함 또한 형용키 어려울만치 신비한 아름다움을 지니고
있는 것입니다.

그리스도인의 삶이 바로 그러해야 합니다. 즉 빛이신 하나님께로부터
받은 빛을 우리 삶을 통해서 반사할 수 있어야 합니다. 우리의 신앙 생활은

곧 빛이신 하나님을 반사하는 생활인 것입니다.

그런데 본문의 말씀은 우리의 신앙 상태를 가리켜 "꺼져 가는 심지"라고 표현하고 있읍니다. 즉 불빛이 가물가물하여 금방 꺼질 것 같은, 그리하여 언제 캄캄한 밤이 닥치게 되는지 모르는 상태를 묘사하고 있는 것입니다. "너희는 세상의 빛이라"고 하신 주님의 말씀을 기억하여 어둠을 밝혀야 할 그리스도인들이, 빛이 되어 어둠을 밝히기는 커녕 어둠 속에 휩싸여 같이 어둡게 살아 간다면 이 얼마나 부끄러운 일이겠읍니까? 우리 자신이 혹 그렇지 않은지 한번 자신을 돌아보아야 하겠읍니다.

81년도에 출판되어 베스트 셀러가 된 것으로 황석영씨가 쓴 「어둠의 자식들」이란 소설이 있읍니다. 여러분 중에도 이 작품을 읽으신 분이 많을 줄 압니다. 저는 이 책을 읽으면서 우리 그리스도인들이 제대로 자기의 빛을 발하지 못하기 때문에 어둠의 거리에서 비참하게 방황하는 '어둠의 자식들'이 우리 사회에 많지 않나 하는 생각을 해 보았읍니다.

두 주 후면 우리는 63회 3.1절을 맞이하게 됩니다. 지금부터 63년전 한국의 그리스도인 수는 전 국민의 1%에 해당되는 20만, 지금의 20%인 800만에 비하면 비교가 안될 만큼 '작은 무리'에 불과했읍니다.

그러나 1919년 4월 30일 미국 기독교연합회 동양문제위원회의 '한국의 그리스도인'에 대한 보고 내용을 보면 당시의 그리스도인들은 빛을 발하는 사람들이었음을 알 수 있읍니다.

기독교인은 지금 나라 전체에 영향을 미치고 있읍니다. 현 시점에서 국제 정세에 정통하여 민족 자결의 횃불을 들겠다고 각오한 사람들은 오직 기독교인들뿐입니다. 시기적으로도 이때가 자주 독립을 외치기에 가장 적합하다고 판단하리 만큼 안목도 트여 있는 자들입니다.

기독교인들의 이와 같은 과감한 행동과 의미 있는 삶의 각오가 없었더라면 독립만세운동이 그와 같이 요원의 불길처럼 전국에 무섭게 확산되지 못했을 것입니다.

한국민들 가운데서 기독교인들만이 비참한 식민지 상황에서 끝까지 소망을 포기하지 않았던 유일한 부류의 사람들입니다.

60여년 전 전국민의 1% 미만에 불과했던 교인들은 이처럼 민족의 빛이 되기 위해서 몸부림쳤읍니다. 그 결과 그들은 전국에 영향을 주는 교회, 국제 정세에 정통하고, 시대를 판단하는 안목이 트여 있는 교회, 소망을 포기하지 않았던 유일한 부류가 될 수 있었읍니다. 찬란한 빛을 발하기 위해서 교회는 그 자신을 아낌 없이 불태웠던 것입니다. 그 증거는 그 해 10월 장로교 총회 보고서에 잘 나타나 있읍니다. 그 보고서에 의하면 체포된 장로교인이 3,804명, 그 중에 목사와 장로가 134명, 사살된 자가 41명, 매맞아 죽은 자가 6명, 파괴된 교회가 12개소에 달하는 것으로 나타나 있읍니다. 정말 비참하기 이를 데 없었읍니다. 이처럼 한국 교회는 민족의 빛이 되고 소망이 되기 위해 그 어떤 박해도 두려워하지 않았음을 알 수가 있읍니다.

일경에 붙잡혀 갖은 고초를 다 겪고 풀려난 한 목사의 아내가 쓴 수기는 바로 그 당시의 정황을 우리에게 생생히 전달해 줍니다. 바로 안이숙씨의 「죽으면 죽으리라」라는 글이 그것으로 다음은 그 중의 한 대목입니다.

순사들은 채찍으로 여자들을 때리면서 옷을 다 벗기고는 벌거숭이가 된 채로 여러 남자들 앞에 세워 놓았다. 순사들은 나에 대해서는 길거리에서 만세를 불렀다는 죄목밖에 찾지 못했다. 그들은 내 몸을 돌려 가면서 마구 때렸으며 내 전신은 피땀으로 범벅이 되었다. 내 양손은 뒤로 꽁꽁 묶인 상태였다. 그 상태에서 그들은 내 알몸을 사정 없이 때리고는 땀이 흐르면 다시 찬물을 끼얹곤 했다. 그래서 춥다는 반응을 보이면 그 때는 담배불로 내 살을 지졌다.

이것이 민족의 횃불이 되기 위해서 자신을 불살랐던 60여년 전의 그리스도인들의 모습입니다. 당시 일본에 공부하러 왔던 인도의 시인 '타골'의 마음에도 그 횃불의 빛이 비쳤읍니다. 그래서 그는 고학하는 한국의 한 기독 청년에게 이와 같은 시를 적어 주었읍니다.

일찌기 아시아의 황금 시대에 등불의 하나였던 한국인

그 등불 다시 한번 켜지는 날에 너는 동방의 밝은 빛이 되리라.

마음에 두려움이 없고 머리는 쳐들린 곳

무한히 퍼져가는 생각과 행동으로

우리들의 마음이 인도되는 곳

그러한 자유의 전당으로

나의 마음의 조국 조선이여

깨어나소서.

이국 시인의 가슴 속에까지 빛을 심어 줄 정도로 한국을 밝혔던 당시의 그리스도 정신이 지금 우리 속에 과연 얼마나 불타고 있읍니까?

독립선언문 마지막에 보면 우리의 선열들은 애절하게 다음과 같이 외치고 있읍니다.

아아 새 하늘과 새 땅이 눈 앞에 펼쳐지고 힘의 시대는 가고 도의의 시대가

다가온다.

그러나 60여년이 지난 지금까지 이 땅에는 힘의 시대가 사라질 줄 모르고, 갈망하던 도의의 시대는 요원하기만 합니다. 오히려 힘의 시대를 자랑하는 무리들의 횡포만이 세상 곳곳에 자리잡고 있어 도의의 시대의 도래는 점점 멀어져만 가고 있읍니다.

요즘 각 신문에 불과 몇 년 전의 일, 곧 제 3공화국 시대의 1급 기밀에 해당되는 일 등이 담긴 기사들이 적나라하게 실리고 있는 것을 누구나 쉽게 볼 수 있읍니다. 그런 유의 기사를 읽을 때마다 가슴이 미어지는 듯한 비통함을 느끼지 않을 수가 없읍니다.

자주 독립을 외쳤지만

독립을 유지하기에는 너무나 허약했고,

외세의 영향이 컸읍니다.
자유를 외쳤지만
자유를 누리기엔 너무나 속박이 많았읍니다.
평등을 부르짖었지만
평등을 찾기에는 너무나도 특권 의식과 인권 유린이 많았읍니다.
정의를 주장했지만
정의를 구현하기에는 너무나도 부패와 부조리 투성이었읍니다.
조국의 발전을 기원했지만,
발전의 이면에는 너무나도 시행착오와 희생이 많았읍니다.

이와 같이 상처 받은 우리의 역사, 어둠이 깃든 오늘의 상황 속에서 우리 그리스도인 역시 빛을 발하지 못한 채 꺼져 가는 심지처럼 가물거리고 있지 않습니까?

성경은 주께서 "꺼져가는 심지를 끄지 아니하시고 진리로 공의를 베푸실 것"이라고 말씀하고 있읍니다. 비록 우리들 자신은 꺼져가는 등불처럼 자기 사명을 다하지 못한다 할지라도 주님께서는 기름을 공급하여 등불을 계속 밝힐 수 있도록 하십니다.

오순절이 있기 전의 사도들의 모습을 생각해 보십시오. 그토록 믿고 따랐던 예수께서 십자가에 못박혀 죽으셨읍니다. 더러는 예수께서 부활 승천하셨다는 사실을 믿고 있었읍니다. 그러나 확실한 증인이 되지 못했읍니다. 예수님을 십자가에 못박아 죽인 당시 세계는 참으로 어둠에 사로잡혀 있던 시대였읍니다. 제자들 역시 마치 꺼져가는 심지와도 같이 용기보다는 실망에 더 잠겨 있었읍니다.

그럼에도 불구하고 주님께서는 꺼져가는 심지를 끄지 아니하시고 불이 붙도록 하셨읍니다.

내가 아버지께 구하겠으니 그가 또 다른 보혜사를 너희에게 주사 영원토록 너희와 함께 있게 하시리라(요 14:16).

오직 성령이 너희에게 임하시면 너희가 권능을 받고 예루살렘과 온 유대와 사마리아와 땅끝까지 이르러 내 증인이 되리라(행 1:8).

오순절날이 되었읍니다. 어둡게 짓눌린 세상에 다 꺼져가는 심지 같았던 120여 사도들에게 성령이 임재하기 시작했읍니다. 불과 같은 성령으로 충만케 된 사도들은 일제히 일어나 강한 빛을 발할 수 있게 되었읍니다. 빛은 저절로 비쳐지는 것이 아닙니다. 불이 활활 붙을 때 비로소 빛이 나기 시작하는 것입니다. 태양이 빛을 발할 수 있는 것은 이글이글 타고 있기 때문입니다. 우리의 심령도 이와 같다고 할 수 있읍니다. 성령의 불이 활활 붙을 때 우리는 세상을 향한 빛이 될 수 있읍니다.

그러면 성령의 불은 어떻게 붙습니까? 모세의 경우를 살펴봄으로써 우리는 그 방법을 알 수가 있읍니다. 모세가 호렙산 가시나무 떨기의 불길 앞에 서서 자신의 마음을 불태우던 장면을 나누어서 생각해 보면 다음과 같습니다.

첫째, 신발을 벗었읍니다. 즉 이는 진실한 회개를 가리킵니다.

둘째, "내가 여기 있나이다"라고 했읍니다. 즉 이는 하나님 앞에 자신을 세우는 기도를 드린 것을 말합니다.

세째, "고통 중에 있는 내 백성을 인도하라"는 하나님의 부름을 들었읍니다. 이는 그가 말씀의 자리에 섰음을 보여 주는 것입니다.

이렇게 함으로 모세는 하나님께서 명하신 대로의 새로운 삶의 길을 결단케 되었읍니다. 그 속에서 모세의 마음은 뜨거워졌읍니다. 즉 일개 목동의 자리에서 이스라엘 민족에게 하나님의 빛을 반사해 줄 수 있는 빛의 사람으로 변화된 것입니다. "내가 정녕 너와 함께 있으리라"고 하신 주님의 말씀을 받은 모세는 민족의 등불이 아니 될래야 아니 될 수가 없었읍니다.

그렇습니다. 오늘 우리도 모세처럼 내 자신을 있는 그대로 바라보고 회개하며, 자신을 바로 세우는 기도를 드리고 하나님의 뜻을 깨닫는 말씀의 자리에 설 수 있어야 하겠읍니다. 그럴 때 성령의 불이 우리 심령을 불태워 주실 것입니다.

그와 같이 성령의 불로 타오르게 될 때, 우리는 빛을 발할 수 있게 됩니다. 그리하여 민족의 역사를 밝힐 수 있게 되며 민족의 소망이 될 수 있게 됩니다.

또한 그럴 때 따스한 열을 낼 수 있게 되며 그리하여 따뜻한 가슴으로 나라를 사랑하고, 민족을 사랑하며, 이웃을 사랑하고, 고통 중에 있는 사람과 소외된 자를 사랑할 수 있게 됩니다.

아울러서 태우는 힘이 있게 됩니다. 즉 불의를 태우고 정의를 세워나가는 힘이 있게 됩니다.

그러므로 우리 교회는 성령으로 충만하여야 하겠읍니다. 이는 성령의 기름을 공급받을 때 온전한 등불이 될 수가 있기 때문입니다. 그 때 우리는 민족의 소망이 되는 교회, 민족의 사랑의 보금자리가 되는 교회, 민족 양심의 구심점으로서 진리와 정의를 지켜나가는 교회가 될 수 있읍니다.

일어나라 빛을 발하라, 이는 네 빛이 이르렀고 여호와의 영광이 네 위에 임하였음이라(사 60:1)

(82. 2. 21)

좁은 문 좁은 길

설교본문/마 7:13-21

좁은 문으로 들어가라 멸망으로 인도하는 문은
크고 그 길이 넓어 그리로 들어가는 자가 많고
생명으로 인도하는 문은 좁고 길이 협착하여 찾는
이가 적음이니라(마 7:13, 14)

고금 동서를 막론하고 어른이나 아이나 할 것 없이 혼자서는 가기를 꺼려하는 곳이 있읍니다. 누구나 함께 생각할 수 있는 곳입니다. 그곳은 공동묘지입니다. 공동묘지에는 여러가지 으시시한 이야기 그리고 우리의 가슴을 섬뜩하게 하는 귀신에 관한 이야기들이 많이 얽혀 있기 때문에 누구든지 그곳에 혼자 가기를 꺼려합니다.

공동묘지를 쓰는 방법은 나라와 지역에 따라서 좀 다른 것 같습니다. 고대 중동 이스라엘에서는 주로 죽은 사람들을 동굴 속에 묻는다고 합니다. 개별적으로 묻는 것이 아니라 동굴 속에 사람의 시체를 갖다 버리거나 골짜기에 버린다고 합니다. 그래서 성경 가운데 해골 골짜기라는 이야기도 나오고 있는 것입니다.

이와는 달리 우리 나라에서는 분봉을 만듭니다. 또 남태평양 지역에서는 일정한 수역에다가 사람의 시체를 빠뜨린다고 합니다. 즉 수장을 하는 것이지요.

미국의 공동묘지와 우리 나라의 공동묘지에는 차이점이 몇 가지 있습니다. 미국에서 요즘에 만든 공동묘지들을 보면 우리와는 달리 분봉을 없애버리고 잔디로 입혀서 전체가 공원 같은 느낌이 듭니다. 거기다 곳곳에 꽃을 심어 두기도 합니다. 또 우리는 사람이 죽으면 그 시체를 눕힌 자세로 관에 넣어 안장을 합니다만 서양 사람들은 대개의 경우에 앉힌 자세로 관을 만들어 매장을 합니다.

또 하나 재미있는 사실은 우리는 비문을 쓸 때 사인에 대한 내용을 별로 쓰지 않습니다만, 그네들은 대개 몇 세 때에 무슨 일로 죽었다는 사인을 비문에 씁니다. 예를 들면 '1950년 한국동란 때 전사했다'느니 혹은 '병사했다'느니 등이 써 있는 것입니다. 그런데 특별한 사인 없이 연세가 많아서 노환으로 죽은 사람들의 비문에는 대개 이런 글이 적혀 있습니다.

Died of worry ! (염려로 죽음)

연세가 많으면 염려도 많아지는 것 같습니다. 그러기에 '염려로 죽음'이란 사인을 비문에 쓰는 것인지 모르겠습니다.

어느 성경 학자는 말하기를 성경 가운데는 '염려하지 말라', '근심하지 말라', '두려워하지 말라'라는 말씀이 360여회나 나온다고 합니다. 인생살이 속에는 염려와 근심이 한없이 계속되기 때문에 하루에 한 번씩은 그 말씀을 기억하라는 뜻에서 360여회나 성경 속에 나오는 것인지도 모르겠습니다. 그 성경이 가르쳐 주고 있는 염려라는 단어를 헬라어로 보면 '에띠스'라는 단어를 쓰고 있습니다. 이 말은 '분열'이란 뜻을 갖고 있습니다. 즉 염려란 마음이 둘로 쪼개지는 상태를 가리켜서 하는 말입니다. 일정한 결정을 못내리고 '이렇게 할까 저렇게 할까' 여러가지 생각과 갈등을 가지는 상태 즉 마음이 분열되어지는 상태를 가리켜서 성경에서는 염려라고 정의를 하고 있습니다. 야고보서 1:8을 보면, "두 마음을 품어 모든 일에 정함이 없는 자로다"라는 말씀이 나타나 있습니다. 즉 염려하는 자는 두 마음을 품어서 '이렇게 할까 저렇게 할까' 망서리는 사람을 말합니다. 이와 같이 방황과 갈등을 많이 느낄수록 염려거리는 더 많아지는 것입니다.

사실 인간의 삶이란 선택과 결단에 의해서 발전합니다. 선택과 결단이 분명한 사람은 여러가지 어려운 환경과 근심을 극복해 나갈 수 있읍니다. 그래서 대개는 할 일이 별로 없는 사람들이 염려거리가 더 많습니다. 왜냐 하면 분명히 선택하고 결단을 내려야 할 그런 위치에 있지 못하기 때문에 할 일이 별로 없는 것이고 그러기에 그런 사람일수록 염려거리가 더 많은 것입니다.

오늘 우리는 마태복음 7:13-21의 말씀 가운데서 인생의 행로를 걷는 수많은 사람들의 갈길을 비춰 주는 가르침을 찾아볼 수가 있읍니다. 인생 행로에는 언제든지 두 개의 문이 있읍니다. 그리고 두 개의 길이 놓여 있읍니다. 두 개의 문과 두 개의 길, 이 중에 어느 것을 선택하느냐 하는 문제에 있어서 많은 사람들이 제대로 선택과 결단을 내리지 못한 채 염려하고 방황하고 있음을 볼 수가 있읍니다.

오늘 본문 말씀이 가르쳐 주는 두 개의 문이란 하나는 좁은 문이요 하나는 넓은 문을 말합니다. 그리고 두 개의 길이란 하나는 좁은 길이고 하나는 넓은 길을 말합니다.

그런데 문제는 넓은 문을 통과해서 넓은 길을 가는 사람은 그 때는 쉽게 문을 통과하는 것 같고 쉽게 사는 것 같지만 결국은 멸망하는 것임을 가르쳐 주고 있다는 사실입니다. 반면에 좁은 문을 통과해서 좁은 길로 가는 그 사람의 결국에는 생명이 있다고 가르쳐 주십니다. 본문 말씀 7:13, 14을 보면 "좁은 문으로 들어가라. 멸망으로 인도하는 문은 크고 그 길이 넓어 그리로 들어가는 자가 많고 생명으로 인도하는 문은 좁고 길이 협착하여 찾는 이가 적음이니라"라는 말씀이 나와 있읍니다. 주님께서는 생의 기로, 즉 숱한 염려와 갈등 속에 살아가고 있는 우리를 향해서 "좁은 문으로 들어가도록 하라"고 말씀하고 계십니다. 그리고 좁은 길로 가라고 말씀하시고 계십니다. 왜냐하면 좁은 문으로 들어가고 좁은 길로 갈 수 있는 사람에게 생명이 있기 때문이라는 것입니다.

생명이 있다고 하는 사실 속에는 세 가지 중대한 의미가 있읍니다. 생명이 있는 곳에는 썩지 아니함이 있읍니다. 물고기도 생명이 있는 동안에는 썩지 아니하는 것입니다. 생명이 떠나게 되면 그 고기는 썩어질 수밖에 없읍니다. 그래서 냉동실에 냉동을 시키는 것입니다. 사람도 그렇습니다. 여러분이나 저나 할 것 없이 이 자리에 앉아 있지만 한 순간 우리 가운데 있는 생명이 떠나게 되면 우리의 육체는 썩어질 수밖에 없읍니다. 생명이 있다는 것은 곧 썩지 아니한다는 사실을 가리키는 것입니다.

생명이 있는 곳에는 성장이 있읍니다. 봄이 되면 가냘픈 순이 나고 자라게 됩니다. 그래서 큰 나무가 되기까지 하는 것입니다. 작은 겨자씨일지라도 생명이 있으면 땅에 심겨져 큰 숲으로 자라게 되는 것입니다. 이처럼 생명이 있는 곳에는 성장이 있읍니다.

그리고 생명이 있는 곳에는 창조하는 힘이 있읍니다. 그래서 생명을 지닌 존재는 후세를 이어 나갈 수 있는 것입니다. 우리는 하나님께서 창세기 1:27, 28에 아담과 하와에게 "생육하고 번성하여 땅에 충만하라"고 말씀하신 것을 잘 알고 있읍니다. 이처럼 우리의 생명력 가운데는 생육하고 번성하여 땅에 충만할 수 있으리만큼 하나님의 창조의 능력이 주어져 있기도 합니다.

이처럼 생명이 있다는 사실은 인간으로 하여금 인간답게 살 수 있도록 만들어 주는 것입니다. 그래서 우리 주님께서는 인간으로 하여금 인간답게 살도록 하기 위해서 그리고 자기를 썩이지 아니하고 자기를 성장시키며 자기 속에서 새로운 창조의 힘을 갖추도록 하기 위해서 "좁은 문으로 들어가라"고 말씀하시고 계시는 것입니다. 우리가 선택하고 우리가 결단을 내려야 할 것은 넓은 문이 아니고 좁은 문입니다. 넓은 길이 아니고 좁은 길입니다.

그러면 좁은 문 좁은 길은 무엇을 의미하고 있읍니까? 좁은 문은 바로 예수 그리스도에게로 들어가는 문입니다. 신앙의 문입니다. 구원의 문입니다. 주님의 몸된 교회의 한 지체가 되는 문입니다. 요한복음 10:9을 보면 예수께서 말씀하시기를 "내가 문이니 누구든지 나로 말미암아 들어가면 구원을 얻고 또는 들어가며 나오며 꼴을 얻으리라"라는 말씀이 나옵니다. 주님 자신이 곧 문이라고 했읍니다. 예수 그리스도의 문을 통과하는 사람만이 구원을 얻을 수가 있고, 생명의 꼴 곧 생명의 양식을 먹고 살 수 있다고 했읍니다. 그 문은 다름아닌 예수 그리스도 안으로 들어가는 믿음과 구원의 문인 것입니다.

그 다음 좁은 길이란 무엇입니까?

이는 문을 통과한 사람이 살아가야 할 인생 행로를 두고 하는 말씀입니다. 즉 예수 그리스도와 더불어 사는 삶을 가리켜서 좁은 길로 가는 것이라고 말하는 것입니다. 예수께서는 요한복음 14:6에 말씀하시기를 "내가 곧 길이요 진리요 생명이니 나로 말미암지 않고는 아버지께로 올 자가 없느니라"고 하셨읍니다. 하나님께로 나갈 수 있는 삶의 길이 곧 예수 그리스도라는 것입니다. 그래서 예수 그리스도와 더불어 살아가야 할 인생 행로를 두고 좁은 길이라고 가르쳐 주신 것입니다.

그러면 오늘 우리들은 어떻게 좁은 문을 통과해서 좁은 길로 걸어갈 수 있겠읍니까? 우리는 어떻게 하면 예수 그리스도의 문 속에 들어가서 예수 그리스도 안에서 살 수 있으며 또 그 안에서 예수 그리스도와 동행하며 살 수 있읍니까? 이 점을 오늘 본문 말씀 가운데서 살펴보고자 하는 것입니다.

첫째로 좁은 문으로 들어가려면 짐을 지고 있지 말아야 합니다. 짐을 지고서는 결단코 좁은 문으로 들어갈 수 없읍니다. 대개 가정에는 대문이 두 개 있읍니다. 큰 대문이 있고 그 사이에 조그마한 문이 하나 더 만들어져 있읍니다. 보통 가족들이 들락거릴 때는 작은 문을 열고 들어갑니다. 혼자 들어갈 때도 작은 문을 열고 들어갑니다. 그러나 짐을 지고 들어갈 때는 작은 문으로 들어가지 않습니다. 대문을 활짝 열고 들어갑니다. 이삿짐을 나를 때도 역시 큰 대문을 열게 됩니다. 작은 문으로 들어갈 수 없기 때문입니다. 짐을 지고는 결단코 작은 문으로 들어가지 못합니다.

예수 그리스도의 문 곧 신앙의 문, 구원의 문을 가리켜서 좁은 문이라고 한다는 이 사실 속에는 영적인 깊은 의미가 있읍니다. 이는 무거운 짐을 지고는 결코 들어갈 수 없다는 것을 가르쳐 주는 것입니다. 사람에겐 육체의 무거운 짐만 있는 것이 아닙니다. 영적인 무거운 짐도 있는 것입니다. 곧 우리의 마음을 억누르고 있는 죄악의 짐인 것입니다. 죄의 짐을 지고서는 예수 그리스도 안으로 들어갈 수 없읍니다. 죄의 짐을 주님의 문전에 풀어 놓아야 합니다. 자기 자신을 고백시켜야 합니다. 자기 자신을 진실된 마음으로 회개시킬 수 있어야 합니다. 자기의 죄과를 주님 앞에 솔직하게 적나라하게 고백시킬 수 있는 사람만이 주님의 품 안에 안길 수 있는 것입니다. 그래서 히브리서 12:1에서는 "모든 무거운 것과 얽매이기 쉬운 죄를 벗어 버리고… 온전케 하시는 이인 예수를 바라보자"라고 말씀하고 계시는 것입니다.

무거운 것, 얽매이기 쉬운 것, 우리에게는 이 두 가지 죄가 있읍니다. 하나는 우리 심령을 억누르고 있는, 우리가 지금까지 저질러 온 더러운 죄악이고 또 하나는 우리를 지금 얽매이게 만드는 여러가지 환경입니다. 빠져 나올 수 없는 환경! 그러나 이 무거운 것과 얽매여진 여러가지 환경을 주님 앞에 풀어 놓으며 "하나님 저는 이러한 사람입니다. 용서해 주십시오" 하고 자기를 주님 앞에 솔직히 고백할 수 있는 그 사람이 자기의 무거운 짐을 주님 앞에 푸는 사람이며 그 때에야 비로소 주님 안으로 들어 갈 수 있게 되는 것입니다. 그래서 우리 주님께서도 우리에게 말씀하시기를 "수고하고 무거운 짐진 자들아 다 내게로 오라"고 하신 것입니다. 우리의 무거운 짐을 두려워할 필요가 없읍니다. 우리의 과거를 두려워할 필요가 없읍니다. 우리의 더러운 죄과를 두려워할 필요가 없읍니다. 이는 주님 앞에 그 모든 것을 풀어 놓고 주님께 용서를 구할 때 용서받을 수 있게 되며 주님 앞에 들어갈 수 있는 위치에 서게 되고 그로 말미암아 구원이 있게 되기 때문입니다.

두번째로 좁은 문은 문이 좁기 때문에 둘이나 셋이나 단체가 한꺼번에 들어가지 못합니다. 한 사람씩만 들어갈 수 있읍니다. 여러분 가정에 있는 작은 문도 역시 한 사람씩만 겨우 들어갈 수 있을 것입니다. 신앙의 문도 그렇습니다. 결코 두 사람, 세 사람이 단체로 들어갈 수 있는 곳이 아닙니다. 내 아버지나 어머니가 믿는다고 해서 내가 곧 구원을 받는 것이 아닌 것입니다. 한 가정이 한 집단이 단체적으로 들어갈 수 없읍니다. 내가 기독교 학교에 다닌다고 해서 단체 구원을 받는 것이 아닌 것입니다.

"주는 그리스도시요 살아계신 하나님의 아들이십니다"라고 한 베드로의 신앙고백처럼 개개인이 신앙고백을 할 수 있어야 합니다. 개개인이 믿을 수 있어야 합니다. 개개인이 기도할 수 있어야 합니다. 개개인이 성경을 읽을 수 있어야 합니다. 개개인이 주님께 헌신할 수 있어야 합니다. 개개인이 전도할 수 있어야 합니다. 개개인이 봉사할 수 있어야 합니다.

신앙의 길은 대치될 수 없읍니다. 대신 이루어질 수 없읍니다. 나의 믿음을 보시고 주님께서 나를 구원하여 주시는 것입니다. 내 자신의 믿음의 확신 속에서 주님의 좁은 문이 나의 삶 속에 열려지는 것입니다. 사회의 문은, 학교의 문은, 때로는 단체적일 수도 있읍니다. 가정 환경, 학벌, 배경, 이런 것들이 그 문에 들어가는 요인이 될 수도 있읍니다. 그러나 신앙의 문은 그렇지 않습니다. 내 중심을 보시는 하나님 앞에 내가 바로 설 수 있을 그 때 내가 그 문에 들어갈 수 있는 것입니다. 주님의 문은 좁은 문입니다. 개개인이 자신의 솔직한 신앙고백으로 들어갈 수 있는 문입니다.

세번째로 좁은 문은 문이 작기 때문에 머리를 숙여야만 들어갈 수 있읍니다. 여러분 가정에 있는 작은 문도 역시 머리를 숙이거나 허리를 굽히지 아니하고서는 들어갈 수가 없을 것입니다. 예수의 문도 작습니다. 따라서 우리의 머리와 허리를 겸허하게 숙이고 굽혀야 들어갈 수 있읍니다. 즉 내가 낮아져 겸손하게 섬기는 자가 되며 사랑하는 위치에 설 수 있을 그 때 주님의 품 안에 안길 수 있읍니다.

예수께서 탄생하신 유대 베들레헴 말 구유간 자리에 지금은 성탄 기념 교회가 크게 건립되어져 있읍니다. 그런데 그곳에 들어가는 문은 하나밖에 없읍니다. 그것도 작은 문입니다. 즉 그 큰 교회에 작은 문 하나밖에 없는 것입니다. 여기에 중요한 의미가 있읍니다. 아기 예수님을 영접할 수 있고 아기 예수님을 모실 수 있는 사람은 자기 머리를 숙일 수 있고 자기 허리를 굽힐 수 있는 사람임을 보여 주는 것이라고 할 수 있읍니다.

신앙의 길이 바로 이것입니다. 겸손한 마음을 가지는 것입니다. 자기 머리를 숙일 수 있어야 합니다. 세상의 자랑거리가 결코 자기를 구원하지 못합니다. 겸허한 마음으로 주님 앞에 자기를 낮출 수 있는 사람만이 주를 섬길 수 있읍니다. 즉 섬기는 자세를 가져야 합니다. 허리를 굽힐 수 있어야 합니다. 주님께서 하나님의 아들로서 하늘의 영광을 버리시고 이 땅에 오셔서 이렇게 말씀하셨읍니다. "인자의 온 것은 섬김을 받으려 함이 아니라 도리어 섬기려 하고 자기 목숨을 많은 사람의 대속물로 주려 함이니라."

하늘의 임금도 우리를 위해서, 즉 섬기기 위해서 오신 것입니다. 그리스도를 따르는 삶도 곧 섬기는 자의 삶입니다. 사랑하며 사는 것입니다. 남을 높여 줄 줄 알아야 하는 것입니다. 자기를 낮출 수 있어야 하는 것입니다. 이 가운데 그리스도인의 삶이 형성되어집니다.

이처럼 주님께로 들어갈 수 있는 문은 회개의 문이요 개개인의 신앙고백의 문이요, 겸손히 엎드려야 하는 문입니다. 따라서 그럴 수 있는 사람만이 좁은 문을 통과해서 주님의 품에 안길 수가 있읍니다.

그러나 또 하나 생각해 볼 문제가 있읍니다. 좁은 문을 통과했읍니다. 좁은 문을 통과했다고 해서 당장 천국이 눈 앞에 펼쳐지는 것은 아닙니다. 이스라엘 백성이 애굽에서 나와서 홍해를 건넜다고 해서 당장 저들 앞에 하나님께서 약속하신 젖과 꿀이 흐르는 가나안 복지가 있었던 것은 아닙니다. 가나안 복지까지 이르기 위해서는 40년 동안 어렵고 힘든 광야의 길을 걸어야 했었읍니다. 그처럼 그리스도의 문 안에 들어왔다고 해서 그 삶 속에 당장 천국이 이루어지는 것이 아닙니다. 그리스도 안에 들어온 사람은 이제부터 그리스도와 함께 좁은 길로 걸어갈 수 있어야 합니다. 좁은 길이 우리 안에 놓여 있읍니다. 여러분은 그리스도의 몸된 교회의 한 지체로서 그리스도의 몸 안에 들어왔읍니다. 그러므로 이제부터는 좁은 길의 인생 행로가 여러분의 삶 속에 가로놓여 있음을 알아야 할 것입니다.

그러면 우리가 마땅히 걸어가야 할 그 좁은 길은 무엇입니까?

첫째로 좁은 길이란 외길을 가리키는 말입니다. 넓은 길은 가다가 갈림길이 많이 생깁니다. 또 넓은 길은 이렇게 갈 수도 있고 저렇게 갈 수도 있읍니다. 그러나 외길은 한 방향으로만 가야 합니다. 외길! 오늘 그리스도인의 삶 속에는 반드시 이 외길이 있어야 하는 것입니다.

삶의 목표가 없는 사람은 방황할 수밖에 없읍니다. 허망해질 수밖에 없읍니다. 그래서 영국의 유명한 문필가 카알라일은 이렇게 말하였읍니다. "영국의 젊은이들이여! 그대들에게 인생의 목표가 없다면 그 이상 허망한 일이 없다는 것을 알아들 두게나!" 그렇습니다. 오늘 우리가 살아가는 데 있어서 왜 사느냐, 무엇을 위해 사느냐 하는 삶의 목표가 분명하지 못하면 우리는 넓은 길 속에서 방황할 수밖에 없읍니다. 삶의 목표가 있는 사람은 오직 그 길만을 향합니다. 외길! 곧 좁은 길로 가는 사람이 될 수 있읍니다.

더우기 젊었을 때는 세 가지 인생의 중요한 문제에 부딪치게 됩니다.

그 하나는 어떻게 살아가야 하느냐 하는 문제입니다. 즉 어떤 직장을 구하느냐, 어떤 사업을 하느냐 하는 문제로 고민하게 되는 것입니다.

이 문제가 어느 정도 해결이 될 듯 싶으면 두번째 문제에 부딪치게 됩니다. 누구와 함께 사느냐 하는 것입니다. 결혼 문제에 부딪치게 됩니다. 그래서 아내를 찾습니다. 남편을 찾습니다.

그 다음 세번째 문제가 있습니다. 이제 살 것도 마련되었읍니다. 가정도 형성되었읍니다. 그러나 30대가 지나게 되면 마음 속에 서서히 이런 문제가 일게 됩니다. 무엇 때문에 이렇게 사느냐? 무엇을 위해 살아가고 있으며 앞으로 무엇을 위해 살아가야 하느냐? 이 문제를 해결하지 못하면 그 사람은 넓은 길 속에 인생을 허망하게 방황할 수밖에 없읍니다. 그러나 이 사람에게 자기 삶의 목표가 분명해지게 되면 그는 좁은 길로 달릴 수 있는 사람이 되는 것입니다.

그러한 인생살이를 위해서 우리 주님께서는 그리스도인에게 중요한 목표는 하나님의 영광을 위한 것이라는 사실을 가르쳐 주셨읍니다. 이 목표가 분명한 사람은 그 사람의 직업이 교사이건, 의사이건, 사업가이건, 상인이건 기타 어떤 직장이건 어떤 가정 환경이건 하나님의 영광을 위한 삶을 이루어 나가는 그 과정 속에서 자신의 가정과 자신의 사업과 자신의 생활을 좁은 길로 향하게 할 수 있읍니다.

그러나 하나님의 영광을 위한 삶의 목표가 없이 자기 자신의 이익만 위해서 살아가는 사람이 있다면 그 사람은 수단과 방법과 요령의 노예밖에 될 수 없읍니다. 그런 사람은 결국 목적 없이 여기 저기 헤매이다가 자기 인생을 끝내고 맙니다. 이처럼 좁은 길이란 외길을 가리키는 것입니다. 즉 분명한 목표를 가지고 그날 그날을 사는 인생을 좁은 길로 가는 인생이라고 볼 수 있읍니다.

두번째로 좁은 길로 가라는 말씀은 힘든 길로 가라는 뜻입니다. 평지에는 대로가 있읍니다. 좁은 길은 비교적 평지보다는 산골짜기에 있읍니다. 산을 넘어야 하고, 계곡을 건너야 하고, 내를 건너야 하는 그 길이 좁은 길입니다. 즉 좁은 길이란 노력과 수고와 희생을 요구하는 길입니다. 이것이 바로 그리스도인의 삶인 것입니다. 그리스도인의 삶은 그 날의 삶을 잘 살기 위한 삶이 아닙니다. 자기의 사명을 걸머지고 가는 삶입니다. 자기 십자가를 지고 사는 삶이 곧 그리스도인의 삶인 것입니다. 내가 마땅히 져야 할 내 십자가를 걸머지고 피와 땀을 흘리며 수고와 노력을 아끼지 아니하면서 자기 자신을 헌신하고 희생시키며 살아가는 것이 그리스도인의 삶인 것입니다.

옛날 애굽 왕의 이야기 중에 이런 이야기가 있읍니다. 유명한 기하학 학자인 유클리드로부터 수학을 배우던 왕이 "내가 이 수학을 배우기에는 너무 힘이 드니까 좀 쉽게 배울 수 없겠느냐"고 물었읍니다. 그 때 유클리드가 "배움에는 왕도가 없읍니다"라고 대답하였다는 것입니다. 마찬가지로 신앙에 있어서도 왕도가 없읍니다. 신앙의 길은 십자가를 지고 가는 그 길밖에 없읍니다. 예수께서 말씀하시기를 "너희가 나를 따르려면 자기 십자가를 지고 나를 따를 것이라"고 하셨읍니다.

오늘 여러분 각자가 지고 있는 십자가가 무엇입니까? 여러분이 지고 있는 십자가가 없다면 여러분은 아직도 넓은 길 속에 방황하고 있는 것입니다. 오늘 이렇게 기도하십시다. "주님 나에게 가르쳐 주십시오. 내 전 생을 통하여 내가 걸머지고 가야 할 그 십자가가 무엇입니까? 내 인생의 사명이 무엇입니까?"라고 말입니다. 비록 피와 땀을 흘리는 노력과 수고와 희생을 치루더라도 자기의 십자가를 지고 골고다 산상을 향하여 올라갈 수 있는 사람만이 부활의 아름다운 영광을 차지할 수 있읍니다. 그 사람에게 삶의 의미와 삶의 가치가 있는 것입니다.

마지막으로 우리 주님께서 좁은 길로 가라 하신 말씀을 왜 그리스도인의 삶의 길에다 비유하셨겠읍니까? 길에는 반드시 교통법이 있읍니다. 질서가 있읍니다. 시내 한 복판에 나가서 교통신호가 제시해 주는 그 불빛대로 다니지 아니하면 자동차에 치여 죽기 십상입니다. 우리 인생 행로도 그와 같습니다. 시편 119:105을 보면 "주의 말씀은 내 발에 등이요 내 길에 빛이 니이다"라는 말씀이 나타나고 있읍니다. 하나님의 말씀은 내 삶을 비춰 주는 신호등과 같습니다. 빛과 같습니다. 즉 어두움을 밝혀 주는 빛과 같습니다.

오늘 그리스도인의 삶이 하나님의 말씀 곧 성경의 바탕 위에 서게 될 때 비가 오고 바람이 불며 홍수가 나도 무너지지 아니하고 굳게 설 수 있게 되는 것입니다. 이는 그 기초가 반석, 즉 확고한 터 위에 서 있기 때문입니다.

따라서 그리스도인의 삶은 바로 하나님 말씀의 바탕 위에 건설해 나가야 하는 것입니다. 그러한 관계로 우리는 성경을 읽을 필요가 있읍니다. 그리고 그 속에서 새로운 삶을 발견할 수 있어야 합니다.

지금도 이 시간 주님께서 우리에게 말씀하고 계십니다. '좁은 문으로 들어가라'고. 즉 죄의 무거운 짐을 벗어 던지고 신앙고백과 확신 속에서 자기를 낮추며 겸손하게 섬기는 자세로 사랑하는 마음을 안고 들어오라고 말입니다.

그리고 좁은 길로, 즉 외길로 가라고 하십니다. 그러기 위해서는 한 목표를 지닐 수 있어야 합니다. 비록 그 길이 힘든 길일지라도, 수고와 노력을 필요로 하는 길일지라도, 십자가를 지는 그 길 속에서 하나님의 영광을 찾을 수 있어야 합니다. 그 길을 가기 위해서는 하나님께서 비춰 주시는 하나님의 말씀의 불빛 가운데서 삶의 방향을 항상 정립시켜 나갈 수 있어야 합니다. 그럴 때 우리는 좁은 문으로 들어갈 수 있으며 좁은 길로 걸어갈 수 있고 그 속에서 새 생명이 우리의 삶 속에 형성되어지는 것입니다. 이 축복이 여러분과 함께 하시기를 바랍니다.

(81. 7. 12)

그리스도로 살아가는 사람

설교본문/빌 1:12-21

나의 간절한 기대와 소망을 따라 아무 일에든지
부끄럽지 아니하고 오직 전과 같이 이제도 온전히
담대하여 살든지 죽든지 내 몸에서 그리스도가
존귀히 되게 하려 하나니(빌 1:20)

사도 바울의 인생관을 한 마디로 표현한다면 '그리스도로 살아가는 삶'이라 할 수 있읍니다. 바울에게 있어서 그리스도는 삶의 출발점이며 내용이며 목표라 할 수 있읍니다. 그래서 본문 21절에 "내게 사는 것은 그리스도니"라 말하고 있읍니다.

바울은 지금 로마의 감옥에 죄수로 갇혀 있었고 더우기 쇠사슬에 매여 있었읍니다(행 28:20). 설상가상으로 '육체의 가시'곧 중병으로 고통을 당하고 있었읍니다(고후 12:7). 그렇지만 이러한 고통의 상황 속에서도 바울은 담대했었고, 오히려 빌립보 교인들을 위로하고 격려했읍니다. 여기서 그리스도로 살아간 바울의 인생관 몇 가지를 바라볼 수 있어야 하겠읍니다.

첫째, 바울은 고난에 처한 모든 환경을, 하나님 뜻을 이루기 위한 기회로 삼았읍니다.

바울에게 있어서는 감옥은 절망과 고통의 자리가 아니라 새 역사의 산실이 되고 있었읍니다. 바울은 평소 로마에 가서 전도하는 것이 큰 소원이었읍니다. 어떻게 해서든지 로마에 가서 그리스도의 말씀을 전해야겠다는 것입니다. 그러나 갈 기회를 얻지 못했읍니다. 로마서 1:10, 15에 있는 말씀을 보면 여러 번 로마에 갈려고 시도했지만 그때마다 기회를 얻지 못해서 다시 되돌아서고 만 사실을 알 수 있읍니다. 그러나 이제는 죄수의 몸이지만 그토록 가기를 소원했던 로마에 갈 수가 있었읍니다. 그토록 복음을 로마에 전파하기를 갈망하였던 바울은 비록 죄수의 몸으로 감방에 있다 할지라도 로마에 갔다는 사실에 대해서 감사했던 것입니다.

그런데 한 가지 놀라운 사실이 있읍니다. 황제의 감옥에 갇혀 있을 때 하루에 세 번씩 3교대로 황제의 시위대가 사도 바울을 감시하기 위해서 감방에 들어오게 되었읍니다. 이것을 사도 바울은 놀라운 기회로 삼았읍니다. 즉 그를 감시하려고 감방에 들어와 그와 함께 쇠사슬에 매이게 되는 시위대 한 사람 한 사람에게 전도한 것입니다. 얼마나 놀라운 사실입니까?

최악의 상황을 그는 하나님의 뜻을 이루기 위한 기회로 삼은 것입니다. 그 당시 로마 수도에는 로마황제 근위대가 약 1,600명 정도였다고 합니다. 황제 근위대라 하면 군인 중에서도 군인입니다.

오늘날 말로 표현하면 아마 사관학교 출신이라 할 수 있을 것입니다.

그만큼 로마제국의 엘리트들이 모여 있읍니다. 로마제국에서 비교적 상류층에 있는 기사들의 집단이 바로 황제 근위병들입니다. 그들이 교대로 사도 바울을 감시하기 위해서 감방에 들어와서 쇠사슬에 함께 매인바 되었읍니다. 이때 바울은 그 한 사람 한 사람에게 전도하기 시작했읍니다. 자기와 함께 매인바 되어진 그 근위병들이 전도를 받았읍니다. 감화가 되었읍니다. 놀라운 사실이었읍니다.

교회 전설에 의하면 성경 고린도전후서, 에베소서, 빌립보서, 빌레몬서들이 간수 근위병에 의하여 대필되었다는 말이 있읍니다. 그 정도로 간수들 중에 믿는 자가 많았읍니다.

로마의 역사를 바라보면 기독교가 두 가지 계층을 통해서 전파되어 나갔읍니다. 하나는 노예사회를 통해서 신분이 낮은 천민계층에 들어갔읍니다. 다른 하나는 로마의 병사들에게 그리스도의 복음이 전파되어진 것입니다. 그 당시 근위병 중 많은 사람들이 기독교로 전환되었다고 합니다.

주후 300년경입니다. 데오클라티노스 황제가 서거하였읍니다. 왕위 쟁탈전이 벌어졌읍니다. 그때 콘스탄틴이라는 젊은 기사가 군대를 이끌고 황제권을 쟁취하기 위해서 싸우고 있었읍니다. 로마에서 전쟁할 때 제일 먼저 선포한 내용이 기독교를 공인하겠다는 것입니다. 이때 먼저 믿고 쉬쉬하며 잠잠해 있던 근위대들이 콘스탄틴을 지지하여 황제가 되게 하였읍니다. 이렇게 해서 313년에 기독교가 공인되었고 그후 로마의 국교가 된 것입니다. 극한의 고통의 상황을 하나님의 뜻을 이루기 위한 기회로 삼고 살아갔던 사도 바울의 인생관이 오늘 그리스도로 살아가는 사람들의 마음 속에 이루어질 수 있어야 하겠읍니다. 그래서 오늘 본문 12절에 있는 말씀을 보면 "나의 당한 일이 복음의 진보가 된 줄을 너희가 알기를 원하노라"고 한 것입니다. 나의 당한 일이 무엇입니까? 그것은 그가 로마 감옥에 갇힌 사실입니다. 즉 로마 감옥에 갇혀 있는 그의 상황이 오히려 복음을 더 잘 전파할 수 있는 기회가 되었다는 것입니다.

둘째, 사도 바울은 다른 사람과의 갈등의 순간을 오히려 사랑을 이루기 위한 기회로 삼았읍니다.

사람은 가정이나 사업이나 환경에서 오는 고난도 많이 있지만 그보다 더 큰 고난은 인간관계에서 오는 갈등입니다. 가정이 가난한 것보다는 가족 간의 다툼에서 오는 문제가 더 불행하게 합니다.

그런데 사도 바울은 모든 갈등의 순간을 사랑을 이루기 위한 하나님의 기회로 삼았읍니다. 본문 말씀 15절에 보면 사도 바울 주변에는 투기와 분쟁이 많았읍니다. 교회 내적, 외적으로 분쟁과 시기와 멸시를 받았읍니다. 그렇지만 16절에 있는 말씀을 보면 "내가 복음을 변명하기 위하여 세우심을 받은 줄 알고 사랑으로 한다"고 합니다. 오히려 복음을 변명하기 위한 사랑의 기회로 삼는다는 뜻입니다. 분쟁과 다툼, 갈등의 순간을   사랑을 실천하라는 하나님의 명령으로 삼은 것입니다.

사실 밝은 대낮에 비치는 전등빛보다는 캄캄한 밤 어두우면 어두울수록 그 속에 비치는 작은 촛불이 더 영광스럽게 보입니다. 더 아름답습니다.

마찬가지로 다른 사람들과 숱한 문제의 숲에 빠져서, 갈등과 시기와 멸시와 원망과 불평의 관계 속에 있을지라도 사랑의 표현을 가질 수 있다면 그 마음이 더 찬란하게 아름다와지는 것입니다.

이것이 바로 그리스도로 살아가는 삶입니다. 다른 사람과의 험악한 관계는 바로 이 순간에 하나님께서 나에게 지시해 주시는 사랑의 순간이라고 결단하셔야 합니다.

마지막으로, 사도 바울은 자신의 인생관에 있어서 예수 그리스도를 영화롭게 하는 일만이 가장 중요하다는 확신을 가진 사람입니다.

20절에는 이런 말씀이 나옵니다.

아무 일에든지 부끄럽지 아니하고… 내 몸에서 그리스도가 존귀히 되

게 하려 하나니.

내게 사는 것은 나 자신이 아니고 바로 예수 그리스도라는 사실을 증언하고 있읍니다. 역시 갈라디아서 2:20에는 "그런즉 이제는 내가 산 것이 아니요, 오직 내 안에 그리스도께서 사신 것이라"고 합니다. 그리스도의 인격이 나의 인격이 되어집니다. 그리스도의 생명이 바로 나 자신의 생명이 되어집니다. 나 자신은 죽을 수밖에 없고, 쓰러지고 절망할 수밖에 없고, 낙심할 수밖에 없지만 내 안에 있는 예수 그리스도의 생명이 나로 하여금 승리케 하신다는 내용입니다.

여기에 거듭남이 있읍니다. 내가 죽을 수 있고 내 안에 예수 그리스도가 살아나실 수 있는 그 때 ! 바로 거듭남이 이루어집니다.

사랑하는 교우 여러분!
이 세대를 살아가는 데 우리를 실망케 하는 일들이 많이 있읍니다.
그러나 사도 바울처럼 모든 고난의 기회를 하나님의 기회로 삼으시기 바랍니다. 모든 갈등의 순간을 사랑을 이루기 위한 기회로 삼으시기 바랍니다.
자아의 중심 속에 그리스도께서 살아 움직이시도록 하시기 바랍니다.
그 안에 그리스도로 사는 자의 승리가 있읍니다.

곤고한 날에 생각하라

불안 가운데 삶의 길

설교본문/눅 13:18-33

그러나 오늘과 내일과 모레는 내가 갈 길을
가야 하리니 선지자가 예루살렘 밖에서는 죽는
법이 없느니라(눅 13:33)

예수께서는 제자들에게 천국의 진리를 가르치실 때 여러가지 비유를 들어서 설명하셨읍니다. 비유를 사용하신 목적은 아주 신비스럽고 초월적인 천국의 진리를 쉽게 이해시키기 위해서였읍니다. 사복음서에는 이러한 예수님의 비유가 무려 40여 가지나 나오고 있읍니다. 그 중에서 누가복음 13장의 비유는 인간이 살아가면서 겪을 수밖에 없는 세 가지 종류의 불안에 대하여 말씀하고 있읍니다. 그리고 그러한 상황 속에서 삶의 길을 가르쳐 주고 있읍니다.

첫째, 18-21절;겨자씨의 불안.

둘째, 24-30절;좁은 문의 불안.

세째, 31-33절;죽음의 불안.

인간은 누구나 안정을 구하며 편안하게 살기를 원합니다. 크게는 국가 안보와 사회보장 제도로부터 시작해서 공장이나 건물의 방범, 방화 대책, 그리고 각종 재해보험 등 다양한 각종 안전 대책이 날이 갈수록 발달하는 것도 안정을 구하는 사람들의 모습을 잘 보여 주는 것입니다.

국가의 안정은 더욱 중요합니다. 권력이나, 어떤 무력에 의하여 외형적으로 안정된 사회가 아니라, 민주와 정의를 바탕으로 한 국가의 안정이 있어야 합니다.

역사적으로 가장 평화스러운 시대를 흔히 「팍스 로마나」라고 합니다. 주전 30년 경부터 주후 170년경 로마세계는 큰 전쟁이 별로 없었고, 치안상태가 비교적 안정되어 있었기 때문에 「로마의 평화」라고 부릅니다.

그러나 로마사회는 소수의 시민과, 다수의 노예로 갈라져 있었고, 착취와 불의, 인권유린이 만연되어 있었읍니다. 이러한 현상이 로마의 몰락을 재촉했던 것입니다.

사도행전에 보면, 사도 베드로는 로마의 군인 고넬료에게 예수를 소개하면서 평화의 복음이라 했읍니다. 예수로부터 주어지는 구원의 도리만이 인간 삶을 평화로 인도하기 때문입니다.

오늘날 우리가 살고 있는 세상은 도처에 불안의 요소를 지니고 있읍니다. 미움과 다툼, 시기와 증오, 갈등과 전쟁, 염려와 고통 등 온갖 괴로움이 도사리고 있읍니다. 그러면 어떻게 불안 가운데 삶의 길을 찾을 수 있겠읍니까?

오늘의 성경 말씀은 우리가 겪고 있는 이러한 불안의 문제를 세 가지 각도에서 바라보면서 각각의 삶의 길을 제시해 주고 있읍니다.

첫째, 겨자씨의 불안입니나(18-21절).

겨자씨는 아주 작은 씨앗입니다. 이것은, 물량적으로 소유한 것이 적다는 데서 오는 불안입니다. 가진 돈이 적다, 물질이 넉넉지 않다, 힘도 약하다, 지식도 별로 없다는 등의 말이 이러한 불안을 표시해 줍니다. 사람은 누구나 소유한 것이 적거나 미미할 때 불안을 느낍니다. 이와 같은 겨자씨의 불안은 누구나 가지고 있게 마련입니다.

그렇지만 본문 18, 19절을 다시 읽어 보십시다.

> 그러므로 가라사대 하나님의 나라가 무엇과 같을꼬 내가 무엇으로 비할꼬 마치 사람이 자기 채전에 갖다 심은 겨자씨 한 알 같으니 자라 나무가 되어 공중의 새들이 그 가지에 깃들였느니라.

비록 적은 씨앗이라도 겨자씨 속에는 생명이 있읍니다. 그 생명을 자라도록 하면 이내 높이가 4~5m 되는 큰 나무로 자라게 되고, 거기에 많은 새들이 와서 깃들일 수 있게 되는 것입니다.

우리가 비록 작고 미약하다 할지라도 길이요, 진리요, 생명이신 예수 그리스도께서 우리 안에 계시면, 그리스도의 생명력에 의하여 우리는 새 삶의 순을 움트게 할 수 있읍니다. 이것이 믿음입니다. 이 믿음이 성장해 갈 때 복을 나누어 줄 수 있는 큰 나무, 곧 봉사자가 될 수 있읍니다. 그러므로 '나+그리스도=거대한 힘'이라는 공식을 우리는 창출할 수 있는 것입니다.

예수님의 탄생에 관한 마태복음의 기록 중에 이런 말씀이 있읍니다.

유대 땅 베들레헴아 너는 유대 고을 중에 가장 작지 아니하도다(마 2:6).

베들레헴은 인구 300명 정도의 아주 작은 마을이었읍니다. 그렇지만 그 속에 예수님이 계셨기 때문에 결코 작게 보이지 아니한 것입니다.

또한 예수님의 제자들도 그랬읍니다. 예수님의 십자가 처형을 목격했던 제자들은 겁이 났읍니다. 두려웠읍니다. 그렇지만, 오순절 날 저들 가운데 주의 영, 성령이 임하셨을 때, 저들은 담대히 예수가 그리스도라고 선포하는 큰 자가 될 수 있었읍니다.

그뿐만이 아닙니다. 사도행전 4장에 보면 제사장들이 베드로와 요한을 체포하여 감옥에 가두어 놓고서도 어찌할 바를 몰라 쩔쩔 매는 장면이 나옵니다. 떨어야 할 사람은 베드로와 요한인데 그 반대 현상이 일어난 것입니다. 베드로와 요한, 그들이 어떤 사람이기에, 대체 어떤 힘을 지녔기에,

저토록 당당한 제사장 무리들이 떨 수밖에 없었읍니까? 대답은 간단합니다. 그들 안에 그리스도의 생명력이 있었기 때문입니다.

이처럼 그리스도는 우리에게 새 생명력을 주십니다. 새로운 삶의 길을 열어 주십시다. 그리고 그 길을 힘있게 걸어갈 수 있도록 능력을 주시는 것입니다.

둘째로는, 좁은 문의 불안입니다(24-30절).

우리는 지금 좁은 문의 시대를 살아가고 있읍니다. 어디든지 좁은 문뿐임을 평생 동안 경험합니다. 진학, 취직, 결혼, 출세 등등. 뿐만 아니라 정신적로도 고통과 고독과 슬픔 등의 수많은 좁은 문을 통과해야 합니다.

그렇기 때문에 미국에서는 아스피린 등의 신경 안정제 복용량이 일인당 연(年) 평균 225알이나 된다고 합니다. 그뿐 아니라 우리 나라에서도 신경 안정제 사용량이 급증하고 있다고 합니다.

확실히 골치 아픈 세상입니다. 신경 쓰기를 싫어합니다. 그러다 보니 세상 흐름에(너무 쉽게) 휩쓸려 가는 사람들이 많아집니다. 수고 없이 넓은 길을 가기를 좋아합니다. 많은 사람들이 방황하고 비틀대면서 그 길을 걸어갑니다.

이러한 인간들을 향하여 예수께서는 "좁은 문으로 들어가기를 힘쓰라" (24절)고 권면하십니다. "넓은 길은 멸망에 이른다"고 경고하십니다. 그러나 비록 들어가기 힘든 좁은 문이지만, 그래서 대다수의 사람들이 들어가기를 꺼리는 그런 문이지만, 그러나 우리는 그 문으로 들어가야만 합니다. 그 문으로 들어가 예수를 만나야 하는 것입니다. 좁은 문만이 예수께로 들어갈 수 있는 진리의 문이기 때문입니다. 실로, 예수 그리스도는 좁은 문입니다.

그렇다면 과연 우리는 어떻게 하여야 이러한 예수 그리스도의 문 안으로 들어갈 수 있겠읍니까?

첫째로, 짐을 지고는 못들어갑니다. 죄의 짐을 벗어 놓고 회개한 사람만이 들어갈 수 있읍니다.

둘째, 그 문에는 한명씩밖에 못들어 갑니다. 따라서 신앙은 대신 가질 수 있는 것이 아닙니다. 엄밀한 의미에서 '사회 구원'이란 없읍니다. 구원받은 개개인이 모여 구원받은 사회가 되는 것입니다.

세째로, 머리를 숙이고 허리를 굽혀야 들어갈 수 있읍니다. 머리를 숙이는 겸손과 허리를 굽히는 섬기는 마음으로 나아갈 때 비로소 그리스도의 문 안에 들어 설 수 있는 것입니다.

사랑하는 교우 여러분, 복잡한 세상 속에서 마땅히 들어가야 할 좁은 문을 찾으시기 바랍니다.

세째, 죽음의 불안입니다(31-33절).

사람은 누구나 죽음에 대한 두려움의 가지고 있읍니다. 심리학자에 의하면 4~5세밖에 안된 어린 아이도 죽음에 대한 두려움을 느낀다고 합니다.

근대 철학자 중에 이러한 존재와 죽음의 문제를 깊이 파고 든 사람이 있다면, 그들은 아마 '하이덱거'와 '싸르트르'일 것입니다. 하이덱거는 말하기를, "죽음이란 인간을 방문하는 하나의 사건이 아니라 인간이 태어닐 때부터 한 평생 지니고 다니는 사실이다. 따라서 인간이란 본질적으로 죽음에 이르는 존재이다"라고 했읍니다. 한편, 싸르트르는「존재와 무」에서, "생명은 그것이 존재하고 있는 한 어떤 죽음에 의해서도 더럽혀질 수 없는 자유로운 것이다. 인간은 삶을 위하여 만들어진 존재이지 죽음을 위하여 만들어진 존재는 아니다"라고 피력하였읍니다.

여기서 우리는 죽음에 대한 두 가지의 다른 태도가 있음을 보게 됩니다. 하이덱거는 죽음을 똑바로 응시하며 오늘을 살아갈 것을 말하고 있으며, 싸르트르는 죽음에서 의도적으로 도피하여 생존만을 말하고 있읍니다.

그러면 우리의 예수님은 죽음의 문제에 대하여 어떠한 태도를 지니셨는지 살펴보십시다.

어떤 바리새인들이 나아와서 이르되 나가서 여기를 떠나소서 헤롯이
당신을 죽이고자 하나이다(31절).

한 바리새인이 적절하게도 예수께 나아와서 죽음의 위험을 알려 줍니다.
그 때 예수님은 이렇게 답하십니다.

가라사대 가서 저 여우에게 이르되 오늘과 내일 내가 귀신을 쫓아내
며 병을 낫게 하다가 제 삼일에는 완전하여지리라 하라. 그러나 오
늘과 내일과 모레는 내가 갈 길을 가야 하리니 선지자가 예루살렘 밖
에서는 죽는 법이 없느니라(32-33절).

죽음을 앞두고서 죽음에 대하여 도피하려고 하는 것이 아니라 그것을 걸
머쥐고 '나는 내 길을 가겠다'고 말씀하시는 것입니다. 예수님의 생은 죽
음을 응시하며 자기 갈 길을 묵묵히 걸어간 삶입니다.

죽음을 도피하려 하는 자는 생의 자세가 비굴해집니다. 죽음을 바라보
고, 그 죽음을 걸머지고 오늘을 살아갈 때 바르고도 힘있게 살아갈 수 있을
것입니다.

그러한 의미에서 잘 산다는 것은 잘 죽는다는 것입니다. 자기를 버리고,
죽음으로써 삶에 이르는 길에 들어 설 그 때 "제 3일에는 완전하여지리라"
(32절)고 하신 주님의 말씀이 우리 삶 속에서 성취됩니다.

제 삼일이란 부활의 날입니다. 죽음을 똑바로 바라보고 사는 사람에게
는 부활의 삼일이 있는 것입니다.

「보물섬」, 「지킬박사와 하이드」등 유명한 작품을 남긴 영국의 문인 스
티븐슨이 44세에 폐병으로 사모아섬에서 죽게 되었읍니다. 죽기 직전 그
는 그의 며느리에게 시 한 편을 남겨 주었읍니다. 그 내용은 다음과 같습니
다.

저 넓은 별 하늘 밑에,
무덤을 파고 나를 묻어다오.
살기도 기뻐했으니 죽기도 기뻐하리.

나는 뜻을 품고 지금 눕노라.

나를 위한 조사는 이렇게 말해다오.

이 사람은 자기가 바라던 장소에 묻혔다고.

사공은 바다를 떠나 집으로 돌아가고

사냥꾼은 산을 떠나 집으로 돌아간다.

사랑하는 교우 여러분!

겨자씨처럼 작은 데서 오는 불안이 있읍니까? 안심하십시오. 그리스도 예수께서 우리 안에 계시지 않습니까. 그리스도의 생명력을 가지고 믿음을 성장시키십시다. 그러면 겨자씨는 이미 작은 것이 아니라 위대한 성장의 출발점으로 변화될 것입니다.

여러분에게 고통과 좌절, 그리고 경쟁으로 인한 고독과 같은 좁은 문의 불안이 있읍니까? 용기를 내십시오. 그리고 그 좁은 문안에서 예수님을 발견하고 예수님의 문으로 들어가십시오. 그 순간 고통은 행복으로 변화되어 있을 것입니다.

여러분에게 갑자기 닥쳐오는 죽음의 불안이 있읍니까? 조금도 걱정하지 마십시오. 오히려 죽음 속으로 들어가십시오. 그리스도로 말미암은 부활의 승리가 약속되어 있읍니다. 죽고자 하는 자가 바로 사는 자인 것입니다.

(83. 7. 10)

곤고한 날의 사색

설교본문/전 7:8-14

형통한 날에는 기뻐하고 곤고한 날에는
생각하라 하나님이 이 두 가지를 병행하게 하사,
사람으로 그 장래 일을 능히 헤아려 알지 못하게
하셨느니라(전 7:14)

갓난 아기가 '으앙'하는 울음 소리를 내며 세상에 태어나는 것을 보고 많은 사람들은 세상살이가 괴롭기 때문이라고도 말합니다. 사실 인생이란 울면서 왔다가 우는 소리를 들으면서 가야 하는 괴로운 길인 것 같습니다.

어떤 철인들은 이런 말들을 하기도 했읍니다.

눈물로 밤을 새워 본 적이 없는 사람과는 인생을 논하지 말라.

고생을 겪어야 사람이 된다.

젊어서 고생은 사서도 한다.

인생의 괴로움은 결코 어느 특정인에게 한정된 것이 아니며 모든 사람이 겪어야 하는 보편적인 것입니다.

간혹, '저 사람에게는 나같은 고민은 없겠지'라고 생각되어지는 사람일지라도 마찬가지로 인생의 괴로움을 겪습니다. 혹은, '10년 전이 좋았는데…'라고 종종 말하기도 하나 10년 전 바로 그 당시도 역시 괴로왔던 시간들이 없었다고 말할 수는 없을 것입니다. 이같이 인간은 누구를 막론하고 항상 괴로움과 더불어 살아가는 것 같습니다.

성경에서도 인생을 말하기를 "인생은 나그네"(히 11: :13), "수고하고 무거운 짐을 진 자"(마 11:28), "오호라, 나는 곤고한 자로다"(롬 7:24)라고 말하고 있는 것을 볼 수가 있읍니다. '곤고하다'는 말은 '고통스럽고, 힘들고 어려운 형편'을 두고 하는 말입니다.

그러면 성경에서 말하는 '곤고한 날'은 어떤 때입니까?

첫째, 삶에 기쁨이 없는 때입니다.

너는 청년의 때 곧 곤고한 날이 이르기 전, 나는 아무 낙이 없다고 할

해가 가깝기 전에 너의 창조자를 기억하라(전 12:1).

곤고한 날은 바로 낙이 없는 날이라고 전도서의 저자는 말하고 있읍니다. 그러면 낙이 없는 날이란 곧 언제를 말합니까? 이는 다른 때가 아니라, 하고 있는 일에 보람과 가치를 느끼지 못하는 때입니다. 그 때 사람들의 감정엔 상처가 생깁니다. 삶에 기쁨이 없게 됩니다. 비록 경제적으로 유복하고 사회적 지위가 높으며 사회적 활동을 많이 하고 있는 사람이라 할지라도 보람과 가치를 느끼지 못한다면, 그의 생활은 틀에 얽매인 생활에 지나지 않을 것입니다. 곤고한 날을 살아가는 사람이란 곧 그러한 삶을 사는 사람을 가리킨다고 하겠읍니다.

둘째, 큰 시험으로 고통을 당할 때입니다.

욥이 시험을 당할 때의 모습이 욥기 2:13에는 다음과 같이 나타나 있읍니다.

욥의 곤고함이 심함을 보는 고로 그에게 한 말도 하는 자가 없더라.

시험을 당하는 그 자체가 곧 곤고한 것입니다. 사람에게는 두 가지 종류의 시험이 있을 수 있읍니다.

한 가지는 하나님께서 주시는 시험으로, 이는 믿는 자를 연단하여 하나님의 사람으로 보다 더 온전하게 하며 축복해 주시기 위해서 받게 하는 시련으로서의 시험입니다.

또다른 한 시험은 마귀가 행하는 시험으로, 이는 사람을 유혹해서 죄악에 빠지게 하는 유혹으로서의 시험입니다.

어쨌든 그것이 유혹이든 시련이든 시험을 받는다는 것은 고통스러운 것입니다. 그리고 이기기 힘든 것입니다. 따라서 시험을 당할 때 우리는 곤고해질 수밖에 없읍니다.

세째, 죄악으로 인해 하나님의 진노가 내려지는 때입니다.

소돔과 고모라성의 경우에서 그 사실을 찾아 볼 수가 있읍니다. 즉 그 성읍들이 죄악으로 인해 하나님의 심판을 받게 되었을 때 모든 백성은 곤고함에 빠지고 말았읍니다. 또 욥기 21:17은 "재앙이 그들에게 임함이나 하나님이 진노하사 그들을 곤고케 하심이나"라고 말씀해 주고 있읍니다. 이처럼 우리의 생활 환경 속에는 우리를 곤고케 하는 일들이 많이 있읍니다.

그러나 곤고한 날일수록 더욱 정신을 차릴 수 있어야 합니다. 사람이 성공적인 삶을 사느냐 실패한 삶을 사느냐는 대개 그 사람이 순조롭게 성장해 가느냐 그렇지 못하냐의 여부에 달린 것이 아니라 어려운 가운데서도 좌절하지 않고 그 어려움을 잘 극복해 나가느냐 그렇지 못하냐에 달려 있읍니다.

일반적으로 곤고한 날을 맞게 될 때 사람들은 쉽게 좌절하거나 체념하게 됩니다. 때로는 두려움과 불안에 사로잡히기도 하며 때로는 불평과 원망으로 모든 것을 비관하기도 합니다. 그러나 그러면 그럴수록 전혀 해결책을 찾을 수 없게 됩니다. 오히려 더욱 낙심 가운데로 빠지게 됩니다.

낙심을 하게 되면 인간은 더욱 약해지는 법입니다. 잠언 24:10을 보면 "네가 만일 환난 날에 낙담하면 네 힘의 미약함을 보임이니라"는 말씀이 나타나 있읍니다. 곤고한 날에 낙심에 빠지면 인생살이는 한층 고달파지게 마련입니다.

또한 낙심하면서 살다 보면 자포자기하게 되어 자기도 모르는 사이에 범죄의 수렁에까지 빠져 들게 됩니다. 역대하 28:22을 보면 "아하스왕이 곤고할 때에 더욱 여호와께 범죄하였다"는 말씀이 나옵니다. 당시 유대의 왕이었던 아하스는 앗수르와 바벨론의 침공을 받아 어려운 국면에 처하게 되자 내부적으로 분열과 다툼의 소용돌이에 휘말리게 되었고 나아가서는 우상숭배에까지 빠지게 되고 말았던 것입니다. 곤고한 날일수록 체념하지 마십시다. 용기를 가지십시다.

그러면 우리 그리스도인들은 곤고한 날에 어떤 삶의 자세를 가져야 하겠읍니까? 본문 말씀은 "곤고한 날에 생각하라"고 가르치고 있읍니다. '생각하다'는 말은 히브리어로 'Ashath'라고 하는데, 이 말은 세 가지 의미를 내포하고 있읍니다. '반성하라', '찾으라', '결심하라'가 그것입니다.

어려운 환경에 부닥쳤을 때 실망과 낙담에 빠지기에 앞서 자기 자신을 깊이 반성해 보며, 무엇인가 새로운 길을 찾고 새로운 결단을 할 수 있는 사람이 있다면 그는 곤고한 날을 이기게 해 주시는 하나님의 능력을 체험할 수 있을 것입니다. 그러면 하나하나 살펴보도록 하십시다.

첫째, 곤고한 날에는 그 원인을 깊이 생각하고 자신을 반성할 줄 알아야 합니다.

악인의 길은 어둠 같아서 그가 거쳐 넘어져도 그것이 무엇인지 깨닫지 못하느니라(잠 4:19).

곤고함을 당하여도 그 원인을 생각하지 못한다면 이는 영적으로 어두워져 있기 때문입니다. 구약의 다윗왕의 위대성은 곤고한 날에 그 원인에 대해 사색을 잘한 데 있읍니다. 그가 곤고한 가운데 처해 있었을 때 그 원인을 깊이 사색했기 때문에 하나님께서는 그를 기쁘게 여기

시사 '내 마음에 합한 사람'이라고 하시며 그로 하여금 하나님의 뜻을 이루도록 하셨읍니다. 시편 25:18에 다음과 같은 다윗왕의 노래가 나타나 있읍니다.

나의 곤고의 환난을 보시고

내 모든 죄를 사하소서.

그는 곤고한 날에 자신을 성찰했을 뿐만 아니라 지은 죄를 용서받기 위해 하나님께 간절히 청원하였던 것입니다.

곤고함을 당하게 될 때 그 원인을 생각해 볼 수 있어야 합니다.

먼저 지은 죄가 곤고의 원인이 됩니다.

악을 행하는 각 사람의 영에게 환난과 곤고가 있으리니(롬 2:9).

그리고 의롭게 살려는 노력의 과정에도 곤고가 있을 수 있읍니다.

의를 위하여 핍박을 받는 자는 복이 있나니 천국이 저희의 것임이요 (마 5:10).

이와 같이 의롭게 살려고 하는 사람에게도 환난과 핍박이 그리고 곤고함이 있을 수 있읍니다. 그러나 성경은 그들이 천국을 소유할 수 있다고 가르쳐 주고 있읍니다.

그러므로 곤고함이 찾아올 때 그것이 자신의 죄 때문인지, 아니면 하나님의 뜻에 따라 살려는 삶의 자세 때문인지 깊이 사색할 수 있어야 합니다. 만일 죄 때문이라면 회개해야 할 것이고, 하나님의 뜻 때문이라면 강하고 담대하게 그 곤고함을 이겨 나가야 할 것입니다.

둘째, 곤고한 날에 '생각하라'는 말은 주님을 찾으라는 뜻입니다.

다윗왕은 곤고한 날에 하나님을 찾았읍니다.

여호와여 나는 곤고하고 궁핍하오니 귀를 기울여 내게 응답하소서

나는 경건하오니 내 영혼을 보존하소서 내 주 하나님이여 주를 의지

하는 종을 구원하소서(시 86:1, 2).

다윗은 어려운 환경에 처하였을 때, 어려운 문제에 부닥쳤을 때 무

엇보다도 먼저 여호와 하나님을 찾았읍니다. '내 영혼을 보존하소서', '나를 구하소서'라는 그의 부르짖음이 그 사실을 잘 보여 주고 있읍니다.

요나서 2:7을 보면 요나의 고백이 나옵니다. 요나는 하나님의 명령을 어기고 다른 곳으로 가다가 바다에 빠져 큰 물고기 뱃속에 산 채로 들어가게 되었읍니다. 즉 가장 절박한 죽음의 자리에 이르게 되었던 것입니다. 그 때 그는 이렇게 기도하였읍니다.

내 영혼이 내 속에서 피곤할 때에 여호와를 생각하였나이다.

사도 바울도 로마서에서 다음과 같이 탄식하며 하나님을 찾았읍니다.

오호라 나는 곤고한 사람이로다. 이 사망의 몸에서 누가 나를 건져내랴(롬 7:24).

곤고한 날에 하나님을 찾으며 그 분을 체험한 자만이 그 곤고한 날을 이길 수 있읍니다. 아니 한걸음 더 나아가 그 곤고함 때문에 더 강하고 힘있게 살아갈 수 있읍니다.

최근에 출간된「리더스 다이제스트」를 보면 '공과 공기의 역할'이란 글이 실려 있읍니다. 내용인즉 공의 모습에 따라 공이 나가는 힘과 공이 그리는 곡선에 차이가 있다는 것입니다. 예를 들자면 골프공은 표면에 홈이 패여 있어 다른 공보다 50% 이상 더 멀리 나갈 수 있으며, 야구공은 봉합선이 있어서 급커브의 묘미를 나타낸다는 것입니다.

이와 같이 곤고한 자의 생이 하나님의 손에 잡힌바 될 때 평탄하게 살아 온 사람보다 더 강하고 담대하게 멀리 앞을 내다보며 살아 갈 수가 있는 것입니다.

세째, 곤고한 날에 '생각하라'는 말은 곧 새로운 결심을 촉구하는 말씀입니다.

곤고한 날은 새로운 결심을 하는 때입니다. 시편 77:12을 보면 "주의 행사를 깊이 생각하리라"는 다윗의 시가 나타나고 있읍니다. 곤고할 때에 주님의 행사를 깊이 생각하겠다는 말은 곧 깊이 생각하여 결심하겠다는 뜻입니다. 곤고한 날에 주님을 만나게 되고 주님께서 나의 인생을 통해서 이루고자 하시는 그 뜻을 받아들이게 될 때에 곤고함을 통해서 역사하시는 주님의 능력을 우리의 삶 가운데서 더욱 생생히 체험하게 될 것입니다.

요나는 곤고한 날에 하나님을 찾았읍니다. 그리고 새로운 결심을 하였읍니다. 즉 그렇게 가기 싫어하였던 니느웨로 갈 것을 결심한 것입니다. 이렇듯 새로운 결심을 한 요나를 하나님께서는 곤고함에서 일으켜 주셨읍니다.

모세의 경우를 생각해 보십시다. 하나님께서는 모세가 에집트의 궁전에서 왕자처럼 살 때에 그를 부른 것이 아닙니다. 모세가 광야에서 40년 동안 목동의 천한 직업을 가지고 종과 같이 살면서 곤고한 나날을 보내고 있을 그 때 하나님께서는 그를 부르셨읍니다. 하나님께서 호렙산에서 그를 부르시자 그는 하나님의 음성에 응답하였고 하나님을 만났으며 새로운 결심을 하게 되었읍니다. 그렇게 함으로써 모세는 새로운 인생의 길을 걷게 되었고 그 결과 이스라엘의 해방과 출애굽이라고 하는 엄청난 새 역사를 이루는 위대한 민족의 지도자가 되었던 것입니다.

곤고한 날은 누구에게나 찾아옵니다. 언제 갑자기 어려운 지경에 빠지게 되는지 아무도 알 수 없읍니다. 그러나 어떠한 지경에 처하든 우리는 그 곤고한 때에 결코 낙심하지 마십시다. 체념하지 마십시다. 오히려 곤고한 날일수록 '곤고한 날에 생각하라'는 말씀을 상기하며 자신을 반성하고 주님의 뜻을 찾으십시다. 그리고 내 생각 내 뜻이 아닌 주님의 뜻을 받아들여 그것을 이루겠다고 하는 새로운 결심을

하십시다. 그 때 전능하신 하나님의 능력이 우리의 삶을 강하게 이끌
어 주실 것입니다. 여러분 모두에게 이러한 하나님의 은총이 충만하길
기원하는 바입니다.

(83. 5. 29)

떨어졌어도

설교본문/행 20:7-12

유두고라 하는 청년이 창에 걸터 앉았다가 깊이
졸더니 바울이 강론하기를 더 오래 하매 졸음을
이기지 못하여 삼층누에서 떨어지거늘 일으켜
보니 죽었는지라(행 20:9)

미국의 철학 교수인 윌리암 바렡(William Ballett)의 저서 중 「불합리한 인간」이란 책이 있읍니다. 그 책의 서문을 보면 다음과 같은 이야기가 씌어 있읍니다.

바렡은 매 년 첫 학기 때마다 그의 수강생들에게 이렇게 당부합니다. "여러분, 여러분은 내 강의를 듣는 이번 학기 동안 눈을 똑바로 뜨고 내 강의를 들을 수 있어야 합니다. 혹시 눈을 뜨지 못한 채 강의를 듣게 되면 학점에는 물론이거니와 여러분의 인생살이에도 낙오하게 될 것입니다." 그리고는 계속해서 이렇게 말합니다.

"여러분이 내 강의 중에 반드시 떠야만 할 세 가지 눈(안목)이 있읍니다.

첫째, 신을 바라보는 수직적인 눈,

둘째, 멀리 역사와 인간을 바라볼 수 있는 수평적인 눈,

세째, 자신의 내면을 통찰할 수 있는 내향적인 눈,

이 세 가지의 눈을 뜨게 될 때 여러분은 성공적으로, 그리고 인간답게 살

아 갈 수 있을 것입니다."

저는 오늘날의 교회와 그리스도인들에게도 마땅히 이와 같은 안목이 있을 수 있어야 한다고 생각합니다. 교회와 그 지체들이 이 세 가지 안목을 바로 가지고 있을 때 바른 의미에서의 생명이 있는 '그리스도의 몸'이 될 수 있을 것입니다. 만일 그렇게 되지 못한다면 교회와 성도들은 세상의 빈축을 사는 자리로 떨어지고 말 것입니다.

본문 말씀은 창문에서 떨어져 죽은 유두고라고 하는 한 청년에 관한 이야기를 보여 주는 것으로서 그리스도인들로 하여금 자신을 반성케 해주는 말씀이라고 할 수 있는 것입니다.

바울이 3차 전도 여행을 하던 중 드로아 지방에 들러 전도할 때 일어난 일입니다. 드로아는 오늘날 터어키 서부 이스탄불 근처입니다. 바울은 여기서 어느 집 3층 다락을 빌어 전도 강연을 하게 되었읍니다. 그 때 유두고라는 한 청년이 창틀에 걸터 앉아 졸다가 창 밖으로 떨어졌읍니다. 이에 관한 말씀이 본문에 나타나 있읍니다.

> 유두고라 하는 청년이 창에 걸터앉았다가 깊이 졸더니 바울이 강론하기를 더 오래 하매 졸음을 이기지 못하여 삼층 누에서 떨어지거늘 일으켜 보니 죽었는지라(9절).

성경을 자세히 읽노라면 유두고가 떨어져 죽게 된 이유를 세 가지로 살펴볼 수가 있읍니다.

첫째, 그 청년은 창에 걸터앉아 있었읍니다.

그가 만일 방안의 의자나 바닥에 앉아 있었더라면 아무리 졸았어도 떨어져 죽는 일은 생기지 않았을 것입니다. 앉아야 할 자리에 앉지 않고 자기 편리한 자리에 앉아 있었기에 떨어져 죽었던 것입니다.

중동의 날씨는 대단히 무덥습니다. 거기다가 사도 바울이 빌립보를 떠나 드로아에 온 지 한 주간이나 지난 뒤에 집회를 하였기 때문에 많은 사람들이 모였을 것이며 따라서 실내는 더욱 후덥지근하고 숨막혔을 것입니다. 그러니 누구든 시원한 바람을 쏘일 수 있는 창가에 걸터앉아 설교를 듣고자 했으리라는 것은 자명한 이야기입니다.

그러나 그곳은 예배를 드리기 위해 모인 자리였읍니다. '예배'란 '경외한다', '섬긴다'는 의미를 가지고 있읍니다. 따라서 예배드리는 자리는 하나님을 경외하고 섬기는 자리인 동시에 그와 같은 마음을 이웃을 향해서도 가져야 하는 자리입니다. 그런데 이렇게 경외하고 섬겨야 하는 위치에 있어야 할 자가 어찌 구경꾼처럼 창틀에 걸터앉을 수 있겠으며, 군림하는 자처럼 행세할 수 있겠읍니까? 그럼에도 불구하고 안타깝게도 오늘 우리는 유두고라고 하는 청년의 모습을 보면서 그 속에서 우리들 자신의 모습을 발견하게 되는 것입니다.

참으로 섬기는 모습이 우리의 본질이어야 합니다. 하지만 우리의 신앙은 점점 빗나가고 있읍니다. 섬기는 모습보다는 자기 욕구 충족, 자기 이익과 평안을 위해 수단 방법을 가리지 않고 군림하려고만 하는 모습이 오늘날 우리 한국 교회의 숨길 수 없는 한 단면임을 부인할 수 없읍니다.

이제 우리는 과감하게, 떨어진 자리에서 일어나 교회 본연의 모습을 찾을 수 있어야 하겠읍니다. 교회와 교인은 섬기는 생활을 잃어버릴 때 떨어질 수밖에 없읍니다. 떨어져 죽을 수밖에 없읍니다. 진실로 섬기는 자로서의 우리의 위치를 바로 찾아 서도록 하십시다.

둘째, 그 청년이 떨어져 죽게 된 두번째 이유는 깊이 졸았기 때문입니다.

조는 것 그 자체가 잘못된 것이라는 말이 아닙니다. 잠자야 할 시간이 있고, 듣고, 깨우치고, 사명을 공고히 해야 할 시간이 있는 것입니다. 유두고란 청년은 그러한 때를 분별할 줄 몰랐읍니다.

사랑하는 성도 여러분!

그러면 지금이 어느 때입니까? 특별히 금년 여름은 세계 교회가 뜨겁게 움직이고 있는 것을 볼 수가 있읍니다. 그것도 한국 교회와 관련된 중요한 모임들이 세계 도처에서 열리고 있는 것입니다. 그 대표적인 예로 다음 세 가지를 들 수가 있읍니다.

먼저 지난 6월에 열린 미국 연합 장로교회와 남 장로교회의 역사적인 합동총회를 들 수가 있읍니다. 이는 분열 후 무려 120년 만에 이루어진 합동총회입니다.

그리고 지난 7월에 화란의 암스텔담에서 열린 세계 복음전도자 대회를 들 수가 있읍니다. 그 자리에서 세계의 5000여 전도자들이 모여 전도의 사명을 일깨운 것은 참으로 귀중한 결실이 아닐 수 없읍니다.

마지막으로 8월에 카나다 벤쿠버에서 열린 세계 교회 협의회 6차 총회를 들 수가 있읍니다. 그 자리에서 세계 300여 교회 대표 5000여 명이 모여 진지한 논의를 나누었는데 그들의 주된 관심사는 다음과 같은 것이었읍니다.

첫번째, 교회는 그리스도의 몸으로서 갱신되고 일치되어야 한다.

두번째, 교회는 복음 선교의 열정에 사로잡혀야 한다.

세번째, 교회는 선교 현장에 대한 보다 깊은 관심과 이해가 있어야 하며 책임 있는 증거가 있어야 한다.

이는 참으로 귀한 견해가 아닐 수 없으며 한국 교회도 이러한 세계 교회의 추세와 맥락을 같이할 수 있어야 한다고 생각합니다.

세째, 그 청년이 떨어져 죽게 된 세번째 이유는 바울이 설교를 오래하므로 졸음을 이기지 못하였기 때문입니다.

이는 곧 견디고 이겨 나가는 인내와 신념이 부족했다고 할 수 있겠읍니다. 신앙 생활은 연단의 생활입니다. 어려움을 참고 견디고 이겨 나가노라면 어떤 어려움도 극복할 능력을 신앙은 우리에게 줍니다.

2차대전 당시 미국의 국방장관이었던 뉴튼 베이커(Newton Baker)가 직접 목격했던 감동적인 이야기가 있읍니다.

그는 전쟁 중 유럽의 어느 야전병원을 방문하였는데 그곳에서 매우 끔찍한 부상을 입은 미국인 병사 한 사람을 만났읍니다. 그 병사는 두 다리와 한

팔, 그리고 한쪽 눈까지 잃어 버린 처참한 상태로 누워 있었읍니다.

얼마 후 베이커씨가 두번째로 그 병원을 방문했을 때 그 병사의 모습은 눈에 띄질 않았읍니다. 이상하게 생각하여 원장에게 물어 보았더니 간호원과 결혼하여 퇴원했다는 것이었읍니다. 베이커씨는 그 병사가 불행 중 다행으로 목숨을 구하고 결혼까지 한 것을 퍽 잘된 일로 생각하며 귀국하였읍니다.

그 후 몇 년의 세월이 흘러 베이커씨는 국방장관직에서 퇴임하였으며 존 홉킨스(John Hopkins) 대학 재단이사장으로 봉직케 되었읍니다. 그러던 어느 해 봄, 재단이사장으로서 졸업식을 주관, 박사학위를 수여하던 중 베이커씨는 휠체어에 앉아 박사학위를 받으러 나오는 그 병사를 발견케 되었읍니다. 5년 동안 집념을 불태운 결과로 박사학위를 받게 된 그 병사를 보자 그는 너무도 놀랍고 반가와서 그 학생의 남은 한 손을 꼭 붙잡고 격려해 주었읍니다. 그 때 그 청년이 베이커씨에게 이렇게 말했읍니다.

베이커 장관님, 은퇴하셨다는 것을 신문 지상을 통해 알았읍니다. 그러나 아직도 보람 있는 일이 많이 있으니 조금도 낙심치 마시고 더 힘차게 사십시오.

베이커씨에게 그 상이 용사의 음성은 마치 주님의 목소리처럼 들려왔읍니다.

더 힘차게 사십시오.

이것은 주님께서 오늘 우리에게 주시는 말씀이기도 합니다. 어려움을 참고 견디고 이겨 나가는 것이 곧 신앙의 길입니다.

만일 밀튼이 '나는 맹인이다'라고 스스로 생각하며 좌절 속에서 살았더라면 인류에게 그토록 큰 영향을 주는 위대한 문학작품이 나올 수 있었겠읍니까?

베토벤이 '나는 귀머거리다'라고만 생각하고 살았더라면 인류의 마음을 감동시키는 그토록 아름다운 선율을 결코 쓰지 못했을 것입니다.

스티븐슨이 만일 '나는 폐병의 마지막 고비에 걸렸으니 더 이상 희망이 없다'라고만 생각했다면 그토록 낭만과 희망, 유머에 가득찬 소설이 쏟아져 나올 수 있었겠읍니까?

악처를 만나 고통당했던 톨스토이가 '내 가정은 불행하다'라고 하며 그 사실에만 얽매어 비관하였다면 결코 우리가 볼 수 있는 그같은 심오한 문필을 이룰 수 없었을 것입니다.

영국의 유명한 소설가 윌리암 택거리는 이렇게 말했읍니다.

나는 목매어 자살할 수밖에 없을 정도의 환경에 놓였을 때 가장 아름답고 풍부한 작품을 쓸 수 있었다.

지금 우리는 어려운 시기를 살고 있읍니다. 즉 정치, 경제, 사회, 국제관계 등 모든 면에서 어려운 현실에 처해 있음을 느끼지 않을 수 없읍니다.

그러나 한국 교회는 어려움을 헤치고 선교해 왔고 어려움 속에서 더욱 부흥되어 왔읍니다. 100년이라고 하는 그리 길지 않은 한국 교회사를 돌아볼 때 한국 교회가 부흥할 수 있었던 계기가 되었던 것으로 다음 세 가지를 생각할 수가 있읍니다.

첫째로 일제 식민 통치였읍니다. 일제에 대한 항쟁과 독립쟁취를 위한 항쟁에 있어서 교회가 선두에 섰던 것은 비운에 빠진 민족에게 큰 희망을 가져다 주었읍니다.

두번째로 6.25였읍니다. 동족상잔의 참상 속에서 교회가 피난민 구호 등 어려운 민족을 위해 적극적인 활동을 펴는 것을 보고 사람들은 감동과 함께 신앙을 찾기 시작했읍니다.

세번째로 70년대의 상황이었읍니다. 70년대는 우리 나라의 도시화 산업화가 가속화되었던 시기입니다. 이런 급변하는 불안정한 시기에 교회가 사회 속에서 치유의 역할을 담당하였기에 사람들은 희망을 걸고 신앙을 찾게 되었읍니다.

이상과 같은 몇 가지 어려웠던 계기들이 오히려 한국 교회를 부흥케 했고 세계적인 교회로 성장케 했음을 아무도 부인할 수 없을 것입니다.

그런데, 오늘 우리는 불안정하고 어려운 상황에 있는 사람들에게 얼마나 위로와 봉사와 희생을 보여 주고 있읍니까? 과연 얼마나 안식처가 되어 왔으며 또 얼마나 섬기는 자의 위치에 서왔읍니까? 그런 반성을 할 때마다 참으로 우리는 부끄러운 생각을 가지지 않을 수가 없읍니다. 교회는 결코 남이 아닙니다. 교회의 구성원은 곧 나 자신이며 우리 자신입니다.

신앙은 죽어 가는 현실에 생명을 주는 것입니다. 떨어져 죽은 청년에게 사도 바울의 이적이 그와 같이 나타났읍니다. 10절을 보면 다음과 같은 말씀이 기록되어 있읍니다.

> 바울이 내려가서 그 위에 엎드려 그 몸을 안고 말하되 떠들지 말라 생
> 명이 저에게 있다.

사도 바울은 그리스도의 이름으로 그를 고쳐 주었읍니다. 즉 죽은 자에게 생명을 주었읍니다. 그러나 여기서 죽은 자가 살아났다고 하는 것에는 단순히 살아난다는 것 이상의 의미가 담겨 있읍니다. 즉 식물이나 동물처럼 그저 호흡이 돌아왔다는 의미에서의 살아남이 아니라 인간 본연의 삶으로 돌아왔다는 의미에서의 살아남임을 보여 주고 있읍니다. 다음 말씀을 살펴봄으로 우리는 그 사실을 확인할 수가 있읍니다.

> 올라가 떡을 떼어 먹고 오랫 동안 곧 날이 새기까지 이야기하고 떠나
> 니라. 사람들이 살아난 아이를 데리고 와서 위로를 적지 않게 받았
> 더라(11절).

이 말씀 가운데서 두 가지의 특기할 만한 사실을 찾아볼 수가 있읍니다.

첫째로 "떡을 떼어 먹었다"는 것입니다.

이는 주의 성찬에 참예함을 말합니다. 즉 그는 그리스도의 생명을 얻은 사람이었읍니다. 그랬기에 주의 성찬에 참예하였던 것입니다. 주의 성찬

에는 주님의 생명을 지닌 자만이 참예할 수 있기 때문입니다.

두번째로 "사람들이 위로를 적지 않게 받았다"는 것입니다.

이는 '용기를 얻었다', '새 힘을 얻었다'는 뜻입니다. 즉 그는 사람들에게 용기와 새 힘을 주었습니다. 이처럼 그리스도의 생명에 연합된 사람은 다른 사람들에게 희망과 용기와 새 힘을 줄 수 있어야 합니다. 이는 또한 교회의 마땅히 해야 할 바이기도 합니다.

성도는 그리스도의 생명력과 연결되어 있읍니다. 그리스도의 생명력과 연합된 성도는 자신의 삶의 전 영역에 그 그리스도의 생명력이 표현되고 증거되도록 해야 합니다. 그 때 비로소 복음의 선교가 이루어질 수 있읍니다.

오늘 우리는 떨어져 죽은 것과 같은 우리들 자신의 모습, 교회의 모습을 생각하면서 생명으로서의 그리스도와의 새로운 연합을 시도할 수 있어야 하겠읍니다. 그리고 그리스도로부터 얻은 생명력으로 다른 모든 사람들에게 새로운 용기와 희망을 줄 수 있어야 하겠읍니다.

교회는 그리스도의 몸입니다. 그리스도의 생명입니다. 그러므로 교회에 속한 우리는 세상을 새롭게 살려 나가는 생명이 되어야 합니다. 우리 한 사람 한 사람이 모든 생활 영역에서 그리스도의 생명이 되어야 합니다.

(83. 8. 7)

용기를 북돋워 주는 사람들

설교본문/딤후 1:15-18

원컨대 주께서 오네시보로의 집에 긍휼을
베푸시옵소서 저가 나를 자주 유쾌케 하고 나의
사슬에 매인 것을 부끄러워 아니하여 로마에
있을 때에 나를 부지런히 찾아
만났느니라 (딤후 1:16, 17)

언젠가 「가이드 포스트」지에 한 어머니의 신앙 간증이 실려 있는 것을 본 적이 있읍니다.

그녀에게 재미라고 하는 아들이 있었는데 어느날 학교에서 돌아오자마자 "내가 연극에 뽑혔어! 연극에 뽑혔어!"라고 외치며 매우 기뻐하는 것이었읍니다. 그런데 설명을 다 듣고 보니 아들 재미는 연극의 주역이나 조역으로 뽑힌 것이 아니라, 극 중에서 인기 있는 가수 역할을 하는 주인공이 여러 관객에게 박수를 받게 되는데 그 장면에서 가수에게 박수를 보내는 관객 중의 하나로 뽑힌 것이었읍니다. 그런데도 재미는 배역의 비중에 아랑곳하지 않고 마냥 기뻐하였읍니다.

이 천진난만한 아이의 모습을 지켜 본 어머니는 그날 밤 일기를 쓰면서겸허하게 자신의 잘못을 고백하며 하나님께 다음과 같이 기도하였읍니다.

나는 어린 재미보다 훨씬 못한 인간입니다. 재미는 그토록 형편 없이 드러나지 않는 역할을 맡고도 그처럼 기뻐했는데 나는 지금까지 살아 오면서 그래 본 일이 없읍니다.

연극이 이루어지는 무대에는 주역만 있는 것이 아니라 단역도 있읍니다. 얼굴을 무대에 단 한번도 나타내지 않고 숨어서 수고하는 음향, 음악, 조명, 소도구 등을 맡은 많은 사람들도 있읍니다. 심지어 '개막수'까지 있어서 구석에 숨어 있다가 막 올리고 내리는 일만 합니다. 비록 그가 맡은 일이 무대 위에 오르는 것은 아니지만 그가 가장 적절한 순간에 막을 내리지 않으면 연극의 효과는 반감될 정도로 그의 역할 또한 대단히 중요합니다.

박수를 잘 칠 줄 아는 사람이 박수를 받을 자격이 있는 사람이라는 말이 있읍니다. 이는 그런 사람이 이웃의 용기를 북돋아 줄 줄 아는 사람이기 때문입니다. 참으로 인생의 깊은 진리를 담고 있는 말이라고 하겠읍니다.

본문 말씀을 보면 위대한 사도 바울이 오네시보로라는 에베소 교회의 한 평신도를 매우 칭찬하고 축복하는 말씀이 나와 있읍니다. 우리는 여기서 매우 고매한 그리스도인의 인격을 발견할 수 있읍니다.

먼저 살펴 볼 것은 바울이 오네시보로를 칭찬함에 있어서 "그는 나를 유쾌하게 했다"라고 말한 것입니다. 새번역 성경에는 "그는 나에게 용기를 북돋워 주었다"로 번역되어 있읍니다. 이 말은 헬라어 원어로 '아나푸쉬코'($\alpha\nu\alpha\psi\upsilon\chi\omega$)라는 단어로 표현되어 있는데 '활력을 불어 준다', '생기를 준다', '싱싱하게 만들어 준다'는 뜻을 지니고 있읍니다.

오네시보로라는 평신도는 바울이 로마의 감옥에서 실망과 좌절에 빠져 있을 때 그에게 활력과 생기를 불어넣어 주었읍니다. 즉 감옥이라는 암울한 삶의 자리에서도 싱싱한 소망과 전도의 불타는 열망을 잃지 않고 살아가도록 바울에게 용기를 주었던 것입니다.

저는 아직 그리 긴 목회를 하진 못했읍니다만 다음 네 유형의 사람들이라면 친구가 되고 싶고, 존경하고 싶고, 훌륭하다고 칭송할 수 있을 것이라고 자주 생각해 왔읍니다.

첫째, 물질이나 힘에 굴복하지 않고 바른 말을 하는 사람입니다. 그런 사람 곁에 앉아 있노라면 어쩐지 흐뭇하고, 크게 용기가 솟아남을 경험하게 됩니다.

둘째, 다른 사람을 충분히 이해하고 격려해 주며, 상대방의 좋은 점을 발견해서 말해 주는 사람입니다. 그런 사람을 만나면 언제나 많은 것을 배울 뿐만 아니라 마음도 상쾌해짐을 느낄 수가 있읍니다. 남의 장점을 볼 줄 알며 나아가서 그의 가능성을 믿어 주는 사람, 이 얼마나 이웃에게 큰 용기와 힘을 주는 귀한 사람입니까!

세째, 빈부나 계급, 혹은 사회적 지위를 의식하지 않고 솔직하고 명랑하게 신앙 생활을 하는 사람입니다. 그런 사람 곁에 있게 되거나, 그런 사람을 알게 될 때 저는 언제나 기쁘고 마음 벅찬 신뢰의 감정을 체험하게 됩니다.

네째, 말 없이 사랑하고, 빛 없이 희생하는 아름다운 사람입니다. 그런 사람 곁에 있노라면 저는 가슴이 뜨거워짐을 느낍니다.

용기를 북돋워 주고 생기를 주는 이웃을 갖는다는 것은 얼마나 아름다운 일이며, 얼마나 보람된 일입니까? 사도 바울에게 있어 오네시보로는 바로 그런 이웃이었읍니다. 그리스도인의 삶은 서로가 서로의 용기를 북돋워 주는 그런 삶이어야 합니다.

미국인들뿐만 아니라 세계의 많은 사람들로부터 존경을 받는 여인이 있읍니다. 루즈벨트 대통령의 부인이었던 엘레나 루즈벨트 여사가 바로 그 사람입니다. 그녀는 10세 때 부모를 잃고 고아가 된 뒤 얼마나 고생을 많이 하면서 자랐는지, 그녀의 자서전을 보면 돈에 대해 "눈물과 땀으로 그려진 종이"라는 표현을 쓰고 있읍니다. 그녀의 어린 시절은 참으로 눈물과 땀으로 얼룩진 나날들이었읍니다.

그녀는 20세에 결혼을 하여 11년 동안 6명의 자식을 낳았읍니다. 그 중에 한 아이가 죽었을 때, 한 친구가 찾아와 위로와 격려의 말을 해 주었읍니다. 그 때 그녀는 그 친구에게 이런 말을 하였다고 합니다.

"나에게는 내가 사랑할 수 있고, 또 내 사랑을 필요로 하는 아이들이 다섯이나 남아 있어."

그녀가 20세 때 결혼한 남자가 바로 루즈벨트입니다. 그는 젊고, 패기 있고, 장래성 있는 남자였읍니다. 그러나 뜻하지 않은 사고로 관절염에 걸려 다리가 말라 버리는 불행에 직면케 되었읍니다. 하는 수 없이 쇠붙이를 다리에 대고 다리를 고정시킨 채 휠체어를 타고 다니게 되었읍니다. 그러던 어느날 루즈벨트가 엘레나에게 이렇게 물었읍니다.

"내가 불구자가 되었는데 그래도 당신은 날 사랑하오?"

그러자 엘레나는 이렇게 말했읍니다.

"그럼 내가 그동안 당신의 다리만 사랑한 줄 알았나요? 내가 사랑하는 것은 당신의 인격과 당신의 삶이예요."

이 말은 다리 불구가 된 뒤 열등의식과 패배의식에 사로잡혀 있던 루즈벨트에게 새로운 용기를 주었읍니다.

결국 그는 1932년 다리 불구임에도 불구하고 미국의 대통령에 당선된 이래 1936년에 재선, 1940년에 3선, 1944년에 4선까지 되어 미국 역사상 전무후무한 4선 대통령이 되었읍니다. 그것도 어떤 비상 조치나 비정상적인 방법이 아닌 민주주의의 공명 선거에 의한 4선이었읍니다.

이처럼 불구의 남편에게 용기와 희망과 활력을 불어 넣어 주었던 엘레나, 그녀야말로 어려움 가운데 처한 사람에게 용기를 북돋워 줄 줄 알았던 가장 훌륭한 본이 되는 사람이었읍니다.

그리스도께서는 오늘도 우리 곁에 오셔서 실패와 좌절에 부딪칠 적마다 우리에게 용기와 희망과 활력을 넣어 주고 계십니다.

고린도전서 16:17, 18을 보면 바울이 스데바나, 브드나도, 아가이고를 격찬한 말씀이 나와 있읍니다.

저희가 너희의 부족한 것을 보충하였음이니라. 저희가 나와 너희 마음을 시원케 하였으니 그러므로 너희는 이런 자들을 알아 주라.

참으로 우리가 알아 주어야 할 사람들은 어떤 사람들입니까?

그들은 마음을 시원케 해주고 용기를 북돋워 주며 부족한 것을 보충해 주는 자들입니다. 마치 어두운 트렁크 속에 보관되어 있다가 필요할 때 긴요하게 사용되는 스페어 타이어처럼 보이지 않는 곳에 말 없이 숨어 있다가, 이상이 생겼을 때 나타나 부족한 것을 보충해 주고 시원스레 일이 풀리도록 해주는 그런 사람이 칭찬을 받을 수 있으며 또 받아야만 합니다.

다음으로 생각할 것은 바울이 오네시보로라는 평신도를 칭찬할 때 "내가 사슬에 매인 것을 그는 부끄러워 하지 않았다"라고 말한 것입니다.

이것은 결코 가볍게 생각하고 지나갈 일이 아닙니다. 왜냐하면 쇠사슬에 매여 죄수로서 로마의 감옥에 있는 바울을 부끄러워하지 않았다는 것은 곧 오네시보로가 바울의 진가를 인정하고 이해했다는 것을 보여 주는 것이기 때문입니다. 모든 사람이 바울을 죄수로 취급했지만 오네시보로는 바울의 의로움과 진실, 그리고 그의 정당성을 보았던 것입니다.

한 사람의 진가를 순수하게 평가하고 알아 준다는 것은 참으로 아름다운 일입니다. 하나님께서도 사람을 평가하심에 있어 외모를 보시지 않고 그 중심을 보신다고 성경은 말하고 있습니다.

사복음서를 통하여 볼 때 예수 그리스도야말로 남을 이해하고 알아 주는 인격과 생활을 가지신 분이십니다. 다음 몇 가지 내용이 그 같은 사실을 단적으로 보여 주는 것이라고 할 수 있습니다.

먼저 그는 간음한 여인의 고민을 알고 이해해 주셨읍니다. 즉 죄인을 죄인으로 보거나 증오의 대상으로 보시지 않고 사랑의 대상으로 보셨읍니다.

그리고 형식적인 종교 생활에 대해 고민하는 니고데모를 이해해 주셨읍니다.

뿐만 아니라 위선적인 부자 청년의 정신적 갈등을 알고 이해해 주셨으며 물질의 욕망과 습관화된 부정에서 헤어나지 못하는 삭개오를 알고 이해해 주셨읍니다. 아울러 예수를 가까이 따라갈 용기가 없어 멀리서 눈치만

보며 따라갔던 베드로를 이해해 주셨읍니다.

또한 동전 두 닢을 헌금통에 넣은 과부의 심정과 신앙을 이해해 주시고 인정해 주셨읍니다. 이외에도 예수께서는 가난과 죄와 부조리 속에서 고민하며 살아가는 많은 사람들을 이해해 주셨고 인정해 주셨읍니다.

인정을 받으며 살려고 하는 것은 인간의 본능입니다. 사회적 동물인 인간은 어느 곳에서나 소속감을 갖기를 바라며 인정을 받기를 원합니다. 이것은 또한 예수 그리스도의 세계에 있어서도 마찬가지입니다.

마태복음이 어떻게 시작되고 있읍니까? 맨 첫 장 첫 줄부터 아브라함과 다윗의 자손 예수 그리스도의 세계라'는 선언과 더불어 예수님의 족보로 시작되고 있읍니다. 동양의 모든 나라가 그렇지만, 고대 중동의 족보 역시 여자의 이름을 기록하지 않는 것이 통례입니다. 그런데 예수님의 족보에는 여자 이름이 다섯이나 나오고 있읍니다. 그것도 자세히 살펴보면 한결같이 떳떳하지 못한 여자들 이름뿐입니다.

즉 다말은 시아버지 유다와의 관계에서 베레스를 낳은 여자이며, 라합은 여리고 성의 기생(창녀)이고, 룻은 남편과 사별 후 남의 보리밭에서 이삭을 주워 연명하다가 늙은 보아스와 재혼하여 다윗의 할아버지 오벳을 낳은 여자이며, 우리아의 아내였던 밧세바는 남편이 전쟁터에 가 있는 동안 다윗과 부정한 관계를 가져 임신한 여자입니다.

마리아 역시 처녀로 아기 곧 예수 그리스도를 낳은 여자로 이는 성령으로 잉태된 것이나 사람들에게 있어서는 크게 죄악시될 만한 추측을 불러 일으키는 일이었읍니다.

이처럼 예수님의 족보에 올라 있는 여인들은 한결같이 인간의 세계에서는 죄인이요, 비난 들어야 마땅한 사람들이었읍니다. 그들은 가난하고 천한 이방인이거나, 소외된 기생, 아니면 남편을 죽게 한 부덕한 여인들이었던 것입니다. 그럼에도 불구하고 그들은 예수님의 세계의 일원이 되었을 뿐만 아니라 그의 족보에까지 오른 복된 자들이 되었읍니다.

예수 그리스도의 세계는 바로 교회를 가리킵니다. 교회 안에서는 어떠한 사람이라도 용납되고, 용서되며, 이해되고, 인정받을 수 있어야 합니다. 그럴 때 교회는 진정한 사랑의 공동체가 될 수 있읍니다.

교회는 사람의 눈에 비쳐지는 모습에 관심을 가질 것이 아니라 하나님의 눈에 비쳐지는 모습에 관심을 가질 수 있어야 합니다. 예수께서 세례를 받으실 때 하늘에서 "이는 내 사랑하는 아들이요, 내 기뻐하는 자라"(눅 3:22)는 음성이 들렸읍니다. 이 말 속에는 두 가지의 인정이 포함되어 있읍니다. 하나는 내가 사랑한다는 인정이며 또 하나는 너로 말미암아 기쁘다는 인정입니다.

하나님께로부터 이 두 가지 인정을 받을 수 있을 때 참으로 훌륭한 신앙인이라 말할 수 있을 것입니다. 또한 성도들간에도 서로 이 두 가지 면에서 인정해 주려고 하는 노력이 있어야 할 것입니다.

마지막으로 생각할 것은 바울이 오네시보로를 칭찬함에 있어 "나를 부지런히 찾아 만났느니라"라고 말한 것입니다. 부지런히 찾아 주고 만나 준다고 하는 것은 정말 훌륭한 일이며 칭찬받을 만한 일입니다.

누가복음 7:1-10을 보면 예수께서 백부장의 종을 고쳐 주시는 내용이 나오고 있는데 그 내용을 세밀히 살펴보면 기적을 낳기까지 종을 향한 백부장의 세 가지 사랑의 모습이 나타나 있는 것을 볼 수가 있읍니다. 그 세 가지는 다음과 같습니다.

첫째, 염려하고 걱정해 주었읍니다. 둘째, 자기를 희생하고 맡기는 결단을 가졌읍니다. 즉 당시 세력이 상당했던 백부장이 무명의 예수에게 자기의 마음을 온전히 내맡겼던 것입니다. 세째, 절대적으로 신뢰하였읍니다. "말씀만 하옵소서"란 청원이 그 사실을 잘 보여 주고 있읍니다.

이 세 가지가 백부장의 종의 병을 낳게 하는 기적의 출발점이 되었던 것 것입니다.

저는 한 인간이나 사회를 변화시키는 원동력을 다음 세 가지로 봅니다.

정말로 염려해 주는 일, 자기 자신을 내맡기는 헌신, 그리고 상대에 대한 신뢰입니다

이웃과의 관계에서 이와 같은 사고를 가지게 될 때 상대방의 용기를 북돋 위 줄 수 있는 오네시보로와 같은 아름다운 그리스도인이 될 수 있으리라 확신합니다.

미국의 유명한 가수 존 레논(John Lenon)이 피살된 후 수만 명의 열렬한 팬들이 애도의 뜻을 표해 왔읍니다. 장례식이 끝난 후 그의 미망인 오노 요꼬 레논이 팬들에 대해 감사하는 글을 「뉴욕 타임즈」지에 발표하였는데, 그 중에 이런 감격스러운 내용이 들어 있는 것을 보았읍니다.

우리에게 서로 염려해 주는 마음이 있다면 모든 일이 잘될 것입니다. 사 랑은 사랑을 양육합니다. 우리가 서로 염려해 주는 사랑을 가지게 될 때 우리는 결코 곁길로 빗나가지 않게 될 것입니다. 여러분이 저를 위로하고 격려해 준 그 사랑 때문에 저는 절망에서 소생할 수가 있었읍니다. 그 분 은 늘 2층에서 일하고 나는 아래층에서 일했는데, 이제는 조금 더 넓고 편 한 2층으로 옮겨 가 계실 뿐입니다.

사랑하는 교우 여러분!

어려움을 당한 이웃을 부지런히 찾아 주는 마음을 가지십시다. 정 말로 오네시보로는 훌륭한 인격을 소유한 그리스도인이었읍니다. 먼저 그 는 남의 마음을 시원하게 하고, 용기를 북돋워 줄 줄 아는 사람이었으며 남 의 진가를 인정해 줄 줄 아는 사람이었고, 또한 고통받는 사람을 염려해 주 고, 자기의 시간과 정성을 들여 헌신할 줄 아는 사랑의 사람이었읍니다.

오네시보로는 2천년 전의 바울에게뿐만 아니라 오늘 우리에게도 절실히 필요한 사람입니다. 아울러 오네시보로 같은 사람을 만나기를 갈망하기만 할 것이 아니라 우리 자신이 그와 같은 사랑의 사람이 될 수 있어야 하겠읍 니다. 그럴 때 우리 모두가 하나님의 사랑받는 존귀한 사람들이 될 수 있을

것입니다.

(83. 6. 13)

감정의 상처를 치료하자

설교본문/살전 5:12-28

삼가 누가 누구에게든지 악으로 악을 갚지 말게
하고 오직 피차 대하든지 모든 사람을 대하든지
항상 선을 좇으라 항상 기뻐하라 쉬지 말고
기도하라 범사에 감사하라 이는 그리스도 예수
안에서 너희를 향하신 하나님의 뜻이니라(살전 5:15-18)

이 세상의 모든 사람은 누구나 행복해질 권리와 의무를 가지고 있읍니다. 이는 모든 사람이 한번 태어나서, 한번 살고, 한번 죽는, 단회적인 삶만을 부여받았기 때문입니다. 그러므로 오직 한번뿐으로 제한된 이 소중한 생을 슬픔과 탄식, 눈물과 고통만으로 살아간다면, 그것은 너무나 억울하고도 무익한 생의 낭비가 아닐 수 없을 것입니다.

사실 누구를 막론하고 행복해지기를 바라지 않는 사람은 없읍니다. 그렇다고 해서 또 행복이 우연히 운명적으로 다가오는 것도 아닙니다. 가만히 앉아 있는데도 재수가 좋아, 갑자기 하늘에서 별똥 떨어지듯이 행복이 떨어져 주는 것인양 생각한다면 그야말로 착각도 그런 착각이 없을 것입니다. 물론 행복하게 되는 것이 팔자를 타고 나야 되는 것은 더더욱 아닙니다.

행복이란 농사일과도 같다고 할 수 있읍니다. 농부가 씨앗을 뿌리고, 잡초를 뽑아내고, 때맞춰 거름을 주고 함으로 식물이 잘 자라 풍성한 열매를 맺는 것입니다. 그런 의미에서 우리 인간은 행복을 심고 행복을 거두는 행복의 농부들이라고 해도 과언은 아닐 것입니다.

행복은 환경이 좋다고 해서 주어지는 것이 아닙니다. 또한 탁월한 능력과 지식을 가졌다고 해서 주어지는 것도 아닙니다. 탁월한 지식과 능력을 가진 사람일지라도 행복하지 못한 삶을 살아가는 경우를 많이 볼 수가 있습니다.

「아라비안 나이트」 중 '칼립' 왕에 대한 이야기가 나옵니다. 그는 50년이란 긴 세월을 왕위에 있었읍니다. 그러나 만년에 그는 자신이 살아 온 생애를 회고하며 이렇게 말하였읍니다.

나는 왕으로 있어 온 50년 동안 신하들의 공경을 받았을 뿐만 아니라, 적과 싸워 대승도 거두는 등, 이웃 나라 왕들의 부러움의 대상이 되어 왔다. 사실 부, 명예, 쾌락, 그 어느 것도 누려 보지 못한 것이라곤 없었다. 그러나 정작 내가 행복했던 날은 오직 14일밖에 없었다.

좋은 환경은 행복의 플러스(plus) 요소는 될 수 있으나, 행복 그 자체는 아닙니다. 소나기가 아무리 많이 쏟아져도 그것을 받을 그릇이 준비되어 있지 않으면 아무런 소용이 없는 것처럼, 환경적인 요소가 아무리 좋아도 마음 가운데 행복의 그릇이 준비되어 있지 않으면 그 사람에게는 행복이 담겨지지 않는 것입니다.

그래서 잠언 4:23에서는 다음과 같이 말씀하고 있는 것입니다.

무릇 다른 지킬 만한 것보다 더욱 네 마음을 지키라. 생명의 근원이 이에서 남이라.

행복은 마음의 자세에서 오는 느낌입니다. 그런데 문제는 우리의 행복감을 빼앗아 가고 우리의 마음을 억압하는 감정들이 있다는 데 있읍니다. 그것은 다름 아닌 강박 관념, 또는 억압 감정입니다. 사람들을 우울하게 만들며 마음 속에 불안과 공포심을 일으키고 모든 것을 부정적으로 바라보게 하는 요소들이 있는 한 사람들은 결코 행복감을 느낄 수가 없는 것입니다.

날이 갈수록 기계화, 산업화, 도시화가 더해가는 현대의 물결 속에서 인간은 복잡한 구조와 조직에 얽매여 점점 비인간화되어감으로 더할 나위없는 불안 가운데 살아가고 있습니다.

미국의 임상 심리학자 레이몬드 크래머(Raymond L. Cramer)가 쓴「예수의 심리요법과 정신건강」이라는 책이 있습니다. 그 책을 보면 의사들이 다루는 모든 질병의 70%가 감정적인 불안에서 연유된 것이라는 내용이 나타나 있습니다. 아울러 불안정한 감정은 불안정한 육체를 만들므로 정신적인 불안이 현대병으로 크게 대두되게 되었다는 사실도 나타나 있습니다.

미국의 2억 인구 중 정신 혼란으로 고통을 당하는 사람이 2천만을 넘고 있으며, 정신과 의사의 치료대상이 되는 사람이 900만을 넘고 있고, 입원하여 치료받는 사람이 매일 80만에 달하고 있다는 놀라운 보고도 그 책에 수록되어 있습니다.

뿐만 아니라 우울증과 불안으로 잠 못 이루는 사람이 갈수록 증가되고 있다고 합니다. 미국인이 매일 밤 복용하는 수면제가 이천만 정, 신경안정제인 '바리움', '리브리움' 등이 매년 이억 오천만 정, 아스피린이 매년 1천 2백만 파운드에 달하고 있다는 것이 이 사실을 잘 보여 주고 있습니다. 이러한 사실은 우리에게 무엇을 말해 줍니까?

이는 현대인이 감정의 상처를 안고 정서적인 불안 속에서 살아가고 있음을 단적으로 보여 주는 증거라고 하겠습니다. 종교심리학자인 사무엘 존슨(Samuel Johnson)은 "감정의 상처 즉 억압 감정을 치료하지 않고는 어떠한 일도 시도할 수 없다"고 말한 바 있습니다.

이러한 감정의 상처를 치료하기 위해서 인류는 오랜 옛날부터 지금까지 많은 노력을 기울여 왔습니다. 헬라의 히포크라테스가 코코아잎을 씹게 함으로 억압 감정을 해소시키고자 시도한 이래, 약물 치료, 전기 충격요법 등의 물리 요법은 물론, 대화 치료, 상담 치료 등의 인간 관계 요법들에 이르기까지 다양한 치료의 방법들이 시도되어 왔습니다. 그러나 그 어떤 것도 완전한 것이 되지는 못했읍니다.

사람은 영적인 존재입니다. 그러므로 영적인 만족을 얻기 전에는 억압 감정을 치료하기 어렵습니다.

그러면 이제 우리의 감정을 억압하여 우리를 우울하게 만드는 요인이 무엇이며, 또 그에 대한 성경의 치료법이 무엇인가를 찾아보고자 합니다.

첫째는 갈등의 문제입니다.

인간이 동물과 다른 점 중에 두드러진 하나는 갈등을 느끼는 존재라는 점입니다. 동물들은 과거의 경험대로 단순하게 살아갈 뿐이나 인간은 미래 지향적으로 성취 욕구를 가지고 살아갑니다. 그러한 삶은 끊임없는 선택과 결단을 요구하며, 선택과 결단이 요구되는 곳에는 언제나 갈등과 고민이 있는 것입니다. 덴마크의 철학자 키에르케골은 "인간은 죽는 순간까지 이 것이냐, 저것이냐의 문제로 갈등 속에 살아간다"고 말하기도 하였읍니다. 그리고 갈등이 심하면 정서적으로 불안하게 되고, 그것이 지나치면 정신분열 현상으로까지 발전하게 되는 것입니다.

이에 대한 성서의 대답은 "항상 선을 좇으라"(15절)는 것입니다. 여기서 '좇으라'는 말은 '매달려 있으라'는 뜻입니다. 낭떨어지에 매달려 있는 사람의 살 길은 구조대가 올 때까지 계속 매달려 있는 것입니다. '선'이란 '하나님의 뜻'을 말합니다. 그러므로 하나님의 말씀, 하나님의 뜻에 전적으로 매달려 있는 사람만이 갈등의 문제를 극복해 나갈 수 있읍니다.

여러분은 「쿼바디스」라는 영화의 마지막 장면을 감동깊게 기억하실 것입니다. 당시는 대박해가 있었던 시대로 로마 교회의 무수한 신도들이 신앙을 고수하고자 순교를 당하였읍니다. 그러나 예수님의 수제자라고 하는 베드로는 비굴하게 도망을 갔읍니다. 그 때의 그의 표정, 그것은 말할 수 없는 불안과 우울, 고민으로 가득 차 있는 것이었읍니다. 그러나 발현하신

주님을 만난 후 그는 순교의 용기를 얻었으며 로마로 십자가를 지러 되돌아
갔읍니다. 그 때 베드로의 표정이 기쁨으로 가득 차 있었던 것을 잊으신 분
은 없을 것입니다. 그것은 마치 스데반이 순교할 당시의 모습과 같았읍니다.

수단과 방법, 요령이 아니라 진리에 매달려 있을 때 그 사람에게 영적 만
족이 있는 것입니다.

둘째는 적대감의 문제입니다.

우리는 치열한 경쟁의 시대를 살아가고 있읍니다. 따라서 우리의 뇌리에
경쟁 의식이 깊히 박혀 있으며 그로 말미암아 긴장이 조성되고, 그 긴장은
다시 우리에게서 기쁨을 앗아 갑니다. 경쟁이 심하면 심할수록 감정 속에
는 적대감, 질투심, 증오심이 누증되게 됩니다. 따라서 모든 것이 불만스
럽고 불안해지고 짜증스러워지게 됩니다.

그러면 이에 대한 성경의 대답은 무엇입니까? 그것은 16절의 "항상 기
뻐하라"는 것입니다. 그저 웃고 희희낙낙하라는 이야기가 아닙니다.

돈을 벌었다거나 승진했다거나, 혹 아들을 낳았다는 것 등은 기쁨의 제
목이 될 수 있지만 아울러 슬픔의 원인이 되는 것이기도 합니다. 이는 사람
은 손해를 볼 때가 있을 수도 있으며 사표를 내야 할 때가 있을 수가 있고 병
과 죽음 때문에 속 썩을 때가 있을 수도 있기 때문입니다.

진정한 기쁨은 두 가지 상태에서 옵니다. 빌립보서 4:4에 그 두 가지가
잘 설명되고 있읍니다.

주 안에서 항상 기뻐하라.

내가 다시 말하노니 기뻐하라.

너희 관용을 모든 사람에게 알게 하라 주께서 가까우시니라.

이 말씀에서 찾아볼 수 있는 내용은 먼저 주 안에서 항상 기뻐하라는 것
입니다.

주 안에 있을 때 기쁨이 있읍니다. 아빠나 엄마가 외출했다 돌아와서 안
아 줄 때의 어린 아기의 기쁨을 연상해 보십시오. 얼마나 기뻐합니까!

그 표정은 기쁨 그 자체입니다. 우리 영혼도 마찬가지입니다. 우리의 영혼이 아버지이신 하나님의 품에 믿음으로 안길 때 내적인 큰 기쁨이 있게 되는 것입니다. 그것은 하나님의 사랑을 느낄 때 오는 기쁨입니다.

사랑 안에 두려움이 없고 사랑이 두려움을 내어쫓나니 두려움은 형벌이 있음이라(요일 4:18).

두번째로 찾아볼 수 있는 내용은 "내가 다시 말하노니 기뻐하라 너희 관용을 모든 사람에게 알게 하라"는 것입니다.

관용은 용서하는 마음입니다. 용서하는 마음이 있을 때 적대감이나 증오감은 소멸됩니다. 탕자에 대한 아버지의 용서가 있을 때 온 가정에는 잔치가 벌어질 수 있읍니다. 진정으로 다른 사람의 잘못을 용서할 수 있을 때 참 기쁨을 누리게 되는 것입니다.

셋째는 실망감입니다.

자신의 계획이나 기대가 어긋나고 무너지게 될 때 실망이 찾아오게 됩니다. 대체로 욕망이 크면 클수록 현재에 대한 실망도 더 크게 마련입니다.

흔히 머리가 좋은 사람들 중에 정신착란 증세를 일으키는 사람이 있음을 종종 보게 됩니다. 이는 욕망에 비해 현실의 상황이 그에 미치지 못함으로 욕구불만이 누증되는 데서 연유되는 결과라고 하겠읍니다. 그런가 하면, 반대로 그보다 두뇌가 덜 발달한 사람들은 열등의식에 사로잡히기도 합니다. 그래서 자기학대나 자기 멸시의 감정에 빠지게 됩니다. 즉 언제나 자신이 없어 '나는 무능한 존재'라는 고정 관념 속에서 살아가게 됩니다. 이런 사람은 결국 자신을 학대하는 억압 감정 속에서 살아갈 수밖에 없읍니다.

이에 대한 성경의 답은 "쉬지 말고 기도하라"는 것입니다.

이에 대해 다음 두 가지를 살펴보도록 하십시다.

먼저 살펴볼 것은 기도는 자신의 소원을 하나님의 뜻에 맞추게 조절해 준다고 하는 것입니다. 즉 기도는 허황된 과욕을 조정하도록 만들어 줍니다.

다음으로 살펴볼 것은 기도는 성령의 도움을 받게 한다는 것입니다.

이와 같이 성령도 우리 연약함을 도우시나니 우리가 마땅히 빌 바를 알지 못하나 오직 성령이 말할 수 없는 탄식으로 우리를 위하여 친히 간구하시느니라(롬 8:26-27).

너희가 내 안에 거하고 내 말이 너희 안에 거하면 무엇이든지 원하는 대로 구하라 그리하면 이루리라(요 15:7).

자신에 대해, 그리고 기대했던 것에 대해 실망했을 때 기도하시기 바랍니다. 계획이 무산될 때, 이상과 현실이 갈등의 산맥을 이룰 때, 아울러 열등감의 포로가 될 때에 깨어 기도하시기 바랍니다. 기도는, 특히 끊임없이 간구하는 기도는 모든 상처를 치유해 줄 뿐만 아니라 기쁨을 가져다 줍니다.

네째는 불평 불만의 감정입니다.

매사에 불평을 품고 사는 사람은 자기에게나 남에게나 불편함을 끼치게 됩니다. 그런 사람은 좋은 일보다는 궂은 일을 더 화제 삼기 좋아하고, 만사를 부정적인 사고로 보기가 일쑤입니다. 그러다 보면 현재 자기가 하고 있는 일에 대해서 보람을 찾지 못하게 되는 것입니다.

수일 전 김옥길 여사를 만났을 때 이런 말씀을 하시는 것을 들은 기억이 납니다. 가끔 제자들을 만나 "요즘 어떻게 지내나?"하고 물으면 대개의 경우 "애들이나 키우며 집에서 푹 썩고 있지요"라고 대답한다는 것입니다.

자녀를 키운다는 것, 그것이 얼마나 복되고 기쁘고 감사한 일입니까? 그 이상 중요한 일이 또 어디 있읍니까?

불평과 불만으로 가득 찬 사람에게 성경은 "범사에 감사하라"(18절)고 가르쳐 주고 있읍니다. 자신의 위치와 환경 속에서 불평과 불만거리보다 감사할 일을 찾아 사는 사람이 스스로의 삶을 보다 밝게, 힘있게, 보람차게 살아 갈 수 있는 것입니다.

감사가 있는 곳에 인정이 있고, 웃음이 있고, 화평과 사랑이 있읍니다. 그래서 힐티(Hilty)는 그의 「행복론」에서 이렇게 권유합니다.

감사하라, 그리하면 젊어진다.

감사하라, 그리하면 발전하게 된다.

감사하라, 그리하면 기쁨을 느끼게 된다.

사실 인간의 마음 속에 불평과 불만을 일으키는 것은 악령과 마귀의 역사입니다. 창세기 3장에 나타난 아담과 하와의 모습을 바라보십시오. 하나님께서 천지만물을 다 지으시고 그 속에 천국과 같은 에덴 동산을 만드시고는, 그 아름다운 동산에서 아담과 하와를 살게 하셨읍니다. 즉 그 모든 것을 아담과 하와에게 다 주신 것입니다. 아담과 하와는 얼마든지 그곳에서 행복을 수놓으며 살아 갈 수 있게 되었읍니다. 그런데 그들에겐 이와 같은 풍부한 조건을 주신 하나님께 감사하기보다는 오히려 단 하나 먹지 말라고 한 선악과로 인한 불평이 앞섰읍니다. 그럴 때에 마귀의 공격이 있었읍니다. 마귀는 그러한 곳에 엄습합니다. 그러한 곳에 마귀의 침노가 있게 되며 집요한 유혹이 있게 됩니다. 이처럼 불평과 불만이 있는 곳에 어두움의 그림자가 짙게 깔리며 그 어두움 속에서 마귀가 그의 집을 짓는다는 사실을 잊어서는 안되겠읍니다.

반대로 감사하는 마음은 성령의 역사입니다. 누가복음 17:11을 보면 예수께서 열 사람의 나병환자를 치유해 주시는 내용이 나타나 있읍니다. 그 중 아홉 명은 그대로 뿔뿔이 제 갈길로 흩어지고 그 중 사마리아인 한 사람만이 예수님께 감사의 표현을 하는 것을 볼 수가 있읍니다. 그 때 예수께서 그 감사하는 사마리아인에게 다음과 같이 말씀하고 계십니다.

일어나 가라 네 믿음이 너를 구하였느니라.

감사를 모르고 가버린 나머지 아홉 명은 육신의 병은 고쳤는지 몰라도 영적인 만족, 영적인 치유, 영적인 구원은 얻지 못했읍니다. 여기서 우리는 감사가 있는 곳에 영적인 축복이 이루어지는 것을 볼 수가 있읍니다. 참으로 감사하는 마음을 품고 사는 사람은 성숙한 믿음을 소유한 사람입니다.

사랑하는 교우 여러분!

　　우리는 갖가지 문제에 부딪치며 오늘을 살아 가고 있읍니다. 그 가운데서 우리는 갈등, 증오심, 실망, 불평, 불만 등 갖가지 감정의 상처를 입곤 합니다. 이에 대하여 우리 주님께서는 지금 이 순간에도 우리에게 다음과 같은 해결책을 말씀해 주고 계십니다.

　항상 선을 쫓으라.

　항상 기뻐하라.

　쉬지 말고 기도하라.

　범사에 감사하라.

　이는 그리스도 예수 안에서 너희를 향하신 하나님의 뜻이니라.

(82. 2. 14)

성령님 연약함을 도우소서

설교본문/롬 8:26-30

이와 같이 성령도 우리 연약함을 도우시나니 、
우리가 마땅히 빌 바를 알지 못하나 오직 성령이
말할 수 없는 탄식으로 우리를 위하여 친히
간구하시느니라(롬 8:26)

저는 요즘 마음 속 깊은 곳으로부터 "성령님, 연약함을 도우소서"라는 간구를 드리곤 합니다. 개인적으로나 가정적으로, 그리고 사회적으로 국가적으로, 또 국제 정세를 보더라도 이 절규가 터져 나오지 않을 수 없읍니다. 그 만큼 우리들은 많은 약함과 고뇌와 갈등 속에서 허우적거리며 살아가고 있는 것입니다.

영국의 단편 작가 '스티븐슨'의 작품 중에 「지킬 박사와 하이드」라는 소설이 있읍니다.

동네 사람의 사랑과 존경을 한 몸에 받는 '지킬'이라는 의학 박사가 있었읍니다. 그는 고아의 아버지요, 과부의 보호자이며, 자비의 아버지로 불리워지는 사람이었읍니다. 온 동네 사람들은 그를 인간 이상의 그 어떤 존재로 여기며 존경과 칭송을 아끼지 않았읍니다.

그런데 그 마을에는 고민이 하나 있었읍니다. 밤만 되면 '하이드'라는 흉악범이 나타나 온 동네를 수라장으로 만들어 놓는 것이었읍니다. 그 흉악범은 사람을 죽이고, 여자를 능욕하고, 약탈을 일삼는 등 온 동네를 공포 속에 몰아 넣었읍니다. 온 동네 사람들은 골머리를 앓던 끝에 그 하이드라는 흉악범을 잡아 동네의 화근을 없애기로 작정하였읍니다.

그러던 중 어느날 한밤중에 보안관 사무실에서 종소리가 울려 퍼졌읍니다. 그러자 온 동네 사람들이 다 모여들었읍니다. 몰려든 사람들 앞에 하이드란 흉악범이 체포되어 서 있었읍니다. 그런데 그 하이드의 가면을 벗기는 순간, 사람들은 아연실색하고 말았읍니다. 그는 바로 그들이 존경해 마지 않던 지킬 박사였던 것입니다.

이 단편 속에서 우리는 우리 자신들의 모습을 발견할 수 있읍니다. 즉 우리에게는 선하고 바르게 살고 싶은 양심이 있는가 하면 또 한편으로는 이기적일 뿐만 아니라 남을 짓밟고 올라서려는 악에 기우는 심성이 있는 것입니다. 그러므로 우리 내부에서는 첨예한 갈등이 빚어지곤 합니다. 이것이 인간의 양면성입니다.

치안관인 경찰이 양민을 학살한 의령 사건이나, 장 여인 사건을 우리는 잘 알고 있읍니다. 장 여인의 남편은 정보부의 최고 책임자로서, 나라의 안정과 질서와 행복을 위해서 앞장섰던 사람입니다. 그러나 이제 와서는 그가 이 나라 경제를 흔들어 놓고 있지 않습니까?

이렇게 우리는 선과 악의 갈림길 속에서 요동하며 살아갑니다. 이런 연약함 속에서 살아가는 우리이기에 우리는 "성령님, 우리의 연약함을 도우소서"란 기도를 드리지 않을 수가 없는 것입니다.

예수님이 십자가에 못박혀 죽으시자 초대교회 신도들은 분노와 실의에 잠기고 말았읍니다. 그 후 예수님이 부활하심으로 그들은 다시 기쁨과 희망을 가질 수 있었으나 부활의 복음을 널리 전파하기에는 너무나 연약했읍니다.

그러한 가운데서 초대교회 120여 신도들은 "성령이 너희에게 임하시면 너희가 권능을 받게 된다"는 말씀을 믿고 마가의 다락방에 모여 10여일 동안을 오직 기도에만 힘썼읍니다. 그러던 중 드디어 오순절날에 성령이 사도들에게 강림하였으며 그 결과 그들은 믿음의 권능을 받고 힘있게 일어나 복음의 증거자가 될 수 있었읍니다.

그러면 성령이란 무엇입니까? 성령은 성부이신 하나님, 성자이신 예수님과 함께 삼위 일체이신 분이십니다. 성부이신 하나님은 창조주이시고, 역사의 주인 되신 분을 말합니다. 그리고 그 하나님의 독생자 되신 분으로 육신의 모습을 입고 이 땅에 오신 분이 성자이신 예수님이십니다. 성령은 영으로 활동하시는 하나님이십니다. 한 하나님께서 세 가지 위격으로 우리 가운데 역사하심이 바로 삼위입니다. 성령은 곧 그 자신이 하나님이시면서 그리스도의 영이십니다.

역사를 크게 세 부분으로 나누어 말하기도 합니다. 즉 구약시대를 성부의 시대, 신약시대를 성자의 시대, 교회시대를 성령의 시대라고 합니다.

교회는 성령의 역사(役事)로부터 시작되었으며 성령의 힘에 의하여 유지되어 왔고, 부흥되어 왔읍니다. 오늘날 우리는 성령의 역사에 의해서만 그리스도의 영을 소유할 수 있고 그리스도인으로 살아갈 수 있읍니다. 성령은 우리 가운데서 여러가지 일을 하십니다. 그 중 몇 가지를 생각하도록 하십시다.

첫째, 성령은 우리를 죄에서 해방시켜 주십니다.
그러므로 이제 그리스도 예수 안에 있는 자에게는 결코 정죄함이 없나니 이는 그리스도 예수 안에 있는 생명의 성령의 법이 죄와 사망의법에서 너를 해방하였음이라(롬 8:1, 2).
성령은 우리 안에 임하셔서 우리의 죄를 비추어 주심으로 죄를 죄로 느끼게 해주십니다. 그리고 자복케 하십니다. 그리하여 하나님 앞에 돌아와 죄를 고백하는 회개의 열매를 맺게 하십니다.

둘째, 성령은 우리를 가르쳐 주시고 인도해 주십니다.

보혜사 곧 아버지께서 내 이름으로 보내실 성령 그가 모든 것을 가르치시고 내가 너희에게 말한 모든 것을 생각나게 하시리라(요 14:26).

진리의 성령이 오시면 그가 너희를 모든 진리 가운데로 인도하시리니 장래 일을 너희에게 알리리라(요 16:13).

성령은 우리를 가르쳐 주십니다. 우리 인간은 스스로의 의지와 노력과 능력으로 얼마든지 잘 살 수는 있습니다. 그러나 바르게 잘 살기는 어렵습니다. 성령께서는 바로 인간으로 하여금 바르게 잘 살도록 가르쳐 주시는 분이십니다. 바르게 살지 못한다면 인간적인 안목으로 잘 사는 것이 무슨 의미가 있겠읍니까?

성령은 삶의 바른 방향을 지시해 주십니다. 성령이 내 안에 오시면 내 삶이 변화됩니다. 우리는 참으로 세속적 의미의 잘 사는 삶에서 하나님 보시기에 합당한 삶으로 변화될 수 있어야 하겠읍니다.

세째, 성령은 평안을 주십니다.

평안을 너희에게 끼치노니 곧 나의 평안을 너희에게 주노라. 내가 너희에게 주는 것은 세상이 주는 것 같지 아니하니라. 너희는 마음에 근심도 말고 두려워하지도 말라(요 14:27).

성령은 마음의 평안을 주십니다. 하나님께서 인간을 창조하실 때 흙으로 빚으시고 끝낸 것이 아니라 영혼을 주셨읍니다. 육과 함께 영을 주신 것입니다. 그래서 우리는 영적인 평안과 육적인 평안이 다 있어야 자신의 삶을 온전히 유지해 갈 수 있읍니다. 육적인 평안은 물질만 있으면 어느 정도 충족될 수 있읍니다. 그러나 마음은 영적 평안이 없으면 평안을 누릴 수가 없읍니다. 물질을 완전하게 갖춘 사람일지라도 마음에 평안을 잃어버리면 그는 행복할 수 없읍니다. 반면 여러가지 결핍으로 인해 육적인 삶이 어려움에 처하더라도 영적인 평안이 있는 사람은, 모든 역경과 고난을 극복할 수 있읍니다. 심각한 문제라도 능히 해결하고 이겨 나갈 수 있읍니다. 이 마음의 평안을 성령께서 주십니다.

　네째, 성령은 인간의 연약함을 도와 주십니다.

　　성령도 우리 연약함을 도우시나니 우리가 마땅히 빌 바를 알지 못하
　　나 오직 성령이 말할 수 없는 탄식으로 우리를 위하여 친히 간구하시
　　느니라(롬 8:26).

　얼핏 생각하기에는 인간이 대단히 강한 것 같지만 잘 살펴보면 약한 것
투성이입니다. 인간의 육체는 질병 앞에 무력하기 짝이 없고 죽음 앞에서
는 무능합니다. 정말 멀리 있는 것만 같고, 남의 것처럼만 느껴지는 죽음이
성큼 우리 앞에 다가서는 것은 잠깐 사이의 일입니다. 죽음은 늘상 우리 가
까이에 있읍니다. 백년 후에 우리는 어디에 있겠읍니까? 백년 후 어느 주
일날 자신이 새문안 교회에 앉아 있으리라고 생각하시는 분은 아무도 없을
것입니다. 육체는 죽음의 장벽을 결코 뛰어넘을 수 없읍니다.

　생활도 그렇습니다. 기쁘고 행복한 시간보다는 실패와 좌절, 경쟁과 반
감 그리고 슬픔 등의 감정에 시달리며 사는 날이 더 많음을 부정할 수 없읍
니다.

　영적인 삶에 있어서도 마찬가지입니다. 선을 추구하면서도 죄의 법을 따
를 수밖에 없는 나약한 인간성 때문에 우리의 심령은 자주 상할 대로 상한
심령이 되어 신음하며 살곤 합니다.

　이렇게도 약한 존재인 우리이면서도 감격하고 감사할 수 있는 것은, 성
령께서 이같은 연약함을 친히 도와 주신다는 사실 때문입니다.

　그러면 어떤 사람에게 이러한 성령의 도우심이 주어지겠읍니까? 성경
에 그 대답이 잘 나타나 있읍니다.

　　우리가 알거니와 하나님을 사랑하는 자 곧 그 뜻대로 부르심을 입
　　은 자들에게는 모든 것이 합력하여 선을 이루느니라(롬 8:28).

　성령께서 도와 주셔서 선한 결실을 맺도록 해 주신다는 말씀입니다.

먼저, 하나님을 사랑하는 자가 성령의 도우심을 받을 수 있읍니다.

인간이 하나님을 어떻게 사랑할 수 있읍니까? 요한일서 4:19을 보면 "우리가 사랑함은 그가 먼저 우리를 사랑하셨음이라"는 말씀이 있읍니다. 그렇습니다. 하나님께서 먼저 우리를 사랑하셨기 때문에 그 사랑 안에서 우리는 하나님을 사랑할 수가 있는 것입니다. 독생자 예수 그리스도를 우리의 죄의 대속물로 보내시어 십자가에 처절하게 달려 죽게 하신 하나님의 그 마음을 깨닫게 될 때 우리도 하나님을 온전히 사랑할 수 있읍니다.

사랑을 받지 못하는 사람은 남을 사랑할 줄도 모르게 됩니다. 고아원 원아들의 얼굴에서 우리는 무표정을 볼 수 있읍니다. 왜 그렇읍니까? 한 생명체를 향하여 집중적으로 쏟아지는 부모의 따스한 사랑을 체험해 본 적이 없기 때문입니다.

요즘 저는 결혼식을 주례할 때마다 전보다 훨씬 간절한 마음으로 기도를 드리곤 합니다. 결혼한 지 몇년 안된 젊은 부부들 중에 헤어지는 경우를 너무 많이 보기 때문입니다. 그러니 사랑과 행복이 넘치는 가정이 되도록 더욱 기도하게 됩니다.

그러면 구체적으로 하나님을 어떻게 사랑할 수 있겠읍니까? 연인들의 모습에서 그 답을 얻을 수 있읍니다.

먼저, 서로 사랑하면 만나고 싶어집니다. 하나님과의 만남은 예배입니다. 따라서 우리가 하나님을 사랑한다면 예배가 기다려지고, 예배가 기쁨이 되어야 합니다.

둘째로, 대화를 나누고 싶어집니다. 하나님과의 대화는 말씀과 기도로 이루어집니다. 따라서 우리가 하나님을 사랑한다면 기도로 하나님께 내 마음을 실컷 아뢰고 싶어지게 되고 말씀을 통해 하나님의 말씀을 끝없이 듣고 싶어지게 됩니다.

세째로, 주고 싶어집니다. 사랑하는 사람에 대해서 몸과 마음뿐 아니라 소유한 모든 것을 주고 싶은 것이 사람의 마음입니다. 이렇듯이 하나님을 사랑하게 될 때 우리는 하나님께 우리의 마음과, 뜻과, 정성을 바치게 되며 하나님의 뜻을 위해 자신을 기꺼이 십자가에 못박기까지 할 수 있게 되는 것입니다.

네째로, 자랑하고 싶어집니다. 하나님을 자랑하는 것은 곧 복음을 증거하는 것입니다. 하나님을 사랑하게 될 때 우리는 자신의 삶 속에 하나님의 모습을 드러내 보이고 싶은 상황 속에 들어가게 됩니다. 그럴 때 하나님께서 합력하여 선을 이루어 주신다고 하셨읍니다.

다음으로 생각할 수 있는 것은 그 뜻대로 부르심을 받은 자들에게 성령의 도우심이 나타난다는 사실입니다.

하나님을 사랑하는 자에게는 하나님의 부르심이 있게 됩니다. 우리는 모세가 호렙산 가시덤불 가까이에서 하나님의 임재를 느끼고 "내가 여기 있나이다"라고 대답한 사실을 잘 알고 있읍니다. 그 때 그는 하나님의 부르심을 받았던 것입니다.

부름을 받은 자라는 말은 곧 무엇인가에 쓰이기 위한 그릇을 뜻하는 말입니다. 관주 성경 28절 중간에 보면 "그 뜻대로 부르심을 받은 자들"이란 문귀의 '그'자 위에 작은 글씨로 '이'라는 표시를 하여 로마서 9:24과 비교하도록 하고 있읍니다. 그 구절을 보면 다음과 같습니다.

이 그릇은 우리니 곧 유대인 중에서뿐만 아니라 이방인 중에서도 부르신 자니라(롬 9:24).

부름을 받은 자는 곧 하나님의 뜻을 담은 그릇입니다. 하나님이 시키는 일을 담은 그릇입니다. 마땅히 해야 할 하나님의 뜻이 무엇인가를 찾고, 그것을 위해 사는 사람에게 성령님은 능력을 펴시사 도움을 주십니다.

모세뿐만 아니라 이사야 선지도 하나님의 부르심을 받고 제단 앞에 엎드려 "내가 여기 있나이다, 나를 보내소서"라고 말하였으며 그 때 하나님께서는 "내가 정녕 너와 함께 하리라"고 말씀하셨읍니다.

사랑하는 교우 여러분!

　여러분은 지금 여러분의 삶의 현장에서 하나님의 부르심을 받고 있읍니까? '나'라는 '그릇'에 '하나님의 뜻'이라는 사명을 담고 있읍니까? 그렇다면 여러분은 하나님의 부르심을 받은 자들입니다.

　교회는 성도들을 그 지체로 하고 있는 몸으로서 사랑의 한 공동체라고 할 수 있읍니다. 즉 교회는 몸 되신 그리스도와 사랑의 관계를 가지고 있는 지체들의 모임입니다. 교회는 헬라어로 '퀴리아코스'(Kuriakos), '에클레시아'(Ecclesia)란 단어로 표현합니다. 이 말들은 '부름받은 자'라는 뜻을 가지고 있읍니다.

　참으로 교회가 주님의 몸으로서 사랑의 공동체가 되어 이 시대와 역사에 대해 부름받은 사명을 감당하게 될 때 성령께서 우리 연약함을 도우시사 합력하여 선을 이루게 해주실 것입니다. 바라건대, 성령의 역사하심이 여러분께 충만하시기를 기원합니다.

(82. 5. 29)

마음의 병을 고치라

설교본문/시 103:1-11

저가 네 모든 죄악을 사하시며 네 모든 병을
고치시며 네 생명을 파멸에서 구속하시고 인자와
궁휼로 관을 씌우시며 좋은 것으로 네 소원을
만족케 하사 네 청춘으로 독수리 같이 새롭게
하시는도다(시 103:3-5)

옛날 인도에서 전해 내려오는 창조의 신화 중에 이와 같은 이야기가 있읍니다. 하루는 신이 세상을 거닐고 있던 중에, 어떤 연못에 이르게 되었읍니다. 그곳에 매우 아름다운 연꽃이 피어 있었는데 어찌나 아름답던지 그 연꽃을 감상하다가 이런 생각을 했다고 합니다.

'저렇게 아름다운 연꽃이 사람이 된다면 얼마나 아름다운 성품을 가지고 지낼 수 있겠는가!'

이런 생각을 한 나머지 그 신은 연꽃을 가지고 아름다운 여인을 만들었다는 것입니다. 즉 한 여자를 만들었던 것입니다. 그리고 나서 신은 그 여자에게 아름다운 집을 지어 주기로 하고 그녀에게 이런 질문을 던졌읍니다.

"네가 원래 연못에 살았으니 연못에다 용궁을 짓고 살도록 하는 것이 어떻겠느냐? 네가 원한다면 연못 속에다 아름다운 집을 지어 주도록 하마."

그러자 그 소녀는 연못 속을 한참 들여다 보더니만 이렇게 대답을 하였읍니다.

"신이여! 고맙지만 연못 속에 살기는 싫습니다. 연못은 음침할 뿐만 아니라 잡풀들이 너무 많고 더럽기 때문에 그 속에 살고 싶지는 않습니다."

그러자 신은 그 소녀를 데리고 넓은 들로 나아갔읍니다. 그리고 광야를 보여 주면서 소녀에게 말하였읍니다.

"저 밝고 넓은 들에 집을 짓고 사는 것이 어떻겠느냐!"

그 소녀는 넓은 들을 한참 바라보더니만 신에게 이렇게 말을 하였읍니다.

"싫습니다. 넓은 들에는 거친 바람이 불고 있지 않습니까? 저는 원래 연못에서 자랐기 때문에 연약합니다. 저 같이 연약한 자가 어떻게 바람이 거세게 부는 그런 들판에서 살 수 있겠읍니까? 다른 곳은 없습니까?"

그러자 신은 이번에는 그 소녀를 동굴로 데리고 갔읍니다. 그리고 그 곳은 편안하고 적들이 침략해 들어오지도 아니하고 안락하게 살 수 있는 곳이기도 하니 그 속에다 집을 마련하는 것이 어떻겠느냐고 질문하였읍니다. 소녀는 그 동굴을 한참 바라보더니만 이렇게 대답하였읍니다.

"신이여! 싫습니다. 이 동굴은 너무 어둡고 컴컴하기 때문에 저 같이 밝은 연못에서 살아온 자는 도저히 그 동굴에서 살아갈 수가 없습니다."

신은 어찌할 바를 알지 못해서 생각에 잠겼읍니다. 그 때 숲 속 저쪽에서 먼저 창조된 한 젊은 청년이 휘파람을 불면서 오고 있었읍니다. 이때 신은 무릎을 치면서 왜 내가 일찍 이 생각을 못하였던고 하는 후회와 함께 그 소녀에게 이렇게 말하였읍니다.

"소녀여! 저기 젊고 아름다운 한 남자가 오는 것이 보이지 않느냐? 네가 살 집을 저 남자의 가슴 속에 만드는 것이 어떻겠느냐? (즉 저 남자의 가슴 속에 들어가서 사는 것이 어떻겠느냐?)"

이 소녀는 한참 생각해 보니 그 이상 좋을 것이 없을 것 같았읍니다. 그래서 소녀는 가슴을 설레이며 아장아장 걸어서 그 남자 앞에 갔읍니다. 그리고 그 젊은이의 가슴 속을 들여다 보기 시작했읍니다. 그러다 갑자기 고함을 지르면서 놀라 파랗게 질린 얼굴로 신에게 되돌아와서 이렇게 말하였읍니다.

"신이여! 저렇게 더럽고 음침한 곳에 어떻게 내가 살 수 있겠읍니까?"

신이 놀랐읍니다.

"네가 그 가슴 속을 들여다 보았느냐?"

"예, 내가 그 남자의 마음을 들여다 보았는데 더럽기 그지없읍니다. 음침하고 무섭고 사납습니다. 그런 곳에 내가 어떻게 들어가 살겠읍니까? 신이 원하신다면 저를 차라리 연못으로 되돌려 보내 주시기 바랍니다."

저는 이 이야기를 읽을 때 마음 속에 뭉클하게 와닿는 무엇인가를 느꼈읍니다. 만일 그 소녀가 여러분의 마음, 여러분의 가슴을 들여다 본다면, 아니 내 마음과 가슴을 들여다 본다면 마찬가지의 말을 하게 되지 아니할까 생각되어집니다. 외모로는 근사하게 보일지라도 그 마음 속에는 더러운 것이 가득 차 있고 포악한 것이 가득 차 있고 음침하기 그지없는 것이 인간의 마음인 것입니다.

그래서 세상에서 가장 무섭고 가장 더럽고 가장 음침한 곳을 찾는다고 하면 아마도 그곳은 인간의 마음 그 자체가 아닌가 생각되어집니다. 그래서 유명한 교육자인 페스탈로찌는 말년에 탄식과 함께 이런 글을 남긴 적이 있읍니다.

"몸을 단련시키는 체육 학교도 있고 머리를 단련시키는 지식 학교도 있건만 가슴을 단련시키는 마음의 학교는 없으니 참으로 아쉽구나!"

마음의 학교가 없는 것을 아쉬워했읍니다. 인간 마음에는 수많은 것이 도사리고 있읍니다. 더럽고 누추하고 못된 여러가지 탐욕이 가득 차 있읍니다. 과연 이것을 변화시킬 마음의 학교는 없단 말입니까?

저는 교회를 곰곰이 생각해 보면서 교회가 바로 마음의 학교가 아닌가 생각해 보았읍니다. 교회는 마음을 거듭나게 합니다. 마음을 새롭게 합니다. 그러므로 마음을 단련시키고 바르게 살도록 하는 곳이 바로 교회라고 생각되는 것입니다. 바로 마음의 학교인 교회의 스승은 곧 예수 그리스도이십니다. 예수 그리스도는 마음의 학교의 제1의 교사라 할 수 있는 분이십니다.

그래서 본문 3절에서 5절에 다음과 같은 말씀이 나와 있는 것입니다.

저가 네 모든 죄악을 사하시며 네 모든 병을 고치시며 네 생명을 파멸에서 구속하시고 인자와 긍휼로 관을 씌우시며 좋은 것으로 네 소원을 만족케 하사, 네 청춘으로 독수리 같이 새롭게 하시는도다.

즉 하나님께서는 인간의 죄의 문제를 해결해 주실 뿐만 아니라 마음의 병을 고쳐 주시고 인간으로 하여금 새로운 삶을 살도록 만들어 주십니다.

마음의 병에 대해서 생각해 보십시다.

오늘날에 와서 사람들 가운데 병에 대한 관심이 점점 더 일고 있읍니다. 그래서인지 모든 사람이 건강에 관심을 가지고 건강한 몸을 이루기 위해서 온갖 노력을 다하고 있는 것을 볼 수가 있읍니다.

그런데 얼마 전까지만 해도 '건강' 하면 단순히 육체적인 건강만 생각했었는데 요즘에 와서는 정신적 건강에 관해서도 관심을 많이 가지는 것 같습니다. 복잡한 현대 사회 속에서 육체적인 질병으로뿐만 아니라 고뇌, 갈등, 번뇌 등 여러가지 정신적 질환으로 신음하고 있는 것이 현대인이라 생각됩니다.

그래서 미국의 경우 종전에는 전국에 결핵 요양소가 많았으나 차츰차츰 결핵 요양소는 줄어들고 오늘날에는 정신병 수용소, 정신 병자 요양소가 많이 늘고 있다는 것입니다. 그만큼 정신적 질환이 점점 고조되고 있음을 반영해 주는 사실이라고 할 수 있읍니다. 온전한 정신을 갖지 못하면 결국 생활이 어지럽게 되어집니다. 즉 건전한 생활을 갖지 못합니다. 건전한 생활을 갖지 못하면 육체적인 질병까지 초래하게 됩니다.

육체의 질병을 일으키는 많은 병균이 있는 반면 또한 정신의 질병을 일으키는 병균이 있읍니다. 그것은 곧 마음 속에 도사리고 있는 죄라고 하는 것입니다.

성경을 보면 예수님께 많은 환자들이 찾아와서 고침을 받고자 한 것을 볼 수가 있읍니다. 예수께서는 고침을 받으러 온 많은 환자들의 육체의 질병을 고쳐 주시기 전에 먼저 마음의 질병을 고쳐 주시고 다음에 육체의 질병을 고쳐 주시곤 하셨읍니다.

마가복음 2:1 이하를 보면 한 중풍병자가 자기 병고와 싸워 이기지 못하고 여러가지 고통에 잠겨 있다가 네 친구들의 도움을 받아 예수님께 나오는 것이 나타나 있읍니다. 예수님이 계신 그 집 안에 너무나 많은 사람들이 모여 있었기 때문에 그 중풍병자는 예수 그리스도 앞에 도저히 나아갈 수가 없었읍니다. 네 친구는 할 수 없이 지붕 위로 올라가 지붕을 뚫고 천정을 뚫어 예수님이 계시는 바로 그 방에 그 중풍병자를 내려 놓았읍니다. 그 중풍병자는 걷지도 앉지도 못하였읍니다. 말도 제대로 하지 못했읍니다. 즉 자기 몸을 제대로 움직이지 못하는 불구자였읍니다. 이런 사람이 예수님 앞에 놓였읍니다. 예수께서 그 불쌍한 환자의 모습을 바라보시면서 하신 한 마디의 말씀은 "소자여 네가 죄사함을 받았느니라"라는 것이었읍니다. 예수께서는 그 환자의 육체의 병, 육체의 고통보다는 먼저 그 사람의 마음을 보시고 마음의 질병을 해결해 주셨읍니다. 그리고나서 "네 자리를 들고 일어나 걸어가도록 하라"고 말씀하셨읍니다. 즉 마음의 병을 먼저 고쳐 주신 다음에 육체의 병을 고쳐 주신 것입니다. 그만큼 예수께서는 우리의 마음의 자세, 태도에 대해서 관심을 가지고 계십니다.

오늘날 많은 사람들이 마음의 문제로 인해서 정신적 질환을 가지고 정신병원을 찾는 경우가 많이 있읍니다. 저도 정신병원에서 약 1년간 임상 목회 실습을 한 적이 있읍니다.

정신병원을 찾아 오는 사람들은 통계학적으로 주로 세 가지 종류의 사람들입니다. 무엇보다 그들은 신앙적으로 깊이 반성해야 할 점들을 지니고 있읍니다. 우리도 그 세 가지 심적 상태에 빠지게 된다면 자신도 모르게 정신 분열증에 떨어질 가능성이 있으며 그로 인해서 원치도 아니하는 정신병원의 신세를 질 수도 있읍니다.

첫째로 자존심이 강한 사람이 정신병원을 찾습니다. 자존심이 강한 사람일수록 정신적 분열 현상이 더 많이 일어납니다. 그들은 자기를 내세우고 앞세우며 높이려고 합니다. 그리고 그것이 뜻대로 되지 않을 때 정신적 분열 현상을 일으키게 됩니다.

성경 가운데서 우리는 인간이 최초로 죄를 저지르게 된 원인이 바로 자기를 높이려는 교만 때문이며 그로 말미암아 파멸케 된 사실을 볼 수가 있읍니다.

아담과 하와가 지음받아 에덴 동산에 있을 때 사탄이 뱀의 모습으로 나타나서 아담과 하와를 유혹하였읍니다.

"하와야! 정말 하나님이 동산 중앙에 만들어 놓은 선악을 알게 하는 저 실과를 먹지 말라고 하였더냐? 그렇지 않다. 먹어 봐라. 먹으면 네 눈이 밝아져서 네가 하나님처럼 될 것이다."

이렇게 유혹하자 하와의 귀가 솔깃해졌읍니다. 최초의 인간은 선악을 알게 하는 실과를 따 먹으면 하나님처럼 높아질 것이라는 말에 넘어갔던 것입니다. 이와 같이 자기를 하나님처럼 높이려고 한 교만이 결국 하나님이 먹지 말라고 하신 선악과를 따 먹게 만들었고 그로 말미암아 에덴 동산에서 쫓겨나게 만들었읍니다. 이 불행은 바로 최초 인간의 교만으로 말미암은 것이었다고 볼 수 있읍니다.

성경 베드로후서나 유다서를 보면 천사가 왜 마귀가 되었는지에 대한 것이 나타나 있읍니다. 천사가 하나님의 자리를 넘겨다 보다가 즉 자기 위치를 지키지 아니하고 하나님의 자리를 탐내다가 결국 하나님께 쫓겨나 마귀가 되었다고 합니다. 하나님의 자리를 넘겨다보다가 즉 너무 자존심이 강하다가, 너무 자기를 주장하다가, 자기를 높이는 그 교만이 천사로 하여금 마귀가 되게 한 것입니다. 따라서 교만은 정상적인 인간으로 하여금 불구자가 되게 만드는 것이라 할 수 있읍니다.

그래서 정신병원에 가는 사람들 중에 많은 사람들은 바보스러운 사람보다 평소에 똑똑하고 IQ가 높고 지식 수준이 높은 사람들이라고 합니다. 똑똑한 사람이 왜 그런 곳엘 갑니까? 자기 이상을 너무 높이다 보니, 자기를 너무 주장하다 보니, 그렇게 된 것입니다. 즉 자기 마음을 스스로 높이다 보니 자기 수준은 거기까지 미치지 못하는 것입니다. 여기에서 많은 갈등과 번민을 겪게 되고 그로 말미암아 분열현상이 일어나는,것입니다.

우리의 마음을 교만하게 하는 여러가지 요인들이 많이 있읍니다. 마태복음 16:19 이하를 보면 예수 그리스도를 찾아 온 한 부자 청년이 나오고 있읍니다. 이 부자 청년에게는 부러울 것이 없었읍니다. 그는 돈도 있었으며 젊었고, 명예도 있었읍니다. 이런 사람이 예수님을 찾아 오게 된 이면에는 한 가지 소원이 있기 때문이었읍니다. 부귀와 영화 등 이 세상에서 누릴 수 있는 모든 것은 다 누려왔지만 한가지 못한 것이 있었읍니다. 죽음의 문제를 해결하지 못했다는 것이었읍니다. 언제까지나 젊은 그 상태로 있지는 않을 것입니다. 따라서 어떻게 하면 죽지 아니하고 하나님 나라에 가서 영원토록 하나님과 더불어 살 수 있을까? 바로 이 문제 때문에 예수님께 나와서 질문을 했던 것입니다.

"무슨 일을 하여야 영생을 얻겠읍니까? 어떤 일을 해야 하나님 나라에 들어갈 수 있읍니까?"

그러자 예수께서는 젊은 청년의 생활상에 대해서 즉 도덕에 대해서 윤리에 대해서 계명에 대해서 물으셨읍니다.

"예! 저는 안식일을 거룩히 지켰읍니다. 부모를 공경하였읍니다. 거짓말을 하지 않았읍니다. 간음하지 않았읍니다. 도둑질하지 않았읍니다. 살인하지 않았읍니다. 남의 물건을 탐내지 않았읍니다."

예수께서는 이 말을 한참 하고 있는 그 젊은 청년의 마음을 보셨읍니다.

자기 자랑을 늘어놓고 있는 그 청년, 그 사람을 교만되게 한 원인이 무엇인 가를 예수님은 곧 발견하셨읍니다. 그 청년의 마음 속에 있는, 그를 교만 케 만든 원인은 돈이었읍니다. 돈이 많았기에 자기가 최고인 양, 의로운 양 자랑하고 있었던 것입니다. 예수께서는 그 청년이 자기가 최고라는 교 만 때문에 병든 것을 쉽게 알아 보실 수가 있었읍니다. 그러므로 예수께서 는 "네 재산을 팔아서 다른 사람에게 나누어 줄 수 없겠느냐"고 물으셨던 것입니다. 그러자 그 사람은 근심하면서 예수님의 곁을 떠났읍니다.

우리는 재산뿐만 아니라 지위 때문에, 명예 때문에, 학벌 때문에 가정 배경 때문에 우리의 마음을 과도하게 높이려고 하는 교만에 사로잡힐 때가 많이 있읍니다. 그러나 우리의 마음을 높이고 교만되게 하면 할수록 자신 은 더욱 파멸에 떨어진다는 사실을 알아야 합니다. 이는 자기가 감당하지 못하는 것이기 때문입니다.

예수께서는 우리의 마음에 도사리고 있는 첫번째 질병을 치료할 수 있는 약을 제시해 주셨읍니다. 마태복음 5:3의 "심령이 가난한 자는 복이 있나 니, 천국이 저희 것임이요"라는 말씀이 바로 그것입니다. 마음이 가난한 자—마음이 낮아진 자를 두고 말하는 것입니다—마음이 겸손한 사람만이 천국을 소유할 수 있다고 말씀하셨읍니다. 교만한 사람에게는 천국이 없 읍니다.

자기를 내세우는 사람은 항상 욕구 불만에 사로잡혀 있게 마련입니다. 원망하고 불평합니다. 만족이 없고 기쁨이 없어서 감사할 줄 모릅니다. 그러나 마음이 가난한 자, 마음이 낮아진 자, 겸손한 자에게는 항상 감사 함이 있읍니다. 기쁨이 있읍니다. 만족이 있읍니다. 이런 사람의 마음 속 에 천국이 이루어진다는 것입니다. 주님 앞에 나올 수 있는 사람은, 주님 의 나라를 소유할 수 있는 사람은 겸손하고 겸허한 사람임을 기억하십시 오. 이처럼 교만의 질병은 겸손의 마음으로 치료해 나갈 수 있어야 합니다.

두번째로 우리의 마음에 많은 갈등을 일으키고 번뇌를 일으키는 것이 있읍니다. 곧 거짓이라는 병입니다. 거짓말이란 병! 아담과 하와가 에덴 동산에서 범한 두번째 죄악이 있읍니다. 이것은 곧 자신을 위장시키려고 한 것입니다. 하나님의 말씀을 저버리고 선악과를 따먹었읍니다. 그 순간 아담, 하와는 벌거벗은 것을 알았고 그래서 잎을 따서 옷을 만들어 자기들의 몸을 가리웠읍니다. 그리고 동산 숲 속에 숨었읍니다. 하나님께서 아담을 찾으셨읍니다. "아담아! 아담아! 네가 어디 있느냐". 그러나 아담은 아무 대답을 하지 않았읍니다. 자기를 숨겼던 것입니다. 자신에 대해 솔직하지 못했읍니다. 자기를 위장시키려고 했읍니다. 거잣! 결국 그것은 아담과 하와로 하여금 에덴 동산을 쫓겨나게 만들었읍니다.

하나님께서는 자신에 대해서 솔직한 사람을 원하고 계십니다. 거짓이란 말은 생각과 행동이 일치하지 않은 상태를 두고 하는 말입니다. 자기 마음으로는 이렇게 생각을 하고 있는데 행동은 저렇게 합니다. 마음으로는 이렇게 하는 것이 옳다고 여겨지는데 저렇게 행동하는 그것이 거짓입니다. 위선입니다.

현대인의 정신질환 중에 점점 노이로제 현상이 심화되고 있다고 합니다. 연세 많으신 분들뿐만 아니라 젊은 청년들 가운데서도 노이로제 현상이 점점 누증되어 가고 있읍니다. 노이로제를 가리켜서 심리학에서는 정신분열의 초기 현상이라고 합니다.

정신분열의 초기 단계인 노이로제의 초기 단계에서는 이런 현상이 일어납니다. 집에서 나올 때에 문을 꼭 잠그고 나왔읍니다. 골목을 나오다가 내가 정말 문을 잠갔는가 의심이 생깁니다. 다시 되돌아가서 문을 한번 열어 봅니다. 확인해 봅니다. 잠겼읍니다. 그리고 시장에 가서 다시 생각해 봅니다. 내가 문을 잠갔는가? 또 어떤 사람은 부엌 일을 하다가 가스불을 잠그고 시장에 갔읍니다. 그러다가 문득 생각이 났읍니다. '내가 정말 가스불을 잠그고 나왔는가?' 의심이 생깁니다. 자기가 한 일, 행동에 대해서 확신을 갖지 못합니다. 전기곤로를 끄고 밖에 나왔읍니다. 친구집에서 한참 놀다가 문득 '내가 정말 전기곤로를 끄고 나왔는가? 끄지 않고 나왔는가?' 의심이 났읍니다. 집에 전화를 걸어서 일하는 아이더러 불을 끄도록 부탁을 합니다. 그 아이가 확인하니 불은 꺼져 있었읍니다.

물론 건망증의 현상이라고도 할 수 있겠지만 여기엔 심리적인 큰 원인이 하나 있읍니다. 자기가 생각하고 확신한 것을 그대로 행동에 옮기지 못한 사람, 자기 자신에게 솔직하지 못한 사람은 나중에 역의 현상, 반대 현상을 겪게 됩니다. 즉 자기가 한 행동에 대해서 확신을 가지지 못하게 됩니다. 자기가 생각하고 판단하고 확신한 것을 행동으로 옮기지 못한 위선과 거짓에 사로잡힌 이 심리적 상태가 점점 누적이 되어지면 이처럼 반대 현상이 일어나게 되는 것입니다. 그리고 자기가 실제 행동한 것에 대해서 자기 자신이 확신하지 못하는 이런 데서 정신분열의 초기 현상인 노이로제 현상이 생겨나는 것입니다. 이런 현상이 계속되면 계속될수록 그 사람은 헤어날 수 없는 갈등과 번민, 심적 고통에 빠지게 되는 것입니다.

따라서 우리 마음의 상태를 건실하게 성장시키기 위해서는 솔직해야 합니다. 진실해야 합니다. 자기 자신을 솔직하게 토로할 수 있어야 합니다. 적어도 하나님 앞에서는 솔직할 수 있어야 합니다.

성경을 보면 하나님으로부터 칭찬받은 사람도 있고 저주받은 사람도 있읍니다. 우리 주님으로부터 저주받은 사람들로 바리새인들을 들 수 있읍니다. 예수께서는 거의 남을 저주하시거나 욕하신 적이 없으십니다. 그러나 바리새인들을 향해서는 이처럼 저주하셨읍니다.

"화 있을진저 외식하는 자여, 화 있을진저 바리새인들이여." 즉 위선되고 거짓된 자를 가리켜서 "화 있을진저!" 하고 공격하시고 저주하셨던 것입니다. '화가 그 머리 위에 떨어질지어다' 하고 저주하신 것입니다. 자신에 대해 솔직하지 못한 사람에 대해 예수께서는 이토록 혹독하게 대하셨읍니다.

그런데 성경을 보면 칭찬받은 사람이 있읍니다.

내가 이새의 아들 다윗을 만나니 내 마음에 합한 사람이라 내 뜻을 다 이루게 하리라.

사도행전 13장에 나오는 말씀입니다. 다윗이 의롭게 살아서가 아닙니다. 다윗도 잘못했읍니다. 죄를 많이 저지른 사람입니다. 그러나 다윗은 자기 잘못을 솔직하게 하나님 앞에 고백한 사람이었읍니다. 자기 잘못을 솔직하게 뉘우친 사람이었읍니다. 이처럼 그는 자기 자신에 대해 솔직하였읍니다. 진실하였읍니다. 이러한 신실의 면모를 보신 하나님께서는 다윗을 사랑하셨읍니다. 그리하여 다윗을 가리켜서 "내 마음에 합한 사람이라. 내 뜻을 그를 통하여 이루도록 하리라"고 말씀하셨던 것입니다.

여러분의 마음이 거짓과 위선으로 갈등하며 방황하고 있지 않습니까? 진실하시기 바랍니다. 솔직하시기 바랍니다. 여러분의 자녀들에게 진실한 면모를 보여 주시기 바랍니다. '내 아버지는, 우리 어머니는, 배우지 못해서 국민학교밖에 못나왔지만 그래도 진실하신 분이다'라는 평가를 자녀들에게 들을 수 있어야 합니다. 그런 분이 훌륭한 부모가 될 수 있는 것입니다.

세번째로 마음의 질병을 일으키는 요인이 있읍니다.

사랑을 잃어버릴 때 마음의 질병이, 마음의 고통이 생깁니다. 정신분열이 있게 됩니다. 그래서 사랑에 실패한 여인들이 방황하다가 결국 정신분열에 빠져서 자살하고 마는 경우를 종종 볼 수가 있읍니다. 타락한 에덴 동산을 쫓겨난 인류의 조상이 최초로 저지른 죄악이 바로 사랑을 잃어버린 것입니다. 시기하고 미워한 것입니다. 가인이 그 동생 아벨을 시기해서 살인을 하지 않았읍니까? 사랑을 잃어버린 그곳에 죽음이 있었읍니다. 가룟 유다를 보십시오! 예수님과 자기 관계에 사랑이 단절되었을 때, 예수님을 저버림으로 은 30전을 얻고 희희낙락했을 것 같지만 그에게 찾아온 것은 결국 목매어 죽는 것밖에 없었읍니다. 사랑을 잃어버린 자에게는 이와 같이 비참한 모습만 있게 됩니다.

사랑이란 받는 것보다는 주는 것입니다.

하나님이 세상을 이처럼 사랑하사 독생자(예수 그리스도)를 주셨으니.

하나님이 인간을 사랑하신 그 사랑의 모습은 독생자 예수 그리스도를 주는 것으로 나타났읍니다. 마찬가지로 우리도 사랑의 범위를 받는 측면에서만 생각할 것이 아니라 주는 측면에서 터득할 수 있어야 합니다. 주는 것에 인색하면서 사랑을 받으려고 하면 그 이상 어리석은 일은 없는 것입니다. 마음을 줄 수 있어야 하고 물질을 줄 수 있어야 하고, 지혜를 줄 수 있어야 하나 그러한 것이 없을 때는 기도라도 줄 수 있는 마음가짐이 필요한 것입니다. 사랑은 용서해 주고, 포용하고, 덮어 주고, 이해해 주는 넓은 마음을 가리킵니다.

더우기 지도자 되는 사람에겐 넓은 마음이 필요합니다. 열왕기상 3장을 보면 하나님께서 솔로몬을 불러서 "너의 소원을 말하도록 하라"고 말씀하시는 것이 나옵니다. 그 때 솔로몬은 "하나님, 지혜를 주십시오"라고 간청하였읍니다. 그러자 하나님께서는 솔로몬을 기특하게 여기사 지혜와 더불어 부귀와 영화도 주셨읍니다. 지혜와 부귀, 영화를 가지고 있다면 그 이상 복된 일이 없을 것입니다.

그러나 그것만 가지고는 부족합니다. 그것만 가지고는 폭군이 될 소지가 다분히 있읍니다. 한 가지 예를 들자면 히틀러를 보십시오! 그가 지혜가 부족해서 폭군이 된 것이 아닙니다. 그가 명예나 돈이 부족해서 폭군이 된 것도 아닙니다. 한 가지 부족한 것이 있었읍니다. 그것은 넓은 마음입니다. 그래서 하나님께서는 열왕기상 4:29에서 솔로몬에게 이렇게 말씀하고 계시는 것입니다. "지혜를 주거니와 한 가지 더 줄 것이 있는데 내가 너에게 넓은 마음을 주겠노라". 즉 하나님께서는 사랑할 수 있는, 사랑할 줄 아는 마음을 주겠다고 하신 것입니다.

오늘 우리에게는 이것이 필요합니다. 지식으로 충분히 잘 살 수 있는 것 같지만 지식이 잘못 쓰여질 때는 남들에게 큰 해를 끼칠 수가 있는 것입니다. 지식과 더불어 사랑할 줄 아는 마음이 있어야 하는 것입니다. 또한 기술이 있는 그곳에도 재물이 있는 그곳에도 사랑할 줄 아는 마음이 있어야 하는 것입니다.

그래서 고린도후서 6:13에서도 고린도 교회를 향해 "마음을 넓히라"고 권면하고 있는 것입니다. 즉 좀더 넓은 마음을 가지고 살 수 없겠느냐고 말하고 있는 것입니다.

성경은 이 넓은 마음을 가리켜서 예수 그리스도의 마음이라고 소개하고 있읍니다. 빌립보서 2:4,5에 이런 말씀이 기록되어 있읍니다.

각각 자기 일을 돌아볼 뿐더러 또한 각각 다른 사람들의 일을 돌아보아 나의 기쁨을 충만케 하라. 너희 안에 이 마음을 품으라. 곧 그리스도 예수의 마음이니.

이는 곧 "네 자신을 돌보고 이웃을 돌볼 줄 아는 마음뿐 아니라 하나님을 영광스럽게 할 줄 아는 마음을 가지도록 하라. 바로 이 마음은 예수 그리스도의 마음이다"라는 말씀입니다. 넓은 마음이 있을 때 마음의 여러가지 문제를 극복해 나갈 수 있읍니다.

하나님께서 말씀하시기를 "하나님은 사랑이라"고 하셨읍니다. 사랑이 있는 그곳에 하나님이 계십니다. 오늘 우리 마음 속에 사랑을 품고 살아가면 우리는 홀로 사는 것이 아니라 우리 속에 하나님을 모시고 사는 것입니다.

그런데 문제가 있읍니다. 우리는 인격적으로, 도덕적으로, 혹은 지식으로 겸손에 대해서, 진실에 대해서, 사랑에 대해서 알고 있읍니다. 따라서 우리 모두가 '겸손해야 되겠다', '진실해야 되겠다', '사랑할 줄 알아야 되겠다'고 생각을 하고 있읍니다. 그러나 왜 겸손하고 싶은 마음 속에 교만이 있으며 진실해야 되겠다는 그 마음 속에 거짓이 있으며 사랑해야 되겠다는 그 마음 속에 분노와 시기와 미움이 있읍니까?

여기에 병든 마음의 치료가 선결 과제로 대두되는 것입니다. 신체적으로 육체에 병이 든 사람은 자기 임의로 약국에 가서 선전문에 따라 약을 선택하여 먹을 수가 있읍니다. 그리고 그것만으로 부족할 때는 의사 선생님을 찾아가야 합니다. 즉 자기 병든 몸을 의사 선생님에게 맡겨야 하는 것입니다. 그럴 때 의사 선생님이 그 병을 치료하게 되는 것입니다.

이와 같이 마음의 병을 치료하실 분은 오직 한 분 하나님밖에 안 계십니다. 바리새인들이 예수님을 공격한 말 중에 "어떻게 저 사람이 죄를 사할 수 있는 권세가 있느냐?" 하는 조롱조의 비난이 있었읍니다. 이는 곧 "마음의 병을 치료할 힘이 있느냐?" 하는 말이라고 하겠읍니다. 예수님은 우리를 향해서 "수고하고 무거운 짐진 자들아 다 내게로 오라. 내가 너희를 쉬게 하리라"고 말씀하셨읍니다. 이는 곧 마음의 질병으로 허덕이고 있는 모든 사람들을 가리켜 하신 말씀이라고 할 수 있읍니다.

오늘 우리는 마음의 질병을 가지고 있읍니까? 나의 여러가지 결단과 노력으로도 해결되지 아니하는 문제를 가지고 있읍니까? 주님 앞에 나아갈 수 있어야 합니다. 주님 앞에 맡길 수 있어야 합니다. 믿음이란 것은 곧 맡긴다는 것입니다. 내 자신을 하나님께 맡기는 것이 믿음입니다. 내 자신을 하나님께 온전히 맡김으로 하나님의 사람이 되어질 그 때 믿음이 성립되어지는 것입니다.

오늘 우리는 '겸손해야 되겠다', '진실해야 되겠다', '사랑해야 되겠다' 는 결심을 가지고 주님 앞에 나아갈 수 있어야 하겠읍니다. 주님을 만날 수 있어야 하겠읍니다. 주님을 체험할 수 있어야 하겠읍니다. 그럴 때 교만이 겸손으로, 거짓이 진실로, 미움이 사랑으로 변화되는 놀라운 거듭남을 체험케 될 것입니다.

이사야 선지는 이렇게 말했읍니다.

너희는 여호와를 만날 만할 때에 찾으라. 가까이 계실 때에 그를 부르라. 악인은 그 길을, 불의한 자는 그 생각을 버리고 여호와께로 돌아오라. 그리하면 그가 긍휼히 여기시리라(사55:6, 7).

하나님께로 나아오십시오. 그가 널리 용서하실 것입니다. 또한 주님께 나아오는 자는 마음의 병을 치료할 수 있는 힘을 얻을 것입니다.

(81. 8. 9)

내려가지 못하겠노라

설교본문/느 6:1-9

내가 곧 저희에게 사자들을 보내어 이르기를
내가 이제 큰 역사를 하니 내려가지 못하겠노라
어찌하여 역사를 떠나 정지하게 하고 너희에게로
내려가겠느냐(느 6:3)

사람이 살아가는 데 있어서 항상 좋은 날만 있지 않습니다. 온갖 시련과 고통, 유혹이 나의 앞길을 가로 막을 때가 있읍니다. 그럴 때일수록 낙심하지 말아야 합니다. 좌절하지 말아야 합니다. 그럴 때일수록 생의 목적을 다시 정리하면서 불굴의 신념과 용기 그리고 성령님의 도움을 받으셔야 합니다.

오늘 느헤미야의 생애를 통하여 믿음의 새로운 용기와 희망을 가지시기 바랍니다.

기원전 470년 경 이스라엘 민족은 바벨론에 멸망당하였읍니다. 그 때 수많은 지도자들이 바벨론에 포로로 끌려갔는데 그들은 그후 바벨론이 멸망되고 페르샤 제국이 건국되기까지 그곳에 머물러 있었읍니다.

포로로 끌려가 있던 사람들 중 더러는 페르샤 제국에 뿌리를 내려 고관까지 지낸 사람들도 많았는데 그 중 대표적인 사람이 느헤미야입니다.

느헤미야는 페르샤왕으로부터 황폐한 조국의 예루살렘 성곽을 수축하도록 허락을 받고 새로운 국가 건설의 선구자 역할을 하였던 사람입니다.

느헤미야의 눈에 비친 고향의 모습은 비참하기 이를 데 없었읍니다. 오랫 동안 지도자를 잃고 살아 온 백성들은 어려운 생활로 인해 무질서해질 대로 무질서해져 있었읍니다. 설상가상으로 주변엔 강한 민족들이 진을 치고 있어서 예루살렘 성곽 재건 사업을 추진해감에 있어서 많은 난관에 봉착하기도 했읍니다.

그 가운데서도 느헤미야는 백성을 조직화하고 민심을 규합하여 조국을 재건하는 일에 나섰읍니다. 주변 민족의 잦은 도발 때문에 느헤미야를 비롯한 전 이스라엘 백성은 한 손에는 검을 들고, 다른 한 손에는 쟁기를 잡고 조국을 세워야만 했읍니다.

당시 이웃 나라들은 느헤미야의 예루살렘 재건 사업을 세 가지 방법으로 훼방하였읍니다. 첫째, 계속해서 싸움을 걸어왔으며 둘째, 페르샤 왕에게 편지를 통해 느헤미야가 예루살렘 왕이 되어 페르샤 제국에 도전하고자 성을 재건하고 있다고 느헤미야를 모함하는 편지를 페르샤 왕에게 보내었으며 세째, 느헤미야의 공사를 지연시키기 위해 몇 차례 회담을 제의하기도 했읍니다.

느헤미야는 이러한 도발의 속셈을 간파하고 회담 제의를 거절하면서 그들에게 띄우는 서신에서 다음과 같이 말하였읍니다.

내가 큰 역사를 하고 있으므로 너희에게 내려갈 수 없노라(6:3).

"내가 내려갈 수 없노라"는 느헤미야의 단호한 거절 이면에는 몇 가지 뜻이 담겨 있었읍니다.

첫째로 느헤미야는 고귀한 삶의 목적에서 결단코 자신을 추락시키지 않겠다는 굳은 결의를 보이고 있는 것입니다.

한평생을 살아 가는 동안 우리는 크든 작든 간에 많은 일을 당하게 마련입니다. 그때마다 우리는 느헤미야와 같은 결단을 내릴 수 있어야 합니다. 특히 자신의 숭고한 삶의 목적에서 자신을 추락시키지 않겠다고 하는 결의가 있을 때 우리는 바르게 살아 갈 수가 있읍니다.

기네스 북에 의하면 시카고 대학의 총장이었던 윌리암 하프(William Harpe)박사가 1903년도 신입생들에게 한 55초 동안의 연설이 '가장 짧은 명연설'로 기록되어 있읍니다. 그 연설의 내용은 다음과 같습니다.

여러분, 여러분은 지금부터 어른의 길을 출발하게 됩니다. 인간은 25세 가 되면 정말 중요한 것이 무엇인가를 알아야 하며 30세에는 자기 자신의 인생철학을 확립할 수 있어야 합니다. 성서에 나오는 바울은 자기 철학으 로써 산 제물이 될 것을 결단하였읍니다.

이 연설은 젊은 학생들에게 큰 영향을 주었다고 합니다.

사람은 대개 30세쯤 되면 그 사람의 삶의 태도가 결정됩니다. 그러나 세 파에 시달리다 보면 고귀한 생의 목적과 바르게 살려던 인생관이 차차 희미 해지고 굽어지게 되고 맙니다.

사도 바울은 그리스도인의 삶을 다음과 같이 표현했읍니다.

형제들아 나는 아직 내가 잡은 줄로 여기지 아니하고 오직 한 일 즉 뒤에 있 는 것은 잊어 버리고 앞에 있는 것을 잡으려고 푯대를 향하여 그리스도 예 수 안에서 쫓아가노라(빌 3:13, 14).

원문을 보면 "허리를 굽히고 앞만 바라보고 전심으로 뛰어가노라"로 표 현되어 있읍니다.

사랑하는 교우 여러분!

여러분은 여러분의 달려가는 길에 분명한 목표를 가지고 있읍니까? 그 목표를 향하여 허리를 굽히고 전심으로 뛰고 있읍니까? 아니면 옆의 선수 나 관중들을 바라보기에만 급급하고 있읍니까?

우리는 함께 뛰는 옆 사람이나 관중들을 지나치게 의식한 나머지 자신의 갈 길을 잊어 버릴 때가 너무나 많습니다. 참으로 분명한 삶의 목표를 가지 고 그 목표를 향해 전심 전력하는 사람만이 아름다운 생의 발자취를 남길 수 있는 것입니다.

1939년 7월 7일 뉴욕항을 떠나 독일로 가는 배에 한 청년이 승선하였습니다. 그가 바로 20세기 최대의 영향력을 가졌던 '본회퍼'라는 신학자로 미국의 유니온 신학교에서 막 박사 학위를 마치고 돌아가는 중이었읍니다. 그가 쓴 많은 저서들, 즉 「성도의 교제」, 「행위와 존재」, 「바르멘 선언」, 「창조와 타락」, 「옥중서간」, 「윤리학」등은 현대 신학의 큰 맥을 이루고 있는 것들로, 그만큼 그는 유능한 학자였읍니다.

그가 아직 젊은 때인 1939년에 독일로 향한 데에는 나름대로의 이유가 있읍니다. 당시 독일은 히틀러정권에 의해 세계 대전에 광분해 있었으며 유태인 대학살과 같은 인류 역사상 가장 끔찍한 만행을 저지르고 있었읍니다. 그러나 안타깝게도 독일의 교회는 이런 비인간적인 만행을 바라보면서도 침묵하고 있었읍니다. 아니 오히려 '히틀러 만세'를 외치고 있었읍니다. 이러한 독일 교회의 잠을 깨우고 하나님의 공의를 선포하고자 그는 조국 독일로 향했던 것입니다.

본회퍼를 아는 미국의 친구와 교수들은 전쟁의 와중으로 뛰어드는 그를 만류하면서 미국의 대학에서 강의하도록 제의하였읍니다. 그러나 그는 유유히 독일로 떠나갔읍니다.

그 날 그의 일기장엔 다음과 같은 내용이 기록되어 있었읍니다.

나의 장래에 대하여 그동안 파도처럼 일던, 몹시도 불안해하던 마음이 이제 잔잔해졌다. 이는 내가 갈 길을 확실히 알게 되었기 때문이다.

독일로 돌아간 그는 나치의 학정에 침묵만 지키고 있던 교회를 일깨우고 히틀러의 죄상을 공격했읍니다. 그리고 그 유명한 〈바르멘 선언〉을 했읍니다. 그 결과 그는 결국 투옥되고 말았읍니다.

그의 탁월한 학문적 재질을 알고 있던 미국의 교회는 그를 구출하려고 백방으로 갖은 애를 썼읍니다. 그러나 본회퍼는 유니온 신학교 교장에게 다음과 같은 서신을 띄웠읍니다.

나는 내가 독일에 돌아온 것을 조금도 후회하지 않고 힘차게 일하고 있읍니다. 그리고 내가 여기서 해야 할 일이 무엇인가를 분명히 알고 있읍니다.

그는 결국 1945년 4월 9일, 39세의 젊은 나이에 교수대의 이슬로 사라졌읍니다. 그러나 본회퍼는 행복한 인간이었고, 성공한 목사였읍니다. 왜냐하면 그는 자기의 걸어갈 방향과 목표와 할 일을 확실하게 알고 있었을 뿐만 아니라 자신과 긍지를 가직고 살았기 때문입니다.

본회퍼는 결코 고상한 목표에서 자신을 추락시키지 않았읍니다. 이런 사람은 비록 아깝게 죽는다 할지라도 한 알의 씨가 되어 수백 배의 열매를 인류에게 선사합니다.

둘째로 느헤미야는 영광스러운 고통에서 자신을 이탈시키지 않겠다는 결연한 의지를 보이고 있읍니다.

느헤미야가 고생하며 성곽과 성문을 수축하는 것은 영광스러운 고통이었읍니다. 왜냐하면 이는 민족을 구출하고 국가를 재건하는 것으로 곧 민족의 장래를 약속해 주는 것이 되기 때문입니다. 따라서 그것은 위대한 고통이었읍니다. 저는 여러분에게 그리스도인다운 삶의 자세로서 영광스러운 고통 몇 가지를 권하고 싶습니다.

첫째, 기왕 일을 하려면 힘든 일을 찾아 하십시오. 쉬운 일이야 누군들 못하겠읍니까?

둘째, 비바람이 불고 눈보라가 몰아쳐도 그리고 땀이 물흐르듯 흐르는 무더운 여름 날에도 주일날이면 변함없이 교회 나가는 즐거움을 발견하십시오. 몸이 건강하고, 집에 손님이 없으며, 친구를 만날 약속이 없고, 가정에 별 볼 일이 없는 날만 교회에 나온다면, 어찌 하나님 앞에 신실한 그리스도인이라 말할 수 있겠읍니까?

셋째, 모든 일을 건설적이고 긍적적으로 생각하며 살아 가십시오.

세상에서 가장 쉬운 일은 함부로 남을 평가하고 분석하는 일입니다. 그것은 누구나 할 수 있읍니다. 그러나 어려운 일이 생기면 솔선하여 실천하고 잘 안될 일도 되도록 만들어 가는 노력은 아무나 할 수 있는 일이 아닙니다. 십자가를 지는 일은 누구보다 그리스도인이 먼저 나서서 할 수 있어야 합니다.

네째, 원수라도 사랑하십시오. 자신에게 잘하는 사람에게 사랑을 주는 것은 과히 어려운 일이 아닙니다. 자신을 미워하는 사람 혹은 자신이 도저히 사랑할 수 없는 사람을 사랑하게 될 때 정말 예수 그리스도의 심정을 이해할 수 있게 됩니다.

1776년 겨울, 미국 독립 전쟁 당시 추위에 떨고 있는 병사들을 방문한 조지 워싱톤 대통령은 이렇게 말했읍니다.

봄날의 군인과 햇볕 날 때의 애국자는 아무런 일도 못한다. 장차 국민의 사랑과 존경을 받을 수 있는 사람은 고통의 날을 이겨낸 사람들이다.

세상이 편하고 별 위험이 없을 때 애국을 부르짖는 입술의 애국자는 인류를 위하여 아무 일도 할 수 없다는 말입니다. 고통이 있을 때, 그리고 십자가를 져야 할 때, 욕과 비난은 물론이거니와 어쩌면 피까지 흘려야 하는 그런 상황 속에서도 자기의 십자가를 피하지 않고 끝까지 지고 갈 수 있는 사람이 사랑과 존경을 받을 수 있는 것입니다.

세째로 느헤미야가 "내려가지 못하겠노라"고 한 것은 결코 죄와 타협할 수 없다는 결의를 보여 주고 있는 것입니다.

마귀의 마지막 유혹은, 아니 가장 효과적인 유혹은 선한 것을 포기하라는 것이 아니라 그 일을 하되 죄와도 적당히 타협하라는 것입니다. 광야에서 예수님께서 세번째 당하신 시험은 "나에게 경배하라. 그러면 천하를 네게 주겠다"는 것이었읍니다. 만약 사단에게 경배하고서 즉 적당히 죄와 타협하고서 천하를 얻는다면 비록 천하를 얻었다 할지라도 천하를 얻은 자신이 마귀의 사람이 되었으니 그 얻은 모든 것이 무슨 소용이 있겠읍니까? 느헤미야는 자신의 바른 삶을 위해 마귀와 조금도 타협하지 않았읍니다.

500년 전 영국의 역사가이며 문필가였던 토마스 모어(Thomas More)는 헨리 8세의 둘도 없는 친구였읍니다. 또한 그는 유력한 재상이기도 했읍니다. 그는 헨리 8세가 캐더린 왕비와 강제 이혼하고 앤 블레인과 결혼하려 하자 정식으로 반대하고 나섰읍니다. 즉 왕의 잘못을 지적하고 바른 충언을 했던 것입니다. 결과적으로 그는 사형수가 되어 단두대에 올려졌읍니다. 그는 재판정 최후의 진술에서 다음과 같이 말하였읍니다.

불법적인 법에 굴종하며 사느니 차라리 하나님의 법을 지키며 죽겠다.

정의롭지 못한 법에 매여 사느니보다 하나님의 정의에 순종하여 죽는 것이 더 영광스럽다는 그의 고귀한 판단, 이러한 식별의 자세로 살아 가는 것이 참 그리스도인의 삶인 것입니다.

이렇듯 죄의 음성보다 하나님의 음성을 듣고 사는 사람이 그래도 많이 있기 때문에 인류 역사는 아주 멸망하지 않고 발전해 가는 것 같습니다.

우리는 무슨 일을 당할 때마다 어떤 결정을 내려야 할는지 그리고 어떤 행동을 취해야 할는지 선택해야 될 경우가 많이 있읍니다. 이때 우리는 무엇이 나에게 이로운가를 생각하기 이전에, 이 순간 예수 그리스도께서 내 입장에 놓이신다면 어떤 태도를 취하실 것인가 하는 것을 먼저 생각할 수 있어야 하겠읍니다. 그리고 주님께서 취하시리라고 여겨지는 결정과 행동을 따를 수 있어야 하겠읍니다. 그럴 때 우리는 참다운 그리스도인으로 살아 갈 수 있읍니다.

참으로 유혹의 부름에 "나는 내려가지 못하겠노라"는 느헤미야와 같은 결연한 의지의 자기 선언을 하며 살아 갈 수 있는 교우들이 되시기를 바라겠읍니다.

우리는 지금 그리스도인으로서 그리스도 앞에 앉아 있읍니다.

(83. 6. 18)

나는 누구인가?

설교본문/요 9:1-11

예수께서 대답하시되 이 사람이나 그 부모가 죄를
범한 것이 아니라 그에게서 하나님의 하시는 일을
나타내고자 하심이니라(요 9:3)

이 말씀을 중심으로 "나는 누구인가"라는 제목으로 이 날 아침 하나님의 뜻을 상고하고자 합니다. 이 자리에 우리는 하나님 앞에 서 있는 나 자신의 모습을 바라보면서 하나님께서 왜 나를 이 땅에 보내셨으며, 무엇을 하기를 원하시는가를 상고할 수 있어야 하겠읍니다.

영국의 문호, 세익스피어의 일화 중에 이러한 이야기가 나오고 있읍니다. 세익스피어가 하루는 런던 교외에 있는 유명한 레스토랑에 가서 식사를 하려고 했읍니다. 이미 그의 명성이 널리 알려져 있었기 때문에 그가 식당 문앞에 들어오자 그 안에 먼저 와 있던 손님들이 다 한결같이 일어서서 그를 향하여 경의를 표하였읍니다.

이 순간 현관에서 청소를 하고 있던 한 젊은 청년이 들고 있던 빗자루를 휙 던지면서 고개를 숙이며 탄식을 하더라는 것입니다. 이런 모습을 본 세익스피어는 들어오던 길을 멈추고 다시 되돌아 나아가서 현관에서 탄식하고 있던 그 젊은 청년의 어깨를 두드리며 "여보게! 젊은이답지 않게 왜 탄식을 하고 있어?" 하고 물었읍니다. 이때 그 젊은 청년이 그에게 미안하다는 듯이 말을 합니다. "선생님 곰곰히 생각할수록 이처럼 원통하고 한탄하지 아니할 수 없는 일이 어디 있읍니까? 선생님이나 저나 할 것 없이 같은 남자로 태어나서 선생님은 뭇사람의 존경을 받고 있는데 저는 한낱 선생님이 지나간 그 발자국을 쓸어야 하는 청소부에 불과하니 저의 신세를 생각하면 탄식이 절로 나옵니다." 이 말을 들은 셰익스피어는 그 젊은 청년의 어깨를 두드려 주면서 이런 위로의 말을 하였읍니다.

"여보게 자네는 결코 내가 지나간 발자국을 쓴 것이 아니야. 자네는 빗자루를 들고 하나님께서 만드신 우주의 한 부분을 아름답게 만들고 있어. 나도 자네와 똑같이 펜대를 들고 하나님께서 만드신 이 우주의 한 부분을 아름답게 만들고 있을 뿐이야. 자네나 나나 하나님 보시기에는 똑같은 직업을 가지고 있어." 그러자 그 젊은 청년은 피식 웃으면서 놓았던 빗자루를 들고 다시 일을 하였다는 이야기입니다.

사실, 사람이 살아 나가는 데 있어서 자신이 하고 있는 일과 처한 환경에 대하여 보람을 느끼고, 가치를 지니고, 의미있게 살다는 것이 그렇게 쉬운 일은 아닌 것 같습니다. 행복한 삶이 무엇이냐 말할 때 우리는 흔히 돈을 번다, 명예를 가진다, 지위를 가진다, 자식을 가진다, 출세를 한다 등 여러가지 모양으로 설명해 볼 수 있읍니다. 그러나 돈이 결코 인간에게 행복을 주지는 못합니다. 명예나 지위가 인간에게 행복을 주는 것만은 아닌 것입니다. 자식이 꼭 부모들에게 행복을 안겨 주지는 않습니다.

오히려 그러한 것 때문에 더 많은 염려와 근심으로 고통을 당하고 어려움을 겪으며 불행한 눈물을 흘리는 사람들도 많이 있읍니다. 사람이 산다는 것은 어떤 돈이나 명예나 지위에 매달려 있는 것이 아닙니다. 오히려 다른 차원에서 보람있는 삶을 찾아볼 필요가 있읍니다.

그런데 오늘 성경 말씀 가운데 보면 어느 모로 보나 보람있는 삶의 가치와 의미를 찾기 어려운 한 불행한 인간에 관한 이야기가 나타나고 있읍니다. 그는 나면서부터 소경으로 일생 동안 예루살렘 거리 한쪽 모퉁이에서 구걸하고 사는 사람입니다. 고대 중동의 관습에 따르면 부모들은 병신 자식을 키운다는 것을 크게 수치로 여겼읍니다. 그래서 만 7세까지는 그가 성한 자식이건 또는 불구이건 부모가 키워야 할 책임이 있지만 7살이 지난 다음에도 그 자식이 말을 못하고 보지 못하고 걷지를 못한다면, 부모는 그 자식에 대한 책임을 질 필요가 없었읍니다. 매정한 부모는 밖에 내다 버려도 누구 하나 탓할 사람이 없는 것입니다. 만약 이 사람도 그와 같은 처지에서 자랐다면 남들이 학교에 갈 7살이 되었을 때 부모로부터 버림을 받았을지 모릅니다. 그렇게 되면 멸시와 천대, 죽지 못해서 겨우 살아가는 처절한 모습을 생각할 수 있읍니다. 남들은 결혼을 해서 가정을 이루며, 자식을 낳고 행복하게 살아가야 할 그 나이에 이 사람은 외롭게 고독하게 모든 사람으로부터 소외된 채 멸시를 받아가며 살아가는 것입니다. 일생동안 비가 오나 바람이 부나 추우나 더우나 할 것 없이 예루살렘 길 한쪽 모퉁이 남의 집 처마 밑에서 구걸을 해야만 하는 환경 속에 놓인 사람입니다. 차라리 예루살렘 시민들은 그 사람이 없다면 예루살렘 길거리가 한결 깨끗해질지 모른다는 생각을 했을지도 모릅니다. 많은 사람으로부터 버림을 받은 이 사람, 그 사람에 대해서는 그 당시에 널리 소문이 퍼졌던가 봅니다.

그래서, 갈릴리에서 온 예수님의 제자들도 이 사람에 대하여 이미 알고 있었던 것 같습니다. 하루는 예수님과 제자들이 예루살렘에 들어오시다가 예루살렘 길거리 한쪽 모퉁이 남의 집 처마 밑에서 구걸하고 있는, 나면서부터 소경된 사람을 발견했읍니다. 예수님의 제자들이 아마 이런 생각을 하였을 것입니다. 만왕의 왕 하나님의 아들로서 이 땅에 오신 예수 그리스도의 그 빛난 모습! 신념이 있고 미래가 있고 환한 하나님의 광채를 엿볼 수 있는 예수 그리스도에 비해, 초라하고 남루한 옷차림과 더불어 눈을 뜨지 못한 채 비참한 모습으로 구걸하고 있는 한 거지는 비교해 보면 볼수록 너무나 상대적입니다.

구약 성경에 보면 인간이 '재난을 당한다', '어려움을 겪는다'하는 그 원인을 두 가지 측면에서 풀이한 성경 말씀들이 있습니다. 하나는 자기 자신의 죄의 결과란 뜻입니다. 에스겔 18:20에는 다음과 같은 말씀이 있읍니다. "의인의 의도 자기에게로 돌아가고 악인의 악도 자기에게로 돌아가리라." 즉 인간은 죄의 보응을 받으며, 따라서 모든 재난은 죄의 결과라는 말씀입니다. 여기에 비해서 출애굽기 20:5에 보면 "나를 미워하는 자의 죄를 갚되 아비로부터 아들에게 삼 사대까지 이르게 하리라"고 했읍니다. 자식이 재난을 당하는 것은 부모의 죄의 결과라는 말씀입니다.

이미 구약성경을 알고 있던 제자들은 이 두 가지 문제를 두고 예수님께 질문을 던졌읍니다. "선생님! 이 사람이 소경으로 태어나서 이처럼 고생하며 살아가고 있는 것이 누구 때문에 그렇게 살아가고 있읍니까? 그 부모 때문입니까? 아니면 자기 자신 때문입니까?" 이와 같은 질문은 단순히 예수님의 제자들이 예수님께 던지는 질문이라기보다는 오늘 우리들 자신에게 주어지는 질문이라 볼 수 있읍니다. 내가 살아가는 데 있어서 이와 같은 어려운 환경 속에서 고생하며 살아가고 있는 것이 누구 때문입니까?

한편 우리들의 마음은 제자들의 질문처럼 부모탓, 환경의 잘못으로 돌려 보기도 합니다. 부모를 잘못 만나서 이처럼 고생을 하고 있지 아니한가? 아니 때로는 스승의 잘못으로, 때로는 친구의 잘못으로 때로는 어려운 조국에 태어났기 때문에, 여러가지 모습으로 자기 현재 처지에 대해서 그 원인을 환경의 잘못으로 던져 보기도 합니다. 때로는 예수님 제자들의 질문처럼, "아니야! 내가 잘못해서, 내가 무능해서 그래, 내가 노력하지 아니해서 그래, 내가 부족해서 그래"라 하며 그 원인을 자기에게 던져 보기도 하는 것입니다.

문제는 이같은 질문에 대하여 전지 전능하신 하나님의 아들로 오신 예수 그리스도께서 어떻게 대답을 하셨느냐입니다. 아마 제자들뿐만 아니라 당사자인 이 소경도 "하나님의 아들이신 예수님께 나의 운명에 대하여 나의 신세에 대하여 어떻게 대답을 하실까?" 하고 궁금스럽게 듣고 있었을 것입니다.

본문에 보면 예수님께서 이렇게 대답을 하십니다.

예수께서 대답하시되 이 사람이나 그 부모가 죄를 범한 것이 아니라

그에게서 하나님의 하시는 일을 나타내고자 하심이니라(3절).

이상한 대답입니다. "이 사람이 오늘 이와 같이 살아가는 것은 그 자신의 잘못도 아니고 환경 곧 그 부모의 잘못도 아니야. 하나님께서 이 사람을 통하여 하고자 하시는 뜻이 있어서 그래. 쉽게 말해서 이 사람이 이렇게 살아가고 있는 것은 하나님의 뜻이야." 이와 같은 대답이라 할 수 있읍니다. 이와 같은 대답이 주어졌을 때 당사자인 소경이 어떤 감정을 가졌겠읍니까? 어떤 반응을 가졌겠느냐는 말입니다. 아니, 우리들 자신이 예루살렘 길거리 나면서부터 소경인 그 사람의 모습처럼 내가 바로 그 자리에 앉아 있는데, 예수께서 지나가시면서 나를 향하여 '이 녀석이 이렇게 살아가는 것은 하나님의 뜻이야'라고 매정스럽게 말씀하셨을 때, 오늘 우리는 그렇게 말씀하시는 하나님께 대해 어떤 신앙고백을 가지고 오늘을 살아갈 수 있겠느냐는 말입니다. 여기서 그리스도인의 삶의 본질이 나타나고 있읍니다. 제 마음 속에는 오늘 우리들 자신이 그와 같은 형편 속에 놓여 있다면 적어도 세 가지 반응 중에 하나를 가지리라고 생각됩니다.

첫째로, 좀 감정이 풍부한 사람 같으면 즉흥적인 반발을 할 수 있을 것입니다.

"주님! 뭐라고 말씀하셨읍니까? 너무하십니다. 너무하십니다. 제가 소경으로 태어나서 이토록 고생하며 일생을 살아왔는데 이와 같은 나의 고생이 하나님의 뜻 때문에 그렇게 되었다고요? 그런 하나님이 어디 계십니까?"

오늘 생각해 봅시다. 여러분이나 저가 그와 같은 위치에 있다면, 예수님께서 지나가시면서 오늘 나를 향하여 "네가 이와 같이 살아가고 있는 것은 하나님의 뜻이야" 했을 때 우리들도 그와 같은 감정적인 폭발을 아니 가질 수 없을 것입니다.

사람은 감정을 가지고 있읍니다. 그러나 신앙은 감정으로 되는 것은 아닙니다. 신앙은 자기 감정 외 자기 욕망을 통제할 수 있어야 하는 것입니다. 하나님께서 인간을 만드실 때 인간을 동물과 생태적으로 다른 모습으로 만들어 놓으셨읍니다.

동물들의 모습을 보세요. 네 다리를 가지고 몸이 있고 그 앞에 머리를 땅으로 향한 채 기어서 다닙니다. 동물들은 생태적으로 몸의 욕구와 몸의 충동과 몸의 감정에 따라 머리를 움직여서 먹이를 찾거나 적과 싸웁니다. 몸의 충동을 받아서 머리를 움직이는 것입니다. 그래서 퍽 감정적입니다. 즉흥적입니다. 인간을 따진다 하면 저 아프리카에서 온 흑인들이 퍽 감정적입니다. 그래서 째즈가 저들의 음악 속에서 나왔는지도 모르겠읍니다.

그런데 하나님께서 사람을 창조하실 때는 그렇게 만들지를 아니하셨읍니다. 머리를 위로 만들고 몸을 아래로 두었읍니다. 손과 발을 아래로 두었읍니다. 머리로 위에 계신 하나님을 생각하면서 깊이 생각하고 결단하고 선택되어진 것을 몸에 지시해서 몸을 움직여 살아갑니다. 때로는 머리로 판단해서 이것이 옳지 않다고 생각될 때는 굶기도 합니다. 때로는 이것이 옳다고 생각할 때는 피를 흘리기도 하는 것입니다. 그래서 예수께서는 이것이 옳다고 생각하고 하나님의 뜻이라고 생각하였기 때문에 그 자신이 십자가를 지고 골고다 산상을 향하여 올라가실 수도 있었읍니다.

인간은 몸의 감정적인 충동으로만 움직이는 것이 아니라 머리 속에 깊이 생각할 수 있고 하나님의 뜻을 판단할 수 있는 판단력을 가지고 몸을 움직여 살도록 되어져 있읍니다. 그러므로 신앙생활에 있어서 감정으로 신앙생활을 하시는 분, 조심하셔야 합니다. 하나님께서는 오히려 자기 감정을 통제하면서 이길 수 있는 사람 속에 하나님의 뜻이 더 크게 이루어지게 하십니다.

두번째 반응을 한 번 생각해 볼 수 있읍니다. 만약에 이 사람이 정통적인 불교나 유교의 문화권에서 살아온 한 사람이라면 어떤 반응을 가졌겠읍니까? 정통적인 불교나 유교의 문화권 속에 살아온 우리들 중에 하나가 예루살렘 길거리 모퉁이에 쓰러져 있는데 예수께서 지나가시면서 "이 사람이 이 꼬락서니로 살아가는 것은 하나님의 뜻이야"라고 했을 때 어떤 반응을 나타냈겠읍니까?

아마 틀림없이 이렇게 했을 것입니다. "그거야 나의 운명인걸."쉽게 체념합니다. 팔자 소관으로 넘깁니다. 그래서 천생연분이라는 말도 씁니다. 한 처녀가 시집을 가서 잘 살아도 천생연분이라 하고, 지질나게 남편에게 두들겨 맞고 쫓겨 나와도 천생연분이라 합니다. 그만큼 지금 현재 모습을 과거적인 업으로, 운명으로 해석을 하려고 합니다. 불교에서 말하는 전생의 업이 현생을 결정해 나간다는 그와 같은 모습 속에 우리들이 주저앉아 있는 경우가 너무나 많이 있읍니다. 과거의 가치 기준 속에서 현재의 나를 해석하려고 하는 것입니다. 그러나 예수님의 생각은 다릅니다. 예수님은 과거 속에서 현재를 판단하는 것이 아니라 미래 속에서 현재를 판단하고 계십니다.

예수께서 예루살렘 성전에 올라가셨을 때 바리새인들과 제사장들이 한 여인을 끌고 왔읍니다. 간음하다 붙잡혀 온 여인입니다. 예수님께 묻습니다. "예수님! 이 여자는 간음하다 붙잡혔읍니다. 모세의 법에 의하여 돌로 쳐죽일까요?" 예수께서 대답하시기를 "너희 중에 죄 없는 자 있으면 돌로 먼저 치라" 하시니 저들이 양심의 가책을 느끼고 다 돌아갔읍니다. 그리고 그 여인을 붙들고 이렇게 말씀하셨읍니다. "나도 너를 정죄하지 아니하노니 다시는 죄를 짓지 말도록 하라."

여기서 그 여인을 붙잡아 온 바리새인들의 사고방식과 예수님의 사고방식의 차이를 엿볼 수 있읍니다.

그 여인을 예수님께 데리고 온 그 바리새인들의 사고방식은 과거의 기준을 가지고 현재를 판단하려고 합니다. 예수님의 사고는 그렇지 않습니다. 이 여인이 앞으로 어떻게 살 것인가? 무엇을 위해 살 것인가? 앞으로의 문제를 가지고 이 여인의 현재를 판단하신 것입니다. "다시는 죄를 짓지 말라." 다시 죄를 안 지을 그 여인의 모습을 내다 보시고 이 여인을 용서해 주신 주님의 모습을 바라볼 수가 있읍니다.

가치 기준을 너무나 과거적인 것에 둘 때 인간은 자기 발전의 힘을 상실할 경우가 너무나 많이 있읍니다. 우리 새문안 교회 역시 한국의 어머니 교회요, 여러가지 아름다운 전통과 자랑스러운 일들을 많이 지니고 있읍니다. 그러나 자랑스러운 것일지라도 이 자랑스러운 과거에 얽매여 살아갈 때는 내일을 향한 비젼에 그 힘을 쏟기 어려운 것입니다.

그리스도인의 삶은 항상 내일을 향하여 오늘을 부단히 노력하는 것입니다. 그래서 그리스도인의 삶이 있는 곳에는 창조가 있읍니다. 그리스도인의 삶이 있는 곳에는 변화가 있읍니다. 그리스도인의 삶이 있는 곳에는 개척의 힘이 있읍니다. 하나님께서 아브라함을 부르셨읍니다. 갈 바를 알지 못하였던 아브라함이었지마는 아브라함이 나갈 길을 가르쳐 주셨읍니다. 항상 그리스도인의 삶 속에는 내일의 의식이 있는 것입니다. 그래서 기독교를 가리켜 역사의 종교라고 부릅니다.

이제 세번째 반응을 생각해 보십시다. 만약에 예루살렘 길거리에 쓰러져 있는 나면서부터 소경인 이 사람이 감정적인 사람도 아니고 불교나 유교적인 사고방식에 살아 있는 사람도 아니고 그가 정통적인 기독교 신앙에서 자라 온 사람이었다면 아니, 예수 그리스도를 구주로 믿고 고백하고 있는 우리들 중에서 누구 한 사람이 그 자리에 쓰러져 있다면 예수님의 이 말씀에 대하여 어떤 반응을 가지겠읍니까? 여기에 그리스도인의 참 신앙고백의 가치를 볼 수 있읍니다.

한 그리스도인이 나면서부터 소경으로 태어나서 이렇게 고생을 하고 있다고 합시다. 그런데 예수께서 그의 앞을 지나가시다가 "이 사람이 이와 같은 모습으로 살아가고 있는 것은 하나님께서 하시고자 하는 뜻이 있어서 그래, 하나님의 뜻이야." 이와 같은 대답을 하셨을 때에 오늘 기독교 신앙인이라면 이와 같은 고백을 할 수 있어야 합니다. "오! 하나님! 감사합니다! 정말 감사합니다!"

이 땅에는 45억이 넘는 인류가 살아가고 있읍니다. 그 중에는 지식으로나, 돈으로나, 권력으로나, 건강으로나, 소위 내놓으라는 사람이 숱하게 살아가고 있읍니다. "그런데 하나님께서는 그런 사람들을 다 제쳐 놓으시고 나 같이 배우지 못한 사람, 나 같이 돈 하나 없는 사람, 오갈 데 없는 외로운 나, 그것도 몸은 불구, 앞을 내다보지 못하는 봉사, 이러한 나를 선택해서 하나님의 사랑으로 삼아서 하나님의 뜻을 이루신다고요! 오 하나님! 감사합니다! 이 순간에라도 나의 삶을 통하여 하나님의 뜻이 이루어진다면 저는 이 자리에 한 번이 아니라 백 번이라도 앉아 있겠읍니다. 비록 나는 부족하지만 나를 통하여 하나님의 뜻이 이루어진다면 나는 주님께서 지셨던 그 십자가를 지고 골고다 산상을 향하여 올라가겠읍니다."

바로 이것이 그리스도인의 고백이 되어야 합니다. 생각해 보십시다. 글자 하나 알지 못하는, 몸도 불구이고 돈 한푼 없이 외로운, 예루살렘 길거리에 버림받은, 나면서부터 소경이 된 그 한 사람을 선택해서도 자신의 뜻을 이루시기를 원하시는 그 하나님께서는 어느 모로 보나 그 사람보다 좀더 나은 입장에 있는 우리들을 통해서는 더 큰 뜻을 이루시기를 원하시지 않겠읍니까?

오늘 우리의 삶 속에는 항상 이와 같은 생각을 가질 수 있어야 합니다. 곧 예루살렘 길거리에 쓰러져 있는 그 소경을 통해서도 자신의 뜻을 이루시기를 원하시는 하나님께서는 그보다 나은 입장에 있는 나를 통하여는 더 큰 뜻을 이루기를 원하시고, 바로 그 하나님이 나와 함께 계시다는 사실을 말입니다.

그래서 우리는 우리의 생활 속에, 우리의 환경 속에, 우리의 가정 생활 속에, 어떻게 하면 하나님의 뜻을 이루며 살아갈 것인가를 생각하며 살아가야 하는 것입니다. 이러한 삶의 자세가 그리스도인의 삶의 중심을 이룰 수 있어야 합니다. 비록 그 자리가 소경의 자리일지라도, 그 자리가 멸시와 천대를 받는 자리일지라도 나는 하나님의 뜻을 이루며 이 자리에 앉아 있어야 하는 것입니다.

"오! 하나님! 나 같은 사람을 선택해서 당신의 뜻을 이루어 주신다고요?! 감사합니다." 이 고백이 오늘 그리스도인의 삶을 지배할 수 있어야 하겠읍니다.

이 때 주님께서는 그 소경의 눈에다가 진흙을 침으로 비벼 이겨서 발라 주셨읍니다. 그리고 실로암 못에 가서 씻으라고 하셨읍니다. 여기에 중요한 의미가 있읍니다. 진흙은 하나님의 창조의 재료, 두 가지 중에 하나입니다. 하나님께서 우주만물을 창조하실 때 말씀으로 창조하셨읍니다. 말씀이 첫째였읍니다. 그 다음 인간을 창조하실 때는 흙으로 만드셨읍니다. 흙은 창조의 재료입니다. 그래서 흙은 말씀을 상징한다고 할 수 있읍니다. 하나님의 뜻을 이루려고 하는 그 사람에게 사명을 주십니다. 말씀을 주십니다. 여기서 그리스도인의 삶이 결정되어집니다. 그 다음에 침을 주십니다. 침은 예수님의 진액! 성경 가운데 보면 성령을 상징해서 생명의 강수, 생수, 물 등으로 표현할 때가 있읍니다. 성령의 권능을 우리들에게 주십니다. 아무에게나 성령의 권능을 주시고 말씀의 능력을 주시는 것이 아닙니다. 자신의 삶을 통하여 하나님의 뜻을 이루고자 하는 그 사람에게 하나님께서는 말씀을 주십니다. 사명을 주십니다. 그 사람에게 성령의 권능을 허락하여 주시는 것입니다.

그리고 어디로 가라고 했읍니까? 실로암 못에 가라고 했읍니다. 성경 말씀에 보면 실로암 못은 "보냄을 받은 곳"이라는 뜻을 가지고 있읍니다. 또한 신약성서에서는 교회라는 말을 "쿠리잇크스"라는 어로 씁니다. 이 말은 "부름을 받은 곳" 또는 "보냄을 받은 곳"이란 뜻입니다. 실로암 못은 어떤 의미에서 우리의 교회를 의미합니다. 오늘 우리의 신앙이 하나님의 말씀과 성령의 권능에 사로잡혀서 예수 그리스도의 몸된 교회 속에 신앙적인 삶을 형성해 나갈 때, 실로암 못으로 간 그 사람이 변화되어서 눈이 떠지고 새 사람이 되어진 귀한 역사가 오늘 우리의 삶 속에 이루어질 수 있읍니다.

이때 몇 가지 변화가 일어났읍니다. 이 사람이 예수님의 말씀에 순종하여 주님의 뜻에 의해서 그 눈에 말씀과 성령의 권능을 의미하는 진흙과 침을 안고 실로암 못에, 곧 주님의 교회에 들어가서 잠겼읍니다. 그때 다음과 같은 변화가 나타났읍니다.

첫째로 새로운 사람이 되었읍니다. 새로운 피조물이 되어진 것입니다. 고린도후서 5:17을 보면 "누구든지 그리스도 안에 있으면 새로운 피조물이라. 이전 것은 지나갔으니, 보라 새것이 되었도다"라는 말씀이 있읍니다. 거듭나자는 것입니다. 새로운 인생이 형성되어집니다.

두번째로 이 사람에게 밝음이 있었읍니다. 어두웠던 그의 눈이 떠졌읍니다. 소경의 눈이 밝게 되어진 것입니다. 오늘 우리가 그리스도와 만남을 가지고 우리의 삶 속에 주님의 뜻을 이루려 할 때 주님께서는 우리들에게 영감을 주십니다. 비젼을 주십니다. 내가 어떻게 살아야 할 것인가, 무엇을 위해 살아야 할 것인가, 내 삶의 방향을 제시하여 주십니다. 이스라엘 백성이 하나님의 말씀에 순종해서 애굽에서 나올 때 하나님께서 낮에는 구름 기둥으로 밤에는 불 기둥으로 인도하여 주셨듯이 우리의 삶에 삶의 방향을 설정해 줄 수 있는 영감이, 영안이 떠지는 것입니다.

세번째로 이 사람은 쓸모 있는 사람이 되었읍니다. 지금까지 예수 그리스도를 만나기 전까지는 이 사람은 무능한 사람이었읍니다. 바람받은 사람이었읍니다. 그러나 예수 그리스도를 만나서 주님의 뜻을 이루며 실로암 못을 향하였을 때 그는 쓸모 있는 사람이 되었읍니다. 유용한 사람이 되었읍니다. 오늘 그리스도와의 결합이 이루어진 그곳에는 항상 내가 하나님의 뜻을 위해서, 이 세상을 위해서 쓰일 수 있는 유용한 인간으로서 자기 성장을 가질 수 있는 것입니다.

가정에서 가장 쓸모 있는 물질을 든다면 소금을 들 수 있읍니다. 음식의 맛을 내게 합니다. 화공 약품으로도 쓰여집니다. 부패를 방지하기도 합니다. 그렇지만 소금이 그저 되어진 것이 아닙니다. 소금의 원소 기호를 보면 $NaCl$입니다. 나트륨이라는 물질과 염소란 물질이 결합되어서 한 소금이 되었읍니다. 여러분이 약국에 가서 나트륨이나 염소를 사서 먹어보세요. 당장 죽읍니다. 나트륨이나 염소는 먹으면 죽을 수밖에 없는 극약입니다. 그렇지만 이 두 가지 물질이 하나의\사랑으로 결합되어졌을 때 쓸모 있는 물질이 되었읍니다.

여러분이나 저나 할 것 없이 인간 개개인으로 생각해 보면 다 이기심을 가지고 있읍니다. 욕심을 가지고 있읍니다. 출세욕을 가지고 있읍니다. 성공의 욕망을 가지고 있읍니다. 생존 경쟁에 이기려고 하는 것입니다. 그러다 보면 자신도 모르게 남들에게 해를 끼칠 수밖에 없게 됩니다. 그렇지만 남들에게 내 개인적으로서는 한 나트륨으로서, 한 염소로서 해를 끼칠 수밖에 없지만 예수 그리스도와 나와 결합이 되어질 때, 또한 그 안에서 나와 너가 하나로 결합되어질 때, 역사에 기여할 수 있고, 하나님의 뜻을 이룰 수 있는 쓰임새 있는 소금과 같은 인간이 되어지는 것입니다.

마지막으로 이 사람이 주님의 뜻을 이루며 주님께 순종하며 실로암 못을 향하여 나아갔을 때 비로소 그는 예수 그리스도가 누구라는 것을 증거하며 하나님께 영광을 올릴 수 있었읍니다. 많은 사람들이 그에게 모여 들어서 "도대체 너가 어떻게 된 형편이냐"고 묻습니다. 11절에 있는 말씀을 보면

"예수라는 그 사람이 나를 보게 하였다"라고 증거합니다. 그가 만난 예수 그리스도를 증거할 수 있었읍니다. 드러낼 수 있었읍니다. 전도는 말과 삶 속에 예수 그리스도가 드러나는 그 순간에 되는 것입니다.

사랑하는 교우 여러분! 매일 매일 생활 속에, 모든 상황 속에, 주님의 뜻을 이루시기를 바랍니다. 모든 일을 하실 때 얼마만큼 주님의 뜻에 합당한가를 생각하시기 바랍니다. 예루살렘 길거리에 쓰러져 있던 나면서부터 소경인 거지, 무식한 사람, 그 사람을 통해서도 자기 뜻을 이루시기를 원하시는 그 하나님은 오늘 우리를 통해서 더 큰 뜻을 지금 이 시간도 이루시기를 원하십니다. 나는 하나님의 뜻을 이루시기 위해서 피조된 인간이라는 사실을 기억하십시다.

(81. 4. 26)

가까이 계실 때 부르라

설교본문/사 55:1-7

너희는 여호와를 만날 만한 때에 찾으라 가까이
계실 때에 그를 부르라(사 55:6)

본문 중 지금 읽어드린 6절 말씀 한 절에서만도 '때'라는 말이 두 번이나 나옴을 볼 수가 있읍니다. 하나는 "여호와를 만날 만한 때"이며, 다른 하나는 '가까이 계실 때'입니다. 이렇게 '때'의 문제를 두 번이나 언급하고 있는 것은 곧 신앙 생활에 있어서도 하나님과 만남을 가지고 가까이에서 하나님을 부르는 특수한 경험을 가질 때가 있음을 보여 주는 것입니다.

구약의 전도서 3:1에서는 "천하의 범사에 기한이 있고 모든 목적을 이룰 때가 있다"고 가르쳐 주고 있읍니다.

농사에 있어서도 심을 때가 있고, 가꿀 때가 있으며 거둘 때가 있듯이 인생에 있어서도 자랄 때가 있고, 공부할 때가 있으며, 결혼할 때가 있고, 봉사할 때가 있읍니다.

동양에도 '天時'란 말이 있읍니다. 즉 하늘이 주는 때가 있다는 뜻입니다. 이러한 때를 잘 포착하는 사람이 학업과 사업에 성공할 수 있으며 더불어 민족도 중흥될 수 있읍니다.

　서양 속담에도 '기회를 놓치지 말라'는 말이 있읍니다. 오는 기회는 쉽게 잡을 수 없는 법입니다.

　고대 페르샤의 성인 '오마'는 돌아오지 않는 것 네 가지를 첫째, 뱉어 버린 말, 둘째, 쏜 화살, 세째, 지나간 생활, 네째, 잃은 기회 등으로 들고 있읍니다. 세상의 모든 일은 그 일을 처리하는 데 있어서 기회가 있고, 시간적 제한이 있는 것입니다.

인간의 구원의 문제에 있어 가장 중요한 영생을 얻는 데에도 시간적 제한이 있고 기회가 따르는 법입니다. 하나님은 물론 무소부재하시고 영원한 분이십니다. 그러나 인간이란 존재가 시간의 울타리 속에 갇혀 있는 유한한 존재이기 때문에 영원하신 하나님의 역사 또한 시간적 관계 속에서 경험할 수밖에 없읍니다. 그러한 관계로 인간은 특별히 하나님을 가까이 느낄 때가 있읍니다. 즉 하나님을 만날 만한 때가 있읍니다. 그러면 그 때가 언제입니까?

　첫째, 연령적으로 특별히 하나님을 가까이 할 수 있는 때가 있읍니다.

　인간의 일생을 유년기, 청년기, 중년기, 장년기 노년기의 다섯 가지 시기로 나누어 볼 수 있읍니다. 그 중에서 특별히 청년 시기가 하나님을 만날 만한 시기라고 할 수 있읍니다.

　유년기는 너무 어려서 인생의 깊은 뜻을 깨닫기 어렵습니다.

　중년기에도 물론 예수님을 만날 수 있고, 또 실제 만난 이도 있읍니다. 그러나 예수님의 '씨 뿌리는 자의 비유'에 나오는 밭으로 비유하자면 그 시기는 마치 돌밭과도 같은 때라고 할 수 있읍니다. 즉 생존 경쟁에서 이기기 위해 발버둥을 쳐야 하는 관계로 매우 거칠게 되는 때입니다. 이처럼 인생의 2단계는 돌밭과 같은 때이므로 복음의 씨앗이 자라기에는 너무나 많은 장애물이 그 앞에 있을 수밖에 없읍니다.

　장년기는 재물, 명예, 욕심 등 죄의 가시덤불이 너무 많아, 진리의 말씀을 듣기는 들어도 복음의 싹이 자라기에는 너무나 험준한 때입니다. 따라서 말씀을 들어도 뿌리를 내리기 어렵습니다.

그러나 청년 시기는 대체로 그 마음이 옥토와 같은 때입니다. 그리고 비교적 양심적이며 선을 추구하고 정의를 찾는 때입니다. 아울러 이상이 높고 현실에 얽매이지 않으며 영원한 진리를 찾고 인생의 깊은 뜻을 탐구하는 때입니다.

그러한 연고로 많은 사람이 청년기에 하나님을 만나고 있읍니다. 선지자 이사야나 예레미야가 그랬읍니다. 그리고 주님의 제자들인 베드로, 야고보, 요한, 바울과 디모데 또한 모두 청년의 때인 20~30세 때에 주님을 만났읍니다. 청년의 때에 하나님을 만나십시다. 그래서 일생의 방향을 바로 정립하십시다.

전도서 12:1의 말씀은 우리에게 많은 것을 깨닫게 해줍니다.

너는 청년의 때 곧 곤고한 날이 이르기 전 나는 아무 낙이 없다고 할 때가 가깝기 전에 너희 창조자를 기억하라.

둘째, 인간이 삶을 살아감에 있어서 특별히 하나님을 가까이해야 할 때가 있읍니다.

그 때는 위기에 직면한 순간으로 그 때가 바로 하나님을 가까이 부를 때입니다. 인간은 일생 동안 참으로 많은 위기를 당하곤 합니다.

먼저, 육체적으로 질병에 시달리곤 합니다. 누구든 병석에 있게 되면 인간의 나약과 한계와 무능을 깊이 느끼게 됩니다. 그럴 때 사람은 스스로 겸손하게 됩니다. 특별히 병이 위독해져서 죽음에 직면케 되면 문자 그대로 인생의 깊은 뜻을 헤아려 보게 됩니다. 그렇기에 건강한 이들보다 병상에 있는 이들이 하나님을 만나는 경우가 더 많습니다. 아씨시의 성인 프란치스꼬, 예수회를 창설한 이그나티우스 로욜라, 「고백록」으로 많은 사람의 영혼을 회개시킨 성 어거스틴이 바로 그런 유의 사람들이라고 볼 수 있겠읍니다.

다음으로 정신적으로 죄악과 고독에 빠지는 경우가 있읍니다. 그럴 때 역시 하나님을 가까이해야 할 때입니다. 스스로 해결할 수 없는 영혼의 큰 짐, 곧 죄악을 범했을 때, 혼자서만 그 짐을 감당하려고 하면 너무 벅차 심신이 쇠잔해질 수밖에 없읍니다. 특별히 아무도, 그리고 그 무엇으로 채워 줄 수 없는 인간 실존의 고독의 동공을 바라보게 될 때 인간은 무시무시한 두려움에 직면할 수밖에 없읍니다. 그 때 사람은 하나님을 가까이 부를 수 있어야 합니다.

또한 살아가는 중에 실패와 좌절, 이별이나 죽음 등의 슬픔을 당하곤 합니다. 인간은 살기 위해서 혹은 성공을 향해 발버둥치거나 자주 패배의 쓴 잔을 마시게 됩니다. 그 때 인간은 인생의 고뇌를 깊이 느끼게 되며 좌절과 비통에 사로잡히게 됩니다. 그럴 때마다 주님을 가까이할 수 있어야 하겠읍니다.

사도 바울은 그러한 순간에도 결코 좌절하거나 실망하지 않았읍니다. 그 역시 매우 허약한 사람이었읍니다. 그래서 그는 고린도후서 12:5에서 볼 수 있는 것처럼 개인적으로는 "약한 것들 외에 자랑치 아니하리라"고 하였던 것입니다. 그는 그 자신이 표현한 대로 '육체의 가시'인 중병으로 인해 무척 고통을 당했읍니다. 그래서 그는 그 중병으로부터 놓여 나기 위해 세 번이나 그 문제의 해결을 위해 주님께 간구했읍니다. 그리고 나서 그가 한 고백은 이러한 것이었읍니다.

도리어 크게 기뻐함으로 나의 여러 약한 것들에 대하여 자랑하리니 이는 그리스도의 능력으로 내게 머물게 하려 함이라(고후 12:9).

약한 것들과 능욕과 궁핍과 핍박과 곤난을 기뻐하노니 이는 내가 약할 그 때에 곧 강함이니라(고후 12:10).

자신이 약할 바로 그 때 주님을 더 가까이할 수 있었기에 주님의 능력이 자신에게 주어짐으로 자신이 더 강해졌다는 놀라운 고백을 하고 있는 것입니다. 세상을 살아감에 있어 슬픔에 겨운 사건에 직면케 되었을 때 우리 그리스도인은 가까이 계시는 주님을 찾을 줄 아는 참 지혜를 가질 수 있어야 하겠읍니다.

마지막으로 생각할 내용은 믿을 수 있을 때 더 열심히 믿도록 하자는 것입니다.

그리스도인의 삶이란 하나님을 바라보며 영접하는 생활입니다.

손님을 영접할 때 준비를 하게 마련입니다. 그리고 최선을 다해 영접하게 될 때 흐뭇함이 있게 됩니다. 마찬가지로 구주되신 그리스도를 영접함에 있어서도 최선을 다하는 믿음의 준비가 필요합니다.

예수께서 직접 설명해 주신 열 처녀의 비유를 생각해 보면 그 사실을 쉽게 이해할 수 있읍니다. 미리 등잔과 함께 기름을 준비한 슬기로운 다섯 처녀는 신랑이 올 때에 신랑을 맞아 혼인 잔치에 들어가지만, 미련한 나머지 다섯 처녀는 준비 없이 지내다가 갑자기 신랑이 오게 되자 그제서야 기름을 준비하기 위해 허둥대나 결국에는 신랑을 영접지 못하고 말았다는 이야기입니다.

그러므로 준비할 수 있을 때 준비해야 합니다. 믿음도 그렇습니다. 믿을 수 있을 때 열심을 다해 믿어야 합니다. 그래야 인생의 풍랑이 밀어닥칠 때 그 믿음의 힘으로 거센 물살을 이겨나갈 수 있는 것입니다.

성경을 읽을 수 있을 때 열심히 읽으십시다. 늙으면 눈이 어두워져서 읽고 싶어도 읽지 못합니다.

기도할 수 있을 때 전심을 기울여 기도하십시다.

전도할 수 있는 지금 열심히 전도하십시다. 지금 우리나라의 여건은 전도하기에 가장 좋은 때입니다. 과거에는 예수 믿는 것을 쑥스럽게 여기는 풍토와 여건이었지만, 이제는 오히려 그 반대가 되었읍니다.

지금 할 수 있는 일을 내일로 미루지 마십시다. 우리에게 찾아오는 사단의 큰 시험 중 하나는 모든 일을 내일로 미루게 하는 것입니다.

중세 베네딕트 수도원 일화집에 다음과 같은 재미있는 이야기가 나옵니다.

하루는 하늘의 사단이 부하들을 모아 놓고 땅 위의 사람들을 가능한 한 많이 지옥으로 데려오기 위한 궁리를 하게 되었읍니다. 그런 후 네 마귀가 각각 비상한 방법을 연구해 가지고 사람들에게 접근하였읍니다.

맨 첫번째 마귀는 사람들에게 성경은 믿을 것이 못된다고 선전하였읍니다. 두번째 마귀는 천당이나 지옥이란 당초부터 없는 것이니 속지 말라고 선전하였읍니다. 그리고 세번째 마귀는 하나님이 없다고 하였읍니다. 그러나 네번째 마귀는 색다른 방법을 사용하였읍니다. 성경은 믿을 만한 것이며 천당 지옥도 물론 있고, 하나님이 없다는 것은 말도 안되는 것이라고 믿는 이들을 안심시켰읍니다. 그리고는 덧붙여서 살짝 이렇게 말하였읍니다. 모래알 같이 많은 나날인데 너무 각박하게 신앙생활하지 말고 좀 여유를 가지고 차차 믿으라는 것이었읍니다.

얼마 후 네 마귀가 모여 앉아 지옥으로 끌고 온 영혼의 수를 계산해 보니 네번째의 '차차마귀'의 수법이 단연 수위에 있더라는 이야깁니다.

우리는 시간의 제한 속에서 사는 사람들입니다. 결코 오늘의 일을 내일로 미루지 마십시다. 믿을 수 있는 지금, 여기에서 열심히 믿고, 오늘 속에 계신 주님을 가까이 부르며 사십시다. 지금 여기에서 우리의 믿음 생활을 결단하십시다.

(82. 7. 4)

무엇이 삶을
아름답게 하는가?

살며 사랑하며 배우며

설교본문/엡 3:14-21

믿음으로 말미암아 그리스도께서 너희 마음에
계시게 하옵시고 너희가 사랑 가운데서 뿌리가
박히고 터가 굳어져서(엡 3:17)

이 세상에서 가장 신기하면서도 가장 평범한 것이 있다면 그것은 부부생활일 것입니다. 전혀 아무런 관계도 없던 한 남자와 한 여자가 만나 한 평생을 깊이 사랑하고 귀중히 여기며 도와 주고, 위로하며, 고락 간에 변치 않고 함께 살아갈 수 있다고 하는 이 묘하고도 신기한 관계가 부부관계 외에 또 있을까 싶은 생각이 들 정도입니다. 유명했던 희랍의 고대 철학자 소크라테스는 이런 말을 한 적이 있읍니다.

걱정 말고 결혼하라. 만일 좋은 아내를 만나면 행복해질 것이요, 나쁜 아내를 만나면 그대는 철학자가 될 것이다.

이 세상에서 가장 위대한 예술이 있다면 그것은 한 남자와 한 여자가 만나 가정을 이루어 나가는 것일 겁니다. 일단 결혼한 다음엔 행복하든 불행하든, 좋은 배우자를 만났든 못만났든 훌륭하고도 위대한 예술품을 만들어가야 할 책임이 부부에게는 있는 것입니다.

그러면 먼저 성서가 말하는 결혼이란 무엇인지 생각해 보십시다.

첫째, 결혼은 하나님의 창조의 섭리입니다. 창세기 1:27-28을 보면, "하나님이 한 남자와 한 여자를 만드시고 그들에게 복을 주시며 그들에게 이르시되 생육하고 번성하여 땅에 충만하라, 땅을 정복하라, 모든 생물을 다스리라"는 말씀이 있읍니다.

가정은 인간의 타락 이전에 하나님께서 직접 이루어 주신 최초의 조직입니다. 즉 인간이 죄를 알기 이전에 만들어진 아름답고 순결한 조직인 것입니다.

둘째, 결혼은 둘이 한 몸을 이루는 것입니다.
이러므로 남자가 부모를 떠나 그 아내와 연합하여 둘이 한 몸을 이룰지니라(창 2:24).

성서가 말하는 결혼은 '한 남자'와 '한 여자'가 연합하는 일부일처제입니다. 결코 일부다처제가 아닙니다. 또한 둘이 하나가 된다는 것은 단순히 몸의 결합만을 의미하는 것이 아니며 정신과 뜻과 삶 전체가 하나가 되는 것을 의미하는 것입니다. 완전한 한 몸을 이루는 데 있어 꼭 필요한 것이 있다면 그것은 바로 믿음, 소망, 사랑입니다.

셋째, 결혼은 서로 돕는 배필이 되는 것입니다.
여호와 하나님이 가라시대 사람이 독처하는 것이 좋지 못하니 내가 그를 위하여 돕는 배필을 지으리라(창 2:18).

돕는 배필이란 곧 사랑의 상대를 의미합니다. 사람이 가장 피곤하고 고독하며 우울하여 용기와 보람, 의미를 찾지 못할 때가 있다면 그것은 사랑할 상대가 없을 때입니다. 하나님도 고독을 싫어하셔서 아담에게 사랑할 상대로서 하와를 맺어 주셨읍니다. 사람은 가정에서 '돕는 배필'의 역할을 통해 사랑을 연습합니다. 그리고 이렇게 연습된 사랑은 가정을 통하여 사회로 확산됩니다. 이처럼 사랑이 확산될 때 사회는 사랑으로 아름답게 될 것입니다.

네째, 결혼은 자녀를 낳아 양육케 하는 것입니다.

창세기 1:28을 보면 하나님께서 생육하고 번성하여 땅에 충만하라고 말씀하시는 것이 나타나 있습니다.

다섯째, 결혼은 거룩한 삶의 터전입니다.

두 부부가 함께 하나님을 경외할 때 그 가정은 신앙의 터전을 이룬 가정이라고 할 수 있으며 또 성결한 부부 생활을 할 때 그 가정은 참 윤리의 터전을 이룬 가정이라고 할 수 있습니다. 이러한 성가정이 건전한 사회의 바탕이 됨은 더 말할 나위가 없습니다. 이만큼 소중하고 가치 있는 조직이 사실상 또 어디 있겠읍니까? 일상의 기쁨이 여기서 나오며 슬픔도 여기서 비롯되고 웃음도, 눈물도, 서러움도 즐거움도, 행복도 불행도 대부분 여기서 나옵니다.

만일 어떤 사람이 자기 직업면에서는 크게 성공을 거두고서 부부 생활에 실패한다면 그의 인생의 평균 점수는 결코 성공적이라 할 수 없읍니다. 왜냐하면 직업이 주는 행복이란 부부 생활이 주는 행복의 10분의 1에도 미치지 못하는 것이기 때문입니다.

반대로 어떤 이가 직업면에서는 그다지 성공하지 못했다 하더라도 정말 행복한 부부 생활을 향유한다면 그의 인생 종합 점수는 성공적이라 할 수 있을 것입니다.

오레건대학 교수인 토마스 홈즈(Thomas Homes) 박사는 정신적인 압박을 첫째 배우자의 사망, 둘째 이혼, 세째 별거, 네째 수감, 다섯째 가까운 가족 사망, 여섯째 질병, 일곱째 실직, 여덟째 불화, 아홉째 은퇴 등으로 분류한 일이 있읍니다. 이중 여섯 가지가 가정생활과 직접 관련된 것을 볼 수 있읍니다. 그러므로 행복한 가정을 이룬다는 것은 곧 인생의 삼분의 이 정도의 행복을 성취한 것과 마찬가지라고 할 수 있을 만큼 중요한 일인 것입니다.

이토록 귀중한 부부의 행복을 이루기 위하여 아니 하나밖에 없는 인생을 성공적으로 완성해 가기 위하여는 부부 생활에 있어서 추방해야 할 몇 가지가 있읍니다.

첫째로 소유의 관념을 추방해야 합니다

우리의 일상 생활을 살펴 보면 소유의 관념이 너무나 강하다는 데 놀라지 않을 수 없읍니다. 우선 부부가 서로 자신의 배우자를 표현함에 있어서 아내를 '집사람', '내 아내'로, 남편을 '내 남편' '우리 남편'으로 표현하는 것이 보통입니다. 이런 표현들은 긍정적으로 보면 그만큼 애착을 가지고 아낀다는 뜻도 되겠지만, 또 한편으로는 내 것이기 때문에 소홀히 여기고 함부로 대하게 되는 경우가 많이 있읍니다.

잠언 19:14을 보면 "아내는 하나님께로부터 받은 것이다"라는 말씀이 나타나 있읍니다. 이 말씀은 물론 남편 역시 하나님께로부터 받은 가장 귀한 선물임을 가르쳐 주는 것입니다. 그러므로 우리는 서로 자신의 배우자를 하나님께서 친히 주신 귀한 선물로 알고 소중히 여길 수 있어야 하겠읍니다.

미국의 가정 상담자인 안 랜더스(Ann Landers)라는 분이 「캔사스시 신문」에 '행복한 결혼을 위한 열 두 가지 법칙'을 제시한 것을 본 일이 있읍니다. 그 법칙들을 살펴보면 다음과 같습니다.

첫째, 절대로 두 사람이 한꺼번에 화내지 말라.

던지는 사람이 있으면 받는 사람이 있어야 합니다. 화를 꼭 낼 경우라면 교대로 낼 줄 아는 지혜를 가지라는 말입니다. 야구를 할 때 두 사람이 동시에 공을 던지면 유리창이 깨지든가 혹은 무엇이 파괴되듯 동시에 내는 화는 가정을 깨뜨립니다.

둘째, 집에 불이 나지 않는 한 절대 서로에 대해 소리지르지 말라.

가정은 화음을 이루는 곳입니다. 그러므로 남편이 베이스로 나오면 아내는 쏘프라노로, 남편이 테너로 나오면 아내는 낮은 앨토로 받아 화음을 낼 수 있어야 합니다.

세째, 만약 두 사람 사이에 갈등이 생기면 이를 자제력에 대한 연습으로 생각하고 다른 사람이 원하는 대로 하라.

네째, 만약 자신을 훌륭하게 보이든지, 혹은 배우자를 훌륭하게 보이든지 둘 중 하나를 선택해야 할 경우가 생긴다면 배우자를 훌륭하게 보이는 편을 택하라.

다섯째, 어떤 비판을 하려거든 사랑스러운 태도로 하라.

때로는 서로의 잘못을 비판하고 꾸짖을 수 있읍니다. 책망할 때가 있을 수도 있읍니다. 그럴 때에 화난 얼굴로 하지 말고 오히려 사랑스런 눈길로 하라는 것입니다. 왜냐하면 죽을 죄를 지어도 마지막 용서를 구할 곳은 가정이기 때문입니다. 심판만이 있는 다른 곳과는 달리 가정은 용서의 보금자리가 되어야 합니다.

여섯째, 과거의 실수를 절대 끄집어내지 말라.

아내는 남편의 과거를, 남편은 아내의 과거를 들추어냄으로 서로 감정을 상하게 하는 일이 있어선 안됩니다. 부부는 서로 상대의 아픈 곳을 긁지 말아야 합니다. 가정은 상처를 싸매어 주는 곳이지 박박 긁어 대는 곳이 아닙니다.

일곱째, 전 세계를 소홀히 할지언정, 서로를 소홀히 하지 말라. 전 세계의 모든 것보다도 아내나 남편을 존중히 여기고 앞세울 수 있어야 한다는 말입니다. 이같이 무엇보다도 자기 배우자를 더 사랑할 수 있어야 하겠읍니다.

여덟째, 배우자에게 적어도 한 가지 칭찬의 말을 하지 않고는 절대 하루를 보내지 말라.

가까운 사람일수록 허물이 없어 칭찬보다는 불평을 하기가 쉬운 법입니다. 그러므로 서로를 존중히 여기고 관심을 기울여 적어도 하루에 한 번 이상씩은 칭찬을 하도록 하라는 말입니다.

아홉째, 만날 때는 반드시 애정어린 환영을 하라.

우리는 부부가 만날 때 서로 무표정으로 만나는 경우를 흔히 볼 수 있읍니다. 더우기 공중석에서 만날 땐 무뚝뚝하기 그지없읍니다. 그러므로 사람이 모인 장소일수록 아내를 남편을 애정어린 자세로 대하라는 말입니다.

열째, 화난 채 잠자리에 들지 말라.

즉 분노는 그 날로 풀고 지내라는 것입니다. 부부 사이의 불화는 복잡하고 심각한 것 같아도 의외로 쉽게 풀릴 수 있는 속성을 가지고 있읍니다. 누군가 한 사람이 먼저 웃고 먼저 손을 내밀 때 풀어지는 것이 곧 부부 관계입니다. 부부 사이에 상대방이 먼저 화해를 청하도록 기다리는 것은 절대 금물입니다.

열한째, 실수를 했을 때는 그것을 기꺼이 말하고 용서를 구하라.

부부 사이일수록 용서를 구하는 겸손을 가져야 합니다. 대개 잘못한 일이 있을 경우 어물쩡 넘어가기가 쉬운데 서로가 서로를 존중하는 마음이 있다면 솔직히 용서를 구할 것입니다.

열두째, 논쟁을 벌이는 데는 두 사람이 필요하다는 사실을 기억하라. 잘못한 사람일수록 더 말이 많은 법이다.

심리적인 면에서 볼 때 부부 싸움과 다른 싸움은 차이가 있다고 합니다. 즉 부부 싸움은 다른 싸움과는 달리 반드시 말을 많이 하는 쪽이 잘못한 사람이라고 합니다. 그럴 땐 잘잘못을 가리지 말고 말을 많이 하는 쪽을 위해 양보할 수 있어야 합니다. 그것이 이기는 방법입니다. 이는 말을 적게 하는 편이 잘못이 없는 사람이기 때문입니다. 이렇게 상대가 잘못했을 경우라도 존중히 여기는 자세가 부부 생활엔 꼭 필요합니다.

둘째로 추방해야 할 것은 부부는 부부지만 역시 남남이라는 생각입니다.

고도의 산업화와 문명의 서구화라고 하는 현대의 거센 조류에 의해 아프게 깨어져 가는 것이 있읍니다. 그것은 곧 부부 일신의 원리입니다. 그러나 예수께서는 철저하게 부부 일신의 원리를 가르쳐 주셨읍니다.

둘이 한 몸이 될지니라 하신 것을 읽지 못하였느냐. 이러한즉 이제 둘이 아니요 한 몸이니 그러므로 하나님이 짝지어 주신 것을 사람이 나누지 못할지니라(마 19:5).

단순히 육체가 하나가 됨을 말하는 것이 아닙니다. 마음과 인격과 삶이 하나가 됨을 말하는 것입니다. 남편이 아내의 생의 일부분이 아닌 것처럼 아내도 남편의 생의 일부분이 아닙니다. 남편의 전 삶이 아내가 되어야 하고, 아내의 전 삶이 남편이 되어야 합니다. 남편의 100%와 아내의 100%가 완전히 결합되어 서로에게 자기를 완전히 줄 수 있어야 진정한 부부라고 할 수 있는 것입니다.

사도 바울은 고린도전서에서 부부 생활을 보다 잘해 가기 위해서는 믿음과 희망, 사랑이 있어야 한다고 가르쳐 주고 있읍니다.

수년 전 모 여대 동문들이 만난 자리에서 실시한 설문 조사 결과가 발표되어 눈길을 끈 일이 있읍니다. 내용인즉 '당신의 남편을 사랑합니까'라는 설문에 대해서는 90% 이상이 긍정적인 반응을 보였고 '남편에게 희망을 걸고 있읍니까'란 설문에 대해선 70% 이상이 긍정적인 반응을 보였는데 유독 '당신의 남편을 믿습니까'라는 설문에 대해서만은 45%의 저조한 반응을 보였다는 것입니다.

사도 바울이 "믿음, 소망, 사랑 이 세 가지는 항상 같이 있는데 그 중에 제일은 사랑이라"고 한 것은 셋 중에서 선택된 하나가 사랑이라는 뜻이 아니라 제일 높은 단계가 사랑이라는 말씀입니다. 즉 믿음의 바탕 위에 희망이, 희망의 바탕 위에 참 사랑이 있다는 것입니다.

믿는다는 것은 곧 상대에게 자신을 맡기는 것입니다. 남편은 자신의 모든 것을 아내에게 맡기고, 아내 또한 자신의 모든 것을 남편에게 맡길 수 있을 때 두 사람은 결코 남남이 아닌 완전한 한 몸이 되는 것입니다. 사랑으로 한 몸이 된 부부라는 것을 항상 기억할 수 있어야 하겠읍니다.

에베소서에서는 다음과 같이 가르치고 있읍니다.

아내도 그 남편을 경외하라(5:33).

남편들도 자기 아내 사랑하기를 제 몸 같이 할지니(5:28).

부부가 서로 상대방을 사랑하는 것은 곧 자신을 사랑하는 것입니다. 참으로 우리 믿는 가정의 부부들은 믿음의 바탕 위에 존경과 사랑을 쌓아 감으로 서로의 생을 아름다운 예술로 완성해 가야 하겠읍니다.

세째로 부부 생활에서 마땅히 추방해야 할 것은 권태입니다.

권태는 사랑을 좀먹는 가장 악질적인 부부 생활의 원수입니다.

일찌기 시인 바이런은 "권태는 파멸의 가장 큰 요소다"라고 말한 바 있으며 초서는 "인간의 썩은 부분"이라고 말한 바 있읍니다. 스피노자도 "최고로 인간을 불유쾌하게 만드는 습관"이라고 했으며, 단테 또한 "죽음의 진흙수렁"이란 표현을 서슴지 않고 사용했읍니다.

그러면 이러한 무서운 권태를 추방하기 위해서 우리는 어떤 노력을 해야 하겠읍니까?

유명한 교육자이자 TV 상담가이며 저술가인 '빠스칼 글리'라는 사람이 쓴 책 중에 「살며 사랑하며 배우며」라는 책이 있읍니다. 이 책에서 저자는 권태를 추방하는 방법을 다음과 같이 몇 가지로 제시하고 있읍니다.

첫째, 공통적인 노력이 있어야 한다는 것입니다

부부의 사랑은 좀 특이한 점을 지니고 있읍니다. 하나님의 사랑, 곧 '아가페'는 상대방이 받든 받지 않든 무조건적으로 주어지는 헌신적 사랑이며, 부모와 자식간의 사랑은 의무적 사랑인데 반해 부부의 사랑 '에로스'는 서로의 공통적인 노력을 먹고 자라는 사랑입니다. 즉 서로가 서로를 위해서 노력할 때, 그 노력의 대가로 형성되어지는 것이 부부의 사랑인 것입니다. 이 노력이 등한시되거나 중지되면 그 때부터 깨어지게 되고 맙니다. 그러므로 부부는 세월이 더해 갈수록 더욱 더 상대방을 사랑하기 위한 노력을 게을리하지 말아야 할 것입니다. 부부 사랑은 우연이 이루어지는 결정체가 아니라 피와 땀 속에서 즉 부단히 노력하는 가운데서 형성되는 가장 의미 있는 결정체이기 때문입니다.

둘째, 가정 안에 천국을 만들어야 한다는 것입니다.

여러가지 피치 못할 모순과 충돌의 가능성을 안고 있는 가정을 어떻게 천국으로 만들 수 있겠읍니까? 이는 천국의 말을 많이 씀으로써 가능할 수 있읍니다. 천국의 말이란 하나님께서 좋아하시는 말을 뜻합니다. 다음 몇 가지를 생각해 볼 수 있겠읍니다.

"미안해요." 이는 용서를 구하는 마음을 보여 주는 말입니다.

"괜찮아요." 이는 용서하는 마음 즉 일상사 속에서 일어나는 사소한 잘못을 너그럽게 받아들이는 아량의 마음을 보여 주는 말입니다.

"좋아요." 이는 배우자의 행위에 대한 긍정적인 반응을 보여주는 말입니다. 즉 활기와 용기를 주고 적극적인 사고를 가능케 하는 반응이라고 하겠읍니다. 오랜 세월을 함께 살다 보면 서로 상대방을 잘 알게 되므로 전혀 불가능한 말을 하는 경우는 거의 없게 됩니다. 따라서 쉽게 납득이 안간다고 '안된다'고 잘라 말하는 자세는 지양해야 하겠읍니다.

"훌륭해요." 이는 칭찬의 말입니다. 서먹할 정도로 익숙지 못한 관계의 사람들에 대해서는 곧잘 칭찬을 하면서도 정작 가장 가까운 부부 사이에는 칭찬에 매우 인색한 것이 부정할 수 없는 우리의 일상 생활의 실상입니다. 그러므로 남편은 아내를, 아내는 남편을 적어도 하루에 한번씩은 칭찬할 수 있어야 하겠읍니다. 그럴 때 우리는 따뜻한 가정을 가꾸어 갈 수 있읍니다. 참으로 칭찬거리를 찾는 수고를 아끼지 않는 여러분이 되시기를 바랍니다.

"고마와요." 이는 감사의 마음을 보여 주는 말입니다. 감사는 성숙한 크리스챤만이 할 수 있는 자기 표현입니다.

"사랑해요." 사랑의 표현을 언어화할 수 있는 부부가 아름답게 살아갈 수 있읍니다.

"정말 기뻐요." 이는 상대방이 좋아하는 것을 나도 좋아하는 하나된 마음을 보여 주는 말입니다. 안델센의 동화 중에 다음과 같은 이야기가 있읍니다.

　말 한 마리를 가지고 살아가는 노부부가 어느 날 의논 끝에 말보다 더 쓸모 있는 무엇과 말을 바꾸기로 했읍니다.　그래서 어느 날 할아버지는 말을 데리고 장터로 가던 중 우유를 얻을 수 있는 소가 좋을 것 같아 말을 소와 바꾸었읍니다.　그 소를 다시 아내가 다루기 쉬운 양으로,　그리고 그 양을 날마다 알을 낳아 주는 닭으로 다시 바꾼 뒤 여관에 들렀읍니다.　여관 문에 들어서다 할아버지는 그 닭을 최종적으로 썩은 사과 한 자루와 바꾸었읍니다.　이는 언젠가 썩은 사과 한 개를 대단하게 다루던 아내가 생각났기 때문이었읍니다.

　이러한 자초지종을 들은 어떤 두 귀족이 할아버지와 내기를 했읍니다. 즉 할머니의 반응이 좋으면 금화를 한닢씩을 주겠다는 것이었읍니다.　그들은 함께 할아버지의 집으로 갔읍니다.　말을 최종적으로 썩은 사과 한 자루와 바꾸고 돌아온 할아버지는 그 경위를 소상히 할머니에게 이야기해 주었읍니다.　할아버지의 설명을 듣는 할머니는 시종일관 할아버지의 생각에 대해 '잘했어요'를 연발하며 기뻐했읍니다.　할머니가 대단히 기뻐할 것이라는 할아버지의 낙관은 적중했고 결국 두 귀족은 그 반응에 감탄하면서 금화들을 내어 놓고 돌아갔다는 이야기입니다.

지금까지 우리는 부부는 하나라는 사실을 다시 한번 깊이 새겨 보았읍니다.　부부 관계는 결코 소유적인 관계가 아니라 애착을 가지고 존중히 여겨야 하는 인격적 관계입니다.　부부 사이에 언제 찾아올지 모르는 권태를 비롯한 갖가지의 어려운 문제들을 능히 이겨 나갈 수 있는 여러분이 되시기를 바라겠읍니다.　여러분의 가정에 하나님의 은총이 충만하기를 기도드립니다.

(83. 5. 15)

탕자 가족들

설교본문/눅 15:11-32

아버지가 이르되 애 너는 항상 나와 함께
있으니 내것이 다 네것이로되 이 네 동생은
죽었다가 살았으며 내가 잃었다가 얻었기로
우리가 즐거워하고 기뻐하는 것이
마땅하다 하니라(눅 15:31, 32)

오늘 우리가 봉독한 성경 말씀 가운데는, 행복을 상실한 한 가정에 대한 이야기가 나타나고 있읍니다. 곧 탕자의 가족입니다. 왜 탕자의 가정이 그토록 불행해졌읍니까? 그 모습을 바라보면서 우리 가정을 다시 한번 살펴봄과 아울러 성경이 가르쳐 주는 행복한 가정을 생각하고자 합니다.

본문 말씀 13절에 나오는 "허랑방탕하다"는 표현에서 탕자라는 말을 쓰게 되었읍니다. 헬라어로 "존 아소토스"라고 합니다. 그 말은 "중심을 잃어버리고 사는 사람"이란 뜻입니다. 탕자란 다른 사람이 아닙니다. 자기 중심을 잃어버리고 그날 그날을 힘없이 살아가는 사람이 있다면 그 사람이 곧 탕자라고 볼 수 있읍니다. 그렇다고 할 때 탕자는 2,000년 전 예수님의 이야기 속에만 나오는 것이 아니라 오늘을 살아가는 현대인 가운데서도 얼마든지 찾아볼 수가 있읍니다. 비록 삶의 형편은 다르다 할지라도 중심을 잃어버리고 살아가는 사람이 있다면 그는 곧 현대의 탕자라고 말할 수 있읍니다.

오늘 우리는 이 비유를 좀 색다른 각도에서 의미를 찾아보고자 합니다. 물론 우리는 한결같이 둘째 아들을 가리켜서 탕자라고 말합니다. 그러나 어떤 측면에서 보면 첫째 아들과 아버지에게서도 탕자적 모습을 생각해 볼 수 있읍니다. 이들 세 사람의 상황 속에서 중심을 잃어버린 모습을 찾아볼 수 있기 때문입니다.

먼저 첫번째로 둘째 아들을 가리켜서 성경은 분명히 허랑방탕하다고 말씀하고 있읍니다. 탕자입니다. 탕자라고 한결같이 부를 만한 사람입니다. 부자집 둘째 아들인 그는 아버지에게 두 가지 요청을 했읍니다. 첫번째 요청은 자기에게 돌아올 재산의 몫을 미리 달라는 것이었읍니다. 즉 요구입니다. 두번째 요청은 '외국에서 자유롭게 살도록 해달라는 것'이었읍니다. 즉 자유입니다. 둘째 아들의 탕자적인 모습은 바로 이 두 가지 측면에서 볼 수 있는 것으로 이는 중심을 잃어버리고 살아가는 젊은이들의 전형적인 모습입니다. 먼저 생각할 것으로 탕자인 둘째 아들은 아버지가 벌어 놓은 재산의 일부를 요청했읍니다. 그는 자기가 하루 하루 성실하게 노력해서 재산을 모으고 집을 마련하고 자신의 삶의 터전을 형성한 사람이 아니었읍니다. 아버지가 일생 동안 고생해서 모은 재산의 일부를 얻어서 잘살아 보려고 했던 사람이었읍니다. 이러한 인생을 가리켜 결과는 있으나 과정이 없는 사람이라고 말할 수 있읍니다. 즉 과정을 무시한 채 결과만 잡으려고 애쓰는 인생입니다.

물론 사람은 누구나 성공의 욕망을 지니고 있읍니다. 사람은 심리적으로 두 가지 경우에 성공의 쾌감을 느낀다고 합니다. 하나는 소유의 욕망이 충족되어질 때 성공의 쾌감을 느낀다고 합니다. '재산을 소유한다', '명예를 얻는다', '아내를 얻는다', '학벌을 가진다', '학위를 가진다', '지식을 가진다', 기타 아름다운 것 등등, 이처럼 많고 좋고 아름다운 것을 내 것으로 소유했을 때, 즉 소유의 욕망이 충족되어졌을 때 인간은 누구나 성공의 쾌감을 느끼게 마련인 것입니다. 이는 우리가 흔히 느끼는 성공의 쾌감이라 할 수 있읍니다.

또 다른 측면의 성공이 있읍니다. 그것은 창조 욕구의 만족을 통해서 이루어지는 행복입니다. 곧 소유는 못할지라도 창조의 욕구가 충족되어질 때 인간은 성공의 쾌감을 느끼도록 되어 있읍니다. 콜럼부스가 아메리카 대륙을 발견했읍니다. 그렇다고 해서 아메리카 대륙을 자기 것으로 소유한 것은 아닙니다. 그러나 자기의 탐험심을 통해서 새로운 대륙이 발견되었을 때 그는 한없는 성공의 쾌감을 느낄 수가 있었읍니다.

우리가 매일 켜고 생활하는 전등은 에디슨이 발명한 것입니다. 그리고 벌써 100년이 지났읍니다. 그러나 에디슨의 일생을 돌아볼 때 전등을 발명했음에도 불구하고 그의 삶은 가난하기 그지 없었읍니다. 가난할 대로 가난한 사람이었읍니다. 즉 그는 전등을 발명했지만 전등의 결과로써 얻어지는 소유의 충족은 얻지를 못했읍니다. 그럼에도 불구하고 그는 성공한 사람이었읍니다. 소유는 못했을지라도, 부는 누리지 못했을지라도, 훌륭한 결과를 창조한 사람인 점에서 에디슨은 모든 사람에게 발명의 왕으로 추앙받고 있는 것입니다.

등산을 좋아하는 사람들이 많이 있읍니다. 등산가가 남들이 정복하지 못하는 산을 정복했다고 합시다. 그렇다고 해서 그 산이 자기 것이 되는 것은 아닙니다. 그렇다 할지라도 그의 마음은 남들이 가지 않은 그 곳에 자기가 갔다는, 즉 새로운 세계를 개척하였다고 하는 성취감 속에서 누구도 맛보지 못하는 성공의 쾌감을 느끼는 것입니다. 그만큼 인간은 소유는 못해도 창조의 욕구가 충족되어질 때 기쁨을 느끼고 성공의 쾌감을 가집니다.

화가가 작품을 그려 나갈 때에 이 작품을 완성한 다음에 우리집 벽에 걸어 놓아 두겠다는 그런 소유의 욕망보다는, 그 그림을 그려 나가는 과정 속에서 만족감을 느끼는 것입니다. 즉 그 속에서 성공의 희열을 가지는 것입

니다. 이렇게 인간은 그 마음 속에 도사리고 있는 창조의 욕구가 충족되어
질 때 성공의 쾌감을 느끼도록 되어져 있읍니다.

역사를 한번 살펴보시기 바랍니다. 이 땅에 수많은 인류가 살아왔지만
역사책에 자기 이름 석자를 남긴 사람은 소유의 욕구를 충족시키며 살아간
사람이 아니었읍니다. 소유는 못했을지라도 창조의 욕구를 충족시켜 나감
으로 인류에 기여한 사람이 역사책 속에뿐만 아니라 역사의 책 전체를 장식
해 왔읍니다.

오늘날 우리는 젊은 청소년들 모습 속에서 성공의 목표를 지나치게 소유
의 욕망에 두고 있는 것을 볼 수가 있읍니다. 자기 삶을 통해서 자기의 노
력을 통해서 자기의 모든 헌신을 통해서 새로운 창조로서 기여하겠다는 이
런 생각이 희박해지고 있읍니다. 창조의 욕구에 성공의 개념을 둔 사람은
한 과정 한 과정을 성실하게 살아갑니다. 즉 과정을 중요시하여 하루 하루
를 성실하게 살아갑니다. 그에게 있어서 오늘은 내일을 위한 과정이고 내
일은 모레를 위한 과정이기 때문입니다.

그러나 소유의 욕구에 성공의 개념을 두고 사는 사람은 결과에만 집착합
니다. 오직 그 소유라는 결과를 붙잡기 위해 과정에 있어서의 수단과 방법
을 가리지 아니합니다. 그야말로 과정이 없는 결과만 붙잡고 사는 인생이
라고 할 수 있읍니다.

둘째 아들을 가리켜서 탕자라고 부를 수 있는 첫째 이유가 바로 여기에
있읍니다. 과정의 노력 없이 결과만 붙잡고 살고자 했기 때문에 그는 중심
이 없는 사람인 것입니다.

불란서의 유명한 시인 앙소니 프란세스의 작품 중에 「신과 악마의 대화」
라는 책이 있읍니다. 그 속에 이런 이야기가 나옵니다. 한번은 신이 악마
를 불렀읍니다.

"네가 어떻게 해서 그토록 아름다운 여인을 네 품에 품고 있느냐?"

그러자 그 악마가 신에게 항변을 했읍니다.

"신이여 저는 결코 그 여인을 제 스스로 제 품에 품지 아니했읍니다."

그러나 신이 다시 물었읍니다.

"그러면 어떻게 해서 그 여인이 너의 품에 안길 수 있었단 말이냐?"

이때 악마가 대답했읍니다.

"신이여! 그 여인이 세상에서 살아갈 때 수단과 방법 속에서 살아왔기 때문에 절로 제 품에 안겼을 뿐입니다."

그렇읍니다! 결과에 집착한 나머지 그 과정을 수단과 방법 속에 살아간 사람의 마지막 안길 품은 하나님의 품이 아닌 악마의 품일 뿐입니다. 그리스도인의 삶은 결과에 집착하고 사는 것이 아닙니다. 인생 전체를 하나의 과정으로 알고 그 과정 속에 자기의 삶을 성실하게 영위하는 것입니다. 그러한 삶을 사는 사람만이 그리스도인으로서 성공할 수 있읍니다.

둘째 아들이 왜 탕자로 여김을 받았읍니까?

자기의 성실한 노력의 과정을 가지지 아니한 채 결과만 가지려고 했기 때문입니다. 아버지가 모아 둔 재산으로 살려고 했기 때문입니다.

둘째 아들을 가리켜서 탕자라고 부를 수 있는 두번째 이유는 그가 아버지로부터 그 재산을 받아 자기 자유를 위해서 쓰려고 했다는 점에서 찾아볼 수 있읍니다. 자기 몸을 위해서 자기 향락을 위해서 자기 자유를 위해서 쓰려고 했읍니다.

오늘날 한국의 많은 기업인들의 모습을 바라볼 때 그들에게서 바로 이 둘째 아들 탕자의 모습을 역력히 찾아 볼 수가 있읍니다. 그들은 누구를 위해서 돈을 벌고 있읍니까? 우리 한국의 경제가 어려움을 겪고 있는 이유 중에 하나가 바로 그들이 오직 자기만을 위해서, 자기 향락만을 위해서, 자기의 사치만을 위해서, 자기의 부요함만을 위해서 살고 있기 때문이 아닌가 생각합니다.

영국의 동전을 보면 그 동전에 "Glory God"라고 쓰여져 있읍니다. 그리고 미국의 동전을 보면 "Trust in God"라고 쓰여져 있읍니다. 이는 곧 "하나님의 영광을 위하여", "하나님을 믿음으로"이 돈을 쓰겠다는 것입니다. 바로 이것이 그리스도인의 물질의 개념입니다. 나의 향락을 위하여, 나의 만족을 위하여, 나의 욕구의 충족을 위하여 돈을 쓰는 것이 아니라 비록 적은 돈일지라도 한푼 한푼 하나님의 영광을 위해서 하나님의 뜻을 드러내기 위해서 믿음의 기초 위에서 돈을 써야 하는 것입니다. 물질은 내가 누릴 향락의 도구가 아니고 하나님의 뜻을 위해 쓰여질 하나님의 물질로서 내게 맡겨진 것입니다. 이와 같은 삶의 자세를 가지고 있을 때 바로 그 사람이 중심을 가진 사람입니다. 그렇지 못할 때 탕자처럼 중심을 잃어버리고 그날 그날을 살아가는 인생이 될 수밖에 없는 것입니다. 고린도후서 9:8말씀을 보면 이런 말씀이 나타나 있습니다.

하나님이 능히 모든 은혜를 너희에게 넘치게 하시나니 이는 너희로 모든

일에 항상 모든 것이 넉넉하여 모든 착한 일을 넘치게 하게 하려 하심이라.

하나님께서 우리에게 은혜를 주시되 넘치게 주시고 축복해 주시되 넉넉하게 주시는 이유 중에 가장 큰 이유는 우리의 선한 일이 넘치게 하려 하심이라는 것입니다. 잘 기억하셔야 합니다.

두번째로 우리가 본문 가운데서 살펴볼 수 있는 것은 첫째 아들 역시 삶의 중심을 잃어버린 탕자라고 하는 것입니다. 둘째 아들을 가리켜서 물질의 중심을 잃어버린 물질적 탕자라고 할 수 있다면 첫째 아들을 가리켜서 사랑을 잃어버린 정신적 탕자라고 할 수 있습니다.

둘째가 회개하고 돌아왔읍니다. 본문을 보면 아버지는 너무 기뻐서 그 아들을 맞이하여 좋은 옷을 입혀 주고 손에 가락지를 끼워 주고 송아지까지 잡아 그를 위해서 잔치를 베풀어 주었읍니다.

이때 밭에서 일을 하고 돌아온 첫째 아들이 화가 났읍니다. 매우 화가 났읍니다! 그래서 아버지에게 항변을 했읍니다.

"이제까지 아버지 밑에서 얼마나 열심히 일을 했읍니까? 그런데도 나를 위해서는 한번도 잔치를 베풀어 주지 아니하신 아버지가 허랑방탕하게 제

멋대로 살아온 동생을 위해서는 이처럼 잔치를 베풀어 주십니까?”

마음에 교만이 찼읍니다. 스스로 ‘나는 착실하다’, ‘나는 알뜰하다’, ‘이만하면 나는 떳떳하지 아니하냐’, 자기 자신에 대한 자만심에 가득 차 있었읍니다. 그리고 또 하나 아버지의 사랑을 독차지한 둘째 아들에 대한 시기심으로 가득 찼읍니다. 교만과 시기심…

지금부터 약 1400년 전에 로마의 교황으로 있던 그레고리 7세가 자기 교황령에 있는 사람들에게 칙서를 내렸는데 거기서 그는 사람에게 영혼을 죽이는 병 두 가지가 있는데 그것은 곧 교만과 시기심이라고 말하고 있읍니다. 사람의 영혼을 죽이는 병 두 가지! 그것은 바로 교만과 시기심입니다. 바로 그것 때문에 최초의 인간이었던 아담과 하와가 범죄하게 되었고 그 다음 세대엔 가인의 범죄가 이루어지게 되었던 것입니다.

마귀가 뱀의 모습으로 하와에게 나타났읍니다.

“네가 이 먹지 말라는 과일을 먹으면 하나님처럼 네 눈이 밝아지리라.”

이 말에 하와의 귀가 솔깃해졌읍니다. 그리고 자기 자신을 하나님처럼 높이려고 했읍니다. 이 교만이 그로 하여금 타락하게 만든 것입니다. 그리고 인류 가운데 원죄를 심게 한 것입니다. 이처럼 교만은 인류의 영혼을 죽이는 최초의 씨앗이 되었읍니다. 교만, 자기 자랑, 과잉된 자부심, 이것이야말로 자기를 죽이는 첫번째 원인이라고 할 수 있읍니다.

그리고 두번째로 시기심이 있읍니다. 아담과 하와의 아들 가인과 아벨이 이 시기심 때문에 인류 최초의 살인극을 벌이기까지 했읍니다. 시기가 인간을 죽이게 만든 것입니다. 오늘 우리의 마음 속에 이와 같은 교만과, 시기심이 있다면 우리 자신도 모르게 영혼이 죽어가고 있음을 아십시오! 교만과 시기심에 사로잡혀 있을 때 이 역시 중심을 잃어버린 상태라고 할 수 있읍니다. 그러기에 우리는 첫째 아들을 가리켜서 탕자가 아니라고 말할 수 없는 것입니다. 그는 사랑을 상실한 정신적 탕자였읍니다.

요한일서 4:7은 이렇게 말씀해 주고 있읍니다.

사랑하는 자들아 우리가 서로 사랑하자 사랑은 하나님께 속한 것이니
사랑하는 자마다 하나님께로 나서 하나님을 알고 사랑하지 아니하는 자는
하나님을 알지 못하나니 이는 하나님은 사랑이심이라.

세번째로 인간적인 측면에서 볼 때 아버지도 어떤 의미에서 탕자적이라
고 할 수 있읍니다. 비유의 원 뜻은 아닙니다. 그러나 인간적이고 가족적
인 측면에서 한번 생각해 보십시다.

아버지도 지금 자기 정신이 아닙니다. 중심을 잃어버린 상태에 있읍니
다. 왜냐하면 사랑하는 아들을 잃어버린 아버지의 모습을 한번 연상해 보
십시오. 윤상이를 잃어버린 그 어머니가 정신 없이 헤매는 것을 우리는 신
문 지상을 통해서 보았읍니다. 그토록 사랑하는 막내 아들이 먼 외국에 가
서 지금 생사를 알지 못하는 중에 있읍니다. 매사에 이기적이고 매사에 따
지기를 좋아하는 장남과는 어쩐지 정이 들지 않습니다. 그러니, 아버지는
삶의 보람을 못 느낍니다. 어제나 오늘이나 그저 둘째 아들이 돌아오기만
을 기다리며 힘없이 먼 하늘만 먼 길만 쳐다 보고 서 있을 뿐이었읍니다.

만약에 이런 마음에 빠졌다면, 그 아버지는 일할 보람도 신념도 가지지
못한 채 그날 그날을 허망하게 중심 없이 지냈을 것입니다. 그렇다고 하면
그 모습 속에도 탕자의 단면이 보였을 것입니다. 오늘도 우리는 우리 주변
에서 이런 아버지의 모습을 가진 많은 가정들을 볼 수가 있읍니다.

한 가정의 가장인 아버지는 그 가정의 기둥이 되어야 하고, 어머니는 그
가정의 내일에 대한 분명하고 뚜렷한 신념을 가지고 있어야 합니다. 그렇
지 못할 때 그 가정은 소망이 없읍니다. 아무리 절망 속에 있을지라도, 아
무리 어려운 굴레 속에 허덕이고 있을지라도, 그 가정의 아버지와 어머니
가 자신들의 가정이 어떻게 나아갈 것인가에 대한 분명한 신념과 소망을 붙
잡고 살아간다면 그 가정은 소망이 있읍니다. 어려움 속에 있을지라도,
자식들에게 내일에 대한 분명한 소망과 분명한 신념을 심어줄 수 있다면 그
아버지가 훌륭한 아버지입니다. 그 어머니는 훌륭한 어머니입니다. 가정

은 어떤 어려운 환경이 다가와도 자녀들에게 내일에 대한 꿈을 심어 주고 신념을 심어 줄 수 있어야 합니다. 서양에 이런 속담이 있습니다.

"자식을 빌어 먹게 하려면 재산을 남겨 주고 자식을 성공시키려면 그 자식의 마음 속에 신념과 사랑을 심어 주라."

가난해도 좋습니다. 권세가 없어도 좋습니다. 한 자녀 한 자녀에게 내일에 대한 신념을 심어 주시기 바랍니다. 인류를 사랑할 수 있고 하나님을 사랑할 수 있는 사랑의 마음을 간직한 그 자녀는 분명히 성공할 것입니다. 분명히 하나님께 영광을 올릴 수 있는 자식이 될 것입니다.

결론적으로 왜 행복했던 세 부자가 모두 탕자적인 위치에 서게 되었읍니까? 왜 중심을 잃어버린 채 그날 그날을 살아가야 했읍니까? 왜 둘째 아들은 물질의 탕자가 되었으며, 왜 첫째 아들은 사랑을 상실한 탕자가 되었읍니까? 그리고 왜 아버지는 신념 없이 힘없이 살아가야 했읍니까? 그 원인은 헤어짐에 있었읍니다. 함께 살았을 때는 행복을 가질 수 있었지만 헤어졌을 때는 즉 아버지와 아들이 헤어지고 형과 동생이 헤어지고 어머니와 자식이 헤어졌을 때는 그 가정에 불행이 찾아왔던 것입니다.

여기서 우리는 그리스도의 오심의 이유를 찾을 수 있읍니다. 그리스도께서는 하나님과 인간의 단절된 관계를 인간과 인간 사이에 나누어진 관계를 하나로 회복시켜 주시기 위해서 오신 것입니다.

그래서, 그리스도의 오심 속에는 헤어짐의 만남이 있읍니다. 그리고 만남이 있는 곳에 사귐이 있읍니다. 사귐이 있는 곳에 섬김이 있읍니다. 섬김이 있는 곳에 하나의 공동체가 있게 되는 것입니다.

가정도 그렇습니다.

그리스도를 중심으로 사는 가정은 매일 매일 생활 속에서 하나님께 예배를 드리며 그리스도를 통하여 사귐을 가질 수 있읍니다. 그리고 사귐을 통하여 서로 섬길 수 있는 사랑의 관계를 맺을 수 있읍니다. 이 사랑의 관계 속에서 하나의 공동체, 한 몸을 이룰 수 있게 되는 것입니다.

고린도후서 5:18에는 이런 말씀이 기록되어 있읍니다.

그리스도로 말미암아 우리를 자기와 화목하게 하시고 또 우리에게 화목하게 하는 직책을 주셨으니.

우리는, 오늘 생각한 말씀처럼 그리스도를 통해서 하나님과 만남을 가지고 사귐을 가지고 섬김을 가짐으로 하나가 됨과 동시에 부모와 자식, 아내와 남편 그리고 형제상호간에 믿음 안에서 항상 만남을 가질 수가 있어야 하겠읍니다. 이 만남 속에서 그리스도의 사귐을 가짐으로 서로 섬길 수 있는 관계가 이루어지게 되고 그 섬김 속에서 생겨진 공동체가 곧 작은 천국을 이룰 수 있는 가정이며 교회인 것입니다. 참으로 우리의 가정, 교회가 이러한 가정, 교회가 되어졌으면 하는 마음 간절합니다.

(81. 5. 17)

이런 아내라면

설교본문/삼상 25:1-8 ; 39-42

그 사람의 이름은 나발이요 그 아내의 이름은
아비가일이라 그 여자는 총명하고 용모가
아름다우나 남자는 완고하고 행사가 악하며 그는
갈멜 족속이었더라 (삼상 25:3)

성경은 우리에게 천국을 소개함에 있어서 가끔 가정의 용어와 질서를 빌어 설명하곤 합니다. 그럴 경우 영적 의미로서 그리스도를 신랑으로, 교회와 성도들을 신부로 표현합니다. 사무엘상에 나타난 본문의 말씀은 한 여인의 모습을 통해, 그리스도의 신부된 자로서의 아름다운 그리스도인의 모습을 우리에게 보여 주는 것입니다. 그 여인은 훗날 다윗의 아내가 된 아비가일이라는 여인입니다. 다윗이 가장 우울하고 좌절감에 빠져 있을 당시 일어난 이 이야기의 배경은 다음과 같이 요약될 수 있습니다.

사무엘 선지자로부터 왕으로 기름 부음을 받은 후 다윗은 사울왕에게 미움을 사 언제 죽을지 모르는 생명의 위협을 받으며 쫓겨다니는 신세 중에 있었습니다. 설상가상으로 다윗의 후원자이자, 다윗을 왕으로 기름 부은 사무엘 선지자마저 세상을 떠나고 말았습니다.

그러나 다윗에게 있어 가장 충격적인 사건이 일어났는데 그것은 사울왕이 정략적으로 다윗과 결혼시킨 공주 미갈을 다른 남자에게 재혼시킨 사실입니다. 아내까지 빼앗긴 다윗의 신세는 더할 나위 없이 처량하게 되었읍니다.

그런 가운데서도 다윗에게는 막중한 책임이 있었읍니다. 비록 도망다니는 신세라 할지라도 자신을 따르는 부하가 육백 명이 있었는데 그들을 먹여 살려야만 했던 것입니다. 따라서 다윗은 하는 수 없이 부자집 가축을 지켜 주는 일이라도 하면서 겨우 생계를 유지하고 있었읍니다.

그러한 생활은 큰 꿈을 가진 다윗에게는 참으로 고통스러운 것이었읍니다. 지극히 하찮은 일을 하며 죽지 못해 하루하루 살아가는 생활이란 큰 포부를 가진 사람일수록 더욱 견디기 괴로운 법입니다.

이러한 때 다윗의 신경을 건드리는 사건이 하나 발생하였읍니다. 갈멜이란 곳에 나발이라는 목축업을 하는 대부호가 살고 있었는데 다윗이 그 집 가축들을 보호해 준 적이 있었읍니다. 그리고 이제 그 대가를 받기 위해 부하들을 보내게 되었는데 삯을 받기는 커녕 도리어 모욕적인 말만 듣고 빈손으로 쫓겨왔던 것입니다.

노발대발한 다윗은 사백 명의 부하를 이끌고 나발이 양털깎기 축제를 벌이고 있는 갈멜로 진격해 갔읍니다. 이제 얼마 후면 나발의 축제는 그야말로 환희의 축제가 아니라, 처참한 피의 축제가 될 판이었읍니다.

그런데 다윗이 나발의 동네에 거의 도착했을 때 한 여인이 다윗의 진로를 가로막고 섰읍니다. 그 여인은 나발의 아내 아비가일이었읍니다. 성경은 아비가일이라는 여인을 남편 나발과는 대조적인 인물로 묘사하고 있읍니다.

> 그 여자는 총명하고 용모가 아름다우나 남자는 완고하고 행사가 악하며(3절).

아비가일은 종으로부터 남편의 잘못과 다윗의 진노에 대한 이야기를 듣게 되었읍니다. 이 소식을 들은 아비가일은 황급히 남편 몰래 떡 이백 덩이와 포도주 두 가죽부대, 양 다섯 마리, 곡식, 건포도, 무화과 등을 준비하여 다윗 앞에 나아가 사죄를 구하였읍니다. 결국 다윗은 아비가일의 지혜와 정성에 탄복하여 나발을 도륙하려는 계획을 취소하게 됩니다.

우리는 이상의 이야기에서 아비가일의 아름다운 모습 몇 가지를 찾아 볼 수가 있읍니다.

첫째, 아비가일은 사람과 역사를 내다볼 줄 아는 눈이 있었읍니다. 즉 그녀는 다윗이 비록 지금은 광야에서 남의 양떼나 지켜주는 방랑 군인 신세이지만, 훗날 이스라엘의 역사를 바로잡을 인물이라는 것을 꿰뚫어 보았던 것입니다. 그러기에 그녀는 다윗을 만나자 이렇게 말하였던 것입니다.

　　여호와께서 반드시 내 주를 위하여 든든한 집을 세우시리니 이는 내

　　주께서 여호와의 싸움을 싸우심이요(28절).

다윗을, 하나님의 뜻을 성취하기 위하여 싸워 나가는 인물로 본 아비가일은 단순히 부잣집의 필부(匹婦)가 아닌, 민족을 생각하고 역사를 염려하는 신앙을 가진 사람이었읍니다.

그러나 이런 부인에 비하여 그 남편 나발은 누가복음 12:16 이하의 예수님의 비유에 나오는 '어리석은 부자'와도 같은 인간이었읍니다. 먹고, 마시고, 재산을 비축해 두고, 돈을 쌓고, 뭇 사람들에게 대접을 받고, 그 가운데서 젠체하며 자기를 과시하는 것이 자신의 인생의 전부인 그러한 인간이었읍니다. 그뿐 아니라 마땅히 지불해야 할 노임은 체불하면서도 왕과 같은 잔치를 배설하며 그 속에서 희희낙낙하는 자기 향락에만 도취한 사악한 인간이었읍니다.

신앙을 가지고 산다는 것은 자신의 삶과 역사를 하나님의 뜻과 일치시키며 사는 생활입니다. 반면에 불신앙이란 곧 자신의 삶과 역사에서 하나님을 물리치고 자기가 그 중심에 사는 생활입니다.

아비가일이 처해 있던 당시의 시대 상황을 보면 국가적으로는 바른 정치보다는 권력 유지에 급급하여 다윗을 잡으려고 혈안이 되어 있던 사울이

통치하고 있었고 가정적으로는 정당한 노임까지 지불하지 아니하면서 돈 벌기에만 급급할 뿐만 아니라, 자기 향락에 빠져 있던, 남편의 물질주의, 향락주의가 판을 치고 있었읍니다. 이러한 속에서 살아가는 아비가일은 그같은 양극적 상황 속에서도 역사 속에 전개되는 하나님의 뜻을 망각하지 않고 있었읍니다.

지금 남미 대륙엔 기독교계 뿐만 아니라 세계의 이목이 집중되어 있읍니다. 이는 이곳이 한편으론 기독교의 장래를 점칠 수 있는 표본처럼 여겨지기 때문입니다.

남미 대륙의 국가들은 기독교 국가들입니다. 그들 국가들의 거의 전 인구가 크리스챤들로서 대부분 가톨릭 신자들입니다. 현재 우리 나라 기독교계에 전민족 복음화 운동이 일고 있는 것을 볼 수가 있는데 남미는 오래 전에 이미 모든 나라가 복음화되었읍니다.

문제는 그러면 전국민이 기독교인이 된 남미 국가들에 유토피아가 찾아 왔느냐 하는 것입니다. 남미의 경우, 결과는 정반대입니다. 대다수의 나라들은 군부의 쿠데타와 더불어 정변이 끊일 날이 없으며 국민들의 생활은 비참하기 이를 데 없고 독재 정치에 의한 탄압 또한 지나칠 정도입니다. 그 속에서 한 때 부강했던 나라들은 빚더미에 앉아 허덕이는 나라가 되었으며, 기회를 놓치지 않고 공산주의 사상이 곳곳에 깊이 침투하고 있읍니다.

소위 기독교화되었다고 하는 모든 나라들이 이러한 지경에 떨어지게 되자 최근 들어 교회들에서는 큰 자성이 일게 되었읍니다. 따라서 다음과 같은 결의를 가지게 되었읍니다.

교회는 역사 속에 안주해서는 안되며 역사의 전개 과정을 지켜 보면서,
아비가일의 신앙처럼 역사를 하나님의 뜻에 일치시키는 데 필요한 일을
찾을 수 있어야 한다.

이는 바로 아비가일의 자세라고 할 수 있는 것입니다. 사울과 나발은 역사 속에 안주하기를 원했지만 아비가일은 역사의 전개 과정을 지켜 보면서

어떻게 하든지 역사의 과정을 하나님의 뜻과 일치시키려 했던 것입니다. 이것이 바로 그리스도의 신부된 교회의 책임이자 사명입니다. 아울러 우리가 서야 할 자리이기도 합니다.

둘째, 아비가일은 남의 잘못을 자기 것으로 책임지려는 희생적 자세를 가졌읍니다. 다윗의 군대와 나발의 군대가 서로 출동하는 것을 막고 화해를 시도한 아비가일은 다윗 앞에서 먼저 남편의 잘못을 사죄하였읍니다.

> 그가 다윗의 발에 엎드려 가로되 내 주여 청컨대 이 죄악을 나 곧 내게로 돌리시고 여종으로 주의 귀에 말하게 하시고(24절).
> 원하옵나니 내 주는 이 불량한 사람 나발을 개의치 마옵소서(25절).
> 주의 여종의 허물을 사하여 주옵소서(28절).

아비가일은 아무런 잘못을 저지르지 않았읍니다. 그럼에도 불구하고 그녀는 다윗 앞에 서서 남편의 잘못을 자기 것인 양 대신 사죄하였읍니다.

우리는 여기서 아비가일의 아름다운 모습 두 가지를 발견할 수 있읍니다. 하나는, 누가 내 편이냐보다는 누가 옳으냐에 따라 판단한 것입니다.

흔히 사람들은 옳고 그름을 분별하기에 앞서 누가 내 편이냐에 따라 잘못된 것을 적당히 얼버무리거나 변명하기 일쑤입니다. 그러나 아비가일은 그렇지 않았읍니다. 나발이 자기 남편이고, 다윗은 남이었음에도 불구하고 누가 내 편이냐에 의해서가 아니라 누가 옳으냐에 따라 판단했읍니다.

또 하나는 남편의 잘못을 마치 자기의 잘못인 양 책임을 느끼면서 용서를 구한 것입니다.

예수님의 생이 그러했읍니다. 그는 진리와 거짓, 선과 악, 정의와 불의를 분명히 구분짓고, 거짓과 불의와 죄악을 철저히 책망하셨음에도 불구하고 그 모든 죄악을 자신의 것으로 담당하셨읍니다. 이것이 십자가의 도인 것입니다.

그리스도인에게는 이와 같이 진리와 죄악에 대한 분명한 분별력과 더불어 남의 잘못까지도 자기 것으로 기꺼이 책임지고자 하는 자세가 필요합니다. 즉 모든 일에 있어 비판의 소리와 더불어 그 부조리를 자신이 짊어지려 하는 자세를 가질 수 있어야 한다는 것입니다. 비판하되 항상 책임과 희생을 동반한 비판을 할 때 그리스도인이라 할 수 있읍니다.

마지막으로 아비가일은 아내로서 남편에 대한 이해심이 깊었고, 겸손했으며, 섬길 줄 알았읍니다.

흔히 큰 일을 성취하고 나면 자신도 모르게 우쭐대거나 교만해지기 쉽습니다. 그러나 아비가일은 자신이 행한 일을 조금도 드러내려 하지 않았읍니다.

아비가일은 하마터면 전쟁을 치룰 뻔 했던 위기에서 극적으로 화해를 이루고 집으로 돌아왔읍니다. 즉 남편과, 친척과, 동네 사람들의 생명을 구하는 큰 일을 성취하고 돌아온 것입니다. 그러나 남편이란 위인은 동네 사람들과 큰 잔치를 벌이며 술에 만취되어 있었읍니다. 이 광경을 본 아비가일의 실망은 대단했을 것입니다. 자기는 죽음을 무릅쓰고 다윗에게 달려가서 큰 화를 모면케 하고 돌아왔는데 남편은 세상이 어떻게 돌아가는 줄도 모르고 술이나 퍼마시며 자기도취에만 빠져 희희낙락하고 있으니 어찌 실망이 되지 않았겠읍니까?

그러나 아비가일은 그러한 남편일지라도 남편의 입장을 이해하고 자존심을 손상시키지 않기 위해 자신이 다윗을 찾아가 충돌을 면할 수 있었다는 이야기를 하지 않았읍니다. 그녀는 그만큼이나 겸허하게 섬기는 생활을 하고 있었던 것입니다.

바로 오늘 그리스도인의 삶이 이러해야 합니다. 이는 우리의 삶은 그리스도의 신부된 자로서의 삶이기 때문입니다. 역사의 흐름에 대한 통찰력을 가지고 있으면서 화해와 섬김과 희생의 삶을 산 아비가일이었기에 그녀는 훗날 남편과 사별 후 다윗왕의 아내로 피택될 수 있었읍니다.

다윗은 구약성경에서 종종 그리스도의 모형으로 설명되고 있읍니다. 그래서 메시야 왕국을 다윗 왕국으로 상징하기도 하는 것입니다. 마찬가지로 그의 아내가 된 아비가일의 모습에서 우리는 그리스도의 신부된 신자상을 찾을 수 있읍니다. 그러므로 아비가일의 아름다움을 간직하게 될 때 우리는 신랑되신 그리스도의 한 신부로서 온전한 그리스도인상을 지니게 될 것입니다. 여러분 모두가 그와 같은 그리스도인이 되기를 간절히 소원합니다.

(83. 8. 21)

황혼의 빛은 더 아름답다

설교본문/시 92:12-15

늙어도 결실하며 진액이 풍족하고 빛이
청청하여 여호와의 정직하심을 나타내리로다
여호와는 나의 바위시라 그에게는 불의가
없도다(시 92:14, 15)

매년 어버이 주일을 맞이할 때마다 한결같이 느끼는 것은, 세월이 너무나 빠르다는 사실입니다. 노부모님들의 얼굴에 주름이 하나 둘 늘어가는 것을 볼 적마다 정말 세월이 아쉬울 정도로 빨리 가고 있음을 느끼지 않을 수가 없읍니다. 그래서 이스라엘 민족을 해방시킨 모세는 노년에 자신의 과거를 회고하면서 이렇게 노래하였읍니다.

우리의 년수가 칠십이요 강건하면 팔십이라도 그 년수의 자랑은 수고와 슬픔뿐이요 신속히 가니 우리가 날아가나이다(시 90:10).

고생과 슬픔에 젖어 어렵게 보낸 70년, 혹은 많아야 80년, 그것도 지내 놓고 보면 날아간 것처럼 빨리 갔다고 하는 한탄조의 회고담이 위 시구의 내용입니다.

구약의 족장이었던 야곱 역시 바로 임금 앞에 서서 자신의 과거를 앞의 경우와 비슷하게 회고하고 있읍니다.

내 나그네 길의 세월이 일백 삼십 년이니이다 나의 연세가 얼마 못되니…
험악한 세월을 보내었나이다(창 47:9).

지나간 삶을 회고해 볼 때 행복했던 날보다 슬프고 고생스러웠던 날이 더 많은 것이 우리네 인생살이입니다. 그러한 인생살이조차 지내 놓고 보면 결코 긴 것이 아니었다고 하는 느낌을 받게 됩니다.

시간에 대한 견해에 있어 두 가지를 생각할 수가 있읍니다. 하나는, '세월은 내 것이다. 쓸 수 있는 동안 마음껏 즐기며 보내자'는 견해입니다. 다른 하나는 '세월은 하나님께서 주신 값진 선물이다. 그러므로 하나님의 뜻에 합당하게 시간을 보내자'는 신앙적인 견해입니다.

이 두 가지의 시간에 대한 견해는 한창 활동하며 살아갈 때는 별 차이가 없는 것 같지만 노년에 가서 현저한 대조를 보이게 됩니다.

'시간은 내 것이다'라고 생각하며 살아간 사람은 노년에 가서는 그의 모든 시간들이 하나의 여가로 여겨지게 됩니다. 즉 보통 때는 하루에 한 두 시간, 일년에 한 두 번 정도 여름이나 겨울에 며칠의 휴가를 여가로 즐기지만, 은퇴한 뒤 노년에 가서는 여생의 시간을 여가, 곧 나머지 시간으로 생각하게 된다는 것입니다.

그러나 신앙적 시간관을 가진 사람은 그렇게 긴 여가를 갖지 않습니다. 이는 모든 시간은 하나님께서 허락해 주신 것이기 때문입니다. 따라서 그에게 있어서 은퇴란 인생 활동이 끝나는 것을 뜻하는 것이 아니라 제2의 인생이 시작되는 것을 뜻하는 것이라고 할 수 있읍니다.

고대 희랍 문화의 위대함을 말하는 데 있어서 역사가들은 한결같이 그 위대함의 공로를 노인들에게 돌리고 있읍니다. 희랍의 노인들은 '아골라'라 불리우는 시민 광장에 모여 철학, 종교, 예술, 정치 등 다방면의 토론을 벌였고, 이 토론을 들음으로 젊은이들은 교훈과, 지혜, 그리고 현실 생활의 지침을 얻곤 하였읍니다. 그리고 이러한 토론의 광장에서 바로 그 유명한 소크라테스, 플라톤, 아리스토텔레스가 나오게 된 것입니다.

그런데 우리 사회는 불행하게도 5·16 이후 제5공화국의 정치적 사회적 변화와 더불어 급격한 세대 교체가 이루어짐으로 오랜 경험과 식견을 가진 연로하신 분들이 설 자리를 잃고 말았읍니다. 따라서 우리는 역사의 단절이라는 안타까움을 느끼고 있는 것입니다.

그러나 비록 우리가 살고 있는 현실이 이렇다 할지라도 나이를 먹어감에 따라 젊게 살아가는 방도를 찾을 수 있어야 하겠읍니다.

노년의 사도 바울은 이같이 말했읍니다.

우리가 낙심하지 아니하노니 겉사람은 후패하나 우리의 속은 날로 새롭도다(고후 4:16).

이 말씀처럼 우리의 육신은 나이를 더해감에 따라 늙어질지라도 우리의 속마음은 날마다 새로와져야 하겠읍니다. 이것이 바로 젊어지는 비결입니다. 의사이며 심리학자인 존 쉰들리는, 젊음의 특징을 변화와 성장으로, 늙음의 특징을 정체성으로 구분하면서 "변화와 성장을 추구하는 삶의 자세를 가질 때 연령에 관계 없이 젊음으로 살아갈 수 있다"고 말하였읍니다.

그러면 신앙인으로서 노년기를 어떻게 의미 있게 보내야 합니까? 먼저 노년기가 어떤 때인지 생각해 보아야 하겠읍니다.

첫째, 노년의 때는 황혼의 빛을 발하는 때입니다.

한 사람의 일생을 하루의 시간에 비유한다면 청년기를 아침으로, 장년기를 낮 시간으로, 노년기를 저녁 황혼기로 볼 수가 있겠읍니다.

아침의 햇살도 아름답고, 한낮의 햇빛도 밝지만, 하루 중 가장 찬란하고 은은하여 한 편의 아름다운 시정(詩情)마저 자아내게 하는 빛은 역시 해질녘의 황혼빛일 것입니다. 비록 하루의 맨 끝인 저녁 시간에 해당되는 노년기라 할지라도 석양의 그 찬란함과 아름다움을 발하는 시기가 되어진다면, 그야말로 그 노년기는 생을 아름답게 매듭짓는 귀한 시기가 될 것입니다.

흔히 노년이 되면 그토록 열심히 살았던 청·장년 때와는 달리 '아무렇게나 지내다 죽으면 그만이지' 하고 너무 안이하게 생각하는 분이 많은 것 같습니다. 또한 자녀들 중에서도 그렇게 생각하는 사람들이 적지 않습니다. 참으로 노부모님들을 뒷방에 모셔 놓고 아무렇게나 지내시도록 방치해 둠으로써 부모님들이 노년에 비추어야 할 황혼의 빛을 가리우는 일이 절대로 없어야 하겠읍니다.

노년기에 세상에 빛으로 오신 예수 그리스도를 마음에 품고, 주님의 뜻을 드러내려 할 경우, 마치 저녁 하늘이 태양빛을 받아 아름답고 찬란한 노을빛을 발하듯 더 없이 찬란한 황혼의 빛을 발할 수가 있읍니다.

성경을 보면 많은 분들이 황혼기에 찬란한 빛을 발하였음을 찾아볼 수 있읍니다. 에녹은 65세에 하나님과 동행해서 찬란한 생의 자취를 남겼고, 모세는 80세에 하나님의 부르심을 받아 이스라엘 백성들을 애굽에서 해방시켰읍니다. 뿐만 아니라 아브라함은 75세 때에 하나님의 뜻에 순종함으로 믿음의 조상이 될 수 있었읍니다.

일반 역사상으로도 독일의 괴테는 80세에「파우스트」를, 프랑스의 빅톨위고는 60세에「레미제라블」을, 러시아의 토스토엡스키는 58세에「카라마죠프가의 형제들」을 쓰는 위대한 업적을 남겼읍니다. 이들은 모두 노년기에 찬란한 황혼빛을 발한 사람들이었읍니다.

둘째, 노년의 때는 다른 사람을 많이 축복하는 때입니다.

할아버지 할머니들은 어린 아이들을 보면 머리를 쓰다듬어 주고, 손을 잡아 주며 또 기도해 주고 싶어합니다. 아브라함은 노년의 때에 이삭에게 축복했고, 이삭은 노년의 때에 야곱에게 축복했읍니다. 야곱 또한 노년의 때 두 손자 에브라임과 므낫세를 앞에 앉혀 놓고 축복한 것을 성경을 통해 알 수가 있읍니다.

젊을 때에는 사는 데만 급급한 관계로 메마르게 지내게 됨으로 남을 축복해 줄 여유를 가지지 못합니다. 그러나 노년이 되면 자신의 지나온 오랜 삶을 통해 인생이 무언가를 더 깊이 알게 되고 따라서 보다 성숙되고 여유 있는 자세로 삶을 살아가며 남을 돌아보고 축복할 여유를 가질 수가 있게 됨니다.

심리학자인 로저 고울드(Roger Gould)는 16세부터 60세까지 이르는 "성인의 발달"을 7단계로 구분하면서, 50세 이상 될 때 비로소 "나를 알고 나와 너의 관계를 알며 인생의 경험을 서로 나누는 성숙의 시기를 맞게 된다"고 하였읍니다. 이를테면 50세가 넘어야 어느 정도 성숙기에 접어 들게 되고, 그 때에야 비로소 남을 사랑할 수 있게 되며 축복할 수 있게 되고 남을 위해서 자기를 줄 수 있게 된다는 것입니다. 참으로 노년의 시기는 사랑과 축복의 훈훈함을 남기는 시기임을 알고 그렇게 살아갈 수 있어야 하겠읍니다.

셋째, 노년의 때는 천국 생활을 준비하는 때입니다.

우리는 흔히 인생을 사계절에 비유합니다. 청년의 시기는 봄에 비유할 수 있읍니다. 이는 청년의 때가 봄처럼 새순을 틔우고 꽃을 피우며 뿌리를 내리는 때이기 때문입니다. 장년의 시기는 여름에 비유할 수 있읍니다. 여름은 온갖 식물들이 왕성하게 자라고 녹음이 우거지며 열매들이 맺혀지는 시기입니다. 이와 마찬가지로 노년의 시기는 가을에 비유할 수 있읍니다. 그 때는 싱그럽던 풀잎이 시들고 낙엽이 지는 때입니다. 또한 황량하고 쓸쓸하기도 한 때입니다. 그러나 이 가을이야말로 황금의 계절입니다. 향기와 영양이 알맞게 익은 열매들을 거두어 다가오는 겨울과 봄, 다음 해의 양식을 준비하는 계절이 바로 가을인 것입니다.

노년의 때가 바로 그렇습니다. 노년의 때는 결코 인생의 마지막이 아닙니다. 낙엽만이 떨어지는 시기가 아니라 다음 삶을 위해서 오늘을 준비하는 시기입니다.

청년은 내일을 바라보고 오늘을 살며, 노인은 과거를 회상하며 오늘을 산다는 말이 있읍니다. 그러나 노인이라고 해서 옛날 생각만을 할 것이 아니라 10년 후, 20년 후엔 내가 어디서 무엇을 하고 있을 것인가를 생각하면서 오늘을 준비할 수 있어야 할 것입니다. 그리고 가을의 열매처럼 성숙한 믿음의 열매를 준비할 수 있어야 하겠읍니다.

사랑하는 교우 여러분!
　　이와 같은 노년의 때를 맞은 노부모님을 어떻게 잘 모실 수 있겠읍니까? 효도는 동서고금을 막론하고 윤리와 사회 질서의 기본이 되고 있는 것입니다. 그런데 안타깝게도 오늘날엔 그 정신이 많이 흔들리고 있음을 볼 수가 있읍니다.

어느 회사에서 고등학교 졸업자를 대상으로 사원을 모집하였는데 입사 시험 문제 가운데 '삼강 오륜'에 대해서 설명하라는 문항이 있었답니다. 그 때 응시자 중 한 사람이 '삼강이란 압록강, 한강, 낙동강을 뜻하는 것이며 오륜이란 올림픽을 상징하는 것'이라고 대답했다는 어처구니 없는 에피소드가 있읍니다.

참으로 웃고 넘길 수만은 없는 문제가 아닐 수 없읍니다. 이것이야말로 그 정도로 소홀히 여기기 쉬운 것이 부모 공경이라는 것을 단적으로 말해 주는 일화가 아니고 무엇이겠읍니까?

그러나 성경은 우리에게 부모를 공경해야 한다고 가르쳐 주고 있읍니다. 에베소서 6:1,2에 다음과 같은 말씀이 기록되어져 있읍니다.

자녀들아 너희 부모를 주 안에서 순종하라. 이것이 옳으니라. 네 아버지와 어머니를 공경하라. 이것이 약속 있는 첫 계명이니.

여기서 '부모를 공경하라'는 말 중 '공경'이란 단어는 히브리어로 '카벤'이라고 하는데, 이 단어에는 다음과 같은 다섯 가지 정도의 매우 깊은 의미가 담겨져 있읍니다.

첫째로 공경하라.

둘째로 순종하라.

세째로 감사하라.

네째로 기쁘게 하라.

다섯째로 괴로운 짐을 지라.

실로 심오한 뜻을 내포한 단어라 할 수 있을 것입니다.

성서에서 '부모를 공경하라'는 말은 히브리어 '카벧'이 뜻하고 있는 여러가지 의미로 부모를 공경하라는 뜻입니다. 그러면 구체적으로 하나 하나 어떻게 부모를 공경해야 하는지 살펴보도록 하십시다.

첫째, 존경하는 마음으로 부모를 공경해야 합니다.

존경한다는 말은 높인다는 뜻입니다. 부모가 자식에 의해서 높임을 받지 못하면 남으로부터도 무시함을 당하게 됩니다. 이는 부모란 그 지위의 고하를 막론하고 자식으로부터 높임을 받는 위치이기 때문입니다. 그런데 자식에게조차 높임을 받지 못한다면 누구에게 높임을 받겠읍니까? 무시함만 당하게 될 것입니다. 반대로 자식에게 높임을 받는다면 남에게도 높임을 받게 될 것입니다. 그래서 솔로몬 임금은 '아침에 일어나 어머니께 절하고 자신의 옥좌 우편에 모셨다'라고 합니다(왕상 2:19).

둘째, 순종하는 마음으로 부모님을 공경해야 합니다.

순종한다는 말은 고분고분 말을 듣는다는 뜻이 아닙니다. 성경에서 말하는 순종의 의미는 부모의 뜻에 일치한다는 말입니다. 즉 부모님께서 말씀하시기 전에 미리 부모의 뜻을 알아 받드는 자세를 말하는 것입니다. 단, 순종하는 데는 표준이 있읍니다. '주 안에서 순종하라'(엡 6:1)는 것이 그것입니다.

세째, 감사함으로 부모님을 공경해야 합니다.

솔로몬 임금은 여호와를 경외하는 이상적인 가정의 모습을 묘사함에 있어서 '자식들이 일어나 부모에게 사례하는 가정'(잠 31:28)이라는 표현을 사용하고 있읍니다. 자녀들이 부모님께 아무리 감사를 드린다 할지라도 자식을 향한 부모님의 애정과 비할 바가 되겠읍니까? 결코 그럴 수 없을 것입니다.

다윗에게는 압살롬이라는 불효막심한 아들이 하나 있었읍니다. 그는 왕권을 빼앗기 위해 형제들을 죽이고 아버지를 왕좌에서 내쫓았으며 그것도 모자라 심지어는 아버지를 죽이려고까지 했읍니다. 반면에 다윗은 비록 그러한 아들일지라도 그가 죽자 애절하게 통곡을 하였읍니다.

내 아들 압살롬아, 내 아들 내 아들 압살롬아, 내가 너를 대신하여 죽었더면, 압살롬 내 아들아…(삼하 18:33).

이는 자식을 향한 부모의 마음과 부모를 향한 자식의 마음의 차이를 단적으로 보여주는 것이라 할 수 있읍니다. 참으로 감사한 마음으로 부모님을 공경할 수 있어야 하겠읍니다.

네째, 괴로움을 지는 마음으로 부모를 공경해야 합니다.

부모는 자식의 괴로움을 지기 위해 얼마나 수고를 아끼지 않습니까? 그러나 자식들은 부모의 고충을 이해하려 하지 않고, 조그마한 일일지라도 괴로운 짐이라면 전혀 지려 하지 않습니다. 부모는 자식을 기르기 위해 온갖 괴로움을 겪는 반면에 자식들은 부모를 모시는 것조차 어려워서 양로원에 모시려 하는 경우가 얼마나 많습니까?

노부모님의 괴로움은 배고픔이나 병고가 아닙니다. 그것은 고독입니다. 즉 대화의 상대가 없는 아픔입니다. 더우기 오늘날의 텔레비젼 문화는 가족간의 대화를 빼앗아 갔읍니다. 부모님을 잘 모시기 위해서는 무엇보다도 부모님과 대화를 나눌 수 있어야 합니다. 성서에서는 이같이 말씀하고 있읍니다.

너 낳은 아비에게 청종하고 네 늙은 어미를 경히 여기지 말라(잠 23:22).

진정 부모님의 괴로운 짐, 고독을 나눔으로 노부모님을 기쁘시게 해 드려야 하겠읍니다.

마지막으로 드릴 말씀은 효도는 시간의 제한이 있다는 것입니다. 다른 모든 일은 내가 살아 있는 한 얼마든지 할 수 있지만 효도만은 언제나 할 수

있는 것이 아닙니다. 부모님께서 살아 계실 때 정성껏 하십시다. 그리고
내 부모뿐만 아니라 교회의 연로하신 분, 이웃의 연로하신 분들에게도 사
랑과 존경을 가지시기 바랍니다. 그리하여 우리의 부모님들이 노년에 황
혼의 빛을 아름답게 발할 수 있도록 하십시다.

(83. 5. 8)

아름다운 갈릴리 바다

설교본문/마 4:23-25

예수께서 온 갈릴리에 두루 다니사 저희
회당에서 가르치시며 천국 복음을 전파하시며
백성 중에 모든 병과 모든 약한 것을
고치시니(마 4:23)

사도 요한은 그의 계시록에서 초대 소아시아 지방의 일곱 교회에 대하여 언급하면서 모든 교회에 대하여 칭찬의 말을 하였읍니다. 그러나 유독 라오디게아 교회에 대해서만은 책망을 하였읍니다. 그 책망은 다음과 같습니다.

네가 차지도 아니하고 덥지도 아니하도다 네가 차든지 더웁든지 하기를 원하노라(3:15).

교회가 시원한 맛도 없고 뜨거운 열성도 없다는 꾸중의 말씀입니다. 교회란 염려와 근심 때문에 답답해하는 사람에게는 시원함을, 냉냉하고 메마른 사람에게는 사랑의 따스함을 줄 수 있어야 합니다. 그럼에도 불구하고 라오디게아 교회는 이것도 저것도 아닌 미지근한 상태 가운데 있었읍니다. 그러한 라오디게아 교회를 향해 경고의 말씀이 주어지고 있읍니다.

네가 이같이 미지근하여 더웁지도 아니하고 차지도 아니하니 내 입에서 너를 토하여 내치리라(3:16).

시원한 바다가 그리워지는 무더운 여름입니다. 우리 함께 예수님의 발자취가 서려 있는 시원하고도 아름다운 갈릴리 바다를 바라보면서 이 여름에 라오디게아 교회에 없었던 뜨거움과 시원함을 나누어 보도록 하십시다.

갈릴리 바다는 이스라엘 북쪽에 있는 큰 호수입니다. 그곳은 남북의 길이가 약 20km, 동서의 너비가 약 12km 정도에 이르는 곳으로 북쪽에 우뚝 서 있는 해발 2,000m가 넘는 헬몬산의 계곡에서 흘러내리는 물줄기들이 모여들어 호수를 이루고 있는 곳입니다. 그곳의 물은 다시 남쪽으로 요단강을 향해 흘러갑니다.

갈릴리는 예수님의 생애와 깊은 연관을 맺고 있읍니다.

예수님은 어린 시절 나사렛이란 작은 동네에서 목수의 직업을 가진 요셉의 아들로 성장하셨읍니다. 말할 것도 없이 그는 거기서 집짓는 목수의 일을 배우며 자랐을 것입니다. 그러나 장성하신 후에는 갈릴리 해변에 자리 잡고 있는 가버나움으로 거처를 옮겨 그곳에서 생활하셨읍니다(막 2:1). 전해 내려오는 이야기에 의하면 예수님은 그곳에서 배짓는 목수로서 일하셨다고도 합니다.

그뿐 아니라 예수님은 그곳을 생활 근거지로 삼으셨고, 초기 복음 전파 활동의 본거지로 삼으셨읍니다. 또한 열 두 제자 중 열 한 제자를 그곳에서 선택하신 것도 주목할 만한 사실입니다. 우리는 이 갈릴리의 모습 속에서 참 교회상과 아울러 신앙인의 바른 자세를 찾아 볼 수 있읍니다.

무더운 이 여름철에, 피서를 위해 계곡이나 바다, 또는 기타 물가가 있는 곳을 찾을 때 예수님께서 두루 다니셨던 갈릴리 호수를 생각하시면서 참 성도의 모습, 참 교회의 모습을 배울 수 있기를 바라겠읍니다.

그러면 갈릴리는 어떤 곳입니까?

첫째로, 갈릴리는 맑고 아름다운 곳입니다.

북쪽과 동쪽으로는 높은 산이 병풍을 친듯 둘려 있고 그 중 가장 높은 산인 헬몬산 꼭대기에는 사철 눈이 덮여 있으며 거기서 지극히 맑고 시원한 물이 흘러내립니다. 갈릴리는 그 맑고 시원한 물줄기가 모여서 형성된 호수이기에 더욱 맑고 푸르고 아름답습니다. 또한 그곳에는 물고기들이 많이 있읍니다. 이러한 갈릴리이기에 구찬송가 중에 다음과 같은 내용의 가사가 있기도 한 것입니다.

유리같이 맑은 바다, 너의 이름 아름답다. 우리 구주 타셨던 배 어느 곳에 대었던고. 아름답다 갈릴리야 네 이름 아름답다. 노래하세 노래하세 갈릴리 이름 귀하다.

더우기 예루살렘에서 갈릴리에 이르기까지에는 푸른 지대를 거의 볼 수 없을 만큼 사막과 마른 들판만이 있읍니다. 그러다가 아름답게 펼쳐진 갈릴리 푸른 지대를 접하게 되면 그 아름다움은 이루 말할 수가 없으며 누구든 감탄사가 나오지 않을 수 없게 됩니다.

그토록 맑고 아름다운 갈릴리 호수를 바라보면서 유대인들은 자연 속에 계신 하나님의 실재를 느끼며 생활할 수 있었을 것입니다.

바울도 자연 속에서 하나님의 실재를 느끼면서 이렇게 말하였읍니다.

창세로부터 그의 보이지 아니하는 것들 곧 그의 영원하신 능력과 신성이 그 만드신 만물에 분명히 보여 알게 되나니 그러므로 저희가 핑계치 못할지니라(롬 1:20).

자연 속에서 신비함을 접할 때마다 하나님의 실재를 느낄 수 있어야 합니다. 특별히 갈릴리의 그 맑음과 아름다움이 교회와 모든 믿는 사람에게 있어야 합니다.

먼저 맑음이 있어야 합니다. 주님의 산상 보훈에 "마음이 청결한 자는 복이 있나니 저희가 하나님을 볼 수 있다"(마 5:8)고 하셨읍니다. 겉모습이 아니라 중심이 맑아야 합니다. 사무엘상 16장에 여호와 하나님께서 다음과 같이 말씀하시는 것이 나와 있읍니다.

나의 보는 것은 사람과 같지 아니하니 사람은 외모를 보거니와 나 여호와는 중심을 보느니라(7절).

맑은 마음을 가집시다. 그러기 위해서는 여름 휴가 동안 뉘우침을 가질 수 있어야 하며 새로운 결심을 할 수 있어야 합니다.

그 다음에 아름다움이 있어야 합니다. 믿는 사람의 아름다움은 인물도, 학식도, 돈도, 기술도 아닙니다. 남을 사랑할 줄 아는 마음 이상으로 믿는 사람에게 아름다운 것은 없습니다.

둘째로, 갈릴리 바다는 생명이 약동하는 곳입니다.

같은 나라 남쪽에 있는 사해는 물고기가 전혀 살 수 없는 죽음의 바다입니다. 그러나 갈릴리 바다는 수많은 고기들이 살고 있는 곳으로 많은 어부들이 그곳에서 고기잡이로 생계를 유지하고 있기도 합니다. 그리고 이곳의 물은 주변의 평야를 기름진 옥토로 만들어 농사를 가능케 해주며 또한 나무와 풀들도 푸르게 자랄 수 있도록 풍성한 수분을 공급해 줍니다. 그래서 이스라엘 사람들은 이 바다를 '생명의 바다'라고 칭하기도 합니다.

주님께서는 부활하신 후 사해로 가시지 않고 생명의 바다인 갈릴리로 가셨습니다. 예수 그리스도는 우리의 신앙 생활에 있어서 생명이 되는 분이십니다. 예수님 자신이 "내가 곧 길이요, 진리요, 생명"(요 14:6)이라고 하셨고, "나를 따르는 자는 어둠에 다니지 아니하고 생명의 빛을 얻으리라"(요 10:10)고 말씀하셨습니다.

생명은 하나님과 인간과의 관계를 이어 주는 것입니다. 생명의 원천은 하나님께 있으며 결코 사람에게 있지 않습니다. 하나님께서 흙으로 인간을 만드신 후 생명을 주셨습니다. 만약 하나님이 사람의 생명을 거두어 가신다면 육체는 흙으로 되돌아갈 수밖에 없을 것입니다. 하나님을 떠나서는 생명 자체를 논할 수 없는 것입니다.

우리에게 주어진 하나님의 생명은 곧 예수 그리스도이십니다. 예수 그리스도의 생명이 우리 안에 살아 움직일 때 우리는 하나님의 사람으로 살아갈 수 있는 것입니다. 사도 바울은 이렇게 말했습니다.

너희 안에 이 마음을 품으라 곧 그리스도 예수의 마음이니(빌 2:5).

우리 안에 그리스도의 생명이 약동하도록 하는 실은 곧 성령으로 충만해지는 것입니다.

우리 각자가 하나의 갈릴리가 되십시다. 그리고 갈릴리 안에 생명력이 있었듯이 우리 안에 그리스도의 생명력을 갖추도록 하십시다. 이 해 여름을 나태한 여름이 아닌 그리스도의 생명을 성숙시키는 여름으로 만들어 가십시다. 그러기 위해서는 기도의 시간을 가져야 합니다. 성경 말씀을 읽고 묵상하는 시간을 가져야 합니다.

마지막으로 갈릴리는 자기를 줄 줄 아는 바다입니다.

팔레스틴의 상당히 넓은 지역이 갈릴리 호수의 물로 인해 농사가 가능하며 과목 재배가 가능하다고 합니다. 갈릴리 호수는 고여 있는 호수가 아니라 흐르는 호수입니다. 헬몬산으로부터 물을 받아서 요단강으로 흘려보냅니다. 그리고 농토에 물을 공급하며 백성에게 식수를 공급합니다.

반면에 사해는 고여 있는 호수로서 받을 줄은 알아도 흘려 보낼 줄은 모르므로 소금기만 늘어나 죽음의 바다가 되고 만 것입니다.

교회도 마찬가지입니다. 받은 복음을 줄 줄 알아야 합니다. 그래야 교회가 삽니다. 신자도 마찬가지입니다. 받은 복음을 남에게 전파할 수 있을 때 그 사람의 영적 삶이 풍성하게 지탱되게 됩니다. 우리는 주님께서 말씀하신 다음 내용을 잘 알고 있습니다.

인자가 온 것은 섬김을 받으려 함이 아니라 도리어 섬기려 하고 자기 목숨을 많은 사람의 대속물로 주려 함이라.

주님은 우리에게 많은 것을 주셨습니다. 복음을 주셨고, 구원을 주셨고, 평안을 주셨고, 소망을 주셨고, 사랑을 주셨고, 마침내는 자기 목숨까지 주셨습니다. 마치 주님의 생애처럼 갈릴리 호수는 주는 호수입니다. 교회 역시 성도들의 모임으로 갇혀 있는 곳이 아닙니다. 갈릴리 호수가 전 팔레스틴, 전 이스라엘 땅을 향해 자신을 준 것처럼 교회 또한 최대한으로 자신을 내어 줄 수 있어야 합니다.

흔히 지방에서 서울로 이주해 온 사람들 중에 '도시 교회는 사랑이 없다'고 말하는 경우를 종종 보게 됩니다. 사실 그렇습니다. 왜 그렇습니까? 인구의 도시 집중 현상으로 도시 교회들이 부흥하고 있읍니다. 그러나 교회가 단지 모이는 데서 끝나기 때문에 사랑이 없는 것입니다. 모여진 교인들이 서로 자신을 주려고 할 때 비로소 사랑이 이루어집니다. 사랑을 받으려는 기대에 앞서 사랑을 주려는 자세를 가지십시다. 사랑을 받으려고 할 때보다 사랑을 주려고 할 때 자신이 더 은혜를 받게 됩니다.

남에게 좋은 것을 주려고 할 때 그 사회가 살기 좋은 사회가 됩니다. 남의 것을 받으려고만 하고, 나아가서 빼앗는 데 급급하면 그 사회는 무서운 사회가 됩니다.

세상에는 세 가지 종류의 사람이 있읍니다. 첫째는 있으나마나한 사람, 둘째는 있어서는 안될 사람, 세째는 꼭 있어야 할 사람입니다.

'나는 과연 어떤 사람인가?' 우리 모두 자신을 돌아보며 생각해 보십시다. 사회 속에 꼭 있어야 할 사람은 바로 자신을 주려고 애쓰는 사람입니다. 즉 갈릴리 호수와 같은 사람입니다.

사랑하는 교우 여러분!

무더운 여름을 맞이하여 시원한 갈릴리 바닷가에 우리의 마음을 두십시다.

그 바다는

맑고 아름다운 곳입니다.

생명력이 있는 곳입니다.

줄 줄 아는 곳입니다.

(82. 7. 18)

봄이 깃든 마음

설교본문/아 2:8-17

나의 사랑하는 자가 내게 말하여 이르기를 나의
사랑 나의 어여쁜 자야 일어나서 함께 가자
겨울도 지나고 비도 그쳤고 지면에는 꽃이 피고
새의 노래할 때가 이르렀는데 반구의 소리가 우리
땅에 들리는구나(아 2:10-12)

아가서 2장을 읽어 가노라면 봄의 속삭임을 듣는 것 같은 느낌이 듭니다. 이 아가서를 공동번역으로 읽게 되면 더 큰 실감을 느끼실 수 있을 것입니다.

아가서는 구약 중에서 적은 분량에 속하는 책입니다. 그러나 우리에게 신앙의 깊은 의미를 제시해 주는 귀중한 성경이라고 할 수 있는 것입니다.

아가서는 몇 가지 특징을 지니고 있읍니다.

첫째, 전체가 사랑의 노래로 되어 있읍니다. 하나님과 이스라엘과의 관계, 그리스도와 성도·교회와의 관계를 신랑과 신부의 사랑의 관계로 노래하고 있읍니다.

둘째, 따라서 아가서는 매우 상징적인 시적 표현으로 이루어져 있읍니다. 하나님, 교회, 믿음 등의 직접적인 표현이 없읍니다.

세째, 전체 8장으로 이루어져 있읍니다.

1장 : 신랑과 신부의 속삭임.

2장 : 봄의 찬가.
3장 : 꿈의 노래.
4~5장 : 사랑의 노래.
6~7장 : 기쁨, 환희의 노래.
8장 : 사랑의 힘과 영광을 노래함.

제가 봉독해 드린 본문 2:8-17은 그 중 봄을 노래한 내용입니다. 이 말씀을 가지고 봄이 주는 깊은 신앙의 교훈을 찾으면서 '봄이 깃든 마음'을 생각하고자 합니다.

먼저, 봄은 따스합니다.

그렇기에 봄의 찬가 첫 부분인 2:10은 "나의 사랑 나의 어여쁜 자야 일어나서 함께 가자"라고 노래하고 있는 것입니다. 확실히 봄은 사랑의 계절인가 봅니다. 아름다운 계절을 찬미하는 첫머리에서부터 사랑하는 자를 찾고 있으니 말입니다. 이 계절에 우리는 얼었던 대지가 녹듯이 싸늘하고 차디차게 되어 버린 우리의 마음 또한 녹여서 사랑의 따스함을 지닐 수 있도록 해야 하겠읍니다.

봄은 참으로 너와 나 사이에 얼었던 모든 것을 녹이는 계절이 되어야 합니다. 봄날의 햇살이 온갖 움츠렀던 생명체에 활력을 불어넣어 주고 새순을 틔게 하며, 고목 같이 죽은 것만 같았던 나무 끝에 어여쁜 꽃송이를 피우듯 우리는 이 때에 따스한 마음을 나눌 수 있어야 합니다. 현대 도시 생활에 있어서 가슴 아픈 일은 따스함을 잃어 버렸다는 사실입니다.

이와 같은 맥락에서 유명한 미국의 현대 신학자 하비 콕스(Harvy Cox)는 현대 도시 생활의 3대 특징을 다음과 같이 들고 있읍니다.

첫째 특징은 무명성입니다. 즉 이름을 부르지 않는 시대라는 뜻입니다. 오늘 우리가 살고 있는 이 시대는 개인의 고유한 이름보다는 수자나 부호를 사용하는 일이 더 많습니다. 매사에 수자나 부호가 따라 다니지 않는 일이

거의 없을 정도입니다. 주민등록 번호, 의료 보험 번호, 아파트 호수 등등. 그리고 이런 수자들은 다시 부호가 되어 전산 처리되어집니다. 즉 컴퓨터라는 기계 속에서 인간의 생이 진행된다는 이 차갑고도 엄연한 사실 앞에 우리는 서 있는 것입니다.

둘째 특징은 기동성입니다. 즉 부단히 움직이는 것이 현대 사회의 또 하나 특징이라는 말입니다. 교통 수단의 발달에서 그 원인을 찾을 수도 있읍니다. 어쨌든 오늘날 기동성 때문에 이웃이 없는 세상이 되어가고 있읍니다. 오늘 담장을 사이에 두고 함께 살던 사람이 내일은 어디론가 가고 없읍니다. 그래서 언제나 서먹한 얼굴들과 별 교통 없이 사는 것이 현대인인 것 같습니다.

세째 특징은 인간 소외 현상입니다. 현대 사회의 거대한 조직과 구조 속에서 인간은 한갓 하나의 부속품에 불과할 뿐 그 구조의 주체적 역할을 감당하지 못하는 위치로 전락되고 말았읍니다. 가치의 전도와 인간 소외 현상이 난무하는 속에서 더 이상 따뜻한 인정이나 인간미를 찾아보기 어려운 세상이 되었읍니다. 참으로 따스한 정을 나누는 봄이 그리워지는 시대입니다.

이러한 메마르고, 각박한 시대를 살아감에 있어서 우리 그리스도인들은 좋은 이웃을 그리워하는 마음에 앞서 내 자신이 먼저 좋은 이웃이 되도록 노력해야 합니다. 그러기 위해서는 먼저 화해하는 마음을 가질 수 있어야 합니다. 예수님의 산상보훈 중에 이런 말씀이 있읍니다.

예물을 제단에 드리다가 거기서 네 형제에게 원망들을 만한 일이 있는 줄 생각나거든 예물을 제단 앞에 두고 먼저 가서 형제와 화목하고 그 후에 와서 예물을 드리라(마 5:23).

신앙 생활은 하나님과의 수직적 생활인 동시에 나와 너의 수평적 생활이기도 합니다. 하나님과의 사랑의 관계 못지 않게 중요한 것이 이웃과의 사랑의 관계입니다. 먼저 화해하려는 자세로 살아갈 때 봄날의 햇살이 온 대지를 훈훈히 감싸듯 따사로운 인정으로 우리 인간 사회는 훈훈케 될 것입니다.

다음으로 섬기는 생활을 할 수 있어야 합니다. 사람은 누구나 섬김을 받고 싶어하며 존경을 받고 싶어합니다. 그러한 이유로 대부분의 사람들이 의식적이든 무의식적이든 대인 관계에서 다른 사람들을 자기 편으로 만들어 지배하려는 시도를 하게 됩니다. 그러나 우리 그리스도인들은 상대방 편에 먼저 서 줄 수 있어야 하며, 섬김을 받기보다 먼저 섬길 수 있어야 합니다. 예수께서는 자신이 "섬김을 받으러 온 것이 아니라 오히려 섬기려 하고, 자기 목숨을 내어 대속물로 주기 위해 왔다"고 말씀하셨읍니다. 섬김을 받으려 하기 이전에 먼저 섬기려 하는 자세를 가질 때 우리의 마음과 마음에는 봄의 향훈이 감돌게 될 것입니다.

둘째로, 봄에는 새순이 돋아납니다.

봄의 기이하고도 주목할 만한 현상 중의 하나는 약하디 약한 새싹들이 두터운 나무 껍질을 뚫고, 혹은 딱딱한 땅을 헤집고 돋아 나는 모습을 보는 것입니다. 땅 속에 파묻혀 죽은 것처럼 있던 아주 작은 씨앗까지도 봄이 되면 움을 틔워 땅껍질을 툭툭 터뜨리면서 올라옵니다. 나뭇가지도 생명이 있는 것은 봄이 되면 새순을 틔우며 꽃을 피워 열매로 키워 갑니다. 그러나 죽은 씨앗, 생명이 없는 나무는 아무리 기름진 땅에 심어 거름을 주고 가꾸어도 순을 내기는 커녕 썩어질 뿐입니다.

이 봄에 그리스도의 생명을 품고 있는 사람은 새순을 틔울 수 있읍니다. 그 새순이란 곧 새로운 결심, 새로운 시작을 말하는 것입니다. 새로운 결단과 시작이 있을 때 인생은 꽃도 피울 수 있고, 열매도 낼 수 있읍니다. 하나님께서는 이런 사람을 찾으시며, 이런 사람을 자기 사람으로 삼으십니다.

민수기 17장에 보면 이와 같은 이야기가 나와 있읍니다. 고달픈 광야에서의 40년을 청산하고 이스라엘 백성은 이제 하나님께서 예비해 주신 젖과 꿀이 흐르는 땅, 가나안으로 들어갈 준비를 갖추고 있었읍니다. 이 때 그들에게 한 가지 결정해야 할 문제가 생겼읍니다. 즉 그것은 이스라엘 열 두 지파 중에서 한 지파를 선택하여 제사장을 뽑아 이스라엘의 종교적 지도자 집안이 되게 하는 일이었읍니다. 열 두 지파의 모든 사람들이 다 자기 지파 사람 중에서 제사장이 선출되기를 원했을 것입니다. 왜냐하면 제사장은 당시, 현대식으로 표현하면 삼권을 거머쥐었던 사람이었기 때문입니다. 당시는 신정정치가 이루어졌던 시대였기에 제사장이 하나님의 말씀을 전하는 동시에 백성을 통치하였고 또 백성을 위해 제사를 드렸으며 백성을 재판하는 권위를 가지고 있었읍니다.

모세는 이러한 막강한 위치의 제사장을 어떤 집안에서 뽑을까 고심하며 이 문제를 놓고 하나님께 기도하였읍니다. 모세 자신은 얼마 안가서 죽게 될 것이었읍니다. 따라서 자기의 대를 계승할 수 있는 제사장 집안을 뽑아야 할 필요가 있었읍니다. 하나님께서는 모세에게 한 방법을 가르쳐 주셨읍니다.

모세는 하나님께서 가르쳐 주신 방법대로 시행하였읍니다. 열 두 지파의 대표자를 불러 그들의 지팡이를 모으고는 거기에 각 대표들의 이름을 새기게 했읍니다. 그리고 그 열 두 지팡이를 하룻 동안 제단의 법궤 앞에 두게 했읍니다. 그런데 다음 날 아침 열 두 지팡이 중에서 유독 레위 지파의 대표인 아론의 지팡이에만 이상한 현상이 일어났읍니다.

아론의 지팡이에 움이 돋고, 순이 나고, 꽃이 피어서 살구 열매가 열렸더라(민 17:8).

결국 모세는 하나님이 보여 주신 결과대로 이 지팡이의 소유자인 아론을 택하였고 그가 속한 지파인 레위 지파를 하나님의 제사장 지파가 되게 하였읍니다. 즉 봄이 깃든 그 지파를 이스라엘의 지도자 지파가 되게 하였고 이스라엘에 구원과 축복을 주는 지파가 되게 하였던 것입니다.

삼라만상이 봄을 느끼는 요즘, 우리 그리스도인의 마음 속에도 아론의 지팡이처럼 새순이 움트고, 꽃을 피울 수 있어야 하겠읍니다. 그리고 새로운 열매를 맺을 수 있어야 하겠읍니다. 하나님의 능력과 축복은 봄과 더불어 새순을 틔우는 자에게 나타납니다.

봄은 우리로 하여금 새로운 시작을 하도록 재촉합니다. 새로운 결단을 하도록 재촉합니다. 참으로 우리 안에 그리스도의 생명의 순이 움트도록 하십시다.

세째로, 봄이 깃든 마음에는 꽃이 피고 향기가 납니다.

무화과 나무에는 푸른 열매가 익었고

포도나무에는 꽃이 피어 향기를 토하는구나

나의 사랑, 나의 어여쁜 자야

일어나서 함께 가자(13절).

봄이 되면 포도나무에는 꽃이 피고, 향기가 나며, 무화과 나무는 열매를 맺는다고 하였읍니다. 포도나무가 꽃을 피우고 향기를 내고 포도 송이를 맺는 것은 원줄기에서가 아니라 가지에서입니다. 예수께서는 이렇게 말씀하셨읍니다.

나는 포도나무요, 너희는 가지니 저가 내 안에 내가 저 안에 있으면 이 사람은 과실을 많이 맺나니 나를 떠나서는 너희가 아무 것도 할 수 없느니라 (요 15:5).

주님은 포도나무시고 우리는 그의 가지들입니다. 포도나무이신 주님께 붙어 있는 성도는 주님으로부터 영양분을 공급받아 꽃도 피우고, 향기도 발하며, 많은 열매도 맺을 수 있읍니다. 참으로 봄과 더불어 우리의 생활이 예수 그리스도께 더욱 밀착될 수 있어야 하겠읍니다. 그러면 어떻게 주님께 붙어 있을 수 있읍니까? 몇 가지 방법을 생각할 수 있읍니다.

첫째, 신령과 진정의 예배를 통해서 주님께 붙어 있을 수 있읍니다.

둘째, 진실한 회개의 기도를 통하여 나 자신을 주님 앞에 바로 세움으로 주님께 붙어 있을 수 있읍니다.

세째, 말씀 속에서 소명 의식을 찾을 때 우리 주님께 붙어 있을 수 있읍니다.

그러면 마지막으로, 봄의 찬가 중 마지막 부분의 '여우를 잡으라'는 경고를 생각해 보도록 하겠읍니다.

우리를 위하여 여우 곧 포도원을 허는 작은 여우를 잡으라. 우리의 포도원에 꽃이 피었음이니라(아 2:15).

'여우'는 거짓 선지자의 유혹, 또는 마귀의 유혹을 비유하고 있는 것입니다.

이스라엘아 너희 선지자들은 황무지에 있는 여우 같으니라(겔 13:4).

기라사대 가서 저 여우에게 이르되 오늘과 내일 내가 귀신을 쫓아 내며 병을 낫게 하다가 제 삼일에는 완전하여지리라 하라(눅 13:32).

봄은 유혹의 계절입니다. 잠시만 눈을 떼어도 여우가 덤벼들어 애써 가꾸어 놓은 포도밭을 망가뜨리기 쉬운 그러한 때입니다.

2차대전 말기인 1945년 4월 9일 '본회퍼'라는 신학자가 나치 친위대에 체포되어 교수형을 당하였읍니다. 그가 쓴 저서 중에 「유혹」이라는 책이 있는데 그 책은 우리에게 죄악이 침투해 들어올 때 마음에 울리는 경보를 무시하려는 생각이 가장 큰 유혹이라고 경고하고 있읍니다. 우리는 신앙 양심을 가지고 있는 사람들입니다. 그러므로 죄악이 가까이 올 때 양심에 울리는 경보를 무시하게 될 경우 우리는 죄악에 빠질 수밖에 없음을 명심해야 하겠읍니다.

그래서 다윗은 이렇게 고백하고 있읍니다.

내가 주께 범죄치 아니하려 하여 주의 말씀을 내 마음에 두었나이다(시 119:11).

여호수아 1:7,8에도 마찬가지의 말씀이 나타나 있읍니다. 그 말씀을 이렇게 정리해 볼 수 있겠읍니다.

오직 너는 마음을 강하게 하고 극히 담대히 하라.

또한 너는 좌로나 우로나 치우치지 말라.

그리고 이 율법책을 네 입에서 떠나지 않게 하여 그 가운데 기록한 대로 다 지켜 행하라.

그리하면 네 길이 평탄하게 될 것이며 어디로 가든지 형통할 것이다.

이상의 말씀들은 모두 우리 양심의 경보기에서 나오는 말씀들이라고 할 수 있읍니다.

이제 봄과 더불어 대지를 뚫고 나오는 새순처럼 우리는 새롭고 힘차게 자신을 바로 세워 나가야 하겠읍니다. 그러면서 한편으로는 여우가 우리의 포도밭을 뚫고 들어와 망가뜨리는 일이 없도록 경계를 게을리하지 말아야 하겠읍니다.

그래서 3월을 가리켜 영어로 '마취' 라틴어로 '마르크'라고 하는 것 같습니다. 이 말들은 본디 '군대의 여신'이란 의미를 지니고 있는 것들로 마치 군인이 적진을 향해 용감히 돌진해 가듯이 3월에는 어떤 유혹도 이겨 낼 수 있어야 함을 보여 주는 말이라고 하겠읍니다. 이처럼 봄은 굳은 결심과 강인함으로 승리의 확신을 가지고 나아가야 할 때입니다. 군대의 행진처럼 이 봄을 힘차게 지내지 못하는 사람들은 언제 여우의 올가미에 걸리게 되는지 모르는 것입니다.

봄이 왔읍니다. 사랑의 따스함이 깃든 마음에 그리스도의 새 생명을 움트게 하여 새로운 결단과 시작을 가질 수 있도록 하십시다. 그리고 꽃처럼 피어난 우리의 영혼이 그리스도의 향기를 발할 수 있도록 하며 귀하고 아름다운 열매를 맺을 수 있도록 하십시다. 아울러 봄의 유혹을 이길 수 있도록 강하고 담대하게 그리고 힘있게 자신을 매진시켜 나아갑시다.

주여 !

지난 겨울은 춥고 지루했읍니다.

아직도 우리들의 울타리엔

차디찬 겨울 바람이 날아 듭니다.
그러나 다시 주님의 손길 안에서 봄이 옴을 봅니다.

주여!
이 봄과 더불어
어둠 속에 밝음이
결빙된 대지 위에 따스함이
고난 속에 영광의 서광아 비춰지게 하옵소서.

그리하여
훈훈하게 피어나는 사랑의 향훈 속에
그리스도의 새 생명이 움트고
꽃피고 열매 맺는 아름다운 봄이
우리 안에 또다시 깃들게 하옵소서.

(82. 3. 7)

뿌리를 찾아서

설교본문/눅 13:22-30

너희가 아브라함과 이삭과 야곱과 모든
선지자는 하나님 나라에 있고 오직 너희는 밖에
쫓겨난 것을 볼 때에 거기서 슬피 울며 이를 갊이
있으리라(눅 13:28)

본문 말씀에 의하면, 어떤 사람이 구원을 받을 수 있느냐는 질문을 받고 예수께서 "좁은 문으로 들어가기를 힘쓰라"고 가르치시면서 그 본이 되는 사람들로서 아브라함과 이삭과 야곱을 예로 들고 있읍니다. 신구약 성경에도 "아브라함과 이삭과 야곱의 하나님"이라는 말이 수없이 나오는바 이들의 믿음과 생활에서 이스라엘 민족의 뿌리를 찾을 수 있읍니다.

우리는 내일로 광복 38주년을, 건국 35주년을 맞이하게 됩니다. 우리의 광복이, 나아가서는 대한민국 건국 35년의 역사가 하나님의 특별한 섭리와 경륜 속에 이루어졌음을 생각할 때 참으로 우리는 감사하지 않을 수 없읍니다. 애국가를 부를 때 '하나님이 보우하사 우리나라 만세'라는 구절을 접할 때면 마치 신앙을 고백하는 노래인 양 감격스러움을 느낍니다.

우리처럼 해방의 감격을 가졌던 백성이 있다면 바로 이스라엘일 것입니다. 출애굽의 벅찬 감격을 지녔던 이스라엘은 하나님을 찬양함에 있어 '아브라함의 하나님, 이삭의 하나님, 야곱의 하나님'이라고 불렀는데, 이는 그들 속에 이들 조상들의 믿음과 삶의 유산이 계승되고 있었기 때문입니다.

그러면 이들 세 사람은 어떤 면에서 이스라엘의 뿌리가 되고 있는지 각 사람의 특색을 찾아 보십시다.

첫째로 아브라함에 대해서 살펴보겠읍니다.

아브라함은 하나님의 부름을 받고 고향인 하란을 떠나 가나안 땅으로 이주했읍니다. 가나안에 도착한 후 아브라함이 제일 먼저 한 일은 제단을 쌓고 하나님의 이름을 부른 것입니다.

그가 그곳에서 여호와를 위하여 단을 쌓고 여호와의 이름을 부르더니(창 12:8).

새로운 곳으로 이주한 아브라함은 해야 할 일이 많았을 것입니다. 거처할 집을 지어야 했을 것이고, 목축이 본업이니만큼 축사도 지어야 했을 것이며, 땅도 일구어야 했을 것입니다. 뿐만 아니라 새 지역의 기존 주민들과도 어울려야 했을 것이고, 더우기 그를 적대시하는 자들의 공격도 대비해야 했을 것입니다.

그러나 무엇보다도 아브라함은 새 생활의 기초를 하나님 위에 세웠읍니다. 성경은 하나님을 경외하는 것이 지식의 근본이며 삶의 원천이 되고 모든 풍성한 삶의 시작이 됨을 수없이 가르쳐 주고 있읍니다. 우리 조상들 또한 그와 유사한 사상이라고 할 수 있는 경천애인(敬天愛人)의 슬기를 지니고 있었읍니다.

하나님을 경외하는 마음에서 출발하지 못한 역사의 최후는 어떠했읍니까? 그것은 실패요 패망뿐이었읍니다. 아테네의 유명한 정치가 페리클레스는 문화 위에 그리이스를 세우려 했으나 실패했읍니다. 알렉산더는 무력으로 세계를 정복하고, 그 위에 제국을 건설하려 했으나 결국 자신을 이기지 못함으로 취중에 최후를 맞고 말았으며 제국 또한 멸망하고 말았읍니다. 로마제국 역시 법과 권력의 힘 위에 나라를 건설하려 했으나, 부패와 사치, 방탕으로 멸망했읍니다. 저 고대의 이집트를 보십시오. 하나님을 섬기며 통치한 요셉의 시대에는 나라가 부강했으나 400년 후 하나님을 알지 못하는 바로가 등극하자 나라는 형편없이 쇠약해지고 말았읍니다.

일찌기 불란서의 사상가 앙드레 두만은 "해방과 자유의 제1 원리인 하나님을 거부한 기술 문명은 살인기이며, 하나님을 거부한 권력은 지옥의 건설자가 될 수밖에 없다"고 말한 바 있읍니다.

해방 38주년을 맞는 오늘, 과연 우리 그리스도인들이 자신들의 삶 속에서 얼마나 하나님을 두렵게 여기고 경외하는 마음으로 이 나라 역사에 동참해 왔는지 생각해 보십시다. 해방 후 많은 기독교인들이 사회 각계 각층에서 지도적인 역할을 담당해 왔읍니다만, 역사 속에 빛과 소금의 구실을 다하지 못한 것은, 하나님을 두려워하는 마음, 하나님을 경외하는 마음으로 역사의 첫 장을 열 줄 몰랐기 때문이었읍니다. 우리의 나라와 우리의 역사가 참으로 하나님의 영광 가운데 바로 세워지기 위해서는 우리 민족 모두가 하나님을 경외하는 마음을 가지고 역사의 한 모서리를 담당해야 합니다. 이 때 아브라함의 출발을 축복하신 하나님께서 우리의 역사를 지켜 주시고 축복해 주실 것입니다.

그러나 흔히 우리들은 신앙을 인생의 과외 과목으로 즉 자기를 위한 다른 모든 일은 정규 과목으로 생각하고 신앙은 남은 시간, 남은 정성에 소속시키는 경우가 많습니다. 그러나 아브라함의 새 역사는 하나님을 경외하는 데서 시작되었읍니다. 그리고 하나님을 생의 바탕에 두고 자신의 삶을 살아가는 것으로 일관하였읍니다.

두번째 이스라엘의 뿌리가 된 사람으로 아브라함의 아들 이삭을 생각할 수가 있읍니다. 이삭은 가는 곳마다 우물을 판 사람입니다. 무덥고 메마른 중동에서의 우물이란 바로 생명줄과 같은 것이었읍니다. 이삭이 처음 거한 곳은 그랄 지방입니다. 그는 그곳에서 우물을 파고 농사와 목축을 하여 큰 성공을 거두었으며 대단한 부자가 되었읍니다.

그러자 그곳 원주민 아비멜렉의 시기를 사게 되어 결국 이삭은 그곳을 쫓겨나고 말았읍니다. 쫓겨난 이삭은 에섹이란 땅으로 거처를 옮기었으며 그곳에서 다시 우물을 팠읍니다. 그러나 그곳에서도 원주민과 분쟁이 생겨 우물을 양보하고 싯나라는 곳으로 옮겨 가 그곳에서 또다시 우물을 팠읍니다. 그 후 르호봇으로 가서도 우물을 팠읍니다.

이처럼 이삭은 메마른 땅으로 쫓겨다니는 고통 속에서도 계속 우물을 파 자신뿐만 아니라 후손과 이웃을 위한 샘터를 마련하였읍니다. 이러한 이삭의 생을 아름답게 보신 하나님께서는 "네 자손을 인하여 천하만민이 복을 얻으리라"(창 26:4)고 축복해 주셨읍니다.

가는 곳마다 우물을 파는 이삭의 모습을 통해 우리는 우리 자신과 교회의 참 모습을 발견할 수 있읍니다. 즉 광복 38주년을 맞이하는 한국 교회는 이삭이 곳곳마다 우물을 팠듯이 역사 속에서 우물을 팔 수 있어야 합니다. 그러면 어떤 우물을 파야 하겠읍니까?

먼저 자유의 우물을 파야 합니다. 누가복음 4:18에 보면 주님께서 자신이 온 목적을 다음과 같이 말씀하고 계십니다.

주의 성령이 내게 임하셨으니 이는 가난한 자에게 복음을 전하게 하시려고 내게 기름을 부으시고 나를 보내사 포로된 자에게 자유를 눈먼 자에게 다시 보게 함을 전파하며 눌린 자를 자유케 하고 주의 은혜의 해를 전파하게 하려 하심이라.

그리고 갈라디아서 5:1에서도 같이 내용의 말씀이 나타나 있읍니다.

그리스도께서 우리로 자유케 하려고 자유를 주셨으니 그러므로 굳세게 서서 다시는 종의 멍에를 메지 말라.

교회는 역사 속에 자유의 샘을 파 모든 국민들이 자유롭게 살 수 있도록 해야 합니다.

대한민국의 존립 이유가 어디 있읍니까? 해방 후 남북 분단 속에 신탁 통치를 반대하고 왜 독립 정부를 세웠읍니까? 왜 6·25라는 동족상쟁의 비극을 경험하고, 그 아픔을 지금까지도 계속 지니고 있읍니까? 왜 공산주의를 반대합니까? 잘 먹고 잘 살기 위해서입니까? 오직 참된 자유를 찾기 위해서입니다. 대한민국의 존립 이유는 자유에 대한 희망을 가진 데 있읍니다. 그리고 자유에 대한 갈구와 희망을 구체적으로 샘솟게 하는 우물을 팔 책임이 우리 자신에게 있는 것입니다.

그 다음으로 교회는 정의의 샘을 파야 합니다. 즉 우리 역사 속에 정의의 샘터를 마련하여야 하는 것입니다. 그래야 아모스 선지자의 외침처럼 "공법을 물 같이 정의를 하수처럼"(암 5:24) 흘러내리게 할 수 있읍니다.

기차는 철로 위를 달릴 때 목적지에 갈 수 있고 비행기나 배 역시 항로를 따라갈 때 사고가 없는 법입니다. 혈액 또한 혈관 속으로 순환해야지 밖으로 나가게 되면 그 사람의 신체에 장애를 초래하게 됩니다.

교회는, 그리고 그 지체된 신자 각 사람은 오늘의 국가 사회가 하나님의 공의로운 뜻에 따라 바른 길로 가게 할 책임이 있음을 잊어서는 안되겠읍니다. 교회는 시대와 역사의 예언자가 되어야 하기 때문입니다.

의는 나라로 영화롭게 하고 죄는 백성을 욕되게 하느니라(잠 14:34).

이삭처럼 우물을 팝시다. 우리의 역사 속에 자유와 정의의 샘물을 솟게 하는 우물을.

세번째로 이삭의 아들 야곱을 생각해 보십시다. 그는 새롭게 불리게 됨으로 이스라엘 민족의 직접적인 조상이 되었읍니다. 야곱 전에는 '이스라엘'이란 말조차 존재하지 않았으며 민족도 형성되지 않았었읍니다. 창세기 32장에는 야곱이 이스라엘로 새롭게 불리우게 된 역사가 기록되어 있읍니다.

야곱이 오랜 타향살이를 마치고 고향으로 돌아오게 되었을 때 얍복강가에서 하룻밤을 유숙하였읍니다. 그 때 그는 밤을 새우면서 하나님과 씨름을 하며 혼신의 힘을 다해 하나님께 매달렸읍니다. 그로 인해 환도뼈를 얻어 맞아 위골이 되는 중상을 입었음에도 불구하고 계속해서 그는 하나님께 축복해 주십사 매달렸던 것입니다. 이 때 하나님께서는 야곱에게 이스라엘이라는 새로운 이름을 주셨읍니다.

믿음은 하나님께 자신을 전적으로 맡기는 동시에 새로운 출발을 함을 뜻하는 것입니다. 즉 거듭난다는 뜻입니다. 나 자신을 새롭게 한다는 것입니다. 변화된 삶을 가진다는 뜻입니다. 그리스도인으로 살아간다는 것은 날마다 날마다 자신의 인격과 삶이 새로와짐을 의미하는 것입니다.

'패배자' 또는 '교활한 자'라는 뜻을 지닌 '야곱'이 '하나님과 겨루어 이겼다', '하나님과 더불어 이겼다'는 뜻을 지닌 '이스라엘'로 거듭나는 역사가 우리 민족에게 있어야 하겠읍니다.

특히, 야곱이 얍복강가에서 형 에서와 화해를 위해 기도했듯이 조국의 평화통일을 위해 기도해야 하겠읍니다. 예수님께서 산상보훈에 말씀하시기를 "평화를 위해 일하는 자가 복이 있다"하셨읍니다. 평화를 위해 얍복강을 건너는 야곱이 되어야 하겠읍니다.

우 리는 내일로 광복 38주년을, 건국 35주년을 맞이하게 됩니다. 이러한 때 아브라함처럼 하나님을 경외하는 나라를 건설해 가십시다. 그리고 이삭처럼 민족 역사에 새로운 자유와 정의의 샘을 계속 파는 교회를 이루어 가십시다. 그리고 평화를 위하여 일하는 자가 되십시다.

(83. 8. 14)

무엇이 성공인가 ?

설교본문/삼하 18:19-30

사독의 아들 아히마아스가 다시 요압에게 이르되
청컨대 아무쪼록 나로 또한 구스 사람의 뒤를 따라
달음질하게 하소서 요압이 가로되 내 아들아 왜
달음질하려 하느냐 이 소식으로 인하여는 상을
받지 못하리라 하되(삼하 18:22)

본문 가운데는 두 사람의 달음박질이 나타납니다. 때는 다윗왕의 아들 압살롬이 부왕에게 반기를 들고 에브라임에서 반란군을 조직하여 전쟁을 일으킬 당시였읍니다. 그 때 다윗의 신하 요압이 지휘하는 군대가 반란군을 섬멸하였는데 이 싸움에서 압살롬이 살해되었읍니다.

요압은 승전보와 함께 압살롬이 전사했다는 소식을 다윗에게 전하기 위해 전령을 보내게 되었는데 전령으로 2명의 후보가 물망에 올랐읍니다. 요압은 구스 사람이라고만 밝혀진 무명의 군사에게 이 사명을 맡기게 되었읍니다.

그런데 구스 사람이 출발하자 아히마아스라는 사람이 요압 장군에게 자기도 또한 전령으로 구스 사람의 뒤를 따라 가게 해달라고 간청하였읍니다. 요압은 의아해서 아히마아스에게 "왕의 아들이 죽은 슬픈 소식을 전하는 것인데 왜 뜻 없이 달음질을 하려느냐? 이번 일은 슬픈 소식을 전하는 것이므로 상받지 못할 것이다"라고 말하였읍니다.

그럼에도 불구하고 아히마아스가 계속 간청하자 요압은 그에게 가도록 허락했읍니다. 아히마아스는 지름길을 택하여 달음질쳐 갔으며 먼저 출발한 구스 사람보다 앞서 예루살렘에 도착했읍니다.

아히마아스가 오는 것이 왕궁의 파수군에 의해 왕에게 보고되자, 왕은 급히 그를 접견하였으며 그로부터 전승 보고를 받고 이어 가장 궁금한 것 즉 압살롬에 대하여 물었읍니다. 다윗은 전쟁의 결과보다 자신의 아들 압살롬의 생사에 더 큰 관심을 가지고 "압살롬은 무사하냐?"고 물은 것입니다.

아히마아스는 29절에 나타나 있는 대로 "요압이 왕의 종 나를 보낼 때에 크게 소동하는 것을 보았으나 무슨 일인지 알지 못하나이다"라고 대답하였 읍니다. 즉 그는 진짜 중요한 메시지를 전하지 못한 것입니다. 화가 난 왕은 그만 물러가라고 호령했읍니다. 아히마아스는 전령으로서 상관의 뜻을 바로 전하지 못함으로 자기의 맡은 역할을 충실히 이행하지 못했던 것입니다.

뒤이어 구스 사람이 왕궁에 도착하였으며 전승 보고와 함께 압살롬에 관한 슬픈 소식을 전하였읍니다. 이 소식을 들은 다윗은 전승에 대해 기뻐하기보다는 사랑하는 아들 압살롬이 죽은 것에 대해 애통해하며 "내 아들 압살롬아 내 아들 압살롬아 내가 너를 대신하여 죽었더면…" 하고 통곡하였 읍니다.

두 사람이 전령으로서 같이 달렸지만 구스 사람에 비하여 아히마아스는 부끄러운 경주를 했다고 할 수 있읍니다.

아서 밀러(Arther Miller)의 작품 중에 「세일즈맨의 죽음」이라는 것이 있읍니다. 이 작품 속에서 작가는 두 가지 질문을 제기합니다. 하나는 "인간이 성공을 추구할 것이냐?" 하는 것이며 또 하나는 "인간이 승리를 추구할 것이냐?" 하는 것입니다.

성공과 승리는 분명히 다른 개념입니다. 인생에 있어서 겉으로는 성공한 자 같아 보이나 실제로는 실패한 자가 많이 있읍니다. 이 작품의 주인공 윌리 노만(Willy Norman)은 성공적인 세일즈맨이었지만 그의 말로는 자살로 종결되었읍니다. 이처럼 사업에는 성공했으나 인생에 패배한 자가 얼마나 많습니까? 아마 아히마아스도 그런 사람 중의 한 사람일 것입니다. 우리는 아히마아스에게서 몇 가지의 교훈을 얻을 수가 있읍니다.

첫째, 아히마아스는 빨리 달리는 것이 성공인 것으로 알고 있었읍니다. 소위 스피드 시대에 살고 있는 우리는 자신도 모르는 사이에 속력에만 관심을 쏟는 경우가 많습니다. 즉 남보다 빨리 가고, 남보다 먼저 성취하고, 한 치라도 남보다 먼저 가는 것이 성공이라고 생각하는 경향이 짙습니다.

그러나 성경은 말합니다. "하루가 천년 같고 천년이 하루 같다"고 말입니다. 이 말은 하나님 보시기에는 시간의 길이보다 그 내용이 문제라는 것입니다. 즉 한 시간에 대한 평가는 그가 달려 온 시간의 길이나 속도보다 그 내용에 달려 있는 것입니다.

소년 소녀들에게 많은 모험적인 이야기를 들려 준 유명한 작가가 있읍니다. 그는 웰스(H. G. Wells)라는 분입니다. 그는 인도의 민화를 이용해서 「무덤」이라는 작품을 썼는데 그 내용을 살펴보면 다음과 같습니다.

인도의 어느 왕국에 아주 젊고 아름다운 왕비가 있었읍니다. 그런데 그 왕비는 왕과 결혼한지 1년 만에 병으로 세상을 떠나고 말았읍니다. 왕은 너무 슬퍼서 어찌할 바를 알지 못했읍니다. 궁리 끝에 왕은 아주 정성을 들여 왕비의 무덤을 만들었읍니다. 그로부터 1년이 지난 후 왕은 무덤을 찾아가 보았읍니다. 그 때 왕의 눈에 비친 무덤은 너무 쓸쓸해 보였읍니다. 그래서 신하들을 시켜 왕 자신을 상징하는 미남자의 조각을 새겨 무덤 동편에 세워 두었읍니다. 아마도 자기는 비록 무덤가에 있지 못할지라도 자기를 닮은 동상이라도 두어 왕비의 영을 위로하고 싶었던 모양입니다. 그로부터 다시 1년 뒤에 무덤을 가보았는데 그곳은 여전히 쓸쓸해 보였읍니다.

그래서 왕가를 상징하는 호랑이 상을 만들어 서편에 세웠읍니다. 그리고 그 후 1년 뒤에는 무덤 앞에 재력을 상징하는 호화로운 집을 짓게 하였고 그 것만으로도 부족하여 다시 1년 뒤에는 무덤 북편에 권력을 상징하는 훌륭한 성곽을 세웠읍니다. 그 후 몇 년이 지난 뒤에 무덤이 있는 동산에 올라 아래를 내려다 보니 참으로 근사하기 이를 데 없었읍니다. 동쪽엔 미남 조각, 그 반대쪽엔 용맹스런 호랑이상, 거기다가 호화로운 궁전에 훌륭한 성곽까지 잘 조화되어 아름답기 그지 없었으며 더할 나위없이 훌륭해 보였읍니다. 흡족한 마음으로 좀더 살펴볼 양으로 자세히 보니 가운데 초라하게 서 있는 무덤이 눈에 거슬렸읍니다. 그래서 왕은 이렇게 명하였읍니다.

"저 가운데 있는 무덤을 치워 버려라."

우리도 이런 과오를 범할 경우가 너무나도 많이 있읍니다.

처음엔 감격스럽게도 하나님을 중심에 모셨는데 점차 자기가 드러나고, 가문이 드러나고, 재물, 명예, 권력이 드러나며 그로 말미암아 결국엔 하나님은 점점 사라지고, 끝내 하나님이 귀찮은 존재가 되어 "집어치워 버리자"는 생각을 갖기에까지 이르게 되는 것입니다.

구스 사람은 비록 발걸음은 느렸으나 전령으로서 전해야 할 내용을 가지고 있었읍니다. 이에 비해 아히마아스는 지름길을 달릴 줄 아는 약삭빠른 수단과 방법은 가지고 있었으나 전령으로서 전해야 할 내용은 가지지 못한 부끄러운 전령이었읍니다. 이는 어떤 의미에서는 달음박질하는 겉모습은 지니고 있으나 인간으로서의 참 의미와 내용은 가지지 못한, 정말 인간으로서의 가치와 보람을 상실한 채 살아가는 우리들 자신의 한 단면을 비추어 주는 것이라고도 할 수 있읍니다.

둘째, 아히마아스는 주어진 사명보다는 자신의 명예와 출세만을 위해 달렸읍니다.

20절에 요압은 분명히 왕자가 죽었다는 소식을 전하라고 했지만 아히마아스는 자기 본위로 달렸읍니다. 즉 그는 승전의 소식을 빨리 임금에게 전하면 상금이라도 탈 줄 알았던 것입니다. 그러나 구스 사람은 요압의 명령을 충실히 이행했으며 왕이 듣기 원하는 소식이 무엇인가를 알고 달렸읍니다.

얼마 전 해외 토픽에 이런 이야기가 실린 것을 읽은 적이 있읍니다.

날씨가 매우 무더운 여름철에 미국의 오레곤주에 사는 어느 부부가 여름 휴가를 마치고 캠프용 트럭을 타고 돌아오고 있었읍니다. 부인이 운전대를 잡고 남편은 더위를 못이겨 벌거벗은 채 뒤에서 잠이 들어 있었읍니다.

얼마쯤 가다 어느 마을을 통과하게 되었는데 가게들이 늘어선 번화가 네거리에서 교통 신호에 걸려 잠시 정차하게 되었읍니다. 그 때 마침 잠이 깬 남편이 밖을 보기 위해 캠프차 뒷문을 열려고 하였읍니다. 그 순간 갑자기 차가 출발하는 바람에 남편은 벌거벗은 몸으로 네거리에 떨어지고 말았읍니다.

트럭 뒤에서 무슨 일이 생겼는지 알지 못한 부인은 시속 100마일로 신나게 차를 몰았으며 얼마 후에 집에 당도케 되었읍니다. 그런데 집에 와서 보니 남편은 온데 간데 없고 옷만 덩그러니 놓여져 있었읍니다. 부인은 의아해하며 몹시 놀랐읍니다. 그 사이 남편은 톡톡이 망신만 당하며 가까운 상점에 들어가 수건을 빌어 겨우 몸만 가리고 만인의 웃음거리가 된 채 집으로 돌아왔다고 합니다.

아무도 보는 이 없다고 해서 자기 혼자만을 생각해 벗은 채 있다가 갑자기 네거리 광장에 드러나게 되면 망신을 당할 수밖에 없읍니다.

예수께서는 벌거벗은 부끄러운 달음질에 대해 마태복음 22장 '왕자의 혼인 잔치의 비유'를 통해 잘 가르쳐 주고 계십니다. 그 내용은 이러합니다.

왕실에서 왕자의 혼인 잔치가 벌어져 닥치는 대로 길거리의 사람들을 초대케 되었읍니다. 많은 사람이 초대받아 왔읍니다. 그런데 그 중 한 사람이 예복을 입고 있지 않음으로 내쫓김을 당하고 말았읍니다.

왕자의 혼인잔치에 초대받은 것이 아무리 기쁘고 다급해도 왕을 기쁘게 하는 예복을 입지 않고 그냥 나아갔다가 부끄러움을 당한 것입니다.

아히마아스가 바로 그런 인생이었읍니다. 아무리 왕 앞에 나아가고 싶었고 또 빨리 달려갔다 할지라도 왕이 원하는 바를 준비하지 못했다면 "물러가라"는 책망밖에 들을 것이 없는 것입니다.

지금 이 자리에 살아 있는 우리 역시 언제 어느 때 하나님 앞에 서게 될지 모릅니다. 그 때 우리 모습은 어떠할는지 한번 생각해 보십시다. 하나님이 원하시는 예복을 입은 모습일는지 아니면 혹 벌거벗은 부끄러운 모습은 아닐는지요. 이 땅에 태어날 때는 순서가 있지만 하나님 앞에 부름받는 데 있어서는 연로하다고 먼저 가고 젊다고 늦게 가는 법이 없읍니다.

진실로 하나님 앞에 보여질 자신의 모습에 관심을 가지면서 하나님께서 원하시는 바를 이루는 가운데 인생의 길을 달려가는 여러분들이 되시기를 바랍니다.

세째, 아히마아스는 어리석게도 고통스러운 일은 생각지 않고 오직 기쁨만 바라보며 달렸읍니다.

그러나 구스 사람은 고통을 안고 고통을 바라보며 달렸읍니다. 왕자의 죽음이라는 슬픈 소식을 왕에게 전달해야 하는 괴로운 사명 즉 십자가를 지는 것을 자기 책임으로 알아 달게 여겼던 사람입니다. 새번역 히브리서를 보면 이런 말씀이 나타나 있읍니다.

우리 앞에 놓인 경주의 길을 참고 달려갑시다. 믿음의 창시자요 완성자인 예수만을 바라봅시다. 예수는 자기 앞에 놓여 있는 기쁨을 바라보고 부끄러움도 상관치 않고 십자가를 참으셨읍니다(히 12:1, 2).

참다운 승리와 기쁨은 예수님처럼 십자가를 바라보고 달리는 것입니다. 같은 1세기의 사람이었지만 대조적인 두 인물을 우리는 볼 수 있읍니다. 한 사람은 바울이요, 다른 한 사람은 네로입니다. 바울은 예수의 십자가를 바라보고 달리다가 기쁨을 발견한 사람이고, 네로는 자기의 기쁨을 바라보고 달리다가 절망을 발견한 사람입니다. 바울이 고통을 뚫고 승리를 찾은 인간임에 반해 네로는 쾌락을 거쳐 실패를 맛본 인간입니다. 바울은 후세에 기독교 신학이라는 위대한 유산을 남겼고, 네로는 흑암과 파괴를 자기의 가문과 조국 그리고 후세에 남겼읍니다.

그리스도인의 삶이란 고통을 함께 나누는 생활입니다. 그 속에서 사랑과 기쁨을 노래할 수 있읍니다.

'**알**렉스 헤일리'가 쓴 「뿌리」라는 작품에서 감격스러운 한 장면을 볼 수 있읍니다.

아프리카에서 붙잡혀 온 노예인 주인공 쿤타 킨테가 어느날 주인을 따라 무도회장에 가게 되었읍니다. 주인은 안에 들어가고 그는 밖에서 마차에 앉아 기다리고 있었읍니다. 그 때 무도회장에서는 흥겨운 음악이 쉴 새 없이 흘러 나왔지만 그에게는 아무런 감흥도 주지 못했읍니다.

그러던 차에 정원 반대편 한 오두막에서 갸날픈 하모니카 소리가 들려왔읍니다. 그는 귀가 번쩍 트여서 그리로 찾아 갔읍니다. 그 오두막에는 그 곳 부자집 노예가 살고 있었읍니다. 알고 보니 그 역시 아프리카의 비슷한 지역에서 붙잡혀 온 사람이었읍니다. 따라서 그들은 서로 말도 통하고 음악도 함께 즐길 수 있었읍니다. 두 사람은 서로 얼싸안고 눈물을 흘리며 하모니카 하나로 고향을 노래하면서 향수를 달랬읍니다. 아마 무도회장의 화려한 음악보다는 오두막의 하모니카가 더 그들의 심금을 울렸던 것 같습니다.

이처럼 그리스도인은 고통을 외면하기보다는 고통을 새기며 그 속에서 의미와 승리를 찾는 사람들입니다.

나의 인생은 어떤 경주가 될 것인가 생각해 보십시다. 구스 사람처럼 영광의 경주를 할지언정 아히마아스처럼 부끄러운 경주를 해서는 안될 것입니다.

영광스런 경주란 빨리 달리는 것보다 내용이 있는 인생을 말하며 자기 본

위의 삶이 아닌 주님의 목적을 성취하는 삶을 말하고 마지막으로 값싼 이기적 기쁨의 목표가 아닌 예수를 통한 참 기쁨을 내다보는 경주를 말합니다.

(83. 7. 3)

사람답게 산다는 것은

설교본문/딤전 1:12-20

너를 지도한 예언을 따라 그것으로 선한 싸움을
싸우며 믿음과 착한 양심을 가지라
어떤 이들이 이 양심을 버렸고 그 믿음에 관하여는
파선하였느니라(딤전 1:18, 19)

옛날부터 종종 인간의 생활을 바다의 항해에 비유하곤 하였읍니다. 즉 세상을 바다에 비유하고 인간의 삶을 한 작은 배에 비유한 것입니다.

항해에는 반드시 목적지가 있읍니다. 마찬가지로 인생 항로에도 목적지가 있읍니다. 그 목적지는 하나님의 나라 곧 천국입니다. 하나님의 나라를 말할 때 단순히 죽음 이후에 오는 피안의 세계만 의미하는 것은 아닙니다. '하나님의 나라'라는 말은 하나님의 주권이 이루어지는 세상을 가리키는 말입니다. 그래서 주기도문에서도 "나라이 임하옵시며 뜻이 하늘에서 이루어진 것 같이 땅에서도 이루어지이다"라고 간구하고 있는 것입니다.

예수께서도 "천국은 너희 안에 있느니라"라고 말씀하셨읍니다. 하나님의 나라는 각자의 마음 속에서 가정으로, 사회로, 그리고 영원의 세계로 확장되어 가야 하는 것입니다.

이와 같이 '나'라는 작은 배는 하나님의 나라를 향하여 항해를 해 나가고 있읍니다. 우리가 항해하는 바다는 거울처럼 잔잔할 때도 있고, 순풍에 돛을 단 듯 순탄히 달릴 때도 있읍니다. 그러나 언제나 그런 것은 아닙니다. 때로는 큰 풍랑과 바람, 폭풍우를 만나기도 하고 자욱한 안개에 눈보라를 만나기도 합니다. 혹은 뜻하지 않은 태풍과 해일을 만나 실오라기 같은 가는 목숨을 부지하고자 악전고투할 때도 있읍니다.

인생의 바다 역시 마찬가지입니다. 전쟁이나 기근, 실패를 만나 좌절할 때도 있으며 가정 파탄으로 슬픔에 직면할 때도 있고 각종 유혹 가운데 떨어질 때도 있읍니다. 캄캄한 밤이 닥칠 때도 있으며 짙은 안개에 가려 앞이 잘 보이지 않을 때도 있읍니다.

바다에서의 항해는 항로를 잘못 잡는 경우가 있더라도 다시 가면 되고 배가 파선될 경우에는 새 배를 갈아 타고 가면 됩니다.

그러나 인생의 항해는 그렇지가 않습니다. 이는 단 한 번밖에 갈 수 없는 항로를 가는 것이기 때문입니다. 잘못 갔다고 되돌아 올 수도 없고, 다시 출발할 수 없는 것이 곧 인생항로입니다.

그러므로 과거가 아무리 고통스럽고 어려웠다 할지라도 과거를 벗어 던질 수 없는 것이며 아무리 탄식하거나 애통해도 그 과거는 바뀌어지지 않는 것입니다. 반대로 성공적이었던 과거를 아무리 자랑해도 자랑할 그 때만 만족감이 있을 뿐 그 다음 순간엔 다시 허탈감이 남게 됩니다. 문제는 남아 있는 내일을 어떻게 파선하지 않고 힘있게 '하나님의 나라'를 이루며 살아가느냐 하는 것입니다.

그러면 어떻게 오늘과 내일을 사람답게 살아갈 수 있겠읍니까? 디모데에게 준 사도 바울의 권면에서 우리는 그 방법을 찾을 수가 있읍니다.

사도 바울은 당시 로마의 감옥에 갇혀 있는 처지였읍니다. 곧 순교의 날이 임박해 있는 상황이었읍니다. 이제 삶의 여정 중 맨 마지막 부분에 다다라 있는 사도 바울은 죽음의 직전에 그의 양아들이자 제자이며 선교의 동역자인 젊은 디모데에게 권면의 말씀을 해주고 있읍니다. 그 말씀들을 모은 책이 곧 디모데전후서입니다.

그래서인지 디모데전후서는 장엄하고 간절한 문체로 되어 있으며 결단을 촉구하는 내용으로 되어 있읍니다.

여기서 우리는 어떻게 사람답게 살아갈 수 있는가를 찾아 볼 수 있읍니다.

첫째, 믿음을 가지는 것입니다.

믿음은 배의 동력과 같습니다. 작은 강은 조그만 나룻배를 타고서 사람의 힘으로 노를 저어서도 갈 수가 있읍니다. 그러나 큰 바다는 사람의 힘만으로 저어가기에는 너무 넓고 벅찹니다. 그러기에 예로부터 잘 항해할 수 있는 여러가지 방법이 연구 개발되어 왔읍니다. 처음엔 돛을 달아 풍력을 이용했고, 그 다음 언제부터인가는 증기의 힘, 석유의 힘을 이용해 왔으며 현재에 이르러서는 원자력의 힘까지 이용하고 있읍니다.

인생 항해에 있어서도 마찬가지입니다. 살아가노라면 사람의 힘으로 감당하기 어려운 일들이 너무 많이 생깁니다. 즉 사람의 건강이나 지식, 신념이나 의지력, 돈만으로 해결할 수 없는 일들이 너무 많이 있읍니다. 보다 굳센 힘이 있어야 합니다. 그 힘이 곧 믿음입니다. 믿음은 배의 동력과 같은 것으로 하나님의 능력을 수반하고 있는 것입니다. 오늘 우리 삶의 항해엔 이 믿음을 통해서 오는 하나님의 능력을 절실히 필요로 하고 있읍니다.

사도행전 1:8을 보면 "성령이 너희에게 임하시면 너희가 권능을 받고"라는 말씀이 나타나 있읍니다. 하나님의 영이 우리 안에 역사할 때 영적 힘을 얻을 수 있게 된다는 말입니다. 영적 힘을 얻을 수 있는 사람만이 오늘을 강하고, 담대하게 살아 갈 수 있읍니다. 성령으로 말미암아 영적 힘을 얻어 살아가는 사도 바울이 빌립보서 4:13에 "내게 능력 주시는 자 안에서 내가 모든 것을 할 수 있느니라"라고 말한 것이 그 사실을 보여 주고 있읍니다.

모든 사람은 하나님의 능력으로 인생의 폭풍우를 이겨 나갈 수 있읍니다. 하나님의 능력은 오직 믿음 안에서만 주어지는 것입니다.

믿음이란 자신을 하나님께 내어 맡기는 것입니다. 즉 자신을 온전히 맡기는 자만이 하나님의 능력을 힘 입어 살아갈 수 있읍니다. 솔로몬 임금은 다음과 같은 잠언을 말하였읍니다.

사람이 마음으로 자기의 길을 계획할지라도 그 걸음을 인도하시는 자는 여호와시니라(잠16:9).

너의 행사를 여호와께 맡기라 그리하면 너의 경영하는 것이 이루리라(잠16:3).

둘째, 착한 양심을 가지는 것입니다.

빅톨 위고가 쓴「장 발장」이란 소설의 이야기를 우리는 잘 알고 있읍니다. 장 발장이란 사람이 있는데 그는 여러가지 전과가 있는 사람으로 멀리 타도시로 도망가 그곳에서 개명하여 시장의 자리에까지 오르게 됩니다. 그런데 어느날 신문을 통해 자기 고향에서 어떤 사람이 장 발장으로 체포되어 재판을 받게 되었다는 기사를 읽고는 밤새 고민한 후에 결국엔 고향으로 돌아가 자수하게 됩니다. 이는 양심에 의한 행동이었읍니다. 장 발장의 행동은 착한 양심이 무엇인가를 우리에게 잘 보여 주는 것입니다.

착한 양심이란 부끄러움이 있는 양심이 아닙니다. 왜곡된 양심이 아닙니다. 불에 그을린 양심도, 더우기 마비된 양심도 아닙니다. '착하다'는 말은 '선하다', '올바르다'는 뜻입니다. 양심이란 인간에게 이루어진 하나님의 형상이어서 조금도 손상되어서는 안되는 것입니다.

로마서 2:12 말씀에는 양심을 "마음에 새긴 율법"이라고 말하고 있으며 마태복음 6:22에는 양심을 "마음의 눈"이라고 말하고 있읍니다. 눈이 마비되면 앞을 바로 볼 수 없읍니다. 그와 같이 양심이 마비되면 바른 삶을 살 수 없읍니다.

하나님의 형상인 양심은 또 나침반과도 같다고 할 수 있읍니다. 항해에 가장 필요한 작은 기계가 있다면 그것은 나침반입니다. 나침반의 지시에 따라 방향을 정하여야 바른 항해를 할 수 있는 것처럼 양심의 호소에 순복하여야 하나님을 향한 인생 항해를 바로 할 수 있읍니다. 양심이 마비되면 방향감각이 없어집니다. 양심의 호소에 순응할 줄 알 때, 하나님 형상을 입은 인간답게 살아 갈 수가 있는 것입니다.

양심은 개인에게만 있는 것이 아닙니다. 사회에도 국가에도 양심이 있읍니다. 교회가 바로 사회와 국가의 양심입니다. 개인이 잘못할 때 양심이 먼저 가책을 느끼고 괴로와하듯이 한 나라나 사회가 잘못할 때 나라의 양심으로서의 교회가, 사회의 양심으로서의 교회가 먼저 그리고 더 괴로와하고 애통해해야 합니다. 그리고 나아갈 바른 길을 제시할 수 있어야 합니다. 양심의 호소를 들을 줄도 알고 말할 줄도 알 때 교회는 온전한 하나님의 형상을 입은 개인들의 모임이 될 수가 있으며 더 나아가 사회와 국가의 살아 있는 양심의 역할을 다할 수 있음을 명심하여야 하겠읍니다.

셋째, 선한 싸움을 싸우는 것입니다.

인생이라는 것이 어떤 의미에서는 바로 싸움의 역사가 아닌가 생각됩니다. 인간은 사실 생존경쟁에서 낙오되지 않기 위하여 얼마나 발버둥치면서 살고 있읍니까? 더우기 그리스도인은 악에 지지 아니하고 선으로 악을 이기기 위해 선한 싸움을 싸워야 할 책임까지 지고 있읍니다. 그리스도인의 싸움을 다음 두 가지로 말씀드릴 수 있겠읍니다.

먼저 그리스도인은 자기 자신과의 싸움에서 이겨야 합니다. 소크라테스는 아테네와 트로이의 젊은이들을 모아 놓고 "네 자신을 알라"고 가르쳤읍니다. 사도 바울의 가장 위대한 점은 그가 자신과의 싸움에서 이겼다는 것입니다. 그는 훌륭한 신앙인이었고, 신학자였으며 전도자였읍니다. 그러면서도 그는 우리 못지 않게 많은 고민을 가진 사람이었읍니다.

죄의 법 아래로 나를 사로잡아 오는 것을 보는도다. 오호라 나는 곤고한 사람이로다 이 사망의 몸에서 누가 나를 건져 내랴(롬7:23, 24).

이것은 위대한 복음의 사도인 바울의 고민에 겨운 탄식이라고 할 수 있는 것입니다. 그러나 바울은 거기서 좌절하여 주저앉지 않았읍니다. 이는 그가 또한 다음과 같은 고백을 하였기 때문입니다.

우리 주 예수 그리스도로 말미암아 하나님께 감사하리로다… 이는 그리스도 예수 안에 있는 생명의 성령의 법이 죄와 사망의 법에서 나를 해방하였음이라(롬7:25-8:2).

우리는 자신 속에서 꿈틀거리는 마귀의 역사와 싸워 이길 수 있어야 합니다. 그리고 사망의 법에서 벗어나 예수 그리스도 안에 있는 성령의 법이 나를 다스리도록 할 수 있어야 합니다.

다음으로 그리스도인은 사회악과의 싸움에서도 이길 수 있어야 합니다.

호머의 희랍 신화를 보면 사이러스섬 해상에서의 요정의 노래에 관한 이야기가 나옵니다.

사이러스섬 주변의 해상에서는 배들이 항해를 할 수 없었읍니다. 그것은 파도가 거세게 일어서가 아니라 요정의 노래에 현혹된 뱃사공들이 모두 물에 빠져 죽곤 하기 때문이었읍니다.

이 해상을 헬라의 명장인 오딧세이와 올훼스가 지나가게 되었읍니다. 그들은 각기 묘책을 마련하여 모험을 하였읍니다. 오딧세이는 선원 전체에게 초로 귀를 막을 것을 명하였읍니다. 그리고 자신만은 귀를 막지 않고 몸을 돛대에 묶은 채 고통을 이기며 그 해상을 지나갔읍니다. 즉 아픔을 참고 인내로 항해함으로써 항해에 성공한 것입니다. 그러나 올훼스의 선원들은 노래를 배워 요정보다 더 큰 소리로 노래를 불러 항해에 성공을 하였읍니다. 오딧세이의 선원들은 멍청스럽게 가까스로 항해를 했지만, 올훼스의 선원들은 의기양양하게 승리자로 항해를 한 것입니다.

교회도 현실 문제에 대해 도피하는 듯한 태도를 취할 것이 아니라 문제 속에서 문제를 풀어 나가려 하는 적극적인 자세를 가질 수 있어야 합니다. 그렇게 하는 것이 교회다운 태도입니다. 이는 악에 지지 말고 선으로 악을 이기라고 성경이 우리에게 가르치는 것과도 상응하는 것입니다. 참으로 오늘 우리의 교회는 악에서 도피하는 교회가 되지 말고, 악보다 더 큰 선의 소리를 지르는 교회가 되어야 하겠읍니다.

교회는 모든 시대와 모든 사회, 그리고 그 속의 모든 개인에게 구원의 복음을 크게 외칠 수 있어야 합니다.

사도 바울은 디모데후서 4:2을 통해 오늘도 우리에게 이같이 말씀하고 계십니다.

너는 말씀을 전파하라. 때를 얻든지 못 얻든지 항상 힘쓰라.

사랑하는 교우 여러분!

믿음에 굳게 서십시다.

착한 양심을 가지고 사십시다.

선한 싸움에 승리자가 되십시다.

(82. 6. 13)

믿음의 위력을 가지자

소유냐 삶이냐

설교본문/창 12:1-4

너를 축복하는 자에게는 내가 복을 내리고 너를
저주하는 자에게는 내가 저주하리니 땅의 모든 족속이
너를 인하여 복을 얻을 것이니라
하신지라(창 12:3)

소유냐, 삶이냐!

이 말은 작년 봄에 80세를 일기로 별세한 미국의 정신 분석학자이며 사상가인 에릭 프롬이 쓴 마지막 책의 제목입니다.

여기서 그는 사람의 삶을 두 가지 형태로 분류해서 가르쳐 주고 있읍니다. 그 하나는 소유적인 삶입니다. 소유적인 삶이란 재산,가족,권력,명예 등 인간이 가지고 있는 소유의 욕망을 충족시킴으로써 성공의 쾌감을 느끼고, 그 자체 속에서 가치를 발견하고 사는 생활의 양태를 가리키는 말입니다. 또 다른 한 삶이 있읍니다. 그것은 삶 자체의 의미를 찾아 사는 삶입니다. 다른 말로 표현하면 '창조적인 삶'이라고 할 수 있겠읍니다.

즉 소유는 못할지라도, 혹은 소유물 자체보다는 살아간다는 그 삶 자체에서 의미를 찾고 무엇인가 새로운 것을 위해 수고하고 기여하며 창조해나가는 속에서 성공 의식을 가지고 살아가는 삶을 두고 하는 말입니다.

하나님께서는 우리 인간을 만드실 때에 하나님 자신의 형상대로 만드셨읍니다. 그리고 우리 인간을 만드신 다음에 말씀하시기를 생육하고 번성하며 땅에 충만하라고 하셨읍니다. 여기서 우리는 하나님께서 우리 인간을 만드실 때 바로 창조적인 인간으로 만드셨지 소유적인 인간으로 만들지 않으셨다는 사실을 발견하게 됩니다. 다시 말씀드리자면 하나님께서 창조주이신 것처럼 그 형상을 입은 인간도 하나님의 창조의 능력을 지니고 있다는 말입니다. ·

그리고 인간에게 내려준 그 축복의 말씀, 생육, 번성, 이것도 소유의 개념이 아닌 창조의 개념으로 풀이할 수 있읍니다. 그런데 오늘의 문제는 너무도 많은 사람이 소유적인 생활에 집착한 나머지 삶 그 자체를 잃어버리고 살아가고 있다는 데 있읍니다. 이는 곧 우리 사회의 불행이 아닐 수 없읍니다.

한 가지 예를 들어서 말한다면 어느 정치 학자가 통탄해하면서 이렇게 말한 것을 들 수 있읍니다. 즉 오늘 우리의 현실을 가리켜서 권력은 있으나 정치가 없다는 것입니다.

정치는 기여적인 것입니다. 창조적인 것입니다. 이에 비해서 권력은 소유적인 속성을 지니고 있읍니다. 그래서 그런지 모르지만 과거를 되돌아볼 때 힘을 가졌다 하면 나라나 백성을 위해 기여하거나 자기를 바치거나 자기를 헌신하려는 생각보다는 오직 자신의 소유의 욕구를 충족시켜 나가기 위해 권력의 힘을 행사해 온 경우를 역사 속에서 많이 찾아 볼 수 있읍니다. 이런 현상은 우리뿐만 아니라 개발도상국가 어느 곳에서든지 많이 찾아 볼 수 있는 현상입니다.

그래서 에릭 프롬은 말을 합니다. 소유적인 삶에서 창조적인 삶에로의 전환이 바로 새로운 인간상을 형성하는 길이고 또 새로운 사회를 이루어 나가는 길이라고 말입니다. 그러나 이것은 쉬운 일이 아닙니다. 소유적인 인간 삶에서 창조적인 인간 삶으로 전환되어 나간다는 것은 결코 쉬운 일이 아닙니다. 그의 표현을 빌자면 그는 이것을 가리켜서 "혁명적인 전환"또는 "코페르니쿠스적인 전환"이라고 부르고 있읍니다.

이 점에 대해서 우리 예수께서는 거듭남이라는 것으로 가르쳐 주고 계십니다. 요한복음 3 : 5을 보면 이런 말씀이 나타나 있읍니다.

예수께서 대답하시되 진실로 진실로 네게 이르노니 사람이 물과 성령으로 거듭나지 아니하면 하나님 나라에 들어갈 수 없느니라.

사람이 자기 자신의 삶을 전환시킨다는 것은 참으로 어려운 것입니다. 특별히 소유적인 삶에서, 창조적인 다른 차원의 삶으로 전환시킨다는 것은 자기 자신의 힘으로는 어려운 것입니다. 우리 주님께서는 이에 대해 성령으로 거듭나야만이 가능하다고 말씀하셨읍니다.

오늘 우리가 봉독한 성경 말씀 가운데는 소유적인 삶에서 창조적인 삶으로 극적인 전환을 가진 한 인물에 관한 소개가 나오고 있읍니다.

그는 곧 "아브라함"이라고 하는 사람입니다.

오늘 우리는 아브라함의 모습에서 이 전환의 계기가 어떻게 이루어졌는지 그리고 이 전환의 내용이 무엇인지 찾아보도록 할 것입니다. 여기서 우리는 우리가 해야 할 일이 무엇인가를 찾아볼 수 있어야 하겠읍니다.

첫째로 아브라함은 하나님과 믿음의 관계를 가짐으로써 소유적인 삶에서 창조적인 삶으로 자신의 생을 전환시킬 수 있었읍니다.

아브라함의 집안은 원래 갈대아 지방 우르에 살고 있었읍니다. 그곳은 지금 한창 전쟁이 일어나고 있는 북부 이락 지방 곧 메소포타미아 평야 북쪽입니다. 그곳은 유프라데스강이 흐르고 티그리스 강이 흐르고 있는 중동에서 가장 비옥한 땅이 있는 곳으로 고대 문명의 중심지였읍니다. 그의 아버지 데라는 그곳에서 부요한 족장이었읍니다. 그곳에서 아브라함은 75년 동안 살아왔읍니다. 갈대아에서의 아브라함의 삶은 소유적인 삶이었다고 할 수 있읍니다. 비옥한 땅에서 재산을 늘이고, 땅을 늘이고, 돈을 벌고, 식구를 늘이고, 종들을 늘이고, 그렇게 많고 좋고 아름다운 것들을 풍성히 소유할 수 있었던 그는 성공한 족장이 될 수 있었읍니다.

그런데 하루는 하나님께서 아브라함을 부르셨읍니다. 오늘 본문 말씀12 : 1에 그 부르심이 나타나 있읍니다.

여호와께서 아브람에게 이르시되 너는 너의 본토 친척 아비 집을 떠
나 내가 네게 지시할 땅으로 가라.

'너의 본토를 떠나 내가 지시할 땅으로 가라.' 하나님의 부름을 받고 하나님과 관계를 가짐으로써 아브라함은 지금까지 살아왔던 삶을 정리할 수 있었읍니다. 그리고 새로운 세계를 향하여, 하나님께서 지시한 그 땅을 향하여 나갈 수 있는 삶의 전환을 가질 수 있었읍니다. 이것을 가리켜 믿음의 관계라고 표현할 수 있읍니다.

믿음의 관계는 4가지 단계를 통하여서 성숙되어 갑니다.

그 첫째 단계는 부름 곧 소명입니다. 이는 곧 하나님께서 인간을 부르시는 사실을 가리키는 말입니다. 아브라함의 극적인 삶의 전환은 곧 하나님께서 아브라함을 부르셨기 때문에 이루어질 수 있었읍니다. 오늘 아침 우리가 이 제단을 찾아 나올 수 있었던 것은 우리 인간의 힘으로 되어진 것이 아닙니다. 날씨가 얼마나 무덥습니까? 가정에 할 일들은 또 얼마나 많습니까? 아이들은 놀러 가자고 합니다. 여러가지 개인적인 친우, 사업을 비롯하여 교회 나올 수 없는 사정과 여건들이 너무나도 많습니다. 그렇지만 우리는 이 자리에 나와 있읍니다. 이는 하나님께서 내 마음 중심 속에서부터 나를 불러 주셨기 때문입니다. 우리는 부름의 관계 속에서 신앙을 다질 수가 있읍니다.

우리 인간은 하나님의 부름을 들을 수 있는 영감을 지니고 있읍니다. 왜냐하면, 하나님께서 인간을 창조하실 때 자기 형상대로 인간을 창조하셨기 때문입니다. 하나님은 육체를 가지신 분이 아닙니다. 따라서 우리가 하나님의 형상대로 지음받았다는 것은 우리 육체가 하나님을 닮았다는 뜻이 아닙니다. 하나님은 영적인 분이십니다. 따라서 우리가 하나님의 형상

을 닮았다는 것은 곧 우리의 심령이 하나님을 닮았다는 것을 가리키는 말입니다. 그래서 우리의 심령은 하나님의 음성을 들을 수 있는 귀를 가지고 있읍니다. 그러기에 모세는 호렙산의 불꽃 사이에서 하나님의 음성을 들을 수가 있었읍니다. 엘리야 선지는 세미한 바람과 같은 소리 속에서 하나님의 음성을 들을 수 있었읍니다. 다윗은 거지와 같이 생긴 나단 선지를 통해서 하나님의 음성을 들을 수가 있었읍니다. 하나님의 음성은 모든 방면에서 모든 방법으로 우리에게 들려옵니다. 이 부름을 듣는 그 관계 속에서 믿음은 성숙되어 가는 것입니다.

두번째 믿음의 관계는 응답입니다. 즉 하나님께서 나를 불러 세우셨을 때 "하나님! 내가 여기에 있읍니다. 하나님 곁에 가까이 있읍니다"하고 그 부름에 답하는 것입니다. 나의 더러운 모습을 벗어 던지고, 하나님과 나 사이에 가로 막혀 있는 죄악의 담벽을 헐어 버리고 하나님 앞에 적나라하게 서는 모습이 곧 응답이라고 할 수 있읍니다.

세번째 믿음의 단계는 결단입니다. 하나님의 부름에 응답하고 나아간 사람은 과거에 대하여 결단을 내릴 수 있어야 합니다. 그리고 내일에 대하여 새로운 것을 선택할 수 있어야 합니다. 믿음의 길은 곧, 결단과 선택의 연속 속에서 이루어져 나가는 것입니다. 결단이 있어야 합니다. 선택이 있어야 합니다.

네번째 단계는 순종입니다. 하나님의 뜻에 자기를 순복시켜 나가는 것입니다. 이 네 가지 단계 속에서 믿음의 관계가 이루어집니다. 바로 아브라함이 하나님과 자기 자신 사이에 이러한 믿음의 관계를 가짐으로써 자신의 삶을 소유적인 삶에서 창조적인 몸짓으로 전환시킬 수 있었읍니다.

그는 고향을 떠나야 했읍니다. 부름에 따라서 재산도 포기해야 했읍니다. 칠십 오 년 동안 사귀어 온 친우들을 떠나야 했읍니다. 자기가 자라왔던 그 부모 형제 집안들을 떠나야 했읍니다. 이는 결코 쉬운 일이 아닙니다. 과거로부터 과감하게 일어선다는 것은 쉬운 일이 아닙니다. 그러나 그리스도인의 삶은 지금까지 소유적인 삶을 살아왔을지라도, 물질과 더불어 살아왔을지라도 부름 응답과 결단과 순종의 관계 속에서 하나님의 말씀을 따를 수 있는 삶으로 전환되어 나가야 하는 것입니다.

예수께서도 이 전환을 가지셨읍니다. 예수님의 첫번째 시험 내용 속에 이와 같은 전환의 대변혁이 있었읍니다. 마귀가 시험했을 때 마태복음4:4 절 이하의 말씀을 보면 "사람이 떡으로만 살 것이 아니라 하나님의 입에서 나오는 모든 말씀으로 살지니라"고 마귀의 시험을 단호히 물리치신 내용을 찾아볼 수가 있읍니다. 이는 곧 "지금까지는 떡으로 살아왔읍니다. 물질과 더불어 살아왔읍니다. 물질을 얻기 위해 살아왔읍니다. 그러나 이제부터는 나의 삶을 하나님의 말씀에 순응하며 살겠읍니다. 나에게 주어지는 사명, 나에게 주어지는 삶의 의미, 나에게 주어지는 삶의 가치를 찾아서 살아가겠읍니다"라는 말씀이라고 할 수 있읍니다. 즉 새로운 삶의 길을 가르쳐 주는 말씀이라고 할 수가 있읍니다.

이 말씀과 더불어 아브라함은 갈대아 우르를 떠났읍니다. 어디로 가야 할지 알지 못하지만 하나님께서 지시하실 그 땅으로 나아가는 믿음의 관계 속에서 자기의 삶을 새로 선택한 것입니다. 오늘 우리 사이에, 하나님과 나 사이에 믿음의 관계가 성숙되면 성숙될수록 이와 같은 삶의 전환이 생활 속에 매일 매일 이루어지게 됩니다. 물과 성령으로 거듭나는 삶이 형성되어지게 됩니다.

그러면 두번째로 이와 같은 전환과 더불어 이루어지는 삶의 내용이 무엇입니까? 소유적인 삶에서 창조적인 삶으로 전환되어진 그 삶의 내용이 무엇입니까?

오늘 본문 말씀에 의하면 그것은 복을 누리는 자가 되는 것이 아니라 복의 근원이 되는 것입니다. 12:2 말씀에 "내가 네게 복을 주어 네 이름을 창대케 하리니 너는 복의 근원이 될지라", 3절에 "모든 족속이 너로 인하여 복을 얻을 것이라"고 했읍니다. 복의 근원! 근원이란 말씀은 샘터란 뜻입니다. 샘물을 계속해서 솟아나게 하여 뭇 사람을 마시게 만들며 시원하게 만드는 것입니다. 근원이란 말은 뿌리란 뜻입니다. 거기서 순이 나고 줄기가 나며 나무가 되고 잎이 피고 꽃이 피고 열매를 맺게 됩니다. 그리고 숲이 우거지게 됩니다. 또한 새들이 와서 깃들고 뭇 사람들이 거기 와서 한 여름에는 휴식을 취할 수 있게까지 됩니다. 바로 이와 같은 복의 근원이 된다는 말씀입니다. 오늘 그리스도인의 삶이 바로 이와 같을 수 있어야 합니다. 복을 소유하는 자가 아니라 복을 누리는 자가 아니라 바로 내 자신이 적게는 내 가족들에게 나아가서는 내 사회에, 내 민족에 그리고 세계를 향해서 복의 근원이 될 수 있어야 합니다. 우리 교회를 가리켜서 '한국의 어머니 교회'라고 합니다. 어머니라는 말은 바로 복의 근원이란 뜻입니다. 그러므로 이 말은 우리 교회가 이 시대의 교회를 향해서 복의 근원이 되는 교회라는 뜻입니다.

아브라함으로 하여금 하나님께서 복의 근원이 되게 하셨읍니다. 아브라함의 전 생은 곧, 복의 근원이 되는 삶이었읍니다. 믿음의 조상으로서의 삶이었읍니다.

그러면 그 후예들 유대인들의 모습을 보십시다. 유대인들을 가리켜서 흔히 이렇게들 말을 합니다. 돈을 잘 버는 사람들! 사실 유대인들만큼 돈을 잘 버는 사람들도 없을 것입니다. 또 반면에 유대인들만큼 인색한 사람들도 없을 것입니다. 그러나 한 가지 생각해야 할 것은 유대인들만큼 검소하게 사는 사람들도 없다는 것입니다. 또 유대인들만큼 기부금을 내야 할 때 기부금을 잘 내는 사람들도 없읍니다. 1965년 전후해서 미국에서 흑인 인권운동이 일어났읍니다. 그 때는 백인들이 도외시할 때였읍니다. 바로 그 때 유대인 단체들이 막대한 기금을 내어서 그 흑인 인권운동을 지원해 주었다고 합니다. 그들은 복을 받는다는 말을 쓰지 않읍니다. 그 대신 복을 만든다는 말을 사용합니다. 즉 복은 받는 것이 아니라 내 자신에 의해서 만들어지고, 주어지는 것이라는 말이라고 하겠읍니다.

오늘날 세계를 돌아볼 때 유대인들이 가지고 있는 그 복의 위력이 얼마나 큰가를 알 수가 있읍니다. 정치, 경제, 문화 각 분야에서 어떤 의미에서 세계는 유대인에 의해 지배당한다고 말할 수 있을 정도입니다. 예를 들면, 금융기관하면 유럽을 장악하는 "로스 챠일드 은행"을 생각할 수가 있읍니다. 그런데 그것은 유대인 기업입니다. 미국의 Bank of America역시 유대인들의 자본력과 유대인 경영진으로 움직여지고 있다고 합니다. 미국의 유명한 백화점 '시어즈'의 컴벌즈도 유대인계입니다. 석유 회사인 '액손'이나 '걸프'나, '쉘'이나 '모빌' 역시 유대인의 자본력에 의해 운영되고 있읍니다.

화학 섬유 회사인 듀퐁이라든지 언론기관인 뉴욕 타임지, 워싱톤 포스트지, 타임잡지 역시 마찬가지로 유대인들의 소유입니다. 방송만 하더라도 NBC, CBS방송이 유대인들의 영향 하에 움직여지고 있다고 합니다. 그 복의 위력이 얼마나 대단합니까?

여기서 한 가지 생각할 수 있는 것은 그들이 아브라함의 후예라고 하는 사실입니다. 즉 아브라함은 하나님으로부터 축복을 많이 받은 자로 "내가 네게 복을 주어" 라고 하신 말씀처럼 하나님의 축복을 받되 그 복을 자신에게서 끝낸 것이 아니라 복의 근원이 되어 왔다는 사실입니다. 최근 역사를 보면 노벨상을 받은 사람이 이백 여 명이 되는데 그 중에 거의 3분의 1인 67명이 유대인이라고 합니다. 의학에 있어서 결핵이나 콜레라의 예방균을 발견한 로버트 코프도 유대인입니다. 마이신이나 페니실린 또는 엑스―레이를 발명한 사람 역시 유대인입니다. 과학에 있어선 아인슈타인이라든지 오펜 아이머, 기술에 있어선 제트엔진 추진력을 만든 로버트 브라운, 심리학에선 프로이드, 교육학에선 존 듀이, 또 정치 학자 중에선 민주주의를 제창한 룻소, 공산주'의의 칼 막스, 예술가로선 멘델스존, 슈벨트, 루빈스타인 등이 모두 유대인입니다.

우리가 즐겨 보는 영화들, 영화 제작 회사들 역시 유대인들이 장악하고 있읍니다. 20세기 폭스사라든지 MGM, 워너 브라더즈사가 유대인들의 손 아래 움직이고 있읍니다. 정치, 경제, 문화, 과학, 예술, 기술 분야에까지 얼마 만큼 복의 근원으로 저들이 활동하고 있는가를 살펴볼 수 있읍니다. 아브라함은 과연 하나님의 축복처럼 복의 소유자가 아니라 복의 근원이 된 것입니다.

하나님께서는 사실 복의 근원이 될 사람에게 복을 누릴 수 있는 복까지 주십니다. 예를 들면 열왕기상 3:4 이하에 나타나 있는 솔로몬의 경우를 들 수가 있읍니다. 솔로몬은 젊어서 임금이 되었읍니다. 그러자 어떻게 나라를 다스려야 할지 난감했읍니다. 그래서 매일 같이 기브온 산당에 올라가서 번제를 드리며 기도를 하였읍니다. 1,000번 번제를 드렸다고 합니다. 첫날부터 하루도 빠짐없이 매일 매일 산당에 올라가서 "하나님 내가 이 백성을 어떻게 다스려야 하겠읍니까?"하고 기도하였읍니다. 하나님께 지혜를 구하였읍니다.

마지막날 밤 하나님께서 솔로몬을 부르셨읍니다. "내가 네 기도를 들었다. 내가 너에게 무엇을 주기를 원하느냐? 네가 부귀와 영화를 원하면 내가 부귀와 영화를 주겠노라. 무엇을 구하든지 주겠노니 나에게 구하도록 하라!" 이때 솔로몬 임금이 하나님께 이렇게 구했읍니다. "하나님 저에게 지혜를 주시옵소서!"

구약에서 지혜란 지식을 가리키는 말이 아닙니다. 지혜란 하나님의 뜻을 분별할 줄 아는 마음을 가리키는 말입니다. 하나님께서 기특하게 여기시고 이렇게 말씀하셨읍니다. "네가 부귀와 영화를 구하지 아니하고 지혜를 구하는구나. 내가 지혜를 너에게 주거니와 네가 구하지 아니한 부귀와 영화도 주겠노라!" 솔로몬이 구한 지혜가 무엇입니까? 자신이 마땅히 하여야 할 하나님의 뜻이 무엇인가를 분별할 줄 아는 마음 곧, 복의 근원이 되고 싶은 마음인 것입니다. 복의 근원이 되고자 할 때, 복을 줄려고 하는 자가 되고자 할 때 하나님께서 그 사람에게 복을 주신 것입니다.

바로 예수 그리스도의 모습이 그러했읍니다. 마가복음10:45을 보면 "인자의 온 것은 섬김을 받으려 함이 아니라 도리어 섬기려 하고 자기의 목숨을 많은 사람의 대속물로 주려 함이라"는 말씀이 나타나 있읍니다. 주고자 하는 위치에 설 수 있는 사람만이 하나님으로부터 받을 수 있는 특권이 있읍니다. 이것이 바로 창조적인 삶입니다.

세번째로 창조적인 삶은 절망 속에서도 좌절하지 아니하는 것입니다. 끝까지 소망을 포기하지 않고 사는 삶을 가리켜서 창조적인 삶이라고 할 수 있읍니다. 끈기 있게 나아가다가 금방 실망이 생겼다고 해서 어려운 일이 생겼다고 해서 희망을 포기하고 현실에 타협하고 사는 사람, 그러한 사람은 창조적인 삶을 사는 사람이라고 말할 수 없읍니다.

하나님께서 아브라함에게 '갈대아 지방에서 떠나 내가 지시할 땅으로 가라'고 명하셨을 때 아브라함의 나이가 몇 살이었읍니까? 75세였읍니다. 그의 아내는 65세였읍니다. 오늘날 우리 사고 방식으로 생각하자면 은퇴한 다음입니다. 다 늙은 사람입니다. 곧 하나님의 나라에 갈 준비를 갖추어야 할 인생의 종착역에 도달한 사람입니다. 늙은 영감과 할머니, 거기다 자식 하나 없었읍니다. 재산은 많이 있었읍니다. 그런 아브람과 사라를 향해서 하나님께서 "이곳, 곧 본토와 친척 아비 집을 떠나서 너희 모든 가진 것을 다 포기하고 내가 지시할 땅으로 가라 그리하면" 성경 말씀 12:2에 있는 대로 "내가 너로 큰 민족을 이루고 네게 복을 주어 네 이름을 창대케 하리라"고 말씀하셨읍니다. 액면 그대로 받아들일 수 있겠읍니까? 자식 하나 없이 다 늙어서 75세가 넘었읍니다. 그런 아브라함을 하나님께서 불러서 "자! 내가 지시할 땅으로 가면 네가 자식을 많이 낳아서 기를 것이라"고 말씀하시는데 그 말을 액면 그대로 받아들일 수 있겠읍니까? 아마 이 말을 듣고 움직였다고 하면 주변에 있는 자기 친척들이 비웃을 것입니다.

그래도 아브라함은 하나님께서 주신 소망을 버리지 않았읍니다. 하나님께서 주신 약속을 버리지 않았읍니다. 그 약속을 붙잡고 그 소망을 안고 남방으로 남방으로 내려갔읍니다. 남들이 뭐라고 말하든 하나님께서 자기에게 약속한 그 소망을 붙잡고 끈기 있게 남방으로 남방으로 내려간 아브라함의 모습! 우리는 여기서 끝까지 희망을 버리지 아니하고 믿음을 가진 아브라함의 모습을 찾아볼 수가 있읍니다. 이 사람이 곧 창조적인 사람이 되어지는 것입니다.

그래서 에릭 프롬은 인간을 가리켜서 "호머 에스페란스"라고 말하고 있읍니다. "희망에 사는 동물"이라는 뜻입니다. 동물은 과거의 경험과 숙달에 따라서 살아갑니다. 그러나 인간은 내일의 희망을 가지고 오늘을 변화시키며 살아가는 존재입니다. 바로 이것이 그리스도인의 삶인 것입니다.

내일의 희망을 포기하고 오늘을 사는 사람이 있다면 그에게는 삶의 변화가 없읍니다. 삶의 힘이 없읍니다. 현실에 주저앉는 과거적 인간, 하나의 동물적인 차원의 인간에 불과할 것입니다. 그래서 카알라일이라는 영국의 유명한 문필가는 영국의 젊은이들에게, 인생을 성공시키는 비결에 있어서 첫째는 끝까지 희망을 포기하지 아니하는 것이며, 두번째는 희망의 확고부동한 신념 곧 믿음을 갖는 것이고, 세번째는 신념을 현실화할 수 있는 열성을 지니는 것이라고 말하면서 이러한 사람이 자신의 생을 성공시킬 뿐만 아니라 영국의 미래, 세계의 미래를 걸머지고 나갈 수 있다고 했읍니다.

그리스도인들이 세상을 살아가노라면 아브라함처럼 실망스러운 일들을 많이 만나게 됩니다. 새로운 생활을 하려니 나이가 너무 많이 들었읍니다. 우리의 경우로 말하자면 새로운 일을 시작하려니 돈이 너무 없읍니다. 지식이 없읍니다. 기술이 없읍니다. 그래서 자포자기할 때가 너무도 많이 있읍니다. 그러나 한 가지 아셔야 할 것은 권투 용어로 말씀드리자면, 그리스도인들에게는 넉 다운은 있을지언정 넉 아웃은 없다는 것입니다. 비록 쓰러지고 넘어지는 한이 있을지언정 링 밖으로 쫓겨 나지는 않습니다. 인생살이에 고달픈 시련은 있을지언정 결코 하나님의 세계 밖으로 떨어져 나가는 일은 없읍니다. 그러므로 "내게 능력 주시는 자 안에서 내가 모든 것을 할 수 있다"는 이 믿음과 확신과 능력이 오늘 우리 삶을 지배할 수 있어야 하겠읍니다.

사랑하는 성도 여려분 생각해 보십시다.

아브라함을 다시 한번 바라보십시다. 지금까지 소유적인 삶에서 하나님과 믿음의 관계를 가짐으로 인해 그의 삶이 어떻게 전환되어 나갔는가를 되새겨 보십시다. 그리고 아브라함의 그 삶에서, 복을 누리는 자의 위치에서 복을 주고자 하는, 복의 근원이 되고자 하는 삶으로의 전환을 가진 모습을 바라보십시다.

그처럼 실망할 수밖에 없는, 주저앉을 수밖에 없는 자리 속에서도 하나님 안에 끝까지 소망을 두고 살아간 그 모습 속에서 창조적인 삶은 형성되어 가는 것입니다. 이러한 창조적인 삶을 누리는 모든 성도들이 되시기를 기원합니다.

(81. 6. 21)

믿음의 위력

설교본문/단 3:13-18

> 그리 아니하실지라도 왕이여 우리가 왕의
> 신들을 섬기지도 아니하고 왕의 세우신 금
> 신상에게 절하지도 아니할 줄을
> 아옵소서 (단 3:18)

믿음의 위력에 대하여 하나님의 뜻을 상고하고자 합니다. 계곡을 잔잔히 흐르는 강물은 절벽을 만나게 될 때 더 웅장하고 아름다운 폭포가 되는 것입니다. 등불도 대낮보다는 캄캄한 밤이 될 때 그 빛의 아름다움이 드러나게 됩니다.

믿음도 그와 같읍니다. 믿음도 인생의 절벽을 만나게 될 때 또 캄캄한 어두움의 세계를 만나게 될 때 웅장한 폭포수를 만들며 어둡고 캄캄한 밤을 밝게 하는 것입니다.

오늘 성경 말씀을 보면 사드락과 메삭과 아벳느고라는 젊은 청년 세 사람에 관한 이야기가 나타나고 있읍니다. 그들은 그들의 생애 중에 위험한 생의 절벽을 만나게 되었읍니다. 어찌할 바를 알지 못하는 절망적인 어두움에 사로잡히게 되었읍니다. 그 순간 그들 속에 있는 신앙은 아름다운 폭포수가 될 수 있었고 찬연히 빛나는 등불이 될 수 있었읍니다. 여기서 우리는 신앙을 가진 사람에게 어떤 위력이 있는가를 똑똑히 볼 수가 있읍니다.

오늘 현대인의 삶을 괴롭게 하는 위력들이 여러가지 있읍니다. 현대 사회의 대표적인 위력, 힘을 든다고 하면 대충 3가지를 들 수 있읍니다. 그 하나는 돈의 위력 즉 황금의 위력입니다. 또 하나는 권력의 위력입니다. 또 하나는 죽음의 위력이라 할 수 있읍니다. 너무도 많은 사람들이 황금의 위력 앞에 비굴하게 살아가고 있읍니다. 권력의 위력 앞에 굽신거리며 살아가고 있읍니다. 죽음의 위력 앞에 두려움을 느끼며 살아가고 있읍니다. 그러나 신앙은 이와 같은 황금의 위력도, 권력의 위력도 아니 죽음의 공포심까지라도 극복할 수 있게 해준다는 사실을 오늘 성경 말씀은 똑똑히 우리에게 가르쳐 주고 있읍니다.

그러면 그 내용을 차례로 생각하도록 하십시다.

첫째로 신앙은 황금의 우상 앞에 우리의 삶을 자유케 해주는 힘이 있읍니다.

고대 중동 세계에서 가장 강대한 바벨론제국을 이룩했던 느부갓네살왕은 두라 평지에 거대한 황금 우상을 세웠읍니다. 다니엘 3:1을 보면 "느부갓네살왕이 금으로 신상을 만들었으니 고는 60규빗이요, 광은 6규빗이라"는 말씀이 나타나 있읍니다. 한 규빗은 1자 반입니다. 높이가 60규빗이라고 했으니 오늘 우리의 자로 환산하면 무려 90자나 됩니다. 이는 약 30미터에 해당하는 높이입니다. 폭은 9자, 약 3미터가 됩니다. 높이로 따지면 오늘날 7층이 넘는 그런 건축물입니다. 참으로 거대한 신상이 아닐 수 없읍니다. 대제국 바벨론이 국력과 왕의 권위를 총동원하여 이러한 엄청난 황금 신상을 만든 것은 왕의 위엄을 나타내고자 해서였읍니다. 드디어 임금을 비롯해서 왕실에 있는 모든 귀족들, 그리고 전국 각지에서 모여든 방백들, 수령들, 도백들, 재판관들, 점관들, 군 장성들, 거기다 수십 만의 군중들까지 제막식 날 황금 우상 앞에 모였읍니다. 그 자리에서 임금은 엄히 명령을 내렸읍니다. 제막식 나팔이 울려 퍼지는 순간 모두 그 앞에 절을 해야 한다는 것입니다. 누구의 명령이기에 감히 거역하겠읍니까? 위풍 당당하게 서 있는 황금 우상! 이어 굉장히 우렁찬 나팔소리가 울려 퍼졌읍니다. 그러자 그 자리에 모여 있던 수많은 사람들이 그 앞에 엎드려서 절하기 시작했읍니다.

그 순간 엎드리기는 커녕 아무 것도 아닌 것처럼 우뚝 서 있는 세 사람이 있었읍니다. 그들은 왕족도 아니며 군인도 아니었읍니다. 그들은 권력자도 아니었읍니다. 다른 나라에서 온 대사들도 아니었읍니다. 보잘것없는 사람들 셋일 뿐이었읍니다. 그들은 유대 나라에서 포로로 잡혀 온 바로 다니엘의 세 친구 사드락, 메삭, 아벳느고라는 사람들이었읍니다. 왕을 비롯한 소위 내놓으라는 사람들이 황금 우상 앞에 절을 하고 있는 그 때, 이들은 대담하게도 뻣뻣하게 서서 거대한 우상을 아무 것도 아닌 것처럼 취급하고 있었던 것입니다.

이들의 눈엔 황금 우상 앞에 절하는 자들이 오히려 어리석게 보였읍니다. 만물의 머리인 인간이, 만물을 다스리고 지배할 권능을 가지고 있는 인간이 어떻게 흙과 광석과 금으로 된 인간의 손으로 만든 그 물체, 우상 앞에 절을 할 수 있단 말인가? 만물의 영장으로 지음받은 존재, 더구나 하나님의 형상을 입은 인간이 아니던가? 그들은 결코 절을 할 수 없었읍니다. 그들은 우뚝 서서 똑똑히 황금 우상을 바라보고 있었을 뿐이었읍니다. 그리고 우상 앞에 절하고 있는 모든 사람들을 어리석은 자들로 여겼읍니다.

우리들의 눈에도 이 세 사람들의 경우처럼 황금 우상 앞에 절하고 있는 사람들의 모습이 어리석게 보이고 있읍니까? 아니면 우리들 자신이 도리어 그와 같은 위치에 빠져 있지는 않습니까?

오늘날만큼 배금사상이 고조되고 있는 시대도 거의 없을 것입니다. 오늘의 황금우상인 돈의 위력 앞에 얼마나 많은 사람들이 눈물을 흘리고 있으며 억울하게 살아가고 있으며 굽신거리며 비굴하게 살아가고 있읍니까? 돈의 위력 앞에는 인정도 형제도 친구도 이웃도 사람도 없는 것이 오늘날 우리의 현실입니다.

오늘 조간에 실린 용산경찰서 수사과 형사의 모습을 볼 때 돈의 위력 앞에는 경찰의 직무도 소용이 없구나 하는 생각을 해보았습니다. 돈의 위력 앞에서는 경찰력도 굽신거릴 수밖에 없는 모양입니다. 그러나 모두가 황금 우상 앞에 엎드려 절하고 있을 때 사드락과 메삭과 아벳느고는 고고히 서 있었읍니다. 그 자세야말로 바로 신앙을 가지고 있는 사람의 삶의 자세라 볼 수 있읍니다. 이는 물질 앞에 자기 자신을 똑똑히 바로 세울 수 있음을 보여 준 것입니다. 물질 앞에 자기를 굴복시키지 아니하고 오히려 태연히 자기를 세울 수 있는 것 그것이 곧 신앙이며 그렇게 할 수 있게 해주는 것이 신앙의 힘입니다.

오늘을 가리켜서 산업사회라고 합니다. '누가 물질을 많이 생산할 수 있느냐', '누가 물질을 많이 관리할 수 있느냐', '누가 물질을 많이 소유할 수 있느냐'에 따라서 인간의 가치가 달라지고 있읍니다. 물질에 의해서 인간이 평가당하고 있읍니다. 물질 속에 인간이 예속되어가고 있읍니다. 이런 현실 속에서 그리스도인의 삶은, 신앙을 가진 삶은, 바로 물질 속에 자기를 예속시키지 아니하고 자기를 초연히 물질 앞에 자유케 할 수 있읍니다. 이것이 바로 신앙의 위력입니다.

수년 전 이리역에 화약의 폭발로 말미암은 비참한 참사가 일어났읍니다. 그러나 그 비참한 참사를 생각하면 생각할수록 화약이란 물질이 폭발한 것이 결코 아니라는 생각이 듭니다. 물질 속에 예속되어진 인간이 물질처럼 취급당함으로 비인간화된 그 인간이 폭발한 것이라고 볼 수 있읍니다. 왜 그렇겠읍니까? 화물칸은 짐만 실을 수 있는 곳이었음에도 불구하고 신무일이라는 사람이 화약을 싣고 가는 바로 물질을 싣는 그 화물칸에 화물처럼 태워졌던 것입니다. 그로 말미암아 화약이 폭발했읍니다. 결국 그 안에 있는 화약이 폭발했다기보다는 제대로 인간 대우를 받지 못하여 박봉에 허덕이던 신무일이 화약과 함께 폭발되어졌다고 할 수 있읍니다. 그야말로 비인간적으로 취급당했던 인간의 폭발 사건이라고 볼 수밖에 없읍니다.

사랑하는 교우 여러분! 오늘 아무리 우리 주변에 비싸고 거창하고 소중한 것들이 많이 있을지라도 적어도 그리스도인의 삶은 그 앞에 나를 초연하게 세울 수 있는 것이어야 합니다. 황금 만세가 아니라 인간 만세를 먼저 부를 수 있는 것이 그리스도인의 삶인 것입니다.

사업을 하거나 장사를 하거나 어떤 일을 하던 간에 돈, 돈, 돈보다는 사람, 사람, 사람을 먼저 찾을 수 있어야 합니다. 숱한 사람이 황금 우상 앞에 굽신거리고 있었음에도 불구하고 하나님을 섬기는 사드락과 메삭과 아벳느고만은 초연히 서 있었던 그 사실 속에서 우리는 신앙의 위력이 어떠한가를 다시 한번 생각하지 아니할 수 없읍니다.

두번째로 신앙은 권력 앞에서 자유케 해주는 힘이 있읍니다.

결국 세 사람은 임금의 명령에 따라서 황금의 우상 앞에 절하지 아니하였다는 죄목으로 체포되어 임금 앞에 끌려 왔읍니다. 대제국의 제왕 앞에 패전국의 포로의 신분으로 게다가 왕명을 어긴 죄수의 몸으로 끌려 왔읍니다. 그러므로 그들은 임금 앞에 도저히 머리를 들 수 없어야 했을 것입니다. 몸둘 바를 몰라했어야 했을 것입니다. 게다가 임금은 노해서 위풍당당하게 이렇게 명령하고 있었읍니다. "사드락, 메삭, 아벳느고야! 너희가 내가 세운 금신상에 절하지 아니하였느냐? 이제라도 너희가 준비하였다가 언제든지 나팔과 피리와 수금과 양금과 생황과 및 모든 악기 소리를 듣거든 내가 만든 신상 앞에 절하라"(14절). 사람을 죽일 수도 있고 살릴 수도 있는 절대적 권력을 지니고 있는 임금의 권위적인 명령이 떨어졌읍니다.

이 권위적인 명령 앞에서도 유대인 세 사람은 임금 앞에 똑똑히 섰읍니다. 그리고 이렇게 대답했읍니다. "느부갓네살이여! 우리가 이 일에 대하여 왕에게 대답할 필요가 없나이다…. 그리 아니하실지라도 왕이여 우리가 왕의 신들을 섬기지도 아니하고 왕의 세우신 금 신상에 절하지도 아니할 줄 아옵소서"(16-18절). 이들의 태도는 비록 임금의 명령일지라도 그것이 하나님의 뜻 곧 진리, 정의와 대치된다고 생각되었을 때는 일고의 가치도 없다는 것이었읍니다. 이처럼 그들은 권력 앞에 자유할 수 있었읍니다. 누가 감히 임금의 명령 앞에 거역할 수 있읍니까? 인간 사드락과 메삭과 아벳느고가 거역한 것이 아닙니다. 그들 속에 하나님이 계셨기 때문에, 그들 속에 신앙이 있었기 때문에 그들 속에 있는 신앙이 진리 앞에 자기 자신들을 자유하게 만들었던 것입니다. 그리스도인의 삶은 권력이나 부나 제도 앞에 무조건 굽신거리며 아부하고 사는 것이 아닙니다.

그리스됴인은 살아감에 있어서 항상 생각해야 할 것이 있읍니다. 자아의 교만도 금물이지만 자아의 학대도 죄라는 사실입니다. 인간이 살아가는 데 있어서 제도나 환경에 따라 상하 또는 여러가지 차이를 가질 수가 있읍니다. 부유한 사람들이 있읍니다. 권력을 거머지고 있는 사람이 있는가 하면 억압을 받는 사람도 있읍니다. 각기 다른 환경과 조건 속에서 살아가고 있읍니다.

그럼에도 불구하고 반드시 기억해야 할 사실은 하나님 앞에서는 평등하다는 것입니다. 사회적 환경 속에서는 불평등의 요소가 있지마는 하나님 안에 사는 그리스도인들은 한 하나님의 자녀입니다. 하나님을 아버지로 부르고 있는 같은 자녀들입니다. 한 형제며 한 자매입니다. 그래서 교회 밖 사회 속에서는 여러가지 환경의 차이로 인해 상하의 모습을 가지고 있다 할지라도 하나님의 전, 교회에 와서는 서로가 서로에 대해 평등할 수 있어야 합니다.

가진 사람은 겸허하게 자기를 낮춰 섬기는 자의 자리에 앉아야 하고 가난하고 어려운 사람은 비굴하지 아니하고 오히려 강하고 담대한 마음의 자세를 가져야 하는 곳이 바로 교회인 것입니다. 교회에서만큼은 사회적으로 지위나 명성이 있는 분일지라도 남의 발을 씻겨 줄 수 있는 섬김의 자리에 앉을 수 있어야 합니다. 비록 사회 속에서는 억압을 당하고 어려움을 많이 겪고 있는 사람일지라도 교회 와서는 오히려 위로와 소망을 가지고 새·용기를 얻으면서 담대할 수 있어야 합니다. 한 하나님을 아버지로 모시는 자녀로서 평등한 형제의 관계가 조성되어야 하는 세계가 바로 교회입니다.

그런데 우리 사회 속에는 이러한 평등의 개념이 너무나 박약합니다. 동양의 윤리 중에 대표적인 것이 삼강오륜입니다. 그것을 요약하면 충·효가 됩니다. 이는 곧 동양의 윤리가 평등적인 윤리라기보다는 종속적 윤리임을 보여 주는 것입니다. 따라서 동양에는 상과 하의 관계를 규정짓는 윤리가 많이 있읍니다. 서구의 경우는 평등한 바탕 속에서 윤리를 형성시켜 나갔읍니다. 기독교 윤리는 한 하나님 앞에서 평등하다는 이 평등의 원리를 바탕으로 하고 있읍니다. 기독교의 사랑은 그 위에서 논해지는 것입니다. 이에 반해 동양의 윤리는 종속적 윤리를 근간으로 하고 있읍니다.

한 때, 유신 때에 충효 사상이 강조되었읍니다. 나라에 충성하고 부모에게 효도한다는 것, 물론 그 자체가 나쁜 것은 결코 아닙니다. 우리가 마땅히 지켜야 할 것입니다. 그러나 문제는 왜 하필 그 시대에 이러한 종속적 윤리관이 강조되었느냐 하는 것입니다.

우리에게는 종속적 관계를 통해서만 인간 관계가 원만해지는 좋지 못한 의식이 있읍니다. 그래서 서로 능력이 비슷한 사람, 형편이 비슷한 사람들끼리는 별로 사이 좋게 지내지를 못합니다. 경쟁이 심합니다. 서로 시기합니다. 저 친구가 낮아지든지, 내가 낮아지든지, 혹은 저 친구가 높아지든지 해야 합니다. 비슷한 사람들은 서로 상하의 관계가 형성될 때까지 다툽니다. 그래서 상하의 관계가 형성되게 되면 그 때서야 인간 관계로서 종속적 윤리가 형성되어지는 것이 우리의 대체적인 사고방식입니다.

그래서인지 우리들 주변을 보면 같은 사람이라도 모든 것을 종속적으로 보려고 합니다. 저 사람이 높은가 내가 높은가, 아니면 저 사람이 낮은가 내가 낮은가. 그러다가 한 이웃에 같이 처마를 맞대고 사는 사람일지라도 자신의 형편이 조금 나으면 조금 못한 사람을 그토록 경멸하고 멸시합니다. 또 자기보다 조금 형편이 낫거나 조금이라도 권력을 지니고 있으면 지나치게 아부합니다. 비굴하게 굽니다. 그 만큼 서로가 서로를 차이 있게 바라보는 생각이 우리들의 의식 속에 알게 모르게 잠식되어 있읍니다.

그러나 그리스도인의 삶은 결코 그렇지 않습니다. 비록 외부적인 환경은 차이가 있을지라도 그 내부적 인간 관계는 평등해야 한다는 윤리가 그 바탕을 이루고 있읍니다. 비록 임금의 명령이 떨어졌을지라도 사드락과 메삭과 아벳느고는 하나님의 진리 앞에서는 임금이나 나나 평등하다는 생각을 가졌읍니다. 그리스도인의 삶 속에 항상 있어야 할 것이 있읍니다. 그것은 하나님의 진리만이 절대적인 진리라는 것입니다. 그래서 장로교 신조 제1조에서는 "신구약 성경은 하나님의 말씀이니 신앙과 행위에 대하여 정확 무오한 유일의 법칙이다"라고 규정하고 있읍니다. 하나님의 말씀만이 절대적인 진리입니다. 이외에 인위적인 모든 제도나 법이나 환경은 상대적인 것입니다. 비판을 받아야 될 위치에 있읍니다. 또 개선되어야 할 위치에 있읍니다. 항상 변화와 새로운 창조를 향해 달라져야 할 위치에 있는 것이 곧 상대적 진리입니다.

지금부터 464년 전인 1517년 10월 31일, 마틴 루터에 의해 일어난 종교개혁이 바로 이것입니다. 로마 교황, 그리고 황제의 절대적 권위가 지배하던 그 중세 사회에 하나님의 진리로써 그들을 개혁시켜 나갔던 종교개혁의 숭고한 업적, 오늘 우리는 그 역사적인 10월을 다시 맞이했읍니다. 우리 그리스도인들은 지금도 그 때와 마찬가지로 모든 상대적 인위적 진리를 절대화시키는 것을 막아 나가야 할 것입니다. 오직 하나님의 진리만이 절대적인 진리이고 그외 모든 것은 항상 개혁되고 새로와지고 변화되고 새롭게 창조되어야 한다는 사실 속에 살아갈 수 있어야 할 것입니다.

요즘 정부에서 하는 일을 보면 참 잘하려고 노력하는 것을 볼 수가 있읍니다. 무엇보다 깨끗하게 하려고 많이 노력하는 것을 볼 수가 있읍니다. 그래서 정화 작업이란 말이 유행되고 있을 정도입니다. 그러나 한 가지 생각해 볼 점이 있읍니다. 깨끗하게 하려는 것은 좋습니다. 그러나 정부에게 바라는 바가 있다면 깨끗한 정부가 되기 전에 정직한 정부가 되어 달라는 것입니다. 정직한 정부가 되기 전에는 결코 깨끗한 정부가 될 수 없읍니다.

솔직하게 자기를 드러낼 수 없는 일 속에는 항상 숨김이 있읍니다. 숨김이 있는 한 깨끗함이 유지될 수 없는 것입니다.

여러분 보십시요 ! 현관에서 손님을 모시는 큰방에 이르는 곳은 깨끗합니다. 환합니다. 청소를 잘해 둡니다. 남들에게 보여지기 때문에 남들에게 솔직히 보여질 수밖에 없기 때문에 깨끗하게 합니다. 그러나 집 뒤 안에는 더럽습니다. 지저분한 것이 많이 있읍니다. 남들에게 보여지지 않기에 더러운 것을 그대로 두어도 무방한 것으로 생각합니다. 이처럼 아무리 깨끗하려고 노력해도 정직하지 못하면 깨끗해질 수가 없는 것입니다. 숨김만 더 도사릴 뿐입니다. 정직한 삶은 자기를 노출시키고 비판을 받아들이는 자세에서 비롯됩니다. 자기를 숨기려는 그 속에서는 결코 깨끗함이 이루어질 수 없읍니다. 약간 더러워도 차라리 더 정직해지는 것이 바람직한 것입니다. 정부는 그것이 국민의 뜻이고 국민의 소리임을 알아야 할 것입니다.

오늘 그리스도인들은 바로 이와 같을 수 있어야 합니다. 즉 어떠한 권력과 위협 속에서도 하나님의 진리와 더불어 지낼 수 있어야 합니다. 그리고 그 속에서 평등한 인간 관계의 사랑스러운 모습을 지닐 수 있어야 합니다. 이렇게 할 때 신앙은 우리를 위협하는 모든 삶 속에서 우리를 자유케 하는 능력을 가지게 됩니다.

세번째로 신앙은 풀무불의 죽음 속에서도 자유케 해주는 힘이 있읍니다. 마침내 다니엘의 세 친구는 왕의 명령에 따라서 극렬히 타는 풀무불 앞에 끌려 갔읍니다. 왕은 풀무불을 평소보다 7배나 더 뜨겁게 만들었읍니다. 그리고 사드락, 메삭, 아벳느고를 그곳에 세우면서 이렇게 말하였읍니다.

"너희가 만일 절하지 아니하면 즉시 너희를 극렬히 타는 풀무불 가운데 던
져 넣을 것이니 능히 너희를 내 손에서 건져 낼 어떤 신이 있겠느냐?"(15
절). 정말 벌벌 떨지 않을 수 없는 살벌한 분위기가 벌어지고 있었읍니다.
그야말로 죽느냐, 사느냐 하는 생의 기로에 놓여진 순간이었읍니다.

그러나 조금 전에도 말씀드렸듯이 물은 절벽을 만날 때 없어지는 것이 아
니라 더 장엄하고 아름다운 폭포수가 되어지는 것처럼, 그리고 등불은 캄
캄한 밤을 만날 때 더 찬연히 빛나는 것처럼 신앙 또한 역경을 만나게 될 때
그 위력을 발하게 되는 것입니다. 신앙을 가진 사람은 인생 절벽을 만날 때,
인생의 어두움을 만날 때, 인생의 낙심을 만날 때, 그 속에서 자신의 삶을
더욱 바르게 세우게 됩니다. 사드락과, 메삭과, 아벳느고는 임금 앞에 섰
읍니다. 그리고 이렇게 말합니다. "왕이여! 우리가 섬기는 우리 하나님
이 우리를 극렬히 타는 풀무 가운데서 능히 건져 내시겠고 왕의 손에서도
건져 내시리라. 그리 아니하실지라도 왕이여! 우리가 왕의 신들을 섬기
지도 아니하고 왕이 세우신 금신상에 절하지 아니할 줄 아옵소서!"(17, 18
절). 얼마나 놀랍고 담대한 신앙입니까?

저들에게 이런 힘이 어디서 생겼읍니까? 사람들은 너나 할 것 없이 누구
나 다 죽음을 두려워합니다. 죽음을 겁냅니다. 살려고 발버둥칩니다. 그
러나 그들 안에 하나님의 역사가 동행할 때 누구든 사드락, 메삭, 아벳느
고처럼 죽음의 두려움을 이겨 나갈 수 있읍니다. 살기 위해서 비굴하게 굴
지 않습니다. 살기 위해서 자신의 몸을 더럽히지 않습니다. 살기 위해서
헛되게 자기 인생을 이끌어 가지 않습니다. 오히려 죽음일지라도 그 속에
서 자기를 바로 세우려고 하는 것이 그리스도인의 삶입니다. "내가 비록
사망의 음침한 골짜기로 다닐지라도 해받음을 두려워하지 아니함은 주께
서 나와 함께 하심이라"고 한 다윗의 고백이 우리들 자신의 고백이 되어야
하겠읍니다.

고전 15:55-57, 58 말씀은 그리스도인의 삶이 죽음을 이길 수 있다는 사

실을 분명히 가르쳐 주고 있읍니다.

사망아 너의 이기는 것이 어디 있느냐. 사망아 너의 쏘는 것이 어디 있느냐. 우리 주 예수 그리스도로 말미암아 우리에게 이김을 주시는 하나님께 감사하노니 그러므로 내 사랑하는 형제들아 견고하며 흔들리지 말며 항상 주의 일에 더욱 힘쓰는 자들이 되라. 이는 너희 수고가 주 안에서 헛되지 않을 줄 앎이니라.

우리가 바로 그렇습니다. 살아가노라면 쓰러질 수밖에 없을 때가 많습니다. 낙심할 수밖에 없을 때가 많습니다. 죽음의 공포에 직면하게 될 때가 많습니다. 그러나 내 안에 예수 그리스도가 있게 되면 예수 그리스도와 함께 살게 되면 죽음을 이겨 나갈 수가 있읍니다. 이는 죽음 속에서 영생을 얻기 때문이며 그 속에서 새로운 삶을 가질 수 있기 때문입니다.

우리의 주변에 돈의 위력, 권력의 위력, 죽음의 공포, 이런 것들이 있을지라도 진리를 알지니 진리가 너희를 자유케 하리라 하신 말씀, 나는 길이요 진리요 생명이라 하신 말씀을 기억하면서 바로 진리이신 주님을 소유할 수 있고 진리이신 주님을 터득할 수 있고 진리이신 주님과 함께 살 수만 있으면 우리는 황금 우상 앞에서도, 권력의 권위 앞에서도, 죽음의 공포심 앞에서도 담대할 수 있읍니다. 강하게 살 수 있읍니다. 자유할 수 있읍니다. 무능한 그리스도인이 되지 말고 믿음의 위력을 소유할 수 있는 그리스도인이 되시기 바랍니다.

(81. 10. 18)

솔직한 고백

설교본문/시 32:1-11

내가 이르기를 내 허물을 여호와께 자복하리라
하고 주께 내 죄를 아뢰고 내 죄악을 숨기지
아니하였더니 곧 주께서 내 죄의 악을
사하셨나이다(시 32:5)

헤밍웨이(Hemingway)의 소설 「누구를 위하여 종은 울리나」의 첫머리에 다음과 같은 글귀가 나오고 있읍니다. "그러므로 묻지 말라. 누구를 위하여 종이 울리냐고. 그것은 너를 위하여, 나를 위하여 울려지는 것이기에. "

마치 이러한 내용을 연상케 하는 대목이 다윗의 생애 가운데도 나타납니다. 우리가 잘 아는 대로 암몬족과의 전쟁에서 이스라엘의 출신 우리아가 죽었읍니다. 그의 시체가 성 안으로 들어오고 있을 때 울린 조종에 대하여 다윗은 슬퍼하기는 커녕 은근히 기뻐하며 그의 첩 밧세바를 향해 이렇게 말했을 것입니다. "묻지 말라. 누구를 위하여 종이 울리느냐고. 그것은 너를 위하여, 나를 위하여 울리는 것이기에."그리고 축배를 들며 "바보 같은 녀석! 내가 죽였나? 암몬 족속이 죽였지"라고 억지로 자위하며 태연자약하려고 했을 것입니다.

다윗은 실로 임금의 권력을 이용하여 엄청난 죄를 저지르고 백성을 우롱

했읍니다. 사무엘하 11장에 그 다윗의 범죄에 관한 이야기가 나옵니다.

어느날 오후 다윗은 낮잠을 잔 후 왕궁 발코니에 올라가서 바람을 쏘이다가 무심코 아래를 내려다 보게 되었읍니다. 그 때 그는 문득 한 젊고 아리따운 여인이 우물가에서 목욕을 하고 있는 모습을 발견하였읍니다. 그만 유혹에 끌리고 만 다윗은 신하를 보내 그 여인의 신분을 알아보게 했읍니다. 그리고 곧 그녀가 전쟁터에 나가 나라를 위해 싸우고 있는 군인 우리아의 아내임을 알게 되었읍니다. 그 정도 알았으면 정신을 가다듬고 생각을 돌려야 할 임금이 정욕을 이기지 못해 그 여인을 은밀히 불러 들여 침실로 유인해서는 그녀를 범하고 말았읍니다.

임금이 권력을 남용한 것 자체가 한심스러운 일이거니와 높은 사람이라면 무슨 요구라도 따르는 밧세바란 여인 또한 한심하기 그지 없었읍니다. 어쨌든 일은 이미 벌어졌는데 그대로 끝났으면 좋았으련만 한 가지 문제가 발생했읍니다. 여인이 사람을 보내 임금의 아이를 잉태했음을 알려 온 것입니다.

한 번 죄를 짓게 되면 그 죄를 은폐하기 위해 더 큰 죄를 짓게 마련입니다. 그래서 거짓말 하나를 합리화하기 위해서는 최소한 스무 번은 더 거짓말을 해야 한다고 합니다.

왕은 자신의 죄를 감추기 위해서 급히 전쟁터에 있는 우리아를 불러 들였읍니다. 그리고는 전황을 들은 후 전쟁터에서 고생이 많았으니 집에서 며칠 쉬라는 명을 내렸읍니다. 그러나 우리아의 대답은 임금의 계획을 허사로 만들었읍니다.

우리아가 다윗에게 고하되 언약궤와 이스라엘과 유다가 영채 가운데 유하고 내 주 요압과 내 왕의 신복들이 바깥 들에 유진하거늘 내가 어찌 내 집으로 가서 먹고 마시고 내 처와 같이 자리이까 내가 이 일을 행치 아니하기로 왕의 사심과 왕의 혼의 사심을 가리켜 맹세하나이다(삼하11:11).

우리아는 집에 돌아가지 않고 옆에서 부하들과 함께 노숙하며 동료의 고

생에 동참하였읍니다. 그는 그만큼이나 진실한 충신이었읍니다.

계획이 실패로 돌아가자 왕은 제2의 흉계를 꾸미게 되었읍니다. 그것은 우리아를 아예 죽여 없애려는 것이었읍니다. "욕심이 잉태한즉 죄를 낳고 죄가 잉태한즉 사망을 낳는다"는 말씀 그대로 말입니다.

왕은 우리아를 통해 전쟁터에 있던 요압이란 대장에게 편지를 써 보냈읍니다. 내용인즉 "우리아를 맹렬한 싸움에 앞세워 두고 너희는 뒤로 물러가서 저로 맞아 죽게 하라"(삼하 11:15)는 것이었읍니다.

결국 우리아는 전쟁터에 나가 전사하고 말았읍니다. 우리아가 전사했다는 소식과 함께 그의 시신이 예루살렘에 왔읍니다. 그 때 성민들이 슬퍼하자 왕은 "이 일로 걱정하지 말라. 칼은 이 사람이나 저 사람이나 죽이느니라" 하고 말하면서 그의 전사가 마치 남의 일인양 태연스럽게 행동했읍니다. 그리고는 밧세바를 궁으로 불러 들여 첩으로 삼았읍니다.

이러한 다윗의 행위는 하나님 앞에 악한 것이었으며 백성들 사이에도 꼬리에 꼬리를 물고 널리 소문이 퍼져 나갔읍니다. 다윗은 나라의 지도자로서의 신의를 잃어버리게 되었으며 백성의 원성은 나날이 고조되어만 갔읍니다.

그러나 누구 하나 감히 왕 앞에 나아가 왕의 잘못을 지적하지 못하였읍니다. 한 번 죄악에 빠지게 되자 다윗왕은 신령한 눈을 상실하고 사리 분별을 제대로 하지 못하게 된 채 권위와 권력의 아성에만 사로잡히게 되었으며 밧세바의 치맛자락만 잡고 희희낙락하는 생활만을 즐기게 되었읍니다.

이런 상황 가운데 시골에서 나단 선지가 다윗왕을 찾아왔읍니다. 그리고는 다윗에게 "양과 소가 참으로 많은 어느 부자가 자기에게 찾아 온 손님을 대접하기 위해 가난한 어느 농부의 한 마리밖에 없는 양을 빼앗아 자기 손님을 대접했읍니다. 그 사람을 어떻게 했으면 좋겠읍니까?"(삼하 12:1)라고 물었읍니다.

그러자 다윗왕은 그래도 한가닥 양심이 남아 있었는지 "그런 사람이 있다니, 죽어야 마땅하지. 그로 하여금 당장 4배나 갚아 주도록 하라"고 버럭 큰 소리로 말했읍니다.

그 때 나단 선지는 당신이 바로 그 사람이라고 지적하며(삼하 11:7) 다윗 왕을 호되게 경책하였읍니다. "하나님께서 목동인 당신을 왕이 되게 하시고 이스라엘의 권세를 한 손에 거머쥐게 해주셨는데 무엇이 부족해 우리아를 죽이고 그의 하나밖에 없는 아내를 빼앗았는가. "

어찌하여 네가 여호와의 말씀을 업신여기고 나 보기에 악을 행하였느뇨 (삼하12:9).

권력자에게는 듣기 싫다 할지라도 옆에서 바른 말을 해주고 경책하는 사람이 있어야 합니다. 또 권력자 역시 그러한 꾸중을 겸손하게 들을 줄 알아야 합니다.

한 사람의 인격적 위대성은 성공했을 때보다 실패했을 때, 보통 때보다 실수나 잘못을 저질렀을 때, 칭찬보다 책망을 들을 때 더 두드러지게 돋보이는 법입니다. 사무엘하 12:13에 보면, "다윗이 나단에게 이르되 내가 여호와께 죄를 범하였노라"는 말씀이 있읍니다. 즉 다윗이 솔직하게 변명 없이 자기의 죄를 시인하는 말입니다. 이때부터 다윗은 죄악의 문제를 심각하게 생각하였고, 결국에는 유명한 회개의 시인 시편 32편과 51편을 쓰게 되었읍니다.

우 리는 여기서 몇 가지 다윗의 새로운 면모와 신앙을 엿보게 됩니다.

첫째로 다윗은 자신이 저지른 죄악에 대하여 무척 괴로와할 줄 아는 사람이었읍니다.

다윗의 괴로와하는 심정이 본문 3, 4절에 나타나 있읍니다.

내가 토설치 아니할 때에 종일 신음하므로 내 뼈가 쇠하였도다. 주의 손이 주야로 나를 누르시오니 내 진액이 화하여 여름 가물에 마름 같이 되었나이다(삼하 32:3,4).

사람의 본능은 여러가지가 있겠으나 그 중 강렬한 본능 중의 하나가 자기 보호 본능이라고 할 수 있읍니다. 그래서 대부분의 사람들은 자신의 잘못이 노출되는 경우 세 가지 반응을 보이기 쉽습니다.

첫번째는 죄를 숨겨 덮어 버리려고 합니다.

두번째는 핑계를 대거나 변명을 합니다. 즉 책임을 회피하거나 모호하게 만들려고 합니다.

세번째는 합리화, 정당화시키려고 합니다. 이를테면 다윗과 같은 경우, '내가 그래도 일국의 왕인데 그 정도야 뭐!'라고 할 수도 있는 것입니다.

그럼에도 불구하고 다윗은 자신의 잘못이 지적되었을 때 "하나님의 손이 나를 짓누르는 것 같도다. 내 뼈가 쇠하여지고, 내 진액이 여름 가물의 마름 같이 되었도다"라고 고백하며 무척 괴로와했읍니다. 그는 또 이렇게 토로하였읍니다.

나는 내 죄과를 아오니 내 죄가 항상 내 앞에 있나이다(시 51:3).

오늘날을 일컬어 기계화 시대라 합니다. 그래서 그런지 생활 방법뿐 아니라 사회도 기계화되어 가고 있읍니다. 기계는 잘못되거나 고장나면 제품에 대해 책임을 지지 않습니다. 고치거나 새것으로 교체하면 그만입니다. 사회도 기계처럼 책임감이 없어져 가고 있읍니다. 기계처럼 괴로움이 없어져 가고 있읍니다. 문제가 생기면 제도만 고치고 사람만 바꾸면 되는 것으로 생각들을 하는 것이 그 단적인 증거입니다.

그러나 하나님이 원하시는 사람은 중심에 통회하는 마음이 있는 사람입니다. 그래서 마태복음에 들어 있는 산상보훈에서 "애통하는 자가 복이 있다"(5:4)고 했읍니다. 오늘 우리들도 죄악과 더불어 애통하는 모습이 있어야 하겠읍니다.

둘째로 다윗은 자신의 죄악을 솔직히 고백할 줄 아는 사람이었읍니다.

죄를 범한 후 잘못되었다는 느낌이나 고민으로 끝나서는 안됩니다. 자기 죄에 대한 솔직한 고백을 할 수 있어야 합니다. 다윗은 시편 32:5에 다음과 같이 말하고 있읍니다.

> 내 허물을 여호와께 자복하리라 하고 주께 내 죄를 아뢰고 내 죄를 숨
> 기지 아니하였더니.

다윗은 잘못이 지적되었을 때 임금으로서의 체면과 위신을 다 제쳐 놓고, 솔직히 자신의 잘못을 고백하였읍니다. 그는 자신의 잘못을 숨기거나, 변명하지 않았읍니다. 더우기 얼마든지 그럴 듯하게 자신의 행위를 합리화시킬 수 있었음에도 불구하고 그렇게 하지 않았읍니다. 그는 "내가 여호와께 범죄하였다"고 하며 하나님 앞에 온전히 회개하였읍니다. 하나님 앞에 진실한 고백을 가질 수 있는 사람이 사람 앞에서도 진실해질 수 있읍니다.

회개란 자기 중심의 삶에서 하나님 중심의 삶으로 돌아서는 것을 말합니다. 자기 중심으로 살 때는 언제나 이기적인 욕망과 죄악이 따라 다닙니다. 그리고 그런 자기를 항상 미화시키려 할 뿐 실체를 끌어내려 하지 않습니다. 그러나 하나님 중심으로 살 때는 하나님 앞에 자기를 온전히 드러내 보일 수 있으며, 사람 앞에서도 자기의 실체대로 온전히 설 수 있게 됩니다.

진실한 회개 운동이 우리 교회에, 우리 민족에 있어져야만 합니다. 지난 5월 3일자 「타임」(Time)지에서 세계 종교 현황을 소개하는 중에 한국의 기독교 부흥을 경이적으로 평가하고 있는 글이 실렸었읍니다. 그 보고서는 이런 추세로 한국 교회가 부흥해 간다면 2000년대에 이르러서는 전 국민의 42%, 즉 4500만 인구 중 약 2000만 가까운 인구가 기독교인이 될 것이라고 추정하고 있었읍니다.

어쨌든 한국인 중의 다수가 역사에 대하여 책임적 위치에 서 있는 기독교인이라는 사실만은 분명합니다. 우리 그리스도인 한 사람 한 사람이 나단 선지의 입장이 아닌 다윗의 입장이 될 수 있어야 합니다. 그리하여 모든 그리스도인이 진실한 회개를 하게 될 때 우리의 사회와 역사는 더욱 새로와질 수 있을 것입니다.

세째로 다윗은 죄의 용서를 받음으로 더 큰 기쁨을 소유할 수 있었읍니다.

죄악은 고백되어질 때 용서함을 받을 수 있읍니다.

> 내가 이르기를 내 허물을 여호와께 자복하리라 하고 주께 내 죄를 아뢰고 내 죄악을 숨기지 아니 하였더니 곧 주께서 내 죄의 악을 사하셨나이다(시32:5).

다윗은 기쁨과 감사에 넘치는 마음으로 "주께서 내 죄를 사하셨나이다"라고 하였읍니다. 하나님은 용서와 사랑의 하나님이십니다. 그는 자기 독생자를 십자가에 희생시키시면서까지 우리의 죄를 용서해 주시기를 원하신 분이십니다. 그리고 우리를 자신의 자녀로 삼고자 하실 만큼 우리를 사랑하시는 분이십니다. 따라서 우리가 우리의 죄를 자복할 때 하나님께서는 기꺼이 우리의 죄를 사하여 주십니다.

죄사함을 받게 되면 불안해하고 괴로와하던 마음에서 벗어나 기쁨을 누릴 수 있게 됩니다. 무거운 짐에서 벗어나 영적 숨을 자유롭게 쉴 수 있게 됩니다. 본문 1절에 있는 "허물이 사함을 얻고 그 죄의 가리움을 받은 자는 복이 있도다"라는 말씀과 또한 1절에 나오는 "마음이 정직한 너희들아, 다 즐거이 외칠지어다"라는 말씀이 그 사실을 잘 보여 주고 있읍니다.

다윗은 보통 사람이 아니었읍니다. 하나님으로부터 많은 축복을 받은 사람이었읍니다. 즉 양치는 목동에서 왕으로까지 성공한 사람이었읍니다. 이스라엘을 구한 용장이었고 아울러 나라를 강대국으로 만든 위대한 성군이었읍니다. 뿐만 아니라 수많은 시와 찬미가를 쓴 경건한 신앙의 사람이기도 하였읍니다.

그러나 그렇다 할지라도 그 역시 인간이었고 따라서 실수가 없을 수 없었읍니다. 결국 다윗 역시 엄청난 죄를 저지르고 말았던 것입니다. 그만큼 인간은 나약한 존재입니다. 실패와 잘못이 있을 수밖에 없는 존재이며 자주 깊은 시험에 빠지곤 하는 존재입니다.

그러나 비록 큰 죄를 범하긴 했지만 솔직한 죄의 고백을 가짐으로 자신의 죄악을 해결해 나갔다고 하는 점에서 다윗은 역시 하나님의 뜻에 합당한 사람이었다고 말할 수 있읍니다. 그는 솔직히 자신의 죄를 고백함으로 하나님 뜻에 합당한 사람이 된 것입니다. 그래서 신약의 바울은 다윗을 "하나님의 마음에 합한 사람이라"고 칭송하면서, "그러기 때문에 그의 후손 가운데서 구세주가 탄생하셨다"는 것을 강조하여 말하고 있읍니다(행 13:22, 23).

사랑하는 교우 여러분!

하나님과 사람 앞에 진실합시다. 죄의 솔직한 고백을 통해 진정으로 하나님의 뜻에 합당한 자녀가 되십시다.

(82. 6. 6)

이웃이여 복된 말을 나눕시다

설교본문/벧전 3:8-12

너희가 다 마음을 같이 하여 체휼하며 형제를
사랑하며 불쌍히 여기며 겸손하며 악을 악으로
욕을 욕으로 갚지 말고 도리어 복을 빌라 이를
위하여 너희가 부르심을 입었으니 이는 복을
유업으로 받게 하려 하심이라 (벧전 3:8, 9)

일상생활에서 무심결에 내뱉는 한 마디 말을 통해서 말하는 사람의 마음의 그릇을 짐작할 수 있읍니다. 첫째로 작은 마음을 가진 이는 흔히 남에 대한 이야기를 잘합니다. 둘째로 보통 마음을 가진 이는 세상 돌아가는 이야기를 잘 나눕니다. 세째로 큰 마음을 가진 이는 진리, 사랑에 대해 이야기하기를 좋아합니다.

그만큼 말은 크든 작든 간에 자신의 마음과 인격의 정도를 표현해 줍니다. 그 뿐만 아니라, 무의식 중에 내어뱉는 말일지라도 인간의 마음을 움직이는 굉장한 위력을 지닐 수가 있읍니다. 남을 축복하기도 하고 저주하기도 합니다. 그래서 성경은 "혀는 곧 불이요, 불의의 세계"(약 3:6)라고 경고하고 있읍니다. 작은 성냥불 하나가 큰 시장을 잿더미로 만들 수 있듯이 입 안에 있는 사람의 작은 혀 하나의 움직임이 인생을 망치게도 하고 성공을 가져오기도 합니다.

헬라 속담에 "혀는 뼈 하나 없고 아주 약하고 작으나 많은 사람을 찌르고 죽인다"는 말이 있읍니다. 아라비아에도 "네 혀가 네 목을 베지 못하게 하라. 칼은 쓸수록 더 무디어 가지만, 혀는 쓸수록 더욱 날카로와진다"는 속담이 있읍니다. 또한 페르샤인들은 "혀가 길어지면 생명이 짧아진다"는 속담을 통해 말의 조심성을 교훈하고 있기도 합니다.

그만큼 혀의 움직임이 많으면 많을수록 실수와 위험성이 많기에 하나님께서도 눈, 귀, 손, 발은 다 두 개씩 만드시면서 입은 하나만 만드신 것 같습니다. "보고, 듣고, 일하는 것은 많이 해도 말은 적게 하라"는 뜻인 것 같습니다. 성경에서도 "듣기는 속히 하고 말하기는 더디 하라"(약 1:19)고 가르치고 있읍니다. 말은 신중을 기해야 한다는 뜻이라고 하겠읍니다. 요한계시록에도 하나님께서 말세에 심판하실 때 우리의 행동에 대해 심판하실 뿐만 아니라 말에 대해서도 심판하심을 보여 주는(계 21:8) 가르침이 나타나 있읍니다.

참으로 말하기가 두려워집니다. 그렇다고 말을 안할 수도 없는 노릇 아닙니까? 그러면 말을 한다면 어떤 말을 주로 해야 하겠읍니까? 사도 베드로는 "악을 악으로 욕을 욕으로 갚지 말고 도리어 복을 빌어 주라"(9절)고 가르쳐 주고 있읍니다. 이는 복을 비는 말을 사용하라는 것으로 축복해 주라는 말입니다.

동양인, 특히 한국인은 복을 사모하고 복 받기를 무척 좋아합니다. 장식품이나 그릇, 이불 등 생활 집기들에조차 '福'자가 없는 데가 없을 정도입니다. 그런데 놀랍게도 복 받는 일이라면 할 짓 못할 짓 안가릴 정도로 열성적이면서도, 남이 복 받는 것은 싫어하는 경향이 많습니다. 예수님은 원수까지 사랑하라고 하셨는데 원수는 커녕 가까운 사촌이 땅을 사도 배 아픈 것이 우리들의 얕은 심정이 아닙니까? 그래서인지는 몰라도 "복 많이 받으세요"(영어식으로 'God bless You')란 인사말은 1년에 한 번 새해 인사로만 사용합니다. 그 정도로 복을 빌어 주는 데 인색한 것이 우리들의 현실입니다.

그리스도인의 입술에는 항상 축복의 말이 가득 넘칠 수 있어야 합니다. 불평과 원망, 짜증과 저주의 말 대신 축복의 말을 항상 사용할 수 있을 때 우리의 생활과 환경은 아름답게 변화될 수 있을 것입니다.

그러면 우리가 나누어야 할 복된 말에 대해서 몇 가지로 나누어 생각해 보도록 하겠읍니다.

첫째로, 복된 말은 환경을 변화시켜 주는 힘이 있읍니다.

유대인들의 특기할 만한 독특성은 축복의 말을 사용할 줄 알고, 축복의 말을 심히 사모한다는 점입니다. 성경을 보면 축복의 말을 듣기 위해 생명까지 내놓고 각축전을 벌일 정도로 애쓴 사실을 찾아 볼 수 있읍니다.

야곱이 자기 형 에서 대신 아버지로부터 축복을 받으려고 얼마나 애썼읍니까? 형을 속이고, 심지어 아버지까지 속이지 않았읍니까? 그 결과 얻은 축복의 내용은 무엇입니까? 아버지로부터 재산을 한 푼이라도 물려 받았읍니까? 유산을 물려 받기는 커녕 오히려 먹을 양식이나 입을 옷 하나 없이 거지꼴로 집을 나와서 멀리 하란 땅까지 도망가 20년이란 길고도 긴 세월을 종살이로 보내지 않았읍니까? 그럼에도 불구하고 그는 축복의 말씀을 들으려 했읍니다. 그만큼 그는 어떤 재산이나 명예보다 축복의 말을 소중히 여겼읍니다.

성경이 묘사해 주고 있는 이스라엘의 족장들을 보십시오. 아브라함은 그 아들 이삭에게 축복했고, 이삭은 야곱에게, 야곱은 요셉의 두 아들 에브라임과 므낫세에게 축복해 주었읍니다. 축복의 말에는 사랑이 깃들어 있기에 사랑의 하나님께서 반드시 그 축복대로 열매 맺게 해 주십니다.

우리는 복을 비는 말의 위력을 성경에서 찾아 볼 수 있읍니다.

사실 기독교는 말씀의 종교입니다. 하나님께서는 말씀으로 우주 만물을 창조하셨읍니다. 예수께서도 죄를 사하실 때나, 병자를 고치실 때, 굶주린 자를 먹이실 때도 말씀으로 하셨읍니다. 축복의 말은 하나님이 함께 하시는 것으로 그 속에는 창조의 능력이 담겨 있읍니다.

축복의 말은 감정의 상처를 치료해 줍니다. 현대인들은 숱한 감정의 상처를 지니고 있읍니다. 그 대표적인 것이 '분노'입니다. 공연히 미워하는 마음이 일기도 하고, 시기, 질투, 분노의 마음이 생기기도 합니다. 이러한 감정의 상처는 어떤 약이나 물질로도 치료가 되지 않는 것입니다.

1980년 5월의 일입니다. 전남 광주에서 처참한 사태가 일어났읍니다. 그 후 수습 단계에서 쌀과 돈이 상당량 모아졌으며 그것은 곧 광주 시민들에게 보내졌읍니다. 그 때 광주 시민들은 "우리는 그러한 것을 원치 않습니다. 그보다는 이 상처 받은 마음을 고쳐 주십시오"라고 말했다고 합니다. 자기들의 마음을 이해하는 따스한 말 한 마디를 갈구했던 시민들의 그 절규는 우리에게 무엇을 가르쳐 줍니까! '폭도'라는 생경하고도 난폭한 말 대신 따스한 사랑의 말이라도 해 주기를 바라는 그들의 바람을 감지하고 그들의 상처를 아물게 해 줄 수 있는 축복의 말을 했어야 옳았을 것입니다.

축복의 말은 따스한 사랑을 전달해 줍니다. 축복의 말을 하기가 얼핏 생각하기엔 쉬울 것 같지만 꼭 그렇지만은 않습니다. 사실 빈 말로라도 한 두 번은 그렇게 할 수 있을 것입니다. 그러나 진정 마음 속에 이웃을 향한 애정이 없이 그리고 하나님의 사랑으로 충만됨이 없이 시종여일하게 축복을 빌어 주기란 여간 힘든 일이 아닐 수 없읍니다.

중세의 수도사 앗시시의 성 프란시스코에 관한 일화가 한 토막 전해 내려오고 있읍니다. 그가 하루는 거리를 거닐다가 빈민가를 지나게 되었읍니다. 그는 그 비참한 빈민가를 보고는 너무나 마음이 아파서 그곳을 그냥 지나칠 수가 없었읍니다. 그래서 그는 그 길로 성당에 들어가 기도했읍니다.

오 주여, 이 백성을 사랑해 주시고 긍휼히 여기소서!

즉 그는 주님께 빈민들에게 축복해 주시기를 기원한 것입니다. 그 때 그의 마음 속에 조용히 울려퍼지는 음성이 있었읍니다.

프란시스코야! 나는 이천 년 전에 이미 십자가에 못 박힘으로 사랑을 주었다. 지금은 네 차례다. 네가 사랑을 베풀 차례다.

남을 축복하는 기도를 할 수 있을 때 남을 사랑할 수 있는 힘이 생깁니다. 교회의 구제 사업은 물질을 두루 나누어 주거나, 떠들썩하게 남을 돕는 것이 아닙니다. 그런 이웃돕기는 소위 돈푼깨나 가졌다고 하는 사람들이 훨씬 잘 할 수 있읍니다. 교회가 벌이는 진정한 구제 사업은 미문 앞에서 구걸하던 앉은뱅이를 일으킨 베드로의 기도처럼 먼저 남을 위한 축복의 기도에서 출발되어야 합니다. 그런 다음, 주님의 사랑으로 채워진 마음, 따스한 사랑을 나누어 주어야 하는 것입니다.

둘째로 생각할 것은 여러분이 남을 위해 축복을 빌어 주면, 그 축복이 여러분 자신에게로 되돌아 온다는 것입니다. 마태복음 10:12를 보면 예수께서 열 두 제자를 각 지역으로 파송하시면서 하신 말씀이 나타나 있읍니다.

평안하기를 빌라 그 집이 이에 합당하면 너희 빈 평안이 거기 임할 것이요 만일 합당치 아니하면 너희에게로 돌아올 것이니라.

남을 위해 평안을 빌게 되면 그 평안이 나에게 되돌아옵니다. 하나님의 축복과 더불어 돌아옵니다. 결코 손해보는 일이 없읍니다. 반대로 남을 저주하게 되면 그 저주 또한 고스란히 자신에게 되돌아오게 됩니다.

비판을 받지 아니하려거든 비판하지 말라 너희의 비판하는 그 비판으로 너희가 비판을 받을 것이요 너희의 헤아리는 그 헤아림으로 너희가 헤아림을 받을 것이니라(마 7:1).

남의 결점을 말하는 사람은 오히려 그 자신에게 더 큰 문제가 있음을 지적해 주는 말씀이라고 하겠읍니다. 남의 말 잘하는 사람 치고, 심리적으로 열등의식, 시기심, 교만심이 많지 않은 사람이 드뭅니다.

가정에서 자녀를 양육할 때도 꾸중하거나 저주하기보다는 축복해 주십시오. 자녀를 위해 간절한 축복의 기도를 올릴 때 축복이 이루어지는 것을 우리는 믿습니다.

우리가 잘 아는 대로 경상도 말은 억양도 강하고, 말 그 자체가 거셉니다. 저는 어렸을 적에 고향에서 많은 부모들이 그 거센 말투로 자녀들을 향하여 종종 "이 병신아!", "이 못난 자식아!", "이 빌어 먹을 놈아!", "이 문둥아!" 등의 욕설을 퍼붓는 것을 여러 번 보았습니다. 정말 자기의 자녀가 그 말대로 되었다고 해봅시다. 얼마나 큰일 날 일이겠읍니까? 유대인들은 부모의 말이 그대로 이루어진다고 생각해서 자식들에게 함부로 저주의 말을 쓰지 않습니다. 사랑하는 자식에게 왜 저주를 퍼붓습니까? 말 안듣는 자식일수록 꾸중보다는 간절히 축복을 해 주십시오.

저희 형제들이 부모님께 항상 감사드리는 일이 있읍니다. 그것은 부모님께서 서울에 올라오시거나, 혹은 저희들이 시골에 내려갈 때 항상 저희들 한 사람 한 사람의 손을 붙잡고 뜨겁게 축복의 기도를 해 주시는 것입니다. 백 마디의 훈계보다 한 마디의 그 축복 기도가 저희 형제들의 마음을 뜨겁게 해 주곤 합니다. 빗나갈래야 빗나갈 수가 없읍니다.

오늘 우리는 사랑하는 자녀들을 양육함에 있어서 꾸중하기에 앞서 그들을 품에 안고 뜨겁게 축복해 줄 수 있어야 하겠읍니다. 기도해 주십시오. 백 마디의 훈계보다도 자녀들의 마음을 더 사로잡을 것입니다. 또한 자식을 위해 빈 축복이 부모의 축복으로 되돌아옴을 체득하실 것입니다.

미국의 심리학자인 로젠달의 리포트에 이런 이야기가 있읍니다. 실험을 하기 위해서 들쥐 14마리를 7마리씩 두 집단으로 나누어 사육했읍니다. 같은 환경 속에서 같은 먹이를 주고 사육하되 한 집단의 들쥐들은 매일 먹이를 줄 때마다 쓰다듬어 주고, 다른 집단의 들쥐들에겐 매일 먹이를 줄 때마다 욕을 하였읍니다. 약 3개월이 지나자 양 쪽 상자의 들쥐들의 발육이 눈에 띄게 차이를 나타내기 시작했읍니다. 매일 쓰다듬어 주며 사육한 들쥐들은 토실토실하고 건강하게 자라는 데 반해, 욕을 들으며 자란 들쥐들은 어딘가 까칠하고 발육 상태가 좋지 않았읍니다.

한갓 미물에 지나지 않는 동물조차 그 사육하는 태도에 따라 이렇게 차이를 보이는데, 하물며 마음과 생각을 지닌 사람이야 어떠하겠읍니까? 더 말할 나위가 없읍니다. 자녀들에게 칭찬과 축복의 기도를 아끼지 마십시요.

세째로 생각할 것은 하나님을 향하여서도 축복의 말을 사용할 수 있어야 한다는 것입니다. 이는 하나님을 송축하라는 것입니다. 즉 하나님을 영광되게 하라는 말입니다. 사도행전 13장에 "내가 이새의 아들 다윗을 만나니 내 마음에 합한 사람이라"는 말씀이 기록되어 있읍니다. 그러면 다윗은 어떤 인물입니까? 그는 구약에서 가장 많이 하나님을 송축한 사람입니다. 그는 하나님을 찬양하고 영광 돌리기를 즐거워했읍니다.

내 영혼아 여호와를 송축하라 내 속에 있는 것들아 다 그 성호를 송축하
라(시 103:1).

'송축한다'는 말은 여호와를 축복한다는 말을 높여서 하는 말입니다. 즉 하나님께 영광을 올린다는 말씀입니다. 그렇다고 해서 하나님이 뭔가 부족해서 인간으로부터 영광을 받으시려 하시는 것은 결코 아닙니다. 하나님은 전지전능하신 분이시고 만물의 창조주이십니다. 무엇이든 원하기만 하면 소유하실 수 있는 분이십니다. 하나님이 부족하기에 송축이 필요한 것이 아니라, 하나님을 송축하며 사는 그 사람이 오히려 더 은혜를 받기에 송축하는 것입니다.

묵은 한 해를 다 보내고 새해 새 아침, 설날을 맞게 되면 자녀들은 설빔으로 차려 입고 부모님이나 조부모님을 향해 "만수무강하십시오"하고 세배를 올리게 됩니다. 사실 세배를 받고 만세를 사는 분은 없읍니다. 그런데도 자녀들에게 세배돈을 주면서 기뻐하는 것은 자녀가 자식된 도리를 다하고 있다는 사실 때문인 것입니다.

마찬가지로 하나님께서 우리의 송축을 기뻐하시는 것은 하나님을 송축

하는 것 자체가 하나님의 어떤 결핍을 보충하기 때문이 아니라, 하나님의 자녀인 인간이 피조물다운 행위를 하는 것이기 때문입니다. 우리는 항상 생활 속에서 하나님을 송축하는 찬양을 부를 수 있어야 하겠읍니다.

이사야 60:1을 보면 "일어나 빛을 발하라"는 말씀이 기록되어 있읍니다. 인간이 빛을 발하면 얼마나 발하겠읍니까? 그래도 일어나 빛을 발하려 할 때, 60:2에 있는 "오직 여호와께서 네 위에 임하실 것이며 그 영광이 네 위에 나타나리니"라는 말씀처럼 하나님의 영광이 빛나게 됩니다. 비록 우리가 발하는 빛이 작다 할지라도 하나님께서는 그 빛을 받으시고 우리에게 더 큰 빛을 주시기를 원하고 계십니다.

우리의 과거는 거짓과 시기와 질투, 비방하는 욕설과 미움의 말로 점철되어 왔읍니다. 지금 이 순간 회개와 더불어 우리의 입술부터 거듭나야 되겠읍니다. 이사야 6장을 보면 이사야의 회개 장면이 나옵니다. 그 회개의 첫 내용은 입술의 정화였읍니다. 이사야가 고백하기를 "나는 입술이 더러운 사람입니다"라고 하자 하나님께서는 숯을 가져다 이사야의 입술에 대시면서 "네 죄가 씻음을 받았다"고 말씀하셨읍니다.

사랑하는 교우 여러분!

먼저 우리의 입술이 정화되어야 하겠읍니다. 우리의 혀가 거듭나야 하겠읍니다. 그래서 참으로 말을 바로 하고 사는 그리스도인이 되어야 하겠읍니다. 돈과 지위와 환경이 조성되어야 행동이 가능한 경우가 많이 있읍니다. 그러나 축복의 말은 마음의 자세에 달려 있읍니다. 그리스도인의 입술에는 거짓 대신 진실이, 헐뜯는 말 대신 따스한 사랑의 말이, 저주대신 축복이 있어야 하겠읍니다. 우리의 마음 바탕이 축복의 아름다운 말로 채워질 때 우리는 참으로 그리스도의 뒤를 따르는 자들이 되는 것입니다.

(82. 5. 23)

누구의 말을 들을 것인가?

설교본문/행 27:9-21

바울이 저희를 권하여 말하되 여러분이여 내가
보니 이번 행선이 하물과 배만 아니라 우리
생명에도 타격과 많은 손해가 있으리라
하되 백부장이 선장과 선주의 말을 바울의 말보다 더
믿더라(행 27:9-11)

인생이란 한 척의 배가 정해진 목표를 향하여 항해하는 것과 같다고 할 수 있습니다. 누구든 순풍에 돛을 달고 나아가기를 원하지만, 바다엔 순풍만 있는 것이 아니며 때론 무서운 태풍도 불어닥치는 법입니다. 마찬가지로 인생 행로에도 성공만 있는 것은 아니며 때로는 뼈아픈 실패도 경험하게 되는 것입니다. 누구나 실패를 싫어하지만, 실패로부터 완전히 도피할 수도 없는 것이 인생이라 생각됩니다.

그런데, 믿는 자로서 감사하지 아니할 수 없는 것은, 인간이 좌절하고 실패했을 때 하나님께서는 그로 하여금 실패자로 그냥 내버려 두지 아니하시고 실패의 원인을 찾아내게 하시며 동시에 새로운 삶으로 발돋움할 수 있도록 기회와 능력을 주시기 때문입니다.

본문의 말씀은 항해에 실패한 한 배의 이야기를 보여 주는 것으로서 어떻게 해야 실패하지 않는 항해를 할 수 있는가 하는 것을 우리에게 가르쳐 주고 있습니다.

바울은 예루살렘에서 유대주의자들에 의하여 백성을 미혹케 한다는 죄목으로 고소를 당하였읍니다. 그 때는 그가 소아시아와 헬라 지방에 대해 세 차례에 걸친 전도 여행을 막 끝내고 돌아왔을 때였읍니다. 고소를 당한 바울은 가이사랴에서 재판을 받게 되었읍니다.

그러나 2년간이나 계속 재판이 진행되자 바울은 자신이 로마 시민권을 가지고 있음을 들어 로마에 가서 황제 앞에 재판을 받을 수 있도록 해 달라고 상고하였읍니다. 그래서 바울은 로마로 호송되어지게 되었읍니다. 본문은 바로 바울이 호송되는 중에 일어난 한 사건을 보여 주는 것입니다.

바울을 호송하는 배는 지중해의 그레데섬 미항에 잠시 정박을 하게 되었읍니다. 그 때 바울은 미항에서 겨울을 지내고 항해할 것을 제의하였으나, 실권을 쥐고 있던 백부장과 선주와 선장은 바울의 말을 듣지 않고 항해를 강행했읍니다. 그 결과 배는 '유라굴로'라는 태풍을 만나 파선의 위기에 직면하게 되고 맙니다.

이 배가 항해에 실패하게 된 것은 태풍이라는 외부적 요인에 있었지만, 더 큰 원인은 내부에 있었읍니다. 즉 그레데섬의 미항에서 겨울을 나고 가자는 바울의 말보다 외적 권위를 가지고 있던 선주와 선장, 백부장의 말을 더 믿었다는 것이 그것입니다.

본문에서 우리는 왜 바울 일행이 탄 배가 파선당할 위기에 직면하게 되었는가 하는 것을 찾아 볼 수 있읍니다. 이것은 우리의 인생살이를 파멸로 이끄는 요인이기도 합니다. 세 가지 정도로 살펴볼 수 있겠읍니다.

첫째로 "금식하는 절기가 이미 지났으므로 행선하기가 위험한 때"에 그 배가 출발했다는 데서 그 요인을 찾아 볼 수 있읍니다.

금식하는 절기란 유대력으로 7월 10일에서 9월 20일경에 해당되는 시기입니다. 9월말부터 이듬해 3월까지는 겨울철에 해당되는 기간으로 비바람이 심하게 불며 기후가 매우 사납습니다. 따라서 바다에 풍랑과 태풍이 심하게 일게 되므로 지중해 항해는 겨울 동안 중단되는 것이 상례로 되어 있었읍니다. 즉 이 시기는 항해하기에 매우 위험한 때인 것입니다.

그러나 선장은 자신의 항해술을 지나치게 믿고 항해를 계속할 것을 제의했읍니다. 배를 움직이는 데 있어 선장 이상의 전문가는 없읍니다. 그리고 지중해의 지리와 기후, 배의 성능을 관련지어 항해 여부를 결정짓는 문제에 있어서도 선장 이상의 전문가는 없읍니다. 그러한 그가 출항하자는데 누가 반대하겠읍니까?

선장의 소리는 곧 기술의 소리이며 과학의 소리입니다. 과학 기술은 오늘날 현대 사회의 우상이 되어 가고 있읍니다. 과학 기술의 말이면 누구나 맹종합니다. 사실 과학 기술이 현대를 이끌어 간다고 해도 과언이 아닐 정도로 오늘날 그 힘과 영향력은 막강합니다. 그 결과 인간은 더욱 더 비인간화되어가고 있읍니다. 처음엔 인간의 편리를 위해 기계가 만들어졌음에도 불구하고, 모든 것이 기계화된 지금에 와서는 기계에 얼마나 적응할 수 있느냐의 여부에 따라 한 인간의 가치가 측정되고 인정될 정도로 뒤바꿔져 버리고 말았읍니다.

미국에서 공부할 때 있었던 일입니다. 한 번은 교수를 만나기 위해 연구실로 찾아간 일이 있었읍니다. 그 교수는 대학원의 교무과장을 맡고 계셨던 분으로 대단히 일과가 바쁜 분이었읍니다. 그의 연구실에 들어서자 유능하기로 정평이 나 있는 그의 여비서가 제 인사를 받았읍니다.

그녀는 '어서 오십시오'하면서 제게 마중 인사를 건넸읍니다. 그런데 그 순간 제가 본 그녀는 놀랄 정도로 자신의 전 기관을 동시에 사용하고 있었읍니다.

그녀의 손은 굉장히 빠른 속도로 타자를 치고 있었읍니다. 그리고 그녀의 타자치는 솜씨에 대한 매료가 채 마쳐지기도 전에 그녀의 한쪽 귀에 이어폰이 걸려 있는 것이 눈에 띄었읍니다. 그녀는 교수의 강의 녹음을 듣고 있는 중이었읍니다. 동시에 그녀의 한쪽 눈은 교수의 강의 노트를 참고로 보고 있었읍니다. 그리고 남은 한쪽 눈으론 저를 힐끔 힐끔 쳐다보며, 나머지 한쪽 귀론 제가 하는 말을 들으면서 동시에 입으론 저에게 말을 하고 있었읍니다.

1인 6역, 이게 어디 사람입니까? 기계와 다를 바가 없읍니다. 그러나 현대는 그런 사람을 유능하다고 합니다. 이는 오늘날이 기능인을 요구하기 때문입니다. 다양한 기능을 가진 그런 사람을 말입니다. 인간이 기능화되는 것도 서글픈데, 한 걸음 더 나아가서 이제는 인간이 기계의 부속, 기기 그 자체가 되기를 강요당하고 있는 세태입니다.

그러면 인간의 마음은 어떠합니까? 마음까지도 기계화, 기능화, 다양화되어가고 있읍니다. 이 섬뜩한 사실을 우리는 어떻게 받아들일 수 있읍니까?

인간의 마음엔 양심이 있읍니다. 양심이란 곧 옳고 바르고 착한 것을 지향하는 마음입니다. 그러나 오늘날 많은 사람들은 양심적으로는 세상 살기 어렵다고 가볍게 말들 하곤 합니다. 오히려 현대에 알맞게 양심도 다양화되어야 한다고 생각합니다. 그래야 이 험한 세상을 살아 갈 수 있다는 것입니다. 참으로 서글픈 이야기가 아닐 수 없읍니다. 이러다간 '양심'을 한자로 표기함에 있어 '良心'보다 '兩心'이 옳다고 주장할 사람까지 나올 것 같습니다.

이런 문제를 한탄한 사도 바울은 디모데에게 이렇게 말하였읍니다.

선한 싸움을 싸우며 믿음과 착한 양심을 가지라 어떤 이들이 이 양심을 버렸고 그 믿음에 관하여는 파선하였느니라(딤전 1:19).

양심을 버리고 기능주의에 너무 매달리게 되면 우리의 인격은 파선할 위기에 직면한 배처럼 위기에 직면케 됩니다. 그리고 인격적 인간 관계란 도무지 존립하지 않게 될 것이며 윤리와 도덕은 붕괴되어가고 말 것입니다.

두번째 실패 원인은 "그 항구가 과동하기에 불편하므로 거기서 떠나 뵈닉스에 가서 과동하자"(12절)고 결정한 데 있읍니다.

지금 정박하고 있는 미항은 작은 어촌입니다. 안락한 숙박시설이나 화려한 오락장도 별로 없습니다. 이런 곳에서 몇 개월이나 되는 겨울을 지내는 것은 여간 불편한 일이 아닐 것이라고 그들은 생각했던 것입니다.

특히 돈 있는 사람인 선주의 경우는 더 그랬을 것입니다. 이왕 쉬려면 비교적 큰 항구 도시에 가서 편하고 즐겁게 지내고 싶었을 것입니다. 그래서 뵈닉스 항구로 가자고 제의하였습니다.

일시적 불편을 피하려는 편의주의가 무리한 항해를 하게 만들었던 것입니다. 출항하기 전 이미 사도 바울은 이렇게 경고하였습니다.

> 여러분이여 내가 보니 이번 행선이 배만 아니라 우리 생명에도 타격
> 과 손해가 있으리라(10절).

그러나 돈 있는 선주는 일시적인 불편을 피하려는 데만 급급했습니다. 백부장과 선장도 사도 바울의 말에 귀를 기울이지 않았습니다. 자기들의 상식과 경험에 의한 판단을 더 믿었을 뿐만 아니라 선주의 뜻을 존중해 주고 싶었던 것입니다.

선주가 항해를 강행하자고 제의한 데는 또다른 이유도 있었을 것입니다. 즉 선주의 입장에 보면, 배를 빨리 항해시킬수록 더 이익이 되었던 것입니다. 따라서 손익 계산에 빠른 선주가 사업가의 머리를 비상하게 움직였을 것입니다.

오늘 우리 사회도 그렇습니다. 돈만 있으면 무엇이든지 다 할 수 있는 것 같이 생각합니다. 돈만 있으면 그가 어떤 인격의 소유자이건간에 한 지역 사회의 유지 노릇을 하려 들고, 또 주위 사람들도 그렇게 대우하려는 웃지 못할 풍조가 만연해 있습니다.

그래도 과거에는 '유지'라 하면 '있을 有'자에 '뜻 志'를 써서 '높은 뜻을 가진 분'을 지칭했었는데, 요즘은 '있을 有'에 '종이 紙'자를 쓰는지 '돈 많은 사람'을 지칭하는 용어로 생각될 정도입니다. 돈이 사회를 이끌어 가려 하고 있습니다.

그러나 사도 바울의 말보다 돈 있는 사람 선주의 말이 배를 움직였을 때

그 배가 파선 지경에 이르게 되었던 것처럼 하나님의 뜻보다 물질이 앞설 때 우리 인생의 배도 파선하게 됨을 알아야 하겠읍니다.

그러므로 우리는 돈보다는 사람을, 사람보다는 하나님의 뜻을 먼저 찾을 수 있도록 노력해야 하겠읍니다. 또한 이 사회가 그렇게 될 수 있도록 우리 그리스도인들이 견인차 역할을 담당해 나간다면 하나님 뜻이 이 땅에 이루어지는 날이 기필코 올 것입니다.

우리는 날이 갈수록 돈의 위력이 그토록 더해 가고 있는 데 반해 사람 값은 점점 떨어져 가고 있는 오늘날의 서글픈 현실을 직시해야 하겠읍니다. 요즈음 교통사고로 사람이 사망하면 그 보상금으로 1~2천만원 정도를 주고 있읍니다. 그러나 옛날 우리 조상들은 그렇지 않았읍니다. 「심청전」을 보면 그 차이를 바로 알 수 있읍니다. 심청은 16세의 배운 것도 그리 많지 않은 처녀였읍니다. 아마 오늘날로 치면 공단에 갓 입사해 숙련공도 채 못 되는 여공 정도에 불과했을 것입니다. 그런데 그녀가 얼마에 팔려 갔읍니까? 공양미 300석이 아니었읍니까? 이는 쌀 600가마에 해당되는 양입니다. 현 시가로 대략 계산해 보면 3천6백만원이란 계산이 나옵니다. 우리 조상들은 그래도 한 처녀의 목숨 값을 우리처럼 계산하지는 않았읍니다. '공양미 300석'은 당시의 경제적 가치로 볼 때 3억원도 넘었을 것입니다. 6. 25직후만 해도 서울 웬만한 곳의 집 값이 쌀 5~10가마 정도였다는 것만 생각해도 쉬이 짐작이 갈 것입니다.

경제가 발전하면 발전할수록 사람의 가치가 올라가야 할텐데 반대로 떨어지고 있읍니다. 돈이 이 시대를 앞질러 가고 있는 것입니다. 반면 이 시대의 윤리는 붕괴되어 가고 있읍니다.

우리 예수님은 돈보다는 사람을 사랑하셨읍니다. 성경을 보면, 예수님께서 18년간 마귀에게 사로잡혀 반신불수가 된 여인을 눈여겨 보시고 다음과 같이 말씀하시는 것이 나옵니다. "이도 아브라함의 자손이다." 수많은 군중과 자기 주변의 모든 사람들에게 버림받은 그 여인, 오늘날의 기능주의 사회에서 보면 정말 전혀 쓸모 없는 그 여인을 예수님께서는 아브라함의 자손, 하나님의 자손으로 보셨던 것입니다. 이는 그 버림받은 여인의 모습에서도 예수님께서는 하나님의 형상을 보셨기 때문입니다.

오늘 우리 그리스도인들은 마음 깊은 곳으로부터 돈보다 사람을 사랑할 줄 알고, 사람보다 하나님을 먼저 찾을 줄 알아야 하겠읍니다. 그렇지 않고 돈을 앞세운다면 우리 인생의 배는 언제 파선할지 모르는 것입니다.

세번째 실패의 원인은 "남풍이 순하게 불 때 저희가 득의한 줄로 알고 닻을 감아 그레데 해변을 가까이 하고 행선하더니"(13절)에 있읍니다.

겨울엔 북풍이 부는 것이 상례입니다. 더우기 그 차가운 북풍은 산더미 같은 파도를 일으키는 태풍을 수반하기 때문에 겨울 바다는 누구에게 있어서건 함부로 항해할 마음을 가지지 못하게 합니다.

그런데 순풍이 불자, 백부장은 결심을 굳히게 됩니다. 이야말로 절호의 기회라고 생각했기 때문입니다. 그는 출항을 명령했읍니다. 그것도 아주 자신 있게 말입니다. 문제는 바로 순풍에 있었읍니다. 때 아닌 순풍이 불자 그것에 너무 기대를 걸게 되었고 그랬기 때문에 너무 기회에 집착하다 보니 배가 파선하게 되었던 것입니다.

배를 움직이게 할 최고의 권한은 백부장에게 있었읍니다. 그는 가이사랴에 있는 베스도 총독을 대리하여 바울을 호송하고 있었던 자로 곧 권력의 대표라 할 수 있는 자입니다.

권력가, 정치가일수록 기회주의자가 많습니다. 조금만 태풍이 불어닥쳐도 기가 죽거나, 심하면 살려 달라고 아우성치다가도 잠시만 순풍이 불면 본문의 말씀처럼 "득의한 줄 알고" 자기 세상인 양 활개를 치는 것이 그들의 속셈입니다. 그들은 항상 '무엇이 옳으냐'보다는 '어떻게 하는 것이 이로우냐'에 깊은 관심을 가지고 사는 자들입니다.

파사의 왕후 에스더는 어떠했읍니까? (에 4:16). 그녀는 왕 앞으로 나가면서 "죽으면 죽으리라"고 하였읍니다. 이는 자신이 옳다고 여기는 일에 대해선 죽음이 온다 할지라도 기필코 하고야 말겠다는 신념과 결의에 찬 말이라고 할 수 있읍니다.

오늘날 그처럼 신념과 뜻을 가지고 죽음을 두려워하지 않는 정치인이 과연 있기나 한지요? 참으로 자기 살길에만 급급한 정치인에 의하여 나라가 다스려질 때 그 나라의 앞날을 암담하다고 하지 않을 수 없읍니다.

요즘 세태를 보면 매사가 기회주의를 양성시키는 풍토입니다. 중학교, 고등학교, 대학교에 이르는 입시 관문이 그렇습니다. 장사도 한탕주의 풍토가 만연합니다. 정치도 해 뜰 날만 기다리는 처지입니다. 그래서 그런지 주택복권이 날개 돋힌 듯 잘 팔린다고 합니다.

백부장은 순풍의 기회를 만나자 그 기회를 최대한 이용해 위험을 무릅쓰고라도 빨리 죄수를 로마로 호송하려 했을 것입니다. 이는 다분히 실적과 관계되었을 것이며 따라서 그는 실적을 올리는 데 급급했읍니다. 그에게 있어서 과정 따위는 아무래도 좋았고 그렇기에 무시해 버렸던 것입니다.

이제까지의 말씀을 정리해 보십시다.

바울을 싣고 가던 배가 왜 파선하였읍니까? 이는 바울의 말을 무시했기 때문이며 과학 기술의 소리(선장의 말), 돈의 소리(선주의 말), 권력의 소리(백부장의 말)를 따라 항해했기 때문입니다.

현대인의 3대 우상이라고 할 수 있는 과학 기술, 돈, 권력은 지금도 우리를 매혹시키고, 유혹하는 역동적인 요소가 되고 있읍니다. 그러나 반드시 알아야 할 것은 이러한 것들은 삶의 방편은 되는지 모르나 삶의 목적은 되지 못한다는 것입니다.

그럼에도 불구하고 바울을 호송하는 배를 움직이는 데 막강한 영향력을 지니고 있는 사람들은 그 우상들을 따랐읍니다. 그 결과가 어떻게 나타났읍니까? '유라굴로'라는 태풍을 만나고 말았읍니다. 그러자 그토록 의기양양하던 선장의 기술도, 선주의 돈도, 백부장의 권력도 무기력하게 쑥

들어가고 말았읍니다.

18-19절 말씀에 의하면 사흘째 되던 날 선장은 배의 모든 기구를 바다에 버려야 했읍니다. 선주 또한 배의 모든 화물을 바다에 버려야 했읍니다. 백부장은 그처럼 기백있던 모습을 다 잃어 버린 채 "구원의 여망이 다 없어졌다"고 탄식했읍니다. 모두가 철저한 실패 속에 떨어지고 만 것입니다.

그들은 그제서야 바울의 말에 귀를 기울이기 시작했읍니다. 21절을 보면 "바울이 가운데 서서 말하기" 시작한 사실이 나타나 있읍니다. 즉 그제서야 뱃사람들은 바울의 말을 듣게 되었던 것이며 그렇게 했기에 그나마 파선의 위기를 극복해 갈 수 있었읍니다.

참으로
하나님의 말씀은,
과학 기술에 의미를 부여합니다.
돈에 사랑을 넣어 줍니다.
권력에 정의의 띠를 둘러 줍니다.

인생의 실패 역시 참 믿음의 대상인 하나님의 말씀을 잊어버리는 데 있읍니다. 기술과 돈, 권력이나 명예, 물론 우리가 사는 세상에 모두 필요합니다. 그러나 이러한 것들이 우상이 되어서는 안됩니다. 이러한 것들은 하나님의 뜻 안에서 쓰여져야 하며 그럴 때에 그것들은 가치를 지니게 되는 것입니다.

하나님의 말씀에는 구원에 이르는 지혜가 있읍니다. 하나님의 사람으로 온전케 합니다(딤후 3:16). 그리고 하나님의 말씀은 승리케 하는 '성령의 검'이 됩니다(엡 6:17).

매일 매일의 생활 속에서 하나님의 말씀에 귀를 기울이는 우리 교우들이 되십시다.

(82. 3. 21)

평범 속의 비범한 삶

설교본문/막 1:2-8 ; 요 10:40-42

많은 사람이 왔다가 말하되 요한은 아무 표적도
행치 아니하였으나 요한이 이 사람을 가리켜 말한
것은 다 참이라 하더라 그리하여 거기서 많은
사람이 예수를 믿으니라(요 10:41, 42)

사람은 자기가 원하든 원치 않든간에 자신의 생을 통해서 어떤 여운을 남기게 마련입니다. 사람에 따라 그것이 재산일 수도 있으며 명예일 수도 있고 혹은 봉사일 수도 있읍니다. 여기 가장 아름다운 발자취를 남긴 사람이 있읍니다. 다름아닌 세례 요한이라고 하는 사람입니다.

성경을 보면 요한이라는 이름을 가진 사람이 여럿 나옵니다. 베드로의 아버지의 이름이 요한이며(요 14:42), 산헤드린 공의회 회원 중에 요한(행 4:6)이라는 사람이 있고, 사도 요한(요 1:40)이 있으며, 본문에 나오는 세례 요한(요 10:41)이 있읍니다.

세례 요한은 어느 모로 보나 유명한 모습을 별로 찾아볼 수 없는 평범한 사람이었읍니다.

먼저 그는 광야와 요단 강변에 기거하며 약대 털옷과 가죽 띠를 걸치고, 메뚜기와 석청을 먹고 사는 가난한 시골 선지자에 불과한 사람이었읍니다.

물론 오늘날처럼 인조합섬이 판을 치는 시대, 그리고 폭염 속에서 우리들에게 세례 요한의 삶은 한편으론 멋있는 삶이었다는 생각도 없잖아 들긴 합니다.

약대 털옷, 곧 카멜텍스입니다. 얼마나 비싼 양복기지입니까? 약대 한 마리 값이 고급 승용차 한대 값과 맞먹는다고 합니다. 그리고 한 마리 약대 털로 두 사람분의 옷밖에 지을 수 없다고 합니다. 그렇다고 볼 때 그 가치는 시가로 1만불, 약 800만원짜리 옷이라고 할 수 있겠읍니다.

게다가 메뚜기와 석청이라니! 기가 막히는 일입니다. 요리 중 최고급 요리에 속하는 음식이 아닙니까? 메뚜기 요리는 음식값도 엄청나거니와 아무나 먹어 볼 수도 없는 요리입니다. 또한 바위 틈에서나 채취할 수 있는 토종꿀인 석청은 또 얼마나 귀한 것입니까? 꿀 중에도 최고로 값어치가 나가는 꿀입니다.

좋은 옷만 걸치고 좋은 것만 먹고 산 줄 알았더니 한 술 더 떠서 시원한 강바람을 쏘이며 신선처럼 요단 강가에서 살았다고 합니다. 피서 한 번 기막히게 잘 하고 있지 않습니까? 서민들은 꿈에서조차 엄두도 내지 못할 그야말로 호화판 생활입니다.

성경을 이해함에 있어서 그 시대와 역사적 배경을 모르고 그대로 문자적으로만 해석하여 적용하게 되면 이런 오해가 얼마든지 생길 수 있읍니다.

그러나 세례 요한의 당시 상황에서 볼 때 그러한 삶은 소박하고 남루하고 겸허하기 이를 데 없는 금욕 생활이었읍니다. 오히려 앞에서 말씀드린 것과는 정반대로 그러한 삶은 지독한 가난뱅이 생활을 의미했읍니다.

그리고 요한은 이사야처럼 왕궁에서 예언 활동을 하던 권세 있는 선지자도 아니었읍니다.

뿐만 아니라 많은 사람의 인기를 모을 수 있는 이적을 행할 줄도 몰랐읍니다. 요한복음 10:41을 보면 "요한은 아무 표적도 행하지 아니하였다"는 말씀이 나올 정도였읍니다.

그렇다고 모세처럼 이스라엘 백성에게 영도력을 발휘한 권위적인 사람도 아니었읍니다. 그는 단지 한 시골 선지자에 불과했던 사람으로 평범하게 살다가 그것도 제 명대로 다 살지도 못하고 살로메라는 춤추는 여자의 농간에 의해 젊디 젊은 나이에 사형을 당했던 사람입니다.

그런데 이상스럽게도 예수께서는 이런 사람을 극구 칭찬하셨읍니다. 그 칭찬의 말씀들은 아직도 우리의 마음 속에 짙은 여운으로 남아 있는 것들입니다. 예수님의 그에 대한 칭찬의 말씀들을 살펴보면 다음과 같습니다.

선지자보다 나은 자니라(마 11:9). 여자가 낳은 자 중 세례 요한보다 더 큰 이가 일어남이 없느니라(마11:11). 요한은 켜서 비취는 등불이라(요 5:35).

우리는 세례 요한에 대한 예수님의 이같은 칭찬들 가운데서 바람직한 인간상, 그리고 평범 속에 비범한 삶을 산 한 인간상을 발견할 수 있읍니다.

우리는 세례 요한에게서 다음 몇 가지의 아름다운 모습을 찾아 볼 수가 있읍니다.

첫째, 요한은 평범한 선지자였으나 맡은 사명에 성실한 삶을 살았던 사람이었읍니다. 그는 맡은 일에 최선을 다했읍니다. 선지자의 임무는 인간에게 주시는 하나님의 말씀을 바로 전하는 것입니다. 하나님께서는 모세 때부터 많은 선지자를 세우사 그 시대와 그 백성을 향하여 말씀해 오셨읍니다. 그 중 임무에 충실했던 선지자들이 있었는가 하면 시대의 흐름에 따라 주어진 사명을 회피하거나 안일한 생활을 추구해 온 선지자들도 있었던 경우를 많이 볼 수 있읍니다.

정의의 선지자 아모스와 동시대에 일했던 아마샤라는 선지자는 하나님의 말씀을 전하기는 커녕 도리어 하나님의 말씀을 바로 전하는 아모스의 활동을 방해하였으며 그 자신은 왕의 귀를 즐겁게 해 주는 데만 급급했던 사람이었읍니다.

선지자 요나는 니느웨성으로 가라는 하나님의 명령을 거역하고 다시스로 도망가려 하지 않았읍니까? 그는 자신이 그런 일을 하는 것을 마땅치 않다고 생각했던 것입니다. 그 자신은 오히려 크고, 좋고, 편하고 또 빛나고 칭찬받을 만한 일을 했으면 하고 생각했는지도 모르겠읍니다. 아뭏든 그는 자기에게 큰 영광이 돌아오는 일을 맡게 되었더라면 기쁘게 응했을 것입니다.

예수님 당시에 이르러서는 선지자들의 모습이란 전혀 찾아 볼 수 없게 되었읍니다. 그래서 구약의 마지막이라 할 수 있는 말라기 이후 예수님 시대까지 약 400년간은 선지자의 활동이 없었던 공백시기였읍니다.

이러한 때 세례 요한이 나타나서 하나님의 말씀을 외치기 시작했읍니다. 그렇다고 그가 무슨 기발한 명언을 남긴 것도 아닙니다. 그가 외친 말은 아주 간단한 몇 마디뿐이었읍니다. 곧 "회개하라", "세례를 받으라" 이 두 말씀뿐이었읍니다.

그럼에도 불구하고 예수께서 그를 그렇게도 칭찬하고 계시는 것은 그가 하나님으로부터 받은 직분에 대하여 열심을 다한 삶을 가졌기 때문입니다.

사랑하는 교우 여러분!

무슨 일이든지 맡겨진 일에 대하여 열심을 다하십시다. 열심이 있는 곳에 발전이 있고 하나님의 축복이 있는 것입니다.

미국 백화점의 왕이라 불리우는 페니(J.C.penny)의 이야기를 여러분도 들으신 일이 있을 것입니다.

그는 하바드 대학 출신으로 총장의 추천을 받고 또 다른 동창생 한 사람과 함께 백화점에 입사하게 되었읍니다. 그런데 처음 입사한 그들에게 맡겨진 일이란 엘리베이터 안내였읍니다. 실망한 동창생은 그만 이내 백화점을 떠나고 말았읍니다. 그러나 페니는 엘리베이터 안내를 하면서 손님의 실태를 파악하는 데 힘썼읍니다. 그리고 엘리베이터 안에서 손님들이 나누는 대화를 엿들으면서 물건의 선호도라든가 혹은 그 백화점에 대한 손님들의 견해, 불평, 요망사항 등을 포착하여 보고서로 관계자에게 제출, 백화점 운영에 상당한 공헌을 하였읍니다.

이런 일을 계속하는 가운데 그는 경영인으로서의 자질을 인정받게 되었으며 결국 중역을 거쳐 사장직을 역임하기에 이르렀고, 드디어는 백화점의 왕이라 불리울 정도로까지 탁월한 인물로 성장할 수 있었던 것입니다.

어떠한 일이든 작고 하찮아 보이는 일로부터 시작되는 것임을 우리는 잊어서는 안되겠읍니다. 직장 일이든 사회활동이든 사업이든 교회일이든 무슨 일에나 열심을 가지고 최선을 다해 하십시다.

솔로몬이 백성을 가르친 잠언은 오늘 우리에게도 큰 교훈을 주는 것입니다.

게으른 자여 개미에게로 가서 그 하는 것을 보고 지혜를 얻으라. 개미는 두령도 없고 간역자도 없고 주권자도 없으며 여름 동안 예비하여 추수 때 양식을 모으느니라. 게으른 자여 네가 어느 때까지 눕겠느냐. 네가 어느 때에 잠에서 깨어 일어나겠느냐. 좀더 자자 좀더 자자 손을 모우고 좀더 눕자 하면 네 빈궁이 강도 같이 오며 네 곤핍이 군사 같이 이르리라(잠 6:6).

둘째, 요한은 평범한 선지자였으나 진실한 삶을 산 사람이었읍니다. 어떤 일에 대하여 열심을 다한다는 것은 매우 중요하고도 기본적인 것입니다. 그러나 반드시 기억해야 할 것은 성실한 삶에는 진실이 동반되어야 한다는 것입니다. 열심이 진실을 동반하지 못할 때 열심 있는 도둑이 되고, 사기꾼이 되며, 위선자가 됩니다. 어떤 통계에 의하면 거짓말을 잘하는 사람일수록 국민학교 때 성적이 우수하였다고 합니다.

예수님으로부터 많은 공격을 받았던 바리새인들이 열심이 없어서 그렇게 된 것은 결코 아닙니다. 오히려 열심은 넘쳤으나 그 속에 진실이 없었기 때문에 위선자가 되었던 것입니다.

오늘날 우리 가운데도 간혹 열심은 많으나 진실하지 못한 신자들이 있음을 볼 수 있읍니다. 참으로 가슴 아픈 일이 아닐 수 없읍니다.

그러나 요한은 그렇지 않았읍니다. 요한복음 10:41을 보면 "아무 표적을 행치 아니하였으나 요한이 이 사람을 가리켜 말한 것은 다 참이라"는 말씀이 나타나 있읍니다.

요한은 참을 말한 선지자였읍니다. 그는 이적이나 기사를 행하지는 못하였읍니다. 그러나 그는 참되게 말하고, 참되게 살아간 사람이었읍니다.

사도행전 5:1 이하를 보면 아나니아와 삽비라가 저주받아 죽은 사건이 나옵니다. 그들은 열심은 대단했으나 진실하지 못했기 때문에 비참한 종말을 맞았던 것입니다.

초대 교회 사도들은 얼마나 어렵고 가난했읍니까? 그 때 열심 많은 아나니아와 삽비라 부부가 자신들의 재산을 몽땅 팔아 그 중 일부는 집에 두고 그래도 상당히 많은 돈을 사도 배드로 앞에 헌금했읍니다. 그리고는 "재산을 모두 팔아서 교회에 바칩니다"라고 말했읍니다. 얼마나 잘한 일입니까? 또 얼마나 큰 돈입니까?

그러나 기뻐할 줄 알았던 베드로가 오히려 정색을 하면서 이렇게 책망을 하였읍니다.

어찌하여 사단이 네 마음에 가득하여 어찌하여 네가 성령을 속이고… 사람에게 거짓말 한 것이 아니요 하나님께로다(행 5:3,4).

이 말이 떨어지자마자 아나니아 부부는 죽고 말았읍니다. 열심은 대단했으나 진실하지 못했기 때문에 징계를 받은 것입니다. 한 가지 열심이라도 진실을 가지고 살아 가십시다.

세째, 요한은 평범한 선지자였지만 겸손한 삶을 산 사람이었읍니다.

그는 다른 사람을 존경할 줄 알았던 사람이었읍니다. 흔히 사람은 자기자신을 돋보이게 하기 위해서 남을 깎아 내리기를 잘 합니다.

세례 요한이 요단강가에서 세례를 주고 전도하고 있을 때 자기에게 모여들었던 사람들이 예수께로 몰려가기 시작했읍니다. 그 때 보통 사람 같으면 예수님을 비방하거나 깎아 내리려고 했을 것입니다. 자신의 인기 유지를 위해 안간힘을 썼을지도 모릅니다.

그러나 요한은 자신을 낮추고 도리어 예수님을 증거했읍니다.

하나님의 어린 양이로다.

나는 굽혀 그의 신들메를 풀기도 감당치 못하겠노라.

그는 흥해야 하겠고 나는 쇠하여야 하리라.

요한은 사람을 존경할 줄 알았읍니다. 이는 참으로 아무나 가질 수 없는 자세입니다. 우리는 우리 자신에게 이러한 정신이 없음을 솔직히 고백하지 않을 수 없읍니다. 우리는 남을 높여 주는 데 얼마나 인색합니까?

사람이 살아감에 있어서 열심도 있어야 합니다. 그리고 진실도 있어야 합니다. 그러나 이러한 열심과 진실도 겸손의 옷을 입지 못하면 덕이 되지 못합니다.

제2차 세계 대전을 일으키고 600만 유대인을 잔혹하게 학살한 히틀러의 진악한 모습에는 결코 열심이 부족하지 않았읍니다. 지혜가 부족하지도 않았읍니다. 다만 그에게는 남을 존중하는 마음이 없었읍니다. 즉 겸허한 마음이 없었던 것입니다. 내가 최고라는 생각, 내가 제일이 되어야 한다는 생각, 게르만 민족이 최고라는 자부심이 그로 하여금 다른 민족을 용납하지 못하게 만들었던 것입니다.

히틀러에게 조금이라도 다른 사람을 존중할 줄 아는 겸허한 마음이 있었더라면 세계가 그토록 처참한 죽음의 공포에 휘말리는 일은 결코 없었을 것입니다.

열심과 진실은 겸손의 옷을 입어야만 실로 아름다운 빛을 발할 수 있읍니다. "인자가 온 것은 섬김을 받으려 함이 아니라 섬기려 함"이라고 하신 주님의 말씀을 마음에 깊이 새기며 살아가는 성도들이 되십시다.

열심과 진실과 겸손한 삶이 있는 곳에 그리스도가 증거되고 생의 아름다운 여운이 짙게 감돌게 됩니다. 그리하여 평범한 한 생애가 눈부신

비범의 관을 쓰게 될 것입니다.

　이와 같은 삶은 우리의 인격이 그리스도의 용광로에 용해되어 재결정을 이룸으로 새로운 피조물이 되어질 때 형성되어지게 됩니다.

(82. 7. 11)

내일을 향한 오늘의 결단

설교본문/창 32:22-32

그 사람이 가로되 네 이름을 다시는 야곱이라
부를 것이 아니요 이스라엘이라 부를 것이니 이는
네가 하나님과 사람으로 더불어 겨루어
이기었음이니라 (창 32:28)

고대 희랍의 신화 중 나르키소스 이야기가 있읍니다.

나르키소스라는 미남 청년이 어느날 연못가를 거닐게 되었읍니다. 그러던 중 우연히 연못 속에 비친 자신의 모습을 발견합니다. 그 모습이 얼마나 아름답고, 자랑스럽던지 나르키소스는 그만 물에 비친 자신의 사랑스러운 모습에 도취되고 말았읍니다. 침식마저 잃고 자기 모습에만 취해 있던 나르키소스는 마침내 그 자리에서 죽어 수선화로 피어났다는 이야깁니다.

오늘 우리들에게, 우리의 전 존재를 들여다 볼 수 있는 거울이 주어진다면, 그 거울 속에 어린 우리들의 모습은 어떤 것일까요? 과연 나르키소스처럼 너무도 아름답고 사랑스러워 스스로 도취될 만한 모습을 발견할 수 있을까요? 아니 우리는 아름다운 자신의 모습보다는 오히려 원망스러운 모습을 더 발견케 됨을 시인할 수밖에 없을 것입니다. 우리가 바라보는 이상, 꿈에 비하여 우리의 실체는 너무 초라한 것 같습니다. 그 만큼 우리는 이상과 현실 사이의 거리감을 아프게 느낍니다. 그래서 자신을 사랑하지만 자신의 모습이 사랑스럽게 보여지지는 않는 것입니다.

그러나 인간의 마음을 흐뭇하게 만드는 것은 초라한 우리의 현재의 모습이 아니라, 우리의 가슴 속에 심겨져 있는 내일을 향한 꿈입니다. 이러한 맥락에서 심리학자 말쯔는 "인간은 희망을 추구하는 데서 보람을 느낀다"고 말하였읍니다. 정신 분석가인 에릭 프롬 역시 "인간은 희망 속에 사는 존재"라고 말한 바 있읍니다.

사람은 누구나 성공을 향한 원대한 희망을 안고 살아 갑니다. 성공과 실패는 우리 속에 있는 소원을 어떻게 성취하느냐에 달려 있읍니다.

빌립보서 2:13에 다음과 같은 말씀이 기록되어 있읍니다.

너희 안에 행하시는 이는 하나님이시니 자기의 기쁘신 뜻을 위하여 너희로 소원을 두고 행하게 하시나니.

잠언 19:8에도 "꿈이 없는 백성은 망한다"는 말씀이 있읍니다. 우리 모두는 꿈을 가지고 살아야 합니다. 그리고 우리 마음 속에 하나님께서 심어 주신 소원을 성취하기 위해 노력할 수 있어야 합니다.

오늘 성경 말씀은 야곱이라는 사람이 어떻게 자신의 소원을 성취시켜 나갔는가 하는 것을 보여 주고 있읍니다. 야곱은 엄청난 야망을 가지고 살았던 인물입니다. 그는 자신의 야망을 실현시키기 위해서 때로는 수단과 방법을 가리지 않았읍니다. 자기 형을 속여 장자가 되려 했을 뿐만 아니라 아버지까지 속여 하나님의 축복을 독차지하려 했고 후에는 외삼촌 라반을 속여서 많은 재산을 모으기도 하였읍니다. 창세기 32장을 보면 야곱이 객지인 하란에서 큰 부자가 되어 20년만에 고향에 돌아오고 있는 것이 나타나고 있읍니다. 큰'재물과 처자 권속을 거느린 야곱의 모습은 자못 의기양양했고 자랑스러웠으며 일면 대견스럽기까지 했읍니다. 성공을 안고 고향에 돌아가는 야곱의 마음은 감개무량했을 것이 틀림없읍니다.

드디어 고향이 가까이 바라다 보이는 곳까지 왔읍니다. 이제 강 하나만 건너면 부모 형제가 계신 곳, 자신이 어렸을 때 자라던 가나안 땅에 이르게 됩니다. 그는 가족과 종들과 가축을 먼저 도강시키고 자신은 뒤에 남아 그 날 밤을 얍복강가에서 노숙하였읍니다. 그 날 밤은 캄캄한 밤이었으며, 모든 것이 고요한 밤이었고, 잔잔한 물결 소리만 들리는 밤이었읍니다. 아마도 야곱은 하늘을 지붕삼고 돌을 베개삼아 누었을 것입니다. 그리고 그렇게 누운 그의 눈엔 달과 별들만 반짝였을 것입니다. 참으로 20년만에 성공해서 고향으로 돌아가는 감격은 체험해 보지 못한 사람은 상상하기 어려울 정도로 벅찬 것입니다.

그러나 야곱은 갑자기 우울해지기 시작했읍니다. 기쁨보다는 착잡한 괴로움이 그의 생각을 사로잡았읍니다. 그토록 자기 자신을 사랑했고, 그래서 자신을 위해 일해 왔던 그였지만 그 날 밤 그의 마음 속에 비친 자신의 모습은 전혀 자랑스럽지 못했읍니다. 전혀 사랑스럽게 보이질 않았읍니다. 떳떳하지 못했던 자신의 과거를 돌아볼 때 양심의 가책과 더불어 부끄러움만 일어 하나님 앞에 두려울 뿐이었읍니다. 냉정히 자신을 비판해 보자면 자신은 위선자요, 거짓말장이요, 사기꾼에 불과하지 않은가? 자신의 이익을 위해 남의 눈에서 눈물을 흘리게 했었고, 더우기 형도 삼촌도 심지어는 아버지까지도 속이지 아니했던가? 고향을 찾아 나선 그였지만 막상 고향을 목전에 둔 얍복강가까지 와서 마지막 날 밤을 보내며 야곱은 밤이 새도록 자신 속에서 하나님의 사자와 씨름을 하였읍니다. 그토록 의기양양하고 또 당당했던 야곱은 천사로부터 환도뼈를 얻어 맞았읍니다. 갑자기 하반신을 쓰기 어려울 정도로 무기력해졌읍니다. 더우기 형 에서가 강 건너편에서 아직도 적의를 품은 채 있었읍니다. 그는 참으로 어려운 지경에 빠졌읍니다.

바로 그 순간! 아마도 그는 다음 생각을 했을 것입니다.

'성공이 무엇이냐?, 출세한다는 것은 또 무엇이냐?'

　그는 이 문제를 가지고 홀로 밤새 씨름하다가 결국 자신의 어리석음과 무기력함을 발견케 되었읍니다. 그리하여 지금까지 세상을 향하던 마음을 돌이켜 다시 하나님을 찾기 시작했읍니다. 창세기 32:26에 의하면 야곱은 하나님 앞에 겸손히 엎드려 하나님의 섭리와 축복을 찾기에 이르렀읍니다. 이 때 하나님께서는 다음과 같이 말씀하시면서 그를 축복하셨읍니다.

　　　네 이름을 다시는 야곱이라 부를 것이 아니요 이스라엘이라 부를 것
　　　이니 이는 네가 하나님과 사람으로 더불어 겨루어 이기었음이니라
　　　(창 32:28).

　야곱 !

　그 이름의 뜻은 '발꿈치를 잡았다'는 의미입니다. 이는 본래 형인 에서와 쌍동이였던 야곱이 어머니 뱃속에서 먼저 나오려 하던 다툼에서 실패하고 형 에서의 발꿈치를 잡고 나온 데서 연유한 것입니다. 즉 야곱은 출생시에 '발꿈치'를 잡은 자였읍니다. '발꿈치'가 '패배'를 뜻함을 생각할 때 그는 '패배자'로서 세상에 첫 발을 들여 놓았던 것입니다.

　그러나 이제 얍복강가에서 자신의 치욕된 과거를 깨닫고 온 힘을 다해 하나님의 축복을 간구했을 때 그는 '이스라엘'이 되었읍니다. '이스라엘'이란 '하나님과 겨루어 이겼다', '하나님과 함께하여 이겼다'라는 뜻으로 '승리자'라는 말입니다. 인간적으로 볼 때 '성공자'같았으나 하나님의 눈에는 '실패자'였던 야곱, 그러나 그는 얍복강가에서의 하룻밤을 통해 거듭나게 되었읍니다. 그리고 이스라엘 민족의 조상이 되었읍니다. 즉 그의 아들들을 통해 12지파를 이루게 되었던 것입니다. 얍복강가에서의 그 마지막 밤은 야곱에게 있어서 새로와지는 순간이었으며 세상을 향하던 눈이 하나님께로 전환되는 새로운 결단의 자리였읍니다.

　우리 교회는 100년의 역사를 자랑스럽게 걸어왔읍니다. 그 동안 우리 가운데 이루어진 성령의 역사에 감사를 올리면서, 한편으로는 나태

하고 잘못되었던 모든 것들을 적나라하게 고백함으로 우리 역시 야곱처럼 100주년이라는 얍복강 앞에 설 수 있어야 하겠읍니다. 그 때 우리는 야곱의 새문안이 아니라 이스라엘의 새문안이 될 것입니다. 그러기 위해서 얍복강가에 서 있던 야곱의 모습을 다시 한번 바라보십시다.

첫째로, 얍복강가에서의 야곱은 불타는 소원을 가지고 있었읍니다.

성공하는 사람은 어떤 사람이겠읍니까? 분명한 삶의 목표를 정하고 불타는 소원을 안고 살아가는 사람입니다. 그렇게 살아 갈 때 그 몸에 강한 힘이 생겨 온갖 시련과 역경을 물리치고 그 뜻을 실현시켜 나갈 수 있게 되는 것입니다. 야곱은 환도뼈를 얻어맞아 가면서도 우격다짐으로 하나님의 축복을 사모하여 천사와 끝까지 씨름을 하였읍니다.

> 야곱이 가로되 당신이 내게 축복하지 아니하면 가게 하지 아니하겠
> 나이다 (창 32:26).

우리가 하나님과 씨름마저 불사할 용의로 사모하는 것은 무엇입니까? 100주년을 앞둔 우리 새문안 교회를 생각해 보십시다. 우리 새문안의 가족들은 참으로 복음 선교의 열정에 얼마나 불타고 있읍니까? 혹 우리 교회가 대교회라고 하는 자기 만족 속에 빠져 선교의 열정이 식어가고 있지는 않습니까?

우리 나라의 경우 전 인구의 20%에 해당하는 약 800만명이 기독교 신자이며 세계적으로는 45억의 인구 중 34%에 해당되는 15억이 크리스챤이라고 합니다. 우리는 이러한 통계를 어떻게 생각하며 받아들이고 있읍니까? 혹 우리 나라의 80%의 국민과, 66%에 달하는 남은 세계 인구가 그리스도를 영접하지 않아도 그저 우리만이라도 편안히 교회를 다니면 되는 것이라고 생각하지는 않습니까? 세계적인 문제는 잠시 접어두고라도, 우리 전 국민을 그리스도인이 되게 하기 위한 선교의 열정이 과연 우리에게 얼마나 있읍니까? 우리 교회 속에 흘러내려 오고 있는 교회의 갱신과 일치, 그리고 민족 역사 발전에 대한 책임 의식이 오늘 우리에게 과연 얼마나 있읍니

까?

새문안 교회가 100주년을 맞이하며 기념 사업을 가지고자 하는 것은 다시 한번 새문안으로 하여금 그리스도의 몸 된 교회가 되게 하기 위함이며 선교의 열정을 더욱 강렬히 불러 일으키는 기틀을 마련하기 위함인 것입니다.

둘째로, 얍복강가에서 야곱은 주어진 기회를 놓치지 않았읍니다.

성공하는 사람은 기회가 올 때에 민활하게 그 기회를 포착합니다. 신속하게 결단해서 절대로 기회를 놓치지 않습니다. 우리의 삶은 곧 기회의 연속이라고 할 수 있읍니다. 만약 기회 없이 살아가는 인생이 있다면, 그것은 생존이지 결코 생활은 아닌 것입니다. 기회는 생활의 참 멋이요, 삶의 값어치이기 때문입니다.

야곱은 얍복강가에서 하룻밤을 노숙하며 그 시간을 하나님과 씨름하는 기회로 삼았읍니다. 때때로 사람은 인생의 깊이를 생각케 하는 기회를 접하게 됩니다. 육신이 연약해서 투병 생활을 할 때, 혹은 사업에 실패했을 때, 혹은 가정적으로 중대한 문제에 직면했을 때, 혹은 죄와 허물이 생각날 때 등등. 그 때마다 하나님과 씨름하는 계기로 삼으시기 바랍니다.

우리 교회가 100주년을 맞이하게 된 것은 우리의 생애에 한 번밖에 없는, 어쩌면 하나님께서 주신 기회라고 할 수 있을 것입니다. 즉 새문안을 새롭게 할 수 있는 기회일 뿐만 아니라 또한 새문안을 통해 한국 교회와 사회 속에서 일하시는 하나님의 기회이기도 한 것입니다. 우리에게 주어진 이 기회를 잘 활용함으로 좋은 결실을 내기 위해 우리의 온 힘을 모으도록 하십시다.

우리 교회는 대단한 잠재력을 지니고 있읍니다. 그럼에도 불구하고 과거의 타성과 스스로 정해 버린 한계를 넘어서지 못함으로 우리의 잠재력을 다 발휘하지 못하고 있지 않나 생각합니다. 우리는 결코 써커스단의 코끼리가 되어서는 안되겠읍니다. 써커스단의 거대한 코끼리는 작은 막대기에 연결된 가늘고 약한 실에 묶여 있어 주인이 정해 준 범위를 조금도 넘지 못합니다. 그 코끼리는 아주 어릴 때 다리를 쇠사슬에 묶인 채 작은 원을 맴도는 훈련을 받았는데 자라감에 따라 점차 약한 끈으로 묶여 훈련을 받게 됩니다. 그것이 아무리 약한 끈일지라도 코끼리는 도저히 벗어날 수 없는 쇠사슬에의 기억으로 인해 그 약하디 약한 끈에 대해서조차 벗어날 희망이 없다고 스스로의 한계를 정해 버리고 맙니다. 그로 인해 코끼리는 결코 그 실의 속박과 한계를 벗어나지 못하게 되는 것입니다.

금번 100주년을 맞이하면서 우리 새문안은 혹시 잘못된 과거 속에 우리들의 신앙 생활이 파묻혀서 하나님께서 원하는 길로 가지 못하는 경우가 있지 않았나 반성하면서 더욱 새롭게 태어나는 교회가 되도록 해야 하겠읍니다.

세째로, 얍복강가에서의 야곱은 믿음의 인내를 가지고 있었읍니다.

야곱은 비록 환도뼈를 얻어 맞아 위골이 되었으나 하나님의 사자를 붙잡고 씨름하는 것을 끝까지 포기하지 않았읍니다. 하나님의 역사가 분명히 이루어지리라는 믿음을 가지고 인내했던 것입니다.

개인으로나 가정으로나, 나라의 일에 있어서나 교회 일에 있어서 중대한 일을 할 때는 반드시 믿음의 인내가 있어야 합니다. 때로는 환도뼈를 얻어 맞는 시련을 겪을지라도 참고 견디며, 꼭 이 일을 이루어야 하겠다는 몸부림이, 씨름이 있어야 합니다.

이제 우리가 가지고자 하는 100주년 기념 사업은 우리 교회의 장래를 결정짓는 중대한 일이라 할 수 있읍니다. 온 교우들이 마음을 같이하여 인내와 믿음으로 이 일을 성취시켜 나갑시다. 그 때 우리 교회는 야곱처럼 한 민족의 이스라엘로 새로와질 수 있을 것입니다.

교회는 그리스도의 몸이고 우리는 그의 지체입니다. 몸이 강해지면 지체도 강해집니다. 또한 지체가 튼튼하면 몸도 강해집니다. 우리의 영적 생활도 마찬가지입니다. 교회가 부흥할 때 우리의 믿음도 성장하고, 우리 믿음이 성장할 때 교회도 부흥되는 것입니다. 100주년을 맞이하면서 우리는 가정적으로나 교회적으로, 또 개인적으로 믿음의 큰 역사가 이루어지도록 해야 하겠읍니다.

(83. 6. 5)

큰 일을 행하라 하였더면

설교본문/왕하 5:8-14

그 종들이 나아와서 말하여 가로되 내 아버지여
선지자가 당신을 명하여 큰 일을 행하라 하였더면
행치 아니하였으리이까(왕하 5:13)

본 문 가운데에는 한 군인과 선지자와의 대화가 실려 있읍니다. 그 군인은 시리아의 국방장관인 나아만 장군이며 선지자는 엘리사입니다.

나아만 장군은 문둥병에 걸려 절망적인 고민을 하던 중 이스라엘에 유명한 선지자 엘리사가 있다는 말을 듣게 되었읍니다. 그리고 여러가지로 곰곰 생각한 끝에 엘리사를 찾아가기로 결심하였읍니다. 시리아의 군정을 한 손에 거머쥐고 있는 나아만이 작은 나라의 일개 선지자를 찾아간다는 것이 선뜻 마음 내키는 일은 아니었을 것입니다.

그러나 자신을 끝없는 절망의 벼랑으로 몰아붙이는 문둥병을 치유하기 위해서는 그 선지자를 찾아 갈 수밖에 없었읍니다. 나아만은 선물로 은 10달란트, 금 6,000개, 옷 10벌을 준비하였으며 그것도 모자라 아람 왕의 친서까지 준비하여 엘리사를 찾아 갔읍니다.

많은 신하를 거느린 나아만 장군의 일행이 드디어 엘리사의 오두막집 앞에 당도하여 문을 두드렸읍니다. 그러나 예상 밖의 반응이 나타났읍니다.

엘리사는 얼굴도 안 내밀고 몸종만 내보내어 이렇게 말했던 것입니다.

요단강에 몸을 일곱 번 씻으라. 네 살이 여전하여 깨끗하리라(10절).

나아만은 화가 머리끝까지 치밀어 올랐읍니다. 이스라엘의 임금조차 벌벌 떨만큼 위풍당당한 대제국의 군대 최고 책임자가 찾아 왔는데, 마음만 먹으면 이스라엘쯤은 쉽게 정복해 버릴 수 있는 권위와 무력을 장악하고 있는 장군이 찾아왔는데, 엘리사의 접대는 너무 성의 없는 것이었기 때문이었읍니다. 정중히 맞아 주기는 커녕 얼굴조차 내밀지 않고 심부름꾼을 시켜 상대한 엘리사의 뜻밖의 박대에 실망하고 화가 난 나아만은 이렇게 버럭 소리쳤읍니다.

저가 내게로 나아와 서서 그 하나님 여호와의 이름을 부르고 당처 위에 손을 흔들어 문둥병을 고칠까 하였도다(11절).

다메섹강 아바나와 바르발은 이스라엘 모든 강물보다 낫지 아니하냐(12절).

거창한 치유의 절차나 혹 굉장한 무엇을 통해서 병을 낫게 해주지나 않을까 기대했던 나아만에게 고작 요단강에 가서 일곱 번씩이나 몸을 씻으라는 말은 어쩌면 참을 수 없는 모욕 같았는지도 모릅니다. 그는 홧김에 부하들에게 돌아가자고 말했읍니다. 그 때 신하 중 한 사람이 나서서 그를 만류하며 이렇게 말했읍니다.

내 아버지여 선지자가 당신을 명하여 큰 일을 행하라 하였더면 행치 아니하였으리이까. 하물며 당신에게 이르기를 씻어 깨끗하게 하라 함이리이까.

이 말씀은 우리 자신에 대해서 주어지는 말씀이라고도 할 수 있읍니다. 우리도 믿음의 길을 들어설 때 나아만처럼 잘못된 자세를 갖는 경우가 없지 않은 것입니다. 나의 지식과 나의 능력, 나의 환경과 배경을 생각해 볼 때 신앙의 길은 너무도 초라해 보입니다. 복이 필요한 자 혹은 재난에 대한 근심 걱정에 짓눌린 약한 자나 가야 할 길 같아 보이기도 합니다. 그래서 우리의 길이 아닌 것처럼 느낄 때가 없지 않았음을 고백하지 않을 수가 없습니다. 혹 모처럼 결심을 하고 교회의 문턱에 발을 들여 놓았을 때일지라도 교회나 교인의 어떤 모습을 보고 마치 나아만이 엘리사를 보고 실망했던 것과 같이 실망을 하게 되는지도 모릅니다.

오늘 우리는 나아만의 자세를 통해 우리 자신을 조명해 볼 필요가 있습니다.

첫째, 나아만은 작은 일을 업신여겼읍니다.

비록 하나님의 선지자 엘리사의 말씀이었지만 요단강에 목욕할 정도의 작은 일로는 기적이 일어날 것 같지가 않았읍니다. 성경은 나아만에 대해서 소개하기를 "크고 존귀한 자이고 아람을 구원한 큰 용사"(1절)라고 말하고 있읍니다. 나아만 자신도 스스로를 '크고 존귀한 용사'로 여기고 있었을 것입니다. 그런 그가 중병을 고치기 위해 천리길을 멀다 아니하고 이스라엘의 산골 엘리사의 오두막까지 찾아왔는데, 기껏 들은 말이 요단강에서 목욕하라는 것이었읍니다. '그런 정도로 나을 수 있단 말인가? 다메섹의 강보다 훨씬 작고 더러운 요단강에서 일곱 번씩이나 목욕하는 창피를 당할 만큼 내가 작은 자란 말인가?' 나아만은 그것이 작은 일이었기에 업신여겼읍니다.

그러나 하나님은 작은 일을 우리에게 명령하시고, 그것을 기적의 출발점으로 삼으십니다.

우리 주변에는 스스로 큰 자로 자처하며 작은 일을 업신여기는 사람이 많이 있읍니다. 그래서 큰 일은 서로 나서서 하려 하지만 작은 일이나 드러나지 않는 봉사는 피하려 합니다. 자기보다 나아 보이는 사람 곁에는 서로 서려 하지만 자기보다 작아 보이는 사람에 대해서는 외면하기가 일쑤입니다. 그러나 성경은 분명히 다음과 같이 가르치고 있읍니다.

첫째, 작은 일에 충성할 수 있는 사람이 큰 일도 바르게 할 수 있읍니다.

둘째, 작은 일에 관심을 가질 수 있는 사람이 남을 진정으로 사랑할 수 있읍니다.

세째, 작은 일에 충성하는 사람이 겸손히 살아 갈 수 있고 남을 섬길 수 있읍니다.

주님이 맡겨 주신 작은 봉사를 충실히 할 수 있을 때 인간 역사에 하나님의 능력과 기적이 일어나게 됩니다.

성경은 작은 것 하나하나를 소중히 말하고 있읍니다. 우리는 '과부의 동전 한 닢', '겨자씨만한 믿음', '어린 아이에게 준 냉수 한 그릇', '한 마리의 잃은 양을 찾는 목자의 모습' 등에서 작은 것을 업수이 여기지 않는 천국의 가치관을 볼 수가 있읍니다.

현대 사회는 점점 거대화되어 가고 있읍니다. 점차 사회가 도시화되어 가고 산업화되어 가면서 큰 것만 인식되고 작은 것은 무시되는 풍토가 이루어지고 있읍니다. 군중과 다수가 활기차게 움직이고 있는 사회 같으면서도 다른 한편에서는 오히려 인간 소외 현상이 심화되어가고 있는 요즈음입니다. 흔히 민주 사회를 '다수의 사회', 산업 사회를 '기능의 사회'라 부릅니다. 따라서 소수의 의견은 무시되고, 기능이 없는 자는 소외될 수밖에 없는 것이 오늘날의 형편입니다.

그러나 예수님은 군중 속에서 지내시면서도 소외된 한 사람, 한 사람을 사랑하셨읍니다. 과거에 다섯 명의 남편과 살았고, 지금도 자기 남편이 아닌 남자와 살고 있는 죄많은 사마리아 여인을 이해하시고 그녀에게 최초로 자신이 메시야이심을 나타내 주셨읍니다. 그뿐 아니라 모든 사람들로부터 따돌림을 받던 세리의 사정을 이해하시고 가까이 하시며 그를 제자로 삼으셨읍니다.

마태복은 18:5을 보면 다음과 같은 예수님의 말씀이 나타나 있읍니다.

누구든지 내 이름으로 이런 어린 아이 하나를 영접하면 곧 나를 영접함이라.

'영접한다'는 말의 원뜻은 '섬긴다'는 의미입니다. 따라서 작은 자를 찾고 관심을 가지고 받아들이는 것이 곧 예수님을 섬기는 일이라고 할 수 있겠읍니다. 예수님은 천상에만 계시지 않습니다. 또 내 마음 속에만 계시지도 않습니다. 크고 위대한 기적적 능력 속에만 계시지도 않습니다. 오히려 우리가 보기에 적고 미미한 모습과 환경, 그리고 보잘것없는 사람 곁에 더 많이 계십니다.

둘째, 나아만은 자기를 버리지 못했읍니다.

'흥! 이렇게 더럽고 작은 요단강에서 목욕하면 병이 낫는다고? 그럴 양이면 차라리 내 고향 다메섹의 아름다운 아바나 강이나 바로바 강에서 목욕하는 것이 낫지!'

나아만은 하나님의 말씀에 대하여 신앙적인 답변을 하지 못했읍니다. 자기의 상식과 감정으로 하나님을 대했으며 또 그같이 하나님의 능력을 평가하려 했읍니다.

가룟 유다가 그러했읍니다. 자기의 지식과 감정으로 예수님을 해석하려다 결국 예수님을 떠났고 또 배반하였으며 끝내는 비극으로 자기를 몰아가고 말았던 것입니다.

신앙인의 대답 중 가장 모범적인 것으로 베드로의 대답을 들 수 있읍니다. 요한복음 6:68에 있는 베드로의 대답입니다.

주여 영생의 말씀이 계시매 우리가 뉘게로 가오리까. 저는 주님이 거룩하신 줄 믿고 알았삽나이다.

여기에 우리가 생각할 내용이 있읍니다. 베드로가 예수께 말씀드리기를 '믿고', '알았다'고 했읍니다. '알고', '믿은' 것이 아닙니다. 신앙이 지식에 선행되었던 것입니다.

그러나 우리는 나아만의 사고 방식대로 예수님을 알고야 믿으려고 합니다. 자기의 지식과, 자기의 감정과, 자기의 능력으로 예수님을 알고 믿으려 합니다. 그러나 베드로는 우리와 정반대였읍니다. 그는 먼저 예수를 믿고, 예수께 자신을 내어 맡긴 뒤 그 안에서 예수를 알겠다는 자세를 가졌읍니다. '믿고', '안다'는 것은 자신을 객관화시켜 자기를 바라볼 수 있는 모습입니다. 자기 실체를 바라보는 것은 지식으로 되는 것이 아닙니다. 자기 경험으로 되는 것도 결코 아닙니다. 오직 믿음으로 이루어지는 것입니다.

우리가 잘 아는 작가로「쿠오바디스」를 쓴 센키비치의 작품 중「흑암 속에 비치는 빛」이라는 단편소설이 있읍니다.

주인공 '카미옹카'라는 조각가는 자기 직업에 대한 긍지가 대단했을 뿐만 아니라 능력 또한 대단했던 사람이었읍니다. 그는 자기 작품만 최고라는 우월감을 가지고 남과 타협할 줄을 몰랐읍니다. 그에게는 친구도 없었고 친척도 없었읍니다. 그런 그가 노년에 병이 들어 쇠약해진 몸으로 어둠 침침한 작업실에 누어 있게 되었읍니다. 아무도 간호해 주러 오는 사람도 없었읍니다.

그런 중에 카미옹카는 갑자기 놀라운 경험에 휩싸이게 되었읍니다. 병약한 몸으로 누워 있는데 창 밖에서 강렬한 광채가 비춰 오더니 그의 조각품들을 모두 녹여 버리는 것이었읍니다. 그뿐만 아니라 주위의 모든 사물까지 다 녹여 버리고는 그의 몸을 허공에 띄우는 것이었읍니다.

한참을 빛의 힘에 의해 떠 있다 정신을 차려 아래를 내려다 보니 다 찌그러진 오두막집 어두컴컴한 방에 굳어진 시체 한 구가 누워 있는 것이 보였읍니다. 자세히 살펴보니 그 시체는 바로 자기의 모습이었읍니다.

그 때 카미옹카는 자기 자신의 모습을 내려다 보며 많은 것을 배웠읍니다. 자기를 객관화시켜 보는 가운데 스스로 자기가 누구인가를 알았고, 어떻게 살아왔는지를 알게 되었으며 앞으로 무엇을 해야 하는가를 깨닫게 되었던 것입니다.

신앙이란 자기를 객관화시켜서 자기의 실체를 발견하는 것입니다. 유명한 철학자 베이컨이 쓴 책에 인간의 네 가지 우상 즉 '종족의 우상', '시장의 우상', '극장의 우상', '동굴의 우상'이 소개되고 있는데, 그 중 가장 무서운 것이 동굴의 우상입니다. 이는 사람이 동굴 속에 갇혀서 세상을 바라보는 한정된 사고방식을 말하는 것입니다.

우리들 자신이 그렇습니다. 자신의 주관 속에 빠져 있는 한 하나님의 전체 세계를 바라볼 수 없읍니다. 자신의 자아의 동굴에서 나와 하나님의 눈길로 하나님의 뜻과 말씀을 통해 자신을 바라볼 수 있을 그 때 하나님의 세계 속에서의 자신을 발견할 수 있읍니다. 그 때 자신이 어떻게 살아 왔나를 알게 되며, 또 어떻게 살아야 할 것인가를 깨닫게 되는 것입니다.

등산가가 왜 지도를 봅니까? 자신의 위치를 객관적인 자리에서 바라보기 위해서입니다. 신앙인은 자신의 경험과 지식으로 하나님을, 또 자신을 바라보지 않습니다. 신앙인은 하나님의 뜻을 먼저 찾고 그 안에서 자기를 바라보는 사람들입니다.

세째, 나아만은 하나님과의 관계를 형식 속에서 이루어지는 것으로 착각했읍니다.

나아만은 하나님과의 관계는 장엄한 의식을 통하여 맺어지는 것으로 착각했읍니다. 그가 다음과 같이 말한 것에서 그 사실을 찾아 볼 수가 있읍니다.

> 내 생각에는 저가 내게로 나아와 서서 그 하나님 여호와의 이름을 부
> 르고 당처 위에 손을 흔들어 문둥병을 고칠까 하였도다(11절).

그 당시 대부분의 원시 종교가 그러했읍니다. 소리를 지르고, 몸과 팔을 흔드는 열광적인 의식을 통하여 신이 내려오고, 그 신과 관계를 맺는다고들 생각했던 것입니다. 그래서 나아만은 그런 의식이 없는 지시를 박대로 여기고 분노를 터뜨렸던 것입니다.

그러나 엘리사가 나아만의 눈 앞에 나타나지도 않고 말만 전달한 것은 박대도 아니었으며 신앙적 교만도 아니었읍니다. 이는 어떤 의미에서 여호와 신앙의 본질을 보여 주는 것이었읍니다. 신앙은 말씀에 그 중심이 있으며 또 말씀에 자신을 응답시켜 나가는 것이 곧 신앙의 길임을 가르쳐 주려 했던 것입니다.

나아만은 늦게나마 자기의 잘못을 깨닫고 엘리사의 지시대로 요단강에 가서 일곱 번 몸을 담궜읍니다. 그러자 그의 몸은 어린 아이의 피부처럼 깨끗해졌읍니다. 그는 자기에게 일어난 이 놀라운 역사를 보고 감격한 나머지 새로운 중대한 결심을 하고 엘리사에게 한 가지 청원을 하기에 이르렀읍니다.

> 청컨대 노새 두 바리에 실을 흙을 당신의 종에게 주소서. 이제부터는 종이 번제든지 다른 제든지 다른 신에게는 드리지 아니하고 다만 여호와께 드리겠나이다(17절).

잡신과 우상이 득실거리는 시리아땅 한 구석에 이스라엘의 흙을 깔고 여호와께 제사드리며 여호와에 대한 신앙을 지키겠다는 결심입니다.

이제 고향 시리아로 돌아가는 나아만은 올 때와 전혀 달랐읍니다. 즉 올 때는 은과 금을 싣고서 신하를 거느리고 교만하게 왔던 그가, 하나님을 만나고 돌아가는 길에는 하나님께 예배드릴 흙을 소중히 가지고 겸손히 돌아갔던 것입니다.

여기서 우리는 나아만이 깨달은 그 하나님을 만날 수 있어야 하겠읍니다. 그러기 위해서는

첫째, 여호와는 작은 일을 명령하시며, 작은 것으로부터 기적을 이루어가시는 하나님이심을 기억하십시다.

둘째, 여호와는 인간의 지식과 감정의 대상이 아닌 신앙의 대상임을 아십시다.

세째, 여호와 신앙은 형식 속에 있지 않고 여호와의 말씀을 순종하는 그 속에 있음을 배우십시다.

(83. 7. 24)

크게 소문난 교회

설교본문/살전 1:1-8

주의 말씀이 너희에게로부터 마게도냐와
아가야에만 들릴 뿐 아니라 하나님을 향하는 너희
믿음의 소문이 각처에 퍼진고로 우리는
아무 말도 할 것이 없노라(살전 1:8)

사도 바울이 고린도 교회에서 목회하고 있을 때 그가 옛날에 전도하며 목회했던 데살로니가 교회에 대한 기쁜 소식을 듣고서 데살로니가 교회에 하나님의 영감을 받은 말씀을 써서 편지 형식으로 보낸 것이 데살로니가전서입니다.

데살로니가는 고대 알렉산더 대왕을 배출한 마게도냐 지방의 수도로서 큰 도시이며, 아시아 쪽에서 유럽으로 가는 바로 첫 관문입니다.

따라서 그곳은 헬라 문화의 중심지이자 교통요충지였고 여러가지 문물이 교류되던 곳이었읍니다. 아시아에서는 데살로니가를 통해서만이 육로로 로마에 갈 수가 있었고 서방 세계 또한 데살로니가를 거쳐야 아시아로 건너 올 수 있었읍니다.

초대 교회가 설립된 당시 데살로니가 인구는 약 20만 정도 되었다고 합니다. 주후 50년경 사도 바울이 2차 전도 여행을 하고 있을 그 때 데살로니가 지역에 5~6개월 동안 머물면서 전도한 적이 있었읍니다. 데살로니가

전서 2:9에 있는 말씀을 보면 밤과 낮으로 일하면서 그들에게 하나님의 복음을 전파하였다는 말씀이 있읍니다. 즉 데살로니가 지역에서 사도 바울은 낮과 밤을 가리지 않고 직접 노동일을 해가면서 전도하고 교회를 개척하였던 것입니다.

이와 같이 왕성하게 교회가 부흥되자 그곳에 살고 있던 유대인들의 시기와 질투를 받게 되었읍니다. 결국 사도 바울은 유대인들의 소동에 의해서 그곳에서 쫓겨나게 되었으며, 쫓겨난 사도 바울은 그 남쪽에 있는 고린도 지역에 가서 역시 전도하며 교회를 설립했읍니다. 고린도에서 한창 열심으로 개척전도를 하고 있을 무렵에 데살로니가 지역으로부터 그의 사랑하는 제자였던 디모데가 오게 되었읍니다. 디모데로부터 데살로니가 교회의 최근 형편에 관한 여러가지 기쁜 소식을 듣게 되었읍니다.

그 소식의 내용은 유럽과 아시아 등 그 당시 세계 지역에서 데살로니가 교회가 모든 교회들의 본이 되었고 또한 아름다운 소문을 지닌 교회로 알려지고 있다는 것입니다. 본문 말씀 7절과 8절이 그 사실을 잘 보여 주고 있읍니다.

> 그러므로 너희가 마게도냐와 아가야 모든 믿는 자의 본이 되었는지라.
> 주의 말씀이 너희에게로부터 마게도냐와 아가야에만 들릴 뿐 아니라
> 하나님을 향한 너희 믿음의 소문이 각처에 퍼진고로 우리는 아무 말도
> 할 것이 없노라.

여기서 두 가지로 데살로니가 교회를 칭찬하는 것을 볼 수가 있읍니다. 하나는 데살로니가 교회 성도들이 모든 믿는 사람들의 본이 되고 있다는 것입니다. 또 하나는 데살로니가 교회 교인들의 소문이 각처에 퍼져 있다는 것입니다. 유럽 마게도냐 땅뿐만 아니라, 아시아에 이르기까지의 전 지역에 걸쳐 데살로니가 교회는 아름답고 훌륭하다고 하는 소문이 널리 퍼져 있었다는 말입니다.

아마 이 소식을 들은 사도 바울은 무척 기뻐하였을 것입니다. 왜냐하면

자기가 갖은 핍박과 고통과 어려움을 당해가면서까지 수고하여 세운 교회였기 때문입니다. 그런데 그 교회에 대해 아름다운 소식이 전해지고 있으니 그 교회를 개척한 사도 바울로서 어찌 기뻐하지 아니할 수 있겠읍니까? 어쨌든 데살로니가 교회는 믿는 자의 본이 된 교회였으며 또한 모든 지역에 크게 소문난 교회였읍니다.

데살로니가 교회가 이처럼 크게 소문난 교회가 되어진 것은, 데살로니가 교회가 결코 마게도냐 지역의 수도에 위치하고 있었기 때문이 아니었읍니다. 또 데살로니가 교회가 그 지역에 있어서 어머니 교회였기 때문이 아니었읍니다. 여기에는 다른 데서 찾아보기 어려운 교회의 본이 될 수 있을 만한 훌륭한 점들이 있었기 때문이었읍니다. 본문 가운데서 우리는 그 사실을 확실히 찾아볼 수 있읍니다.

우리 새문안 교회 역시 어떤 측면에서는 소문난 교회라고 할 수 있읍니다. 마게도냐의 수도 데살로니가에 위치한 데살로니가 교회처럼 한국의 수도 서울에 위치한 교회가 바로 우리 교회입니다. 그리고 새문안의 역사는 한국 장로교회의 역사이고 한국 기독교의 역사라고도 할 수 있읍니다. 뿐만 아니라 데살로니가 교회가 마게도냐의 모교회 노릇을 할 수 있었던 것처럼 오늘 우리 교회도 한국 땅에 있어서 모교회 노릇을 할 수 있는 위치에 서 있다고 생각합니다. 그러기에 더 크고 더 아름답고 더 멋있는 소문을 낼 수 있는 교회일는지도 모릅니다.

그러나 한번 곰곰이 생각해 보십시다. 데살로니가 교회가 이런 위치 때문에 자기 자랑을 가지거나 혹은 자기 소문을 낸 적이 있는지 말입니다. 전혀 그렇지 않았읍니다. 오늘 본문 말씀을 보면 데살로니가 교회가 소문난 교회가 될 수 있었던 것은 다음 세 가지 중요한 내용을 지니고 있었기 때문이었읍니다. 본문 3절과 4절에 그 내용이 나타나 있읍니다.

너희의 믿음의 역사와 사랑의 수고와 우리 주 예수 그리스도에 대한

소망의 인내를 우리 하나님 아버지 앞에서 쉬지 않고 기억함이니,
하나님의 사랑하심을 받은 형제들아, 너희를 택하심을 아노라.

즉 데살로니가 교회는 믿음의 역사를 지닌 교회였읍니다. 그리고 사랑의 수고가 있는 교회였읍니다. 아울러 소망의 인내가 있는 교회였읍니다. 바로 이 세 가지가 있었기 때문에 데살로니가 교회는 멀리 고린도 지역까지 또한 아시아와 전 마게도냐의 지역에까지 그토록 크게 소문이 날 수 있었던 것입니다. 이 소문은 이제 우리의 자랑거리가 될 수 있어야 하고 새문안의 소문거리가 될 수 있어야 합니다.

첫째로 데살로니가 교회는 믿음의 역사가 있는 교회였읍니다.

믿음의 역사라는 말씀은 곧 믿음을 나타내는 일이란 뜻입니다. 믿음을 나타내는 일은 믿음의 증인이 하는 일입니다. 즉 데살로니가 교회 안에는 그리스도의 증인이 되려고 하는 노력이, 복음선교의 왕성한 노력이 있었읍니다. 사도행전 17:13 이하를 보면 사도 바울을 중심으로 하여 데살로니가 교회 교우들이 얼마만큼 선교 열에 불타 있었는가 하는 것을 엿볼 수 있읍니다.

바울이 처음으로 데살로니가 지역을 개척하고 있을 때 많은 사람들이 바울을 중심으로 교회에 모여 들었었읍니다. 그러나 그 지역에 살고 있던 유대인들이 시기 질투하여 큰 소동을 일으킴으로 사도 바울은 그곳에서 쫓겨나고 말았읍니다. 그러자 사도 바울과 그 교인들은 그 옆 동네 베뢰아란 지역으로 옮겨 갔읍니다. 비록 쫓겨난 신세였음에도 불구하고 그들은 그곳에 가서도 교회를 세우고 전도했읍니다. 그러자 데살로니가 지역에 있던 유대인들이 베뢰아 지역까지 쫓아와서 다시 소동을 일으켰읍니다. 하는 수 없이 사도 바울은 고린도까지 쫓겨가고 말았읍니다. 그러나 사도 바울은 그곳에 가서도 여전히 전도하면서 교회를 세웠읍니다. 쫓겨다니면서도 복음을 전한 것입니다. 바울의 일생을 보면 심지어 로마의 감옥에 갇혀 있는 그 순간에도 복음을 전한 것을 볼 수가 있읍니다. 데살로니가 교회는 사

도 바울처럼 믿음의 주인이신 그리스도를 전하려고 하는 복음 선교의 열정이 강하였던 교회였기에 초대 교회에 그토록 아름다운 소문이 날 수가 있었읍니다.

사도행전에 나타나 있는 초대 교회들을 볼 때 그곳에서 한결같이 느낄 수 있는 사실은 모든 교회들이 복음 선교의 강한 열정을 지니고 있다는 것입니다. 우리는 사도행전 1:8의 말씀을 잘 알고 있읍니다.

성령이 너희에게 임하시면 너희가 권능을 받고 예루살렘과 온 유대와 사마리아와 땅 끝까지 이르러 내 증인이 되리라.

여기서 알 수 있는 사실은 성령의 권능은 바로 예수 그리스도의 증인을 낳기 위해 역사되고 있다는 사실입니다.

이러한 초대 교회의 전형적인 모습을 잘 보여 주고 있는 말씀이 사도행전 2:47에 있는 "구원받는 사람이 날마다 날마다 더하여지더라"는 것입니다. 분명 교회 안에 구원받는 사람이 날마다 날마다 더하여졌다고 말해 주고 있읍니다. 그리고 5:42에는 이런 말씀이 나타나 있읍니다.

저희가 날마다 성전에 있든지 집에 있든지 예수는 그리스도라 가르치기와 전도하기를 쉬지 아니하니라.

이처럼 초대 교회는 전도하기를 쉬지 아니하였읍니다. 바로 교회의 최대 사명을 찾는다면 그리스도를 전하는 그리스도의 증인이 되는 것이라고 할 수 있읍니다.

참으로 우리가 그리스도의 참 증인이 될 수 있을 때 그리스도의 말씀을 전할 수 있을 때, 복음의 열매를 맺을 수 있을 때, 그 가운데서 우리는 예수 그리스도의 참 제자가 될 수 있는 것입니다. 요한복음 15:8에 이르기를 "너희가 과실을 많이 맺으면 내 아버지께서 영광을 받으실 것이요 너희가 내 제자가 되리라"고 하셨기 때문입니다.

이처럼 복음 선교의 열정이 강한 데살로니가 교회였기에 그토록 아름다운 소문이 널리 퍼질 수 있었읍니다. 한국 기독교 백년 역사의 산 증인이 되는 교회라 할 수 있는 우리 새문안 교회의 기원을 더듬어 찾는다면 20대 젊은 목사가 부활절날 아침 처음 한국 땅에 발을 디뎌 바로 이 자리에 우리 교회를 세운 것을 말할 수 있읍니다. 젊은 선교사의 그 열정, 복음 선교의 그 열정이 새문안을 이루었고 한국 교회를 이루었던 것입니다.

그로부터 시작해서 이제 약 100년의 세월이 흘렀읍니다. 그러나 새문안을 새문안으로 있게 하였던, 교회로 하여금 교회되게 하였던, 한국 교회를 있게 하였던 그 초기의 뜨거운 복음 선교의 열정이 오늘 우리 교회 안에 얼마나 남아 있는지요? 오늘 우리의 삶 속에 얼마나 그리스도의 증인이 되고자 하는 삶의 자세가 되어 있는지 자신을 한 번 되돌아 보아야 하겠읍니다.

이태리는 조상 덕분에 가만히 앉아 있어도 1년에 100억불이 넘는 관광 수입을 올린다고 합니다. 그 안에는 로마 제국의 찬란한 유적들이 많이 있기 때문에 즉 조상들이 만들어 놓은 그 소문 때문에 많은 사람들이 이태리를 찾아가고 있는 것입니다. 그 결과 이태리 사람들은 가만히 있어도 1년에 100억불 정도의 외화 수입을 올릴 수 있다고 합니다. 우리는 100억불 정도 외화를 획득하기 위해서는 엄청난 땀을 흘려야만 합니다. 거기에 비하면 이태리 사람들은 정말 행복한 것 같습니다. 그러나 그들의 자랑거리는 과거에 대한 자랑거리입니다.

그러면 오늘 우리의 자랑거리는 무엇입니까? 데살로니가 교회 교인들이 지니고 있던 그 뜨거운 복음 선교의 열정이 우리의 자랑거리입니까? 아니면 100년 역사를 지니고 있다는 교회의 역사가 우리의 자랑거리입니까? 그렇지 않으면 한국의 어머니 교회라는 그것이 우리의 자랑거리입니까? 오늘 우리의 자랑거리는 현재, 바로 우리의 믿음의 역사가 될 수 있어야 합니다. 과거의 자랑거리, 과거의 긍지에만 사로잡혀 있어서는 안됩니다. 오늘 우리가 어떤 믿음의 상황 가운 데 있고 어떻게 그리스도의 증인이 되고 있느냐, 바로 그 속에서 자랑거리를 찾을 수 있어야 합니다. 그 속에서 새문안의 아름다운 소식이 전국 방방곡곡에 울려 퍼질 수 있어야 합니다.

9월 첫주일부터 우리는 "청년예배"인 4부 예배를 드리게 됩니다. 청년이면 이제 성인입니다. 성인들 중심으로 모이는 예배가 1부 2부 3부가 있읍니다. 아직 1, 2, 3부 자리도 많이 남아 있읍니다. 그런데 왜 굳이 4부 예배를 드릴 필요가 있느냐고 반문하실지도 모르겠읍니다. 이는 우리 새문안 정신의 한 측면을 찾기 위해서입니다. 20대 젊은 선교사가 한국 땅에 와서 자기 삶을 바쳐가면서 이 땅 이 자리에 복음 선교의 열정을 바쳤던 그 뜨거운 피를 다시 우리 젊은이가 갖고서 오늘의 사회 속에 그리스도의 복음을 전파하도록 하기 위해서인 것입니다. 그래서 그들을 그리스도에게로 인도하자는 것입니다. 좀더 젊은 세대에, 뜨거운 피가 흐르고 있는 저들에게, 그리스도의 피를, 그리스도의 구속을 주자는 것입니다. 이와 같은 취지하에 복음 선교의 뜨거운 열정을 안고 우리는 4부 예배를 시작하는 것입니다. 그 속에서 옛 초창기의, 새문안으로 하여금 새문안되게 하였던 그 복음 선교의 뜨거운 열정을 바로 이십 대의 젊은 청년들의 사회, 세대를 통해서 다시 한번 일으켜 보자는 것입니다. 여기에 4부 예배 즉 청년 예배의 의미가 있읍니다. 데살로니가 교회가 복음 증거의 아름다운 역사 속에 큰 소문이 널리 퍼졌던 것처럼 우리도 그와 같은 모습을 지닐 수 있어야 하겠읍니다.

두번째로 데살로니가 교회는 사랑의 수고가 있는 교회였읍니다.

사랑의 수고! 이 말씀의 원뜻은 사랑에 의해서 자극된 수고라는 뜻입니다. 사랑에 의해서 충동된 수고라는 뜻입니다. 교회 안에는 의무적인 수고, 의무적인 노력, 의무적인 일보다는 그리스도의 사랑에 충동되어서 사랑에 자극되어서 이루어지는 수고와 노력이 있어야 합니다.

저희 집안에는 남자 형제들이 많습니다. 제 밑에 남동생은 여럿 있지만 여동생은 하나밖에 없읍니다. 그래서 퍽 귀엽게 자랐읍니다. 대학을 다닐 때도 아름다운 것만 찾았고, 고상한 것만 좋아했고, 또 깨끗한 것만 찾았읍니다. 그래서 더럽고 누추하고 지저분한 것은 가까이 하려고 하지도 아니했읍니다. 깔끔하게 지내려고만 했읍니다. 그런 동생이 시집을 갔읍니다.
그리고 어린 아이를 낳았읍니다. 아기를 키울 줄 모를 것 같았던 동생이었
는데 웬걸 기저귀를 직접 빱니다. 거기다 아기의 변을 직접 손으로 치우고
심지어 냄새까지 맡아가면서 아기의 건강 상태가 어떤지, 소화는 잘 시키
고 있는지까지 체크를 합니다. 참으로 놀라운 변화가 아닐 수 없었읍니다.
그러나 당연한 일이라 할 수 있읍니다. 왜? 누구인들 깨끗한 것을 좋아하
지 않고 더러운 것을 싫어하지 않겠읍니까? 그러나 자기 아기이기 때문에
그 아기를 사랑하는 충동이 그의 마음을 움직이고 있기 때문에 수고가 이루
어지는 것입니다. 사랑의 충동이 앞선 마음을 가지고 있기 때문에 수고가
이루어지는 것입니다.

　할머니들이 어린 아이를 업고 하루 종일 지내는 것을 볼 수가 있읍니다.
그 할머니 등이 굽어져도 고통스럽게 느끼지를 않습니다. 만약에 짐을 지
고 있는 것이라면 한 두 시간만 지나도 싫증이 나고 허리가 아프고 몸이 쑤
시고 답답할 것입니다. 그러나 사랑하는 손자를 업고 있을 때는 허리 아픈
줄을 모릅니다. 등이 쑤시는 줄을 모릅니다. 왜 그렇습니까? 그 손자를
사랑하는 사랑의 충동이 앞서기에 수고가 수고로 여겨지지 않기 때문인 것
입니다.

　우리 그리스도인들은 자기 삶 속에 사랑의 충동을 먼저 지닐 수 있어야
합니다. 하나님이 세상을 이처럼 사랑하셨기에 독생자 예수 그리스도를
이 땅에 보내 주시지 않으셨읍니까? 그리스도께서 왜 오셨읍니까? 그리
스도께서 나와 어떤 관계를 가지고 계시며 나의 죄악을 어떻게 속죄하여 주
셨으며 또 나를 어떻게 거듭나게 만들어 주셨읍니까? 나를 어떻게 해서 하
나님의 자녀로 만들어 주셨읍니까? 그리스도의 감격적인 사랑에 내 자신
이 충동될 수 있어야 합니다. 오늘 우리의 삶 속에 그리스도의 사랑에 충동
되지 아니하는 수고가 있다면 항상 괴로움을 남길 수밖에 없을 것입니다.

　우리는 가난한 자를 도와 주고 억압된 자를 위해서 변론하고 소외당한 자

를 위해서 이웃이 되어 주는 것을 우리의 사명으로 생각할 수 있어야 합니다. 그러나 이런 모든 일들도 우리가 그렇게 해야만 한다는 어떤 당위성을 두고 할 때는 수고스럽고 고통스럽고 어렵습니다. 그런 당위성의 인식에 앞서서 먼저 그리스도의 감격적인 사랑에 사로잡힌 바가 될 수 있어야 합니다. 억압된 자를 위해, 소외된 자를 위해, 가난한 자를 위해 일함에 있어서 그리스도의 사랑에 충동되어 일할 때 그 교회가 바로 데살로니가 교회처럼 사랑의 수고가 있는 교회가 되어지는 것입니다. 일거리가 중요한 것이 아니라 진실로 상대방을 사랑할 수 있는 사랑의 자세에 서 있는 그 삶이 중요한 것입니다.

왜 예수님께서 선한 사마리아인을 그토록 칭찬해 주셨읍니까? 강도 만난 사람 곁을 제사장이 지나갔읍니다. 레위 사람이 지나갔읍니다. 그러나 저들은 사랑의 충동을 갖지 못했읍니다. 사마리아인은 강도 만난 그 사람을 바라보는 그 순간 그를 사랑하고 싶은 사랑의 충동에 사로잡혔읍니다. 이 사랑의 충동에 사로잡혔을 때 그는 위험을 무릅쓰고 강도 만난 사람에게 다가갈 수 있었읍니다. 그리고 경제적 손실을 감수하면서까지 그를 위해서 수고할 수 있었읍니다. 오늘 그리스도인의 삶 속에 이와 같은 모습이 있을 수 있어야 합니다.

우리 한국 교회의 아름다운 전통 중의 하나로 성미라고 하는 것이 있읍니다. 요즘 대개의 도시 교회에서는 하지 않습니다. 성미가 한국 교회만 있는 줄 알았더니 다른 나라 교회에서도 찾아볼 수 있었읍니다. 중국에도 있었고—200여년 전 중국의 선교 역사 가운데도 나타나고 있읍니다—인도의 교회사 가운데도 나타나고 있읍니다.

그 시초는 이와 같습니다. 초대 교회에, 참 어려운 성도들이 많이 있었읍니다. 더구나 그들은 자유로운 직장도 가지기 어려울 정도로 핍박을 당하고 있었읍니다. 그렇다고 교회에서 예배나마 떳떳하게 드릴 수 있는 입장도 아니었읍니다. 동굴이나 움막, 혹은 카타콤 같은 무덤 속에서 거우거우 예배를 드리면서 남의 눈을 피해 지내야 했읍니다. 그 때 조금 여유 있는 사람들은 자기 집에서 빵이나 밀가루를 준비해 와서 교회에서 함께 예배드리고 굶주린 이웃과 먹을 것을 서로 나누곤 했읍니다. 이와 같이 사랑하는 마음으로 빵을 나누는 데서부터 성미 운동이 시작되었던 것입니다.

이처럼 그리스도인은 먼저 그리스도의 사랑에 충동되어진 삶으로 모든 일을 행할 수 있어야 하는 것입니다.

세번째로 데살로니가 교회는 소망의 인내가 있는 교회였읍니다.

소망이란 말은 희망이란 뜻입니다. 히브리서 11:1을 보면 믿음을 "바라는 것들의 실상"으로 소개하고 있읍니다. 바라는 것, 이 비전을 가리켜서 소망이라고 합니다. 어떤 분들은 인내란 말을 소극적으로 생각해서 단순히 참고 견디는 것, 또는 아편과 같은 그런 것으로 생각할는지도 모르겠읍니다. 내세를 위해서 종교적으로 오늘을 인내하고 참고 견디는 것으로 생각하는 분들이 많이 있읍니다.

그러나 성경이 가르쳐 주는 인내는 오히려 더 적극적인 내용을 가지고 있읍니다. 이기고 나아가는 힘을 가리켜서 인내라고 합니다. 휩쓸리지 아니하고 이겨 나아가는 그 힘을 가리켜서 인내라고 합니다.

이와 같은 소망의 인내가 우리 교회 안에 있어야 하겠읍니다. 내일을 바라볼 수 있는 실상이 있어야 하겠읍니다. 한국 사회를 향한 비젼이 있어야 하는 동시에 한국 교회 전체를 향한 비젼이 오늘 우리 교회 안에 있어야 하겠읍니다. 우리 교회가 다시 오늘의 역사와 오늘의 상황 속에서 해야 할 일이 무엇입니까? 이에 대해 내일을 바라볼 수 있는 비젼이 있어야 합니다. 이를 위해서 이겨 나가는 수고를 가질 수 있어야 합니다. 싸움에 휩쓸리지 않으려고 싸움을 도피해 나가는 것이 아니라 오히려 숱한 문제와 시련과 싸워 이겨 나갈 수 있는 은혜가 오늘 우리 교회 안에 있어야 하겠읍니다. 정말 100년의 역사를 지닌 우리 교회가 데살로니가 교회가 가지고 있었던 그와 같은 믿음의 역사! 사랑의 수고! 소망의 인내!를 가지고 있다면 우리 교회 역시 이 땅 안에 크고 아름다운 소문이 나는 교회가 될 것이라고 믿어 의심치 않습니다.

(81. 8. 23)

강하고 무서운 사람들

설교본문/행 4:13-22

이 사람들을 어떻게 할꼬
저희로 인하여 유명한 표적 나타난 것이
예루살렘에 사는 모든 사람에게 알려졌으니
우리도 부인할 수 없는지라(행 4:16)

요즈음 우리는 뭔지 모르게 살벌하고 무서운 느낌을 종종 받게 됩니다. 그만큼 강하고 무서운 사람들이 판을 치고 있는 세상을 살고 있기 때문이 아닌가 생각됩니다.

심심산골에 들어가면 누구나 다 무서움을 느낄 것입니다. 더우기 심심산골에 들어가서 호랑이나 사자 또는 기타 사나운 맹수를 만나게 되면 누구든 무서움을 느끼지 않을 수 없을 것입니다. 그러나 인간은 이런 무서운 맹수일지라도 함정을 만들거나 총을 쏴서 잡을 수 있읍니다. 다스릴 수 있읍니다. 아무리 맹수의 힘이 세다 할지라도 인간의 지혜를 따라갈 수는 없읍니다.

태평양 한 가운데 하와이 주가 있읍니다. 하와이 주 수도인 주청 소재지 호놀룰루에 가면 와이키키 해변가에 해양 동물원이 있읍니다. 전부 구경하려면 2시간 정도 소요되는 동물원으로 거기에는 세계 각지에서 온 아주 사나운 맹수들이 많이 있읍니다. 그런데 그곳을 한바퀴 돌고 마지막

막사를 나오는데 거기에 이상한 팻말 하나가 서 있었읍니다. 가까이 가서 보니 거기에는 다음과 같은 내용이 씌여져 있었읍니다. "The greatest animal in the world"(세계에서 가장 위대한 동물). 하도 궁금해서 그곳에 가보았읍니다. 그런데 기대했던 동물은 보이지 아니하고 대신 이상하게 생긴 큰 거울 하나가 놓여 있었읍니다. 그 거울을 들여다보자 바로 내 자신이 보여졌읍니다. 즉 그곳은 각 사람 자신의 모습을 보여 주면서 자신이 바로 세계에서 가장 위대한 동물임을 일깨워 주는 곳이었읍니다. 바로 그 문구를 보는 순간 '인간이야말로 정말 위대하다. 아무리 동물들이 몸집이 크고 힘이 세다 해도 인간을 따를 수는 없다'는 생각을 가져 보았읍니다.

창세기를 보면 하나님께서 우주 만물을 만드신 다음 에덴 동산에 인간을 만드시고 인간에게 말씀하시기를 "생육하고 번성하고 땅에 충만하라, 그리고 모든 것을 정복하고 다스리라"고 하신 것을 찾아 볼 수가 있읍니다. 이처럼 인간은 만물의 영장이기 때문에 모든 동식물을 다스릴 수 있는 힘과 지혜를 가지고 있읍니다.

인간은 살아가다 종종 무서움을 느낄 때가 있읍니다. 재난을 만날 때 곧 천재지변을 만날 때 그러합니다. 지진이나 가뭄 혹은 홍수, 태풍을 만날 때, 또는 악성 전염병이나 전쟁을 만날 때 두려움을 갖게 됩니다. 이처럼 천재지변을 만날 때 인간은 공포심에 사로잡히고 무서움을 느끼게 됩니다. 천재지변이 일어남으로 때로는 수많은 사람이 사망하거나 혹은 많은 재산이 피해를 입게 되기도 합니다. 때로는 한 도시가 전쟁으로 인해서 파괴된 적도 있읍니다. 그런 가운데서도 인간은 그런 숱한 재난의 역사를 극복해 가면서 그 속에 인류 문명을 일으켜 온 것 역시 사실입니다. 아무리 큰 재난이 있다 할지라도 인간에게는 그것을 극복해 나갈 수 있는 지혜가 있는 것입니다. 그래서 빌립보서 4:13은 "내게 능력 주시는 자 안에서 모든 것을 할 수 있느니라"고 말씀하고 있는 것입니다. 비록 몸집이 작고 힘이 적으며 어떤 면에서는 연약하게 보이는 인간일지라도 하나님께로부터 새로운 능력을 얻게 되면 모든 것을 할 수 있다는 말씀입니다.

이처럼 인류는 모든 불가능을 가능으로 바꿀 수 있는 힘을 가지고 지금까지 살아 왔읍니다. 그리고 보면 세상에서 가장 강하고 무서운 것은 뭐니뭐니해도 사람이 아닐 수 없읍니다. 사실 우리가 경계하고 두려움을 느낄 만한 일은 자연이나 맹수보다 사람을 만난다는 것입니다. 사람을 잘못 만나게 되면 우리의 생은 종결될 수밖에 없읍니다. 그렇다고 이 땅을 살아가는 모든 사람들이 다 강하고 무서운 것은 아닙니다. 이는 파리 목숨보다도 못하게 힘없이 죽어가는 사람도 있기 때문입니다.

그러면 어떤 사람이 강하고 무서운 사람입니까? 어떤 사람이 오늘 우리에게 공포를 주고 두려움을 주고 우리를 무섭게 만드는 사람입니까? 이 점에 대하여 생각 아니할 수 없읍니다.

물론 누구나 할 것 없이 포악한 사람이 무섭다고 할 것입니다. 살인, 강도, 납치, 폭력, 마약, 밀매, 이러한 데 관련된 사람들은 우리의 생활 환경을 불안과 공포 분위기로 몰아 넣는 사람들입니다. 사실 이런 사람들을 만난다는 것은 두려운 일입니다. 미국의 뉴욕이나 시카고 같은 데서는 밤 거리를 걷는 것이 매우 위험한 것으로 되어 있읍니다. 그만큼 여러가지 포악한 사람들이 많이 있기 때문입니다. 그리고 그들 때문에 공포 분위기가 조성되고 많은 범죄가 일어나고 있읍니다. 이런 거리를 걷는다는 것은 정말 무서운 일이 아닐 수 없읍니다.

그런데 이런 포악한 사람들보다 더 무서운 사람들이 있읍니다. 그들은 권력을 쥐고 있는 사람들입니다. 아무리 악한 사람일지라도 권력 앞에서는 꼼짝을 못합니다. 권력을 가지고 있는 사람들은 권력을 유지하기 위해서 자기들에게 이로운 합법적인 법률을 만들기도 합니다. 또 그러한 법률을 통해서 사람을 죽이기도 하고 사람을 살리기도 합니다. 더우기 이러한 권력을 쥐고 있는 사람의 성격이 포악하면 더욱더 살벌하고 무서운 분위기를 조성시키게 됩니다. 실제로 로마의 네로 황제나 소련의 스탈린이나 독일의 히틀러 같은 포악한 사람들이 권력을 쥐었을 때 그 나라뿐만 아니라 세계가 공포의 분위기 속에 잠기지 않았읍니까?

그런데 오늘 성경 말씀을 보면 이와 같이 무서운 권력을 쥐고 있는 사람, 숱한 사람들에게 공포와 위협의 대상이 되고 있는 이런 사람들이 떨고 있읍니다. 그들이 오히려 두려워하고 있읍니다. 그들이 더 당황해하면서 어찌할 바를 알지 못해 하고 있읍니다. 내놓으라고 떵떵거리는 사람들이 죄수 두 사람을 옥에 가두어 놓고 어찌할 바를 몰라 당황해 하며 무서워하며 떠는 모습이 오늘 성경 말씀에 나타나고 있읍니다.

그들이 옥에 가둔 두 사람은 바로 예수님의 제자들인 베드로와 요한이었읍니다. 베드로와 요한을 체포한 사람들은 다름아닌 예수 그리스도를 십자가에 못박아 죽인 바로 그 제사장들이었고 바리새인들이었고 서기관들이었고 유대의 지도자들이었읍니다. 더우기 오늘 본문에 나타난 베드로와 요한을 잡아다가 심문한 사람들은 유대 나라 국회라 할 수 있는 산헤드린 공회의원들이었읍니다. 산헤드린 공회는 바리새인들, 율법학자들, 제사장들 등 유대인 지도자급에 해당되는 약 70여명으로 구성되어 있었읍니다. 이들의 종교 재판에 의해서 예수님은 빌라도 법정에 고발되어졌고 결국 그들의 고발에 의해서 예수님은 십자가를 지고 돌아가시게 되었던 것입니다.

이처럼 막강한 권력과 권위를 쥐고 있던 산헤드린 공회의원들이 베드로와 요한을 옥에 가두어 두었읍니다. 여러모로 심문을 하였읍니다. 그런데 심문을 하면 할수록 언제 죽을지 몰라 두려운 마음에 사로잡혀 있어야 할 베드로와 요한은 오히려 담대했읍니다. 오히려 강했읍니다. 오히려 정정당당했읍니다.

반대로 이들을 심문하고 있던 유대 지도자들은 어찌할 바를 알지 못했읍니다. 16절의 "이 사람들을 어떻게 할꼬 ! " 22절의 "어떻게 벌할 도리를 찾지 못하고" 14절 마지막의 "힐난할 말이 없는지라"는 말씀들이 그 사실을 잘 보여 주고 있읍니다. 막강한 권위와 힘을 가지고 있던 이 사람들이 보잘 것없는 두 사람을 데려다 놓고 어찌할 바를 알지 못하였읍니다. 당황했읍니다. 자기들이 오히려 두려워했읍니다.

베드로와 요한 ! 신분을 따지자면 보잘것없는 사람들입니다. 갈릴리의 가난한 어부에 불과한 사람들입니다. 그리고 그들이 삼 년 반 동안 따라다닌 예수라고 하는 이는 십자가에 못박혀 죽었읍니다. 바로 죄수의 몸으로 죽은 그 예수의 제자로서 삼 년 반 동안 지냈기 때문에 그들은 사회적으로도 그렇게 떳떳하지 못한 신분이었읍니다. 이는 죄수의 제자였기 때문이었다.

그런데 이런 사람들이 어떻게 해서 그토록 막강한 힘을 가지고 있는 사람을 떨게 했느냐 하는 것입니다. 베드로와 요한에게 무엇이 있었기에 그토록 무서운 힘을 발휘할 수 있었느냐 하는 것입니다. 여기에 대해서 우리 한국의 그리스도인들이 생각해 보아야 할 점들이 많이 있을 것 같습니다.

우리 나라에는 7백만이 넘는 그리스도인들이 있읍니다. 마땅히 강해야 할 때 강해야 할 그리스도인들 ! 그럼에도 불구하고 강해야 할 때 약한 입장에 사로잡혀 있는 우리들 자신이 아닌가 반성하지 아니할 수 없읍니다. 이러한 때 베드로와 요한이 강해질 수 있었던 그 비결, 그로 말미암아 유대 지도자들을 떨게 만들었던 그 비결을 오늘 우리들도 가질 수 있어야 하겠읍니다.

첫째로 베드로와 요한은 진리를 지니고 살고 있었기 때문에 강하고 담대하게 증언할 수 있었고 또 살 수 있었읍니다.

오늘날 우리들은 어떻게 하면 잘사느냐 하는 문제에 관심을 가지고 있읍니다. 반면에 어떻게 하면 바르게 사느냐 하는 점에 대해선 등한시하고 있읍니다. 많은 그리스도인들이 무기력하게 살아가고 있는 원인이 여기에 있읍니다. 어떻게 하면 잘사느냐에 집착하다 보니 어떻게 하면 바르게 사느냐를 잃어버렸읍니다. '어떻게 하면 잘사느냐?' 여기에 집착하게 되면 약해지게 됩니다. 비굴해지게 됩니다. 잘살기 위한 것이라면 수단과 방법을 가리지 않게 됩니다. 남들에게 굽신거리게도 되고 권력에 아부하게도 됩니다. 물질의 노예가 되기도 합니다.

그러나 그리스도인의 삶은 그래서는 안됩니다. 그리스도인의 삶은 바르게 사는 것입니다. 옳게 사는 것입니다. 참되게 사는 것입니다. 그러면 어떻게 바르게 옳게 참되게 삽니까? 바르게 옳게 참되게 살게 만드는 것이 있읍니다. 진리와 더불어 사는 것입니다. 진리와 함께 사는 사람은 바르게 살 수 있는 힘을 갖게 되기 때문에 강해집니다.

세상에는 인간을 잘 살게 하는 진리들이 많이 있읍니다. 자연과학의 진리가 있읍니다. 자연의 법칙이나 현상을 발견해서 활용하는 진리가 있읍니다. 발견하거나 발명하는 여러가지 과학적 진리들이 오늘 우리의 시대에 많이 이루어지고 있읍니다. 그뿐만 아니라 사상적인 진리도 있읍니다. 자유나, 평등이나, 인권이나, 민주주의 등이 그러한 것들입니다. 이와 같은 사상적인 진리는 인간의 투쟁에 의해서 쟁취되어지는 진리입니다. 자연과학의 모든 진리는 인간의 노력에 따라서, 즉 인간이 발견하거나 발명해서 이루어지는 진리입니다. 여기에 비해서 사상적 진리는 인간이 투쟁하고 인간이 쟁취해서 얻어지는 진리입니다.

이러한 진리로 인해서 즉 자연과학의 진리로 인해서 인간의 생활은 점점 향상되어 왔읍니다. 편리해졌읍니다. 또한 사상적인 진리로 인해서 인류 역사의 모든 제도는 개선되어 왔읍니다. 즉 모든 제도와 사회 환경이 발전되어 온 것입니다. 그러나 이러한 진리들이 인간의 삶을 변화시키지는 못하였읍니다. 자연 과학, 기술 또한 사상적인 진리 이러한 진리들은 인간의 삶을 보다 잘살게 만드는 데는 많은 기여를 해왔읍니다. 그러나 이러한 진리들은 인간의 노력과 인간의 투쟁에 의해서 형성되어지는 진리들이기에 그러한 진리를 이루어 나간 인간 자체가 죄악의 위치에 놓이게 될 경우 그 진리들은 악용될 가능성이 많이 있읍니다.

그래서 많은 과학 기술이 사람을 죽이는 살인 무기로 둔갑하기도 하는 것입니다. 많은 사상적 진리가 인간이 인간을 착취하는 착취의 제도로 둔갑하기도 하는 것입니다. 그 속에서 우리 인류는 신음하며 고통을 당해 온 것입니다. 이런 현상이 생기는 이유는 인간 자신이 죄스러운 존재이기 때문에 인간 자신이 타락된 존재이기 때문에 타락된 존재에 의해서 진리가 추구되고 또는 진리가 발견되어져 나가는 그 과정 속에서 여러가지 잘못된 의도가 개입되어지기 때문입니다. 물론 자연 과학의 진리와 사상적 진리가 여러가지 잘살 수 있는 방법을 제시하여 주었읍니다만 그 이면에 인간 삶을 괴롭게 한 내용들이 많이 있었던 것도 사실입니다. 여기에 비해서 인간에 의해서 발견되거나 발명되거나, 쟁취되어지는 진리가 아닌 하나님께서 인간을 사랑하셔서 인간에게 주신 절대적 진리가 있읍니다.

"하나님이 세상을 이처럼 사랑하사 독생자를 주셨으니." 바로 이 진리입니다. 하나님께서 우리를 사랑하셔서 우리를 구원하시고자 우리를 하나님의 자녀로 삼으시고자 우리에게 주신 진리가 있읍니다. 그 진리가 바로 예수 그리스도입니다.

요한복음 14장을 보면 주님께서 "내가 곧 길이요 진리요 생명이다"고 하신 말씀이 나타나 있읍니다. 예수께서 바로 진리이신 것입니다. 진리이신 예수 그리스도! 이 진리를 터득하고 이 진리를 영접하고 이 진리와 더불어 살게 되면 자연적인 진리와 사상적인 진리뿐 아니라 인간의 삶이 변화하게 됩니다. 일반 자연적 진리나 사상적 진리는 인간을 잘살게 만드는 데 역점을 두는 것이지만 그리스도의 진리는 인간의 삶을 변화시키는 데 역점을 두는 것입니다. 그것은 인간 삶을 바르게 살게 만듭니다. 인간 삶을 참되게 살게 만듭니다. 인간 삶을 거듭나게 만듭니다. 오늘 인간 삶을 바르게 하는 예수 그리스도를 영접하여 예수님의 인격을 우리의 인격으로, 예수님의 말씀을 우리의 삶으로, 예수님의 생애를 우리의 생애로 받아들일 그 때 우리는 강해질 수 있읍니다. 담대할 수 있읍니다. 힘있게 살아갈 수 있읍니다.

사도 바울은 이러한 사람을 가리켜서 보배를 지닌 질그릇에 비유하고 있읍니다. 흙으로 만들어진 그릇 그 자체는 보잘 것이 없읍니다. 그러나 아무리 못생긴 흙으로 만든 그릇일지라도 그 그릇 속에 금은 보화가 담겨져 있다고 하면 그 그릇은 소중하게 보관되어질 것입니다.

이처럼 나라고 하는 인간은 연약한 흙으로 만들어진 그릇에 불과할 때가 많습니다. 연약합니다. 연약하여 쓰러질 때가 많이 있읍니다. 여러가지 괴로움과 어려움 속에서 고통을 당할 때가 많이 있읍니다. 그렇지만 내 안에 있는 보배인 예수 그리스도로 인하여 하나님께서 나를 존귀하게 보배롭게 여겨 주십니다. 그래서 고린도후서 4:7이하에 이렇게 말씀하고 있는 것입니다.

우리가 이 보배를 질그릇에 가졌으니 이는 능력의 심히 큰 것이 하나님께 있고 우리에게 있지 아니함을 알게 하려 함이라. 우리가 사방으로 우겨쌈을 당하여도 싸이지 아니하며 답답한 일을 당하여도 낙심하지 아니하며 핍박을 받아도 버린 바 되지 아니하며 거꾸러뜨림을 당하여도 망하지 아니하며.

살아가노라면 낙심과 실망에 빠질 때가 많이 있읍니다. 핍박을 받을 때가 많이 있읍니다. 버림받을 때가 많이 있읍니다. 거꾸러뜨림을 당할 때가 많이 있읍니다. 쓰러질 때가 많이 있읍니다. 그러나 진리이신 예수 그리스도를 붙잡고 바르게 살려고 할 때 하나님께서 나의 삶을 책임져 주십니다. 하나님께서 나의 삶 속에 역사하시기에 사방으로 우겨쌈을 당하여도 싸이지 아니하며, 답답한 일을 당하여도 낙심하지 아니하며, 핍박을 받아도 버린 바 되지 아니하며, 거꾸러뜨림을 당하여도 망하지 아니한다 하였읍니다.

바로 이 보배로운 진리이신 예수 그리스도를 베드로와 요한이 지니고 있었기 때문에 그들은 그토록 위풍당당한 유대의 지도자들을 당황하게 만들 만큼 강할 수 있었읍니다. 무서운 측면을 지니고 있었던 것입니다.

두번째로 베드로와 요한이 강할 수 있었던 것은 그들이 일심 합력하여 살았기 때문입니다.

마음과 마음을 모두어서 서로 돕고 서로 힘을 합하는 이와 같은 사랑의 공동체를 이루고 있었기 때문에 그들은 강할 수 있었읍니다. 많은 무리라도 뿔뿔이 흩어져 있으면 힘이 없읍니다. 적은 무리라도 힘과 마음이 모두어져 있으면 강해지는 것입니다. 그래서 골로새서 3:14에서는 "사랑은 온전하게 매는 띠니라"고 말씀하고 있는 것입니다.

요즘 가을입니다. 들에 나가면 추수하는 일군들이 바삐 움직이며 볏짚단을 묶는 것을 볼 수가 있읍니다. 볏짚을 하나 가지고서는 세울 수가 없읍니다. 넘어질 수밖에 없읍니다. 그러나 볏짚단을 만들어 가지고 새끼로 묶게 되면 이것은 바로 설 수 있읍니다. 사람도 이와 같읍니다. 개개인으로는 쓰러질 수밖에, 무능한 상태에 놓일 수밖에 없는 위치에 있는 사람일지라도 그런 사람이 하나, 둘 모여질 수 있을 때 서로 마음과 뜻이 하나가 될 수 있을 때 그들은 강해질 수 있읍니다. 하나가 되게 하는 것은 곧 사랑입니다. 그래서 수학에서 1+1=2라고 하지만 신앙의 법칙은 1+1=3 혹은 그 이상이 되어집니다. 주님께서도 두 세 사람이 내 이름으로 모인 그곳에 나도 너희와 함께 하리라고 말씀하셨읍니다. 즉 나와 네가 하나로 마음이 모두어져서 사랑의 관계를 가지게 될 때 두 사람만 만난 것이 아니라 그 속에 무한한 능력을 가지신 주님께서 함께 계신다는 것입니다. 이처럼 서로 힘이 되는 것 서로 돕는 것은 중요한 일입니다.

초대 교회가 왕성하게 부흥하였던 그 이면에는 그들 가운데 뜨거운 사랑의 역사가 이루어지고 있었기 때문이었읍니다. 그들은 오늘날 우리처럼 이런 아름다운 예배당에서 예배를 드리지 못하였읍니다. 그들은 무덤, 혹은 숨겨진 어두운 장소에서 혹은 카타콤이라는 동굴 속에서 숨어 예배를 드렸읍니다. 일주일에 한번 모였을 때 그들은 서로 감격스럽게 안고 사랑의 관계를 가졌읍니다. 지난 한 주간 동안 순교당하지 않고 살아 남았다는 이 기적적인 자신들의 생을 두고 그들은 감사를 드렸읍니다. 이 뜨거운 사랑의 교제 속에서 그들은 서로 위로하고 서로 격려하며 서로 힘이 되었던 것입니다.

오늘 한국 안에는 7백만이 넘는그리스도인들이 있읍니다. 7백만이 넘는 그리스도인들이 왜 오늘 한국의 역사를 책임지지 못하는 그런 무기력한 가운데 빠져 있읍니까? 그리스도인과 그리스도인 사이에 사랑의 공동체가 이루어져 있지 못하기 때문에 이와 같은 모습이 나타난다고 볼 수 있읍니다. 강하고 무서운 사람은 다른 사람이 아닙니다. 사랑할 수 있는 사람이 강한 사람입니다. 사랑을 주고 받을 수 있을 때 서로 강해질 수 있는 것입니다.

이솝의 우화 가운데 비둘기와 개미의 이야기가 있읍니다. 홍수가 났읍니다. 개미가 홍수 가운데 떠내려 가는 것을 나뭇 가지에 있던 비둘기가 보았읍니다. 비둘기는 동정하는 마음으로 나뭇잎 하나를 꺾어서 홍수에 떠내려가는 개미 옆에 던졌읍니다. 그 덕분에 개미는 바로 그 나뭇잎에 올라타서 구출함을 받을 수가 있었읍니다. 그 후 홍수가 끝난 다음 개미가 숲속에서 이리저리 거닐고 있었읍니다. 그런데 웬 사람이 총을 들고 무엇인가를 겨누고 있었읍니다. 자세히 보니 웬 사냥꾼이 자기를 구해 준 비둘기를 잡기 위해서 총을 쏘려고 조준하고 있는 것이었읍니다. 사냥꾼이 방아쇠를 당기려는 그 순간! 이미 그 사냥꾼에게 달려간 개미는 그 사람의 발을 있는 힘을 다하여 물었읍니다. 결국 그 사냥꾼은 총을 제대로 겨누지 못했으며 그 덕에 비둘기는 살아날 수 있었읍니다. 마태복음 5:6을 보면 이런 말씀이 기록되어 있읍니다. "긍휼히 여기는 자는 복이 있나니 저희가 긍휼히 여김을 받을 것임이요.” 남들에게 사랑을 베풀 때 내가 사랑을 받을 수 있읍니다. 남들에게 긍휼을 줄 수 있을 때, 자비를 줄 수 있을 때, 남들의 힘이 되어 줄 수 있을 때 그 사람 역시 나의 힘이 되어 주는 것입니다.

저는 이런 생각을 해봅니다. 과거 20여년 동안 기독교 방송이 한국의 복음화를 위해서 큰 일을 많이많이 했다고 생각합니다. 그런데 요즈음 그 방송이 어려움을 겪고 있다고 합니다. 그 방송이 어려운 자리에 있을 때 우리가 그 방송의 힘이 되어 줄 수 있다면 그 방송은 다시 우리의 신앙의 성장을 위해서 힘이 되어 줄 것입니다. 성경이 이처럼 말씀하고 있지 않습니까?

긍휼히 여기는 자는 복이 있나니 저희가 긍휼히 여김을 받을 것임이요

마지막으로 베드로와 요한이 그토록 강할 수 있었던 것은 복음선교에 대한 확고 부동한 신념을 지니고 있었기 때문이었읍니다.

여러모로 심문하던 유대의 지도자들은 마땅한 죄목을 발견하지 못하였읍니다. 그래서 이제 그들을 석방케 되었읍니다. 석방하는 데 훈방을 하였읍니다. 18절을 보면 “그들을 불러 경계하여 도무지 예수의 이름으로 말하지도 말고 가르치지도 말라”는 말씀이 나타나 있읍니다. 즉 ‘예수님을 증거하지 말라 ! 전하지 말라 !’고 당부한 것입니다. 보통 사람 같으면 살려주는 것만으로도 고맙게 여기며 굽신거리면서 나왔을 것입니다. 그러나 베드로와 요한은 그렇지 않았읍니다. 20절을 보니 이런 말씀이 나타나 있읍니다. “우리는 보고 들은 것을 말하지 아니할 수 없읍니다.” 이는 곧 “우리는 예수님을 보았읍니다. 예수님의 말씀을 들었읍니다. 이 보고 들은 말씀을 전하지 아니할 수 없읍니다. 우리의 민족을 향해서 세계를 향해서 주의 말씀은 꼭 전해져야 합니다” 라는 말씀이라고 하겠읍니다. 이처럼 그들은 복음 선교의 확고 부동한 신념을 지니고 있었읍니다.

신념은 바람에 흔들리지 아니해야 하는 것입니다. 신념은 불에 타지 않아야 하는 것입니다. 신념은 물결에 휩쓸리지 아니해야 하는 것입니다. 확고 부동할 때 신념이 형성되는 것입니다. 이와 같은 신념은 믿음과 관계

를 가질 때 온전해집니다. 자기의 신념을 하나님의 뜻에 맞추어 조정시킬 수 있을 그 때 신념은 신념으로서 온전해지는 것입니다. 믿음과 관계 없는 신념은 자기 고집이 되기 쉽습니다. 신념은 항상 죽음과 관계를 가져야 합니다. 인간이 인간에게 가할 수 있는 최대의 제재는 곧 죽음일 것입니다. 이 죽음을 각오한 확고부동한 신념을 지닐 수 있을 때 사람은 강해지는 것입니다.

오늘 우리의 삶 속에 '이 땅이 복음화되어야 하겠다', '이 땅에 하나님의 말씀이 더 널리 더 깊이 전파되어야 하겠다'는 확고 부동한 신념이 있어야 하겠읍니다. 복음 선교의 열정에 사로잡혀 있는 사람이 강해질 수 있읍니다.

다시 한번 한국의 그리스도인들은, 새문안의 교우 여러분들은 진리로 강해질 수 있어야 합니다. 사랑하는 데 강해져야 합니다. 선교 열정에 강해질 수 있어야 합니다. 그 때 우리는 우리의 역사를 책임질 수 있고 우리의 역사를 하나님 안으로 인도해 나갈 수 있읍니다.

(81. 10. 11)

김동익 목사 설교집 제1권

행동하는 그리스도인

펴낸일 • 1993년 1월 30일 초판 발행
　　　　 2007년 3월 30일 개정 발행
지은이 • 김동익
펴낸곳 • 반석문화사
등록일 • 제3-342호

총 판 • 선 교 횃 불
　　　　　전　화 : 02)2203-2739
　　　　　팩　스 : 02)2203-2738
　　　　　홈페이지 : www.ccm2u.com

• 파본은 교환해 드립니다.
• 이 출판물은 저작권법에 의해 보호를 받는
　저작물이므로 무단전재와 무단복제를 금합니다.

도　서　명	저자 및 역자	정　가

* 칼빈시리즈

도서명	저자 및 역자	정가
칼빈의 기도론	죤 칼빈 / 김성주	2,500
칼빈의 교회관	오토 베버 / 김영재	3,500
칼빈의 성경관	죤 칼빈 외 / 김성주	3,000
칼빈의 구원의 도리	R.A.. 피터슨 / 황영철	3,000

* 캠벨 몰간 시리즈

도서명	저자 및 역자	정가
선지자들의 외침	캠벨 몰간 / 김현진	1,800
욥과 그리스도	캠벨 몰간 / 김원주	2,000
십계명	캠벨 몰간 / 김원주	2,300
주님이 가르치신 기독교의 기본진리	캠벨 몰간 / 김현진	2,000
하나님 나라의 비유	캠벨 몰간 / 오광만	1,800
주여 우리에게 기도를 가르쳐 주옵소서	캠벨 몰간 / 김원주	1,600
이렇게 살아라	캠벨 몰간 / 김성주	1,800
기독교 신앙의 변증	캠벨 몰간 / 황영철	2,000
캠벨 몰간 해설 신약성경	캠벨 몰간	3,800
캠벨 몰간 해설 신약성경 핸드북	캠벨 몰간	1,700

* 사색 시리즈

도서명	저자 및 역자	정가
1. 생각없는 생각	김흥호	3,500
2. 인물 중심의 철학사(상)	김흥호	3,500
3. 인물 중심의 철학사(하)	김흥호	3,500
4. 철인들의 작품	김흥호	3,500
5. 실존들의 모습	김흥호	3,500
6. 철학 속의 문학	김흥호	3,500
7. 길을 찾은 사람들	김흥호	3,500
8. 노장사상과 무문관 해설	김흥호	3,500
9. 연꽃이 피기까지는	김흥호	3,500
10. 제소리	김흥호	3,500

* 핑크 시리즈

도서명	저자 및 역자	정가
팔복과 주님의 기도	아더 핑크 / 박정관	2,000
성령론	아더 핑크 / 배정웅	3,600
구원의 교리	아더 핑크 / 윤종훈	3,000
성경과 하나님의 영감	아더 핑크 / 심재욱	1,800
핑크 서간문	아더 핑크 / 김희건	2,000

*주제별 예화 성경 공부 시리즈

| 기도, 전도, 성경(말씀), 순종(복종), 감사(찬송), 행복, 겸손(교만), 정직(진실), 평안(보호), 헌신(희생), 지혜(슬기), 말(혀), 용서(관용) 사랑, 돈(부자), 헌금(십일조), 봉사, 인내, 믿음(신앙), 죄(회개) | 한태완 | 각 1,200 |

* 기 타

예수와 성전	박철수	3,000
룻기에 나타난 하나님의 섭리	데이빗 애킨슨	2,500
영문학 속에 나타난 성서의 향기	조신권	4,000
조용한 시간에	조신권	2,500
그리 아니하실지라도	김사라	2,000
소명의 사람들	조정철	1,000
마라의 사람들	조정철	1,000
목마른 사람들	조정철	1,000
전라도 사람들	조정철	1,500
해아래 사람들	조정철	1,500
죽어서 흙이 될지라도	김동길	2,300
그를 선포하라(찬양집)	어디디야 찬양단	3,000
종교개혁의 정신	루이스 W. 스피츠 정현철	3,500
잘하였도다 착하고 충성된 종아	정태영 · 김은령	3,500
평화통일과 한국기독교	김영한	5,000
몰간성경	편집위원회	12,000
예수와 동행하는 열쇠	양창삼	4,000
기독교 변증학 원론	에드워드존카아넬 김해연	6,000
그리스도인의 신앙생활 어떻게 할 것인가	양창삼	4,000
위대한 구원	윤덕수 출애굽기설교상	5,000
하나님께로 나가는 길	윤덕수 출애굽기설교하	5,000
성령의 사람들	윤덕수 사도행전설교상	5,000
주여 무엇을 하리이까	윤덕수 사도행전설교하	5,000
역경도 아름다워라	강문호 설교집	3,500
네 백성을 보내라	권오서	2,500
아멘성경	아멘성경 편찬위원회	28,000
사랑 덩어리	한태완	5,000
성공과 승리의 열쇠	한태완	5,000
구원의 확신	윤덕수	1,000
반석성경성구자료사전	자료사전편찬위원회	70,000
제1권 행동하는 그리스도인	김동익(설교집)	6,000
제2권 어둠속의 변혁	김동익	6,000

제3권 : 인간의 위기와 하나님의 기회	김동익 (설교집)	6,000
제4권 : 문제를 풀어가라	김동익 (〃)	6,000
제5권 : 약점 때문에 괴로워 말라	김동익 (〃)	6,500
주기도문 강해	강문호	2,000
목회자와 설교	한국교회문제연구서	5,000
목회자와 평신도	한국교회문제연구소	3,500
기독교와 예술	한국기독교문화연구소	4,000
한국 기독교와 신앙	한국기독교문화연구소	3,500
기독교와 문화	한국기독교문화연구소	4,000
기독교와 마르크시즘	한국기독교문화연구소	5,000
한국기독교와 기독지성인	서울대학교기독동문회	2,500
구속사와 하나님의 나라	리델보스 외 / 오광만	3,000
어거스틴의 자유의지론	어거스틴 / 박일만	3,800
나는 스스로 있는 자니라	G. 트래더 / 박용삼	3,000
개혁주의란 무엇인가	죤 레이스 / 오창윤	5,000
현대교회와 설교	죤 스타트 / 정성구	6,500
요한신학	S. 스몰리 / 김경신	6,500
라틴어 강해 1집	차영배	4,000
교회는 통일을 대비하라	김중석	3,000
한국 감리교사의 새 시각	노종해	5,000
성숙한 교회의 12가지 열쇠	캐논 L. 캘라한 / 권오서	4,000
계획 수립 지침서	캐논 L. 캘라한 / 권오서	1,500
교회와 부흥회	김우영	3,000
위대한 발자취를 만들라	최이우 (설교집)	5,000
누가 선착자인가	김우영 (설교집)	3,000
중간결산하지말라	김우영 (설교집)	6,000
숨어계신 하나님	김우영 (설교집)	3,500
내게 와서 쉬라	복음형제회	4,500
님의 하나님 되심	안봉호	3,300
김재준의 생애와 사상	주재용 엮음	3,500
그럼에도 불구하고	로이드 죤스 / 정중은	3,000
많은 사람들의 눈으로 본 예수	스테픈 닐 / 오우성·조원경	6,000
만나	김우영 (설교집)	6,500
예수가 해답이다	김우영 (설교집)	7,000
성경교리실물설교	핸드릭슨 / 김점옥	3,500